한국사회와 복지정책—역사와 이슈

한국사회와 복지정책—역사와 이슈

이영환 저

사회복지 전문출판 나눔의집

교환교수로 영국에서 지내던 1997년 겨울, 갑자기 맞게 된 외환위기는 환율을 졸지에 2배로 올렸고, 한인교회의 헌금은 정확히 절반으로 줄었습니다. 많은 유학생들이 공부를 중단하고 보따리를 쌌고 길을 걸으면서 땅을 보는 사람들이 많아졌습니다. 떨어진 동전이 없나 보려고. 이렇게 시작된 외환위기는 대량실업과 대량빈곤을 낳으면서 진정 빈곤의 의미가 무엇인지 재발견하게 해주었습니다. 하지만, 민족의 저력은 외환위기의 외상을 빠른 속도로 치유해 나갔습니다. 그런데 문제는 그것이 끝이 아니라 시작이었다는 점입니다. 대량빈곤은 지나가는 소나기가 아니라 이미 우리 사회에 구조적으로 자리 잡은 현실이었습니다. 신용불량자가 양산되는 등 빈곤은 양적으로도 줄지 않았고, 빈부의 격차는 더 심각해졌습니다. 전 지구적 차원에서 진행되는 경쟁의 세계화와 노동의 유연화 그리고 이에 따른 비정규직의 급격한 증가가 이를 추동한 힘이었고, 빈약한 사회정책이 방조자였습니다.

필자가 대학원에서 뒤늦게 공부하기 시작하던 1980년대 후반 이후 우리나라의 사회복지정책은, 전반적으로 지체되고 낮은 수준이긴 했지만, 간헐적인 비약을 동반하면서 양적, 질적으로 꾸준히 발전하는 양상을 보여주었습니다. 더디긴 했지만, 이렇게 우리도 복지국가를 향해 가는구나 하는 일종의 한국판 '복지국가 합의(consensus)' 의 분위기가 깔려 있었다고 해도 좋을 것 같습니다. 하지만 이제 모든 것이 달라졌습니다. 외환위기를 겪고, 양극화가 진행되면서 옛날이야기가 되었던 복지병이 다시 운위되고, 최상의 복지는 성장인데, 복지가 성장의 발목을 잡아서는 안 된다는 목소리가 커져가고 있습니다. 이러한 상황에서 국민의 정부는 '생산적 복지' 를, 참여정부는 '성장과 분배의 선순환' 을 내세워 복지정책의 정당성 확보를 꾀하고 있습니다. 생산과 복지, 성장과 분배 사이의 상충과 갈등이 얼마나 큰지를 역설적으로 보여주는 것이겠지요. 그리고 그러한 갈등의 크기만큼 사회정책학자들은 '우울한 사회과학도' 가 되어가고 있습니다.

세계적으로도 지난 10여 년간 사회문제와 관련한 세계대회들이 유달리 많이 개최되었습니다. 1992년의 '리우 환경회의' 를 필두로, 1994년 사회개발 정상회의(코펜하겐), 1995년 세계여성대회(북경), 1996년 세계주거회의(이스탄불) 등을 들 수 있습니다. 이 또한 암울한 21세기를 예언하는 위기의 징조였는지 모릅니다. 결국 국내외적으로 대망의 21세기가 최악의 시나리오로 흘러가는 것을 무기력하게 지켜볼 수밖에 없게 되었지만, 밤이 깊을수록 새벽이 곧 온다는 희망을 품고, 새로운 도전을 위해 옷깃을 가다듬어야 할 것입니다.

이 책은 우리 사회가 이러한 과정을 겪는 동안 필자가 썼던 원고들을 간추린 것입니다. 특히 진보적 학술운동과 시민운동에 관여하면서 이러저러한 기회에 자의반 타의반 썼던 원고들이 대부분입니다. '한국사회와 복지정책' 이라는 제목은, 복지정책이 당연히 사회 속에서 전개되는 것이지만, 사회변화의 의미를 그리 중시하지 않는 일부 복지계의 타성을 의식한 것입니다.

1부는 감히 '역사' 라는 타이틀로 묶었습니다. 역사에 대한 인식의 공유가 사회를 형성하는 핵심임을 강조하자는 것이지요. 일관된 역사서술은 아니지만, 미군정 시대에 관한 석사논문 이래 역사에 대한 개인적인 관심을 지속한 덕분에 해방 이후의 복지역사를 개괄할 정도의 글들을 묶을 수 있었습니다. 당연히 이가 빠진 부분이 있고, 중복된 부분도 있습니다.

2부의 '이슈'는 1부와 엄격히 구분되는 것은 아니지만, 한편으로 복지정책을 좀 더 넓은 지평에서 보자는 의도와 함께 소외된 소수자(minority)에 대한 새삼스런 관심을 촉구하는 글들을 모았습니다. 정보복지, 사병들의 복지문제, 복지담론, 인권과 복지 등 시론적인 글들이 여럿인 것이 당연한 귀결입니다.

미리 밝혀두어야 할 점은, 애초의 글 제목을 일부 바꾸긴 했지만 내용은 거의 그대로 두었다는 점입니다. 조금 어색하더라도, 글이 쓰였을 때의 인식을 공유하는 것이 역사에 대한 관심에서 볼 때 의미 있다고 생각했기 때문입니다. 원제목과 출처, 출판년도 등을 글머리에 밝혀놓은 것도 같은 의도입니다. 그리고 일부 글들은 필자의 단독 저작이 아니고, 공동연구의 결과임도 밝혔습니다. 게재를 흔쾌히 허락해주신 공동연구자들에게 지면을 빌어 다시 한 번 감사드립니다.

혼자 이름으로 책을 처음 내면서 자랑보다는 부끄러움이 앞설 수밖에 없지만, 좀 더 열심을 내는 계기가 될 것이라 위안을 삼으면서, 오늘의 나를 있게 해준 많은 분들께 감사를 드려야 할 것 같습니다. 사랑과 신앙을 듬뿍 주신 부모님과 형제들, 서울대학교의 김상균 선생님을 비롯한 스승님들과 수많은 선후배, 동료들에게 진심으로 감사하지 않을 수 없습니다. 몸담고 있는 성공회대학의 동료들은 역사와 사회에 대한 진지한 관심과 함께 마음의 평화도 주시는 분들입니다. 혹여 그분들의 얼굴을 깎지 않을까 화끈거리기도 합니다. 평생 동지인 아내 이우경과 사랑스런 아이들 혜민, 주원, 규빈 그리고 장모님께도 이 기회를 빌어 사랑과 감사를 전합니다. 원고를 교정해 준 대학원의 김민정, 정정석, 이은미 군에게도 감사를 드리고, 왜 저자들이 출판사에 진정으로 감사하는지를 알게 해 준 나눔의집 식구들에게도 감사를 드립니다.

2004년 12월 항동골에서

이 영 환

차 례

제2부 이슈 / 261

제1부

역 사

제1장
한국의 사회복지발달과 계급정치*

1. 서론

본 연구는 해방 50년에 걸친 우리나라 국가복지의 발달을 노동계급의 역할을 중심으로 분석하면서 주요 쟁점을 정리하고 발전의 전망을 모색하며 나아가 노동계급정치론적 접근의 필요성과 유용성을 고찰하려는 연구이다. 주지하듯이 사회복지의 발달에는 여러 가지 요인들이 복합적으로 작용하며, 어느 한 요인이 지배적으로 영향을 미친다고 판단하기는 어려운 일이다. 그러나 최소한 원론적으로 복지정치를 둘러싼 노동계급의 역할의 중요성을 무시하는 주장은 찾아보기 어렵다.

복지발전에 있어 노동계급의 역할이 중요한 근거는 첫째, 이들이 복지국가에 커다란 이해관계를 갖고 있다는 점이다. 생산수단을 소유하지 못하고 노동력을 상품으로 생계를 유지하는 노동자들에게 복지는 시장의 변덕과 사회적 불안전으로 인한 사회적 위험(노년, 실업, 산재, 질병 등)으로부터 보호(보장)를 제공하는 중요한 기전이기 때문이다. 그리고 이러한 보호(보장)는

---

*이 글의 출처는 다음과 같다 : 이영환 · 김영순, "사회복지 발달의 계급정치", 『상황과복지』 제9호, 2001; 이영환 편, 『한국시민사회의 변동과 사회문제』, 나눔의집, 2001.

다른 어느 계급보다 노동자계급에게 중요한 의미를 갖는다. 둘째, 복지는 노동자들이 계급적 연대를 확보하는 중요한 수단이다. 시장의 법칙이 그대로 관철되는 경우 노동자들은 자신의 노동력의 가치에 따라 상이한 분배(임금)를 받고, 이에 따라 여러 분파로 분열되게 된다. 그러나 국가복지를 통한 노동력의 상품성 완화(decommodification)는 노동자들 간의 경쟁을 완화시키고, 국가복지에 대한 동일한 관심을 야기함으로써 노동자계급의 연대를 촉진한다(Esping-Andersen, 1990).

그 결과 노동자계급은 국가복지의 확장을 주도하거나 지지하는 핵심적인 사회세력의 역할을 담당하게 되었다. 나아가 노동자들의 복지는 자본주의체제 유지에도 관건이 되기 때문에 노동자뿐만 아니라 자본과 국가의 중요한 관심사이기도 하다. 이에 따라 대부분 국가의 근대적인 복지제도들은 노동자계급을 중심으로 혹은 우선적인 대상으로 발전되는 모습을 보여준다.

이러한 인식은 한 사회의 복지발전을 계급간의 타협과 갈등을 중심으로 파악하는 계급정치적 시각의 필요성을 의미한다. 서구의 경우 이러한 계급정치적 접근은 자연스럽게 수용되고 있는데, 산업화 과정에서 노동자계급이 형성되고 거의 비슷한 시기에 보통선거권의 확대와 의회제 민주주의의 정착이 이루어짐에 따라 계급정치가 일상화되었기 때문이다.

노동자들은 민주주의가 허용한 조직화의 권리를 통해 노조와 정당을 결성하고, 자본가들이 자본소유를 근거로 발휘할 수 있었던 경제권력에 대항하여, 자신의 이해관계를 표출하고 관철했던 것이다(Korpi, 1983). 노동자들의 이해관계의 중요한 부분을 차지하는 복지문제는 이런 일상화된 계급정치의 핵심적 이슈 중 하나이다. 복지문제를 둘러싸고 연정이 구성되거나 붕괴되기도 하고, 이를 둘러싼 여론의 심판으로 선거의 승패가 갈리기도 한다. 그러나 한국의 경우에는 서구와 달리 계급정치론적 접근이 유효하지 않은 것으로 치부되는 분위기가 강하였다(Jones, 1990; Peng and Goodman, 1996; 홍경준, 1999: 103-105). 왜냐하면 우리나라의 경우 권위주의적이고 자본편향적인 지배질서 하에서 계급정치가 활성화되지 못한 탓에 복지정책의 결정이 국가에 의해 일방적으로 주도되면서 노동은 물론 자본까지도 소외되기 일쑤였기 때문이다.

이러한 상황에서 한국복지체제의 형성과 발전을 설명하려는 노력들은 산업화의 논리를 강조하는 기능주의적 접근(Chow, 1985-6; Midgley, 1986)이나, 한국사회의 특수성을 강조하는 접근법들—분단론적 접근(오정수, 1993; 김연명, 1994), 국가중심적 접근[1], 동아시아 복지체제론적 접근(White and Goodman, 1996; Jones, 1990; 1993) 등—이 논의의 다수를 차지하였고, 일부 자본의 이해관계를 주요 요인으로 파악하는 정치경제학적 접근(김록호, 1989)도 나타났다.

이러한 접근법들의 강점과 약점에 대해서는 익히 알려져 있지만, 우리나라의 복지발전을 설명하는 데 있어 다소간의 유용성을 가지고 있는 것은 부정할 수 없다. 특히 오랫동안 권위주의 체제를 유지하였던 한국적 특수성을 반영하는 국가중심적 접근은 상당한 설득력을 가지고 있다. 그런데 한국의 복지발전론 연구들이 불가피하게 가지고 있는 특징 중의 하나는, 사회복지의 전반적인 저발전(발전의 지체, 내용상의 낙후성과 왜곡 등)을 전제하면서 그 속에서 나타나는 예외적 현상으로서 특정 제도의 발생 원인을 설명하려고 노력한다는 점이다.

이러한 현상은 적어도 1980년대 후반에 이르기까지 내실있는 복지발전이 이루어지지 않았던 우리의 현실을 반영하는 것이다. 그리고 이러한 저발전의 중요한 원인 중의 하나가 복지정치에 대한 노동계급 역할의 결여에 있었다는 것도 흔히 지적되는 사실이다. 따라서 기존의 연구들은 노동계급의 역할을 부정한다기보다는 그러한 모습을 찾을 수 없다는 입장을 가지고 있다. 그러나 이 같은 상황은 1987년 6월 민주항쟁과 노동자대투쟁 이후 상당한 변화를 겪었다. 즉, 한편으로 상당한 정도의 정치적 민주화가 진전되고, 노동자

---

1) 서구의 경우에는 아멘타와 스카치폴(Amenta and Skocpol, 1986), 스카치폴(Skocpol, 1985), 웨이어 등(Weir et al., 1988)이 있고 한국적 상황에 대해서는 손준규(1981), 오을림(1987), 굿맨과 펭(Goodman and Peng, 1995) 등 다수가 있다.

계급의 조직력 증대와 활성화가 이루어짐으로써 계급정치의 가능성이 높아
졌고, 다른 한편 이를 전후하여 사회복지도 획기적인 발전의 양상을 보여주
었다. 이러한 상황을 배경으로 노동계급의 역할을 중심으로 사회복지발달을
설명하려는 시도들(김종일, 1991; 성경륭, 1991; 송호근, 1992; 최균, 1997; 김
록호, 1989; 원석조, 1991)이 등장하였다.

물론 그 전에도 특정제도의 생성에 대해 노동계급의 역할을 중심으로 설
명하려는 시도들이 있었는데, 특히 성경륭(1991)의 경우 상당히 포괄적이고
체계적인 논의를 전개하는 모습을 보여주고 있다. 그러나 그는 복지발전을
노동계급을 포함하는 저항연합의 가시적, 잠재적 저항에 대한 지배연합의
선택의 결과라고 보는 관점을 가지고 있어서 노동계급의 역할을 중심에 두
고 있지는 않는다. 이러한 예에서 보듯이 이들의 관점은 동일하지 않고 상반
되는 주장도 발견되지만, 노동계급(나아가 피지배계급, 저항연합)에 관심의
초점을 두는 문제의식에 있어서는 대동소이하다고 판단된다.

그리고 이들의 연구는 대체로 1987년의 상황과 1990년대 초반에 집중된
논의를 전개하고 있는데, 본 연구는 2000년대 초의 시점에서 그리고 이러한
문제의식의 연장선상에서, 해방 이후 사회복지의 발달을 노동계급정치론의
시각에서 분석해봄으로써 기존의 논의를 보완하고 재해석함은 물론 이러한
접근의 필요성과 유용성을 좀 더 제고하려는 것이다.

이러한 시도의 가능성을 보여주는 근거 중의 하나는, 1990년대 들어 노동
운동이 사회복지문제에 대해 적극적인 자세를 갖게 되었다는 것이다. 즉, 민
주노총으로 대표되는 전투적 노동운동의 조직력 강화와 사회개혁운동의 전
개, 그리고 1997년 외환위기 이후의 노사정위원회를 통한 의사조합주의적
실험 등 사회복지에 대한 노동계급의 주체적인 요구가 결여되었던 과거와는
다른 상황이 전개되고 있는 것이다. 이러한 상황에 대응하는 노동운동의 구
체적인 요구와 계급동원 양상, 연대투쟁 그리고 노사정위원회 참여의 성과
와 한계 등은 중요한 연구 대상이 되어야 할 것이다. 즉, 노동계급의 복지정
치가 구체화되는 단계에서 어떠한 변화가 발생하고 있으며, 그 전망은 어떠

할 것인가 하는 것이 관심의 대상으로 부각되는 것이다.

나아가 이러한 상황의 변화가 노동계급정치론에 대한 본격적인 논의의 출발을 가능케 하는 것이라면, 1987년 이전의 상황에 대해서도 이러한 시각에서 재해석할 필요성과 여지를 남기는 것으로 이해할 수 있다. 왜냐하면 역사에 대한 연구는 현재의 관점에서 과거(왜곡되거나 도치된 형태일지라도)를 재해석하는 것이기 때문이다.

물론 1987년 이전까지 우리 역사에서 가시적인 계급정치적 요소를 찾아보기는 어려운 일이지만, 자본주의 사회에서 복지가 갖는 보편적 의미를 고려할 때 급속한 자본주의적 산업화를 경험한 한국에서 국가복지가 계급적 요소와 전혀 무관하게 형성, 발전되었으리라 생각하기는 어렵다. 계급정치가 제도화된 정치적 장에서 이루어지는, 눈에 보이는 각 계급들의 정치적 행위와 관계만을 의미하는 것이 아니라면 한국의 경우에도 이런 계급적 역학관계, 혹은 노동정치의 구도는 어떻게든 국가복지의 발전에 영향을 미쳤을 것임이 당연하다.

본 연구의 구체적인 과제는 국가-자본-노동간에 나타나는 역학관계의 변화에 기초하여, 국가복지 발달의 내용과 성격을 고찰하고, 노동계급복지운동의 구체적 양상과 성과 및 한계를 평가하는 것이다. 마지막으로 이러한 고찰을 종합하여 노동계급정치론적 접근의 필요성과 유용성을 평가할 것이다.

연구목적을 달성하기 위하여 본 연구는 사회복지학은 물론 정치학과 경제학, 사회학 등 기존의 연구 성과들에 기초한 재해석에 주로 의존할 것이다. 제2절에서 한국사회복지 발달의 전반적인 성격(저발전의 양상)을 간략히 살펴본 후, 제3절에서 1945년 해방 이래 한국 국가복지의 역사적 발전과정을 계급정치적 시각에서 재해석하는 작업을 시도하고자 한다.

역사적 시기구분은 정권별 구분보다는 노동자계급의 능력과 국가의 대응이란 관점에서 ① 해방에서 제3공화국의 등장까지(1945-1961) ② 제3공화국부터 1987년 노동자대투쟁 이전까지(1961-1987) ③ 노동자대투쟁 이후부터 외환위기 이전까지(1987-1997), 그리고 ④ 외환위기 이후 2000년 이전까지의 시기로 나누어 볼 것이다.

2. 한국 국가복지의 수준과 발달과정 개관

한국의 국가복지는 복지제도 발달의 시간적 지체성의 측면에 있어서나, 제도의 적용범위 및 급여수준에 있어서 일반적으로 저발달된 것으로 평가되어 왔다. 물론 1987년의 민주화운동과 노동자대투쟁, 그리고 1997년 외환위기 이후 급격히 확장되는 양상을 띠고 있지만, 본격적인 복지국가로의 진입으로 평가하기에는 많은 한계가 존재한다.

여기에서는 예비적 고찰로 복지제도의 수준을 중심으로 국가복지체계 발달의 특성을 살펴보고자 한다. 그리고 복지제도의 수준을 평가하는 데에는 여러 가지 기준이 활용될 수 있지만, 제도발달의 시간적 지체성의 측면과 급여수준을 결정하는 국가의 복지비 지출수준 그리고 제도의 적용범위의 문제에 국한하여 저발전의 양상을 간략히 고찰하고자 한다.

첫째, 주요 사회복지제도 도입의 시간적 지체 측면이다. 사회보험제도는 1964년에 산재보험부터 실시되었지만, 의료보험은 1977년, 국민연금은 1988년, 그리고 고용보험은 1995년에 이르러 실시됨으로써 지체의 양상을 뚜렷이 보여준다. 대표적인 공공부조제도인 생활보호제도는 1961년에 실시되어 1980년대에 내용상 어느 정도의 확장이 이루어졌지만, 1999년에 제정되고 2000년 10월에 실시된 국민기초생활보장법에 이르러서야 근대적인 공공부조제도로 본격적으로 탈바꿈하게 되었다.

노인과 아동, 장애인 등을 위한 대부분의 사회복지서비스는 1980년대 초에 형식적인 입법들이 일부 이루어졌지만, 실질적인 내용을 갖추기 시작한 것은 1980년대 말 민주화과정이 진행되면서부터이고, 아직도 소극적인 선별주의 정책의 틀을 벗어나지 못하고 있는 실정이다. 이러한 과정에서 상당히 지체되기는 하였지만 복지제도의 완비성이라는 측면에서는 상당한 정도 발전이 이루어졌다고 평가할 수 있다. 하지만 상병수당제도나 아동수당, 농어민 산재보험 등 중요한 제도들이 누락되어 있다.

둘째, 복지급여의 수준을 결정하는 사회복지비 지출수준이 선진국의 경우에 비해서나 우리의 경제발전 수준에 비해서 저열한 상태이다. 사회복지비의 지출수준은 여러 가지 지표로 나타낼 수 있지만, 다음의 [표 1-1]에서 보는 바와 같이 OECD 국가와 비교한 GDP 대비 사회지출비를 살펴보면, 우리나라 사회복지지출은 1995년 현재 GDP 대비 5.38%로서 OECD 평균 21.71%와 비교가 안 되는 저조한 수준이다. 이러한 수치는 IMF 경제위기 이후 빠른 속도로 증가하여 현재는 78%에 달할 것으로 추정되지만(고경환·계훈방, 1998), 아직도 선진국의 15-33% 수준에 비하면 1/2-1/4 수준에 불과한 저조한 상태이다. 이러한 낮은 수치는 곧바로 사회복지제도의 적용범위와 급여수준에 영향을 미치는 것이다.

[표 1-1] OECD국가의 GDP대비 사회지출비와 국민일인당 급여비

(1995년도, 단위: US)

국 가	총사회지출 (a+b)	공공복지비 (a)	법정민간 지출비(b)	국민일인당 급여비
스웨덴	33.38	33.01	0.37	6,190
영국	22.79	22.52	0.27	4,090
미국	16.26	15.76	0.50	4,320
일본	14.06	13.80	0.26	3,060
터키	6.79	6.79	n.a	390
한국	5.38	3.98	1.40	500
멕시코	3.67	3.67	n.a	280
OECD 평균	21.71	21.15		4,203

주: 국민 1인당 급여비는 공공복지비/총인구수
자료: OECD, Social Expenditure Database: 1980-1996, 1999(김연명, 1999, 재인용).

셋째, 사회복지제도의 성격과 적용범위의 문제이다. 우리나라의 사회복지제도는 사회보험제도에 중점을 두기 때문에 공공부조나 사회복지서비스의 비중은 약한 편이다. 그리고 사회보험의 경우는 주로 대기업 노동자부터 시

작하여 점진적으로 적용범위를 넓혀가는 조합주의적 양상을 보여주었는데, 이는 정부의 재정부담과 행정부담을 최소화하는 국가부담최소화 및 행정편의주의적 전략에 기인한 것으로 평가할 수 있다.

이러한 전략에 따라 수익자 부담원칙이 강조되고 그 결과 시장 지위가 높은 계층이 사회보장의 수혜를 선점하는 역진적 성격이 일반화되고, 모든 계층의 가입자가 사회보험을 통한 이익을 기대하는 시장저축적 기대심리가 만연하였다. 사회보험의 이러한 성격은 최근에 이르러 많은 변화가 일어나고 있지만, 그동안 사회복지발전의 중요한 한계로 작용한 요인이었으며, 본 연구에서 관심을 가지고 있는 사회복지운동을 통한 개혁의 과제와도 직결되는 문제이다.

한편 사회보험의 적용범위는 1990년대에 급격히 확대되어 표면적으로는 국민 개보험의 추세를 보여주고 있다. 구체적으로 의료보험은 1989년(의료부조대상자는 제외), 그리고 국민연금은 1999년 4월부터 국민개보험이 달성되었으며, 고용보험과 산재보험도 외환위기 이후 급격히 적용대상을 확대하였다. 고용보험은 1999년 4월에는 5인 미만 사업장에 강제 적용되었고, 임시직과 계약직 등 비정규근로자에게도 확대 적용되었다. 산재보험도 2000년에 5인 미만 사업장까지 확대되었다.

그 결과 고용보험의 적용대상비율은 1997년 말 전체 임금근로자의 33.1%에서 2000년에는 55.1%로 확대되었고, 산재보험은 62.1%에서 67.4%로 확대되었다(김연명, 1999). 이러한 과정에서 비정규직의 소외가 새로운 문제로 제기되었다.

2000년 현재 4대 사회보험의 적용대상자 범위는 다음의 [표 1-2]와 같이 볼 수 있는데, 표면적인 국민개보험화가 진행되는 이면에 임시직과 일용직 같은 비정규직의 소외현상이 새로운 문제로 대두됨을 알 수 있다. 비정규직 근로자는 1996년에 전체 임금근로자의 43.3%였으나, 외환위기를 거치면서 1999년 10월 현재 53%(약 582만 명)에 이르러 과반수를 넘어섰고(김연명 외, 1999), 이는 OECD 회원국 중에서도 스페인과 더불어 가장 높은 수준에 속한다. 이들 비정규직은 임금과 기업복지에서 큰 차별을 받을 뿐만 아니라 4대 사회보험의 적용에서도 대체로 소외되고 있는 실정이다(심상완, 1999).

[표 1-2] 고용형태별 사회보험의 관리방식과 적용대상

구분			고용보험	의료보험	연금보험	산재보험
고용형태		관리방식				
경제활동인구	근로자 5인 이상	사업장	○	○	○	○
	근로자 5인 미만	사업장	○	×	×	×
		지 역	—	○	○	—
	비정규근로자 일용직	사업장	△(1월 이상)	△(2월 이상)	△(3월 이상)	○
		지 역	—	○	○	
	비정규근로자 임시직	사업장	△(1월 이상)	△(3월 이상)	△(3월 이상)	○
		지 역	—	○	○	
	비정규근로자 시간제	사업장	△(월 80시간 이상)	×	×	○
		지 역	—	○	○	
	사업주	사업장	×	△(원하는 경우)	○	×
		지 역	—	△(원하는 경우)	○	—
	자영자 도 시	지 역	×	○	○	×
	자영자 농어촌	지 역	×	○	○	×
	공무원 교원 군인	사업장	×	○	○	×
비경제활동인구		지 역	—	○	△(원하는 경우)	—

주: ○ 당연 적용; × 당연 적용 제외; △ (   )의 경우에만 적용; — 적용대상 안됨.
자료 : 심상완(1999, 재인용)

위에서 보는 바와 같이 이들 비정규직은 한국사회에서 빈곤과 소외의 새로운 형태를 대변한다. 물론 [표 1-2]에서 보는 바와 같이 이들에게도 4대 사회보험의 적용이 계속 확대되어 가고 있는 추세이지만, 한국노동사회연구소(KLSI)의 실태조사(1999)에 의하면, 비정규직의 사회보험 적용비율이 국민연금의 경우 60.5%, 직장의료보험의 경우 58.7%, 고용보험 61.8%, 산재보험은

41.7%에 불과한 것으로 나타난다. 즉, 그동안 우리나라의 사회보험은 적용범위를 하향식으로 확대해 왔기 때문에 비정규직은 그 과정의 최말단에 위치해 있다. 그 원인은 앞서 언급한 국가부담최소화 및 행정편의주의 전략에 기인한다고 볼 수 있다. 나아가 수익자(보험가입자와 기업자) 부담원칙과 같은 사회보험의 시장지향적 성격은 정규직의 확대를 억제함으로써 결과적으로 비정규직의 확대에 기여하는 요인으로 작용하게 된다(심상완, 1999).

대표적인 공공부조제도인 생활보호사업의 경우, 국민기초생활보장법 이전의 생활보호법은 인구학적 기준과 노동능력 유무, 그리고 자산과 소득기준에 따른 엄격한 선별주의적 제도로 유지되어 왔다. 그 결과 생활보호대상자 수는 1999년 현재 한시적 보호대상자 76만 명을 포함하여 200만 명으로 전국민 대비 보호율은 4.2%에 불과하였다. 최근 빈곤인구 추계에 관한 연구들이 제시하는 도시가구 빈곤율이 1998, 1999년도의 경우 대략 20%선에 달하고, 근로자가구의 경우에도 7-11% 정도에 달한다는 결과를 볼 때(엄규숙 외, 1999: 17), 기존의 생활보호사업의 보호율은 너무 낮은 수준임을 알 수 있다.

2000년 8월에 실시된 기초생활보장제도는 기존의 인구학적 기준과 노동능력 기준을 폐지함으로써 수급자의 급격한 양적 증대를 초래할 것으로 예상되었지만, 부양의무자기준과 소득, 자산 기준의 엄격한 운용으로 인해 실제 증가는 얼마 되지 않아 총 수급자가 2000년에 149만 명 정도에 불과하였다. 노인, 아동, 장애인 등을 위한 사회복지 서비스 역시 공공부조와 유사하게 선별주의적 틀을 벗어나지 못하고 있으며, 급여의 내용도 공공부조를 일부 보완하는 정도에 그치고 있다는 것이 일반적인 평가이다(한국사회과학연구소 사회복지연구실 편, 2000).

이상과 같은 전반적인 국가복지의 저발전을 초래한 요인들은 매우 다양할 수 있지만, 가장 중요한 지체요인은 복지지향적인 유력한 사회세력의 결여, 특히 노동계급의 형성과 노동정당의 역할이 부재한 점이라는 것이 본 연구의 관점이다. 그 밖에 이러한 저발전의 토대로 작용한 요인들로는 친자본적인 국가의 성격, 경제성장과 수출지향적 발전론에 경도된 정책지향, 가족과

[표 1-3] 해방 50년 주요 복지제도의 발전과정(정권별 구분)

구분	사회보험제도	공적부조제도	사회복지서비스	기본법, 기타
일제하		· 조선구호령(44)		
미군정				· 아동노동법규(46) · 최고노동시간법(46)
제1 공화국	· 공무원연금법(60. 1)	· 군사원호법(50. 4) · 경찰원호법(51. 4)		· 근로기준법(53)
군사 정부	· 선원보험법 　(62, 미실시) · 군인연금법(63) · 산재보험법(63. 11) · 의료보험법(63)	· 갱생보호법(61) · 군사원호보상법(61) · 생활보호법(61. 12) · 재해구호법(62) · 국가유공자및월남귀순자 　보호법(62)	· 고아입양특례법(61) · 윤락행위등방지법(61) · 고아의후견직무에관한법률 　(61) · 아동복리법(61)	· 사회보장에관한법률 　(63. 11)
제3 공화국	· 산재보험실시(64)	· 자활지도사업임시조치법 　(68) · 재해구제로인한의사상자 　구호법(70)	· 사회복지사업법(70. 1)	
유신 시대	· 국민복지연금법 　(73, 미실시) · 사립교원연금법(73) · 개정의료보험법(76)	· 의료보호법(77)	· 입양특례법(76) · 특수교육진흥법(77)	· 주택건설촉진법(72)
제5 공화국 (80- 87)	· 국민연금법개정 　(86. 12) · 의료보험법개정(86)	· 생활보호법전면개정 　(82. 12) · 국가유공자예우법(84) · 갱생보호법개정(86)	· 사회복지사업기금법(80) · 아동복지법(81) · 심신장애자복지법(81) · 노인복지법(81) · 유아교육진흥법(82) · 남녀고용평등법(87)	· 임대 주택 건설 촉 진 　법(84) · 최저임금법(86. 12)
제6 공화국 (88- 92)	· 국민연금시행(88) · 농어촌의보시행(88) · 도시지역의료보험 　시행(89. 7)	(사회복지전문요원제도 실 시, 복지관 건설 본격화)	· 모자복지법(89) · 보호관찰법(89) · 장애인복지법(89) · 장애인고용촉진법(89) · 영유아보육법(91) · 고령자고용촉진법(91)	· 최저임금제시행(88) · 영구임대수택건설 　(89)
문민 정부 (93- 97)	· 고용보험법 　(94, 실시 95. 7) · 농어촌연금시행 　(95. 7) · 국민의료보험법 　(97. 12) 　-지역, 공교통합 　(시행 98. 10)	· 종군위안부지원법(93) · 북한이탈주민보호및정착 　법(97)	· 모자보건법(94) · 정신보건법(95) · 성폭력처벌및피해자보호법 　(94) · 청소년보호법(97) · 사회복지공동모금법(97) · 장애인복지법개정(97) · 사회복지사업법개정(97) · 가정폭력방지및피해자보호 　법(97) · 장애인 · 노인등편의증진법 　(97)	· 임대주택법(94) · 사회보장기본법 　(95) · 남녀고용평등법 　(95, 2차 개정) · 여성발전기본법(95) · 청소년기본법(95) · 　소비자생활협동조합 　법(97)
국민의 정부 (98-)	· 국민건강보험법 　(99. 1: 통합일원화) · 국민연금법(98. 12- 　도시지역확대 99. 4) · 고용보험 확대	· 국민기초생활보장법 　(99. 8), 시행(2000. 10)	· 사회복지공동모금회법 　(99. 3) · 장애인복지법 　(99.2 전면 개정) · 의약분업 실시(2000. 8)	

공동체의 의무를 앞세우는 전통적 사회관습, 계급형성과 사회정책의 발달을 억압하는 이념적 기반으로서의 반공이데올로기 등을 들 수 있고, 나아가 급격한 산업화 과정에서 사회변동과 사회이동의 가능성도 사회적 신분상승의 기회를 확대함으로써 복지정책에 대한 욕구를 억압하는 기제로 작용하였다고 볼 수 있다. 물론 이러한 요인들은 시대적 배경에 따라 그 상대적 비중이 변화한다고 보아야 할 것이다.

끝으로 국가복지의 역사적 발전과정의 주요한 특징을 살펴보면, [표 1-3]에서 보는 바와 같이 복지제도의 도입이 몇 가지 계기에 의해 돌연히 이루어지는 양상으로 전개되었고, 생성된 제도는 몇몇 예외를 제외하고는 점진적 발전의 양상을 보여주었다는 점이다. 그리고 이러한 과정은 국가주도형 발전의 성격을 가진다는 것이 일반적인 평가이다. 즉, 적어도 1987년 이전에 간헐적으로 이루어진 복지제도의 도입은 노동이나 자본 혹은 정당의 구체적인 요구가 결여된 상황에서 이루어진 것이 태반이라는 것이다.

복지제도의 발전을 노동계급의 역할에 초점을 두어 고찰하고자 하는 본 연구도 이러한 사실을 전제로 하고 있다. 돌연하고 급작스런 제도도입과 관련된 몇 차례의 계기들은, 1960년대 초 5.16 군사쿠데타 이후와 1980년대 초 제5공화국정권 수립과 같은 정치적 계기를 우선적으로 들 수 있고, 1987년의 민주화운동과 노동자대투쟁 이후의 시기 그리고 1997년 말 외환위기 도래 이후를 들 수 있다. 본 연구의 고찰도 이러한 계기들을 중심으로 진행한다.

3. 한국의 사회복지 발전과정의 단계별 분석

앞서 언급한 대로 한국복지체제의 발전과정을 노동자계급의 능력과 국가의 대응이라는 기준으로 4개 시기로 나누어 살펴볼 것이다. 복지제도의 (정권별)발전과정은 앞의 [표 1-3]에서 그리고, 전체적인 주요 노동/복지관련 지표는 [표 1-4]와 같이 볼 수 있다.

[표 1-4] 주요 노동/복지 지표(1963-1998)

년도	1인당 GNP (경상가격 US $)	복지비지출 (정부예산 대비)	피용 노동자수 (1000 명)	제조업 (1000 명)	노조 조직률 (%)	파업, 공장폐쇄 (횟수)	실업률 (%)
1963	100	-	-	601	9.4	-	8.1
1970	253	5.6	3,746	1,268	12.6	4	4.4
1980	1,597	5.5	6,464	2,955	14.7	206	5.2
1985	2,242	6.5	8,104	3,504	12.4	265	4.0
1986	2,568	6.6	8,433	3,826	12.3	276	3.8
1987	3,218	7.6	9,191	4,416	13.8	3,749	3.1
1988	4,295	9.1	9,610	4,667	17.8	1,873	2.5
1989	5,210	10.6	10,389	4,882	18.6	1,616	2.6
1990	5,883	10.9	10,950	4,911	17.2	322	2.4
1991	6,757	12.6	11,349	4,994	15.9	234	2.3
1992	6,988	13.1	11,568	4,828	15.0	235	2.4
1993	7,484	13.1	11,751	4,652	14.2	144	2.8
1994	8,467	12.1	12,297	4,695	13.5	121	2.4
1995	10,037	11.7	12,736	4,773	12.7	88	2.0
1996	10,543	11.9	13,043	4,677	12.2	85	2.0
1997	9,511	12.5	13,328	4,475	12.2	78	2.6
1998	-	-	-	-	10.2	-	7.6

자료 : 통계청(1998), 한국의 사회지표; 한국노동연구원(1998), KLI 노동통계; I. Uh and S. Kim(1996); Korea Economy Daily(1999. 5. 19); http://www.nso.go.kr/kosis/info-2.htm.

1) 계급정치의 억압과 복지부재 단계: 1945-1961

이 시기는 해방에서 한국전쟁, 이승만의 독재와 4월 학생혁명, 그리고 5.16 쿠데타로 이어지는 정치적 혼란기이다. 이승만 정권은 미군정의 후원을 등에 업고 메카시즘적 반공이데올로기의 바탕 위에서 극우보수세력을 제외한 모든 반대세력을 거세, 무력화시켰고 그 위에 사인적(私人的) 권위주의체제를 수립하였다. 이런 권위주의체제는 한국전쟁의 과정에서 더욱 공고화되었다.

국민경제는 일본이 물러간 뒤 미국의 원조에 의존하고 있었고 독자적인
재생산 구조를 갖추지 못하고 있었다. 봄마다 식량위기가 되풀이될 정도로
경제발전의 수준은 열악하기 그지 없었으며 농촌에는 아직도 상당한 과잉인
구의 풀이 존재했다. 농지개혁으로 인한 지주계급의 몰락과 신흥자본가의
등장은 한국경제의 종속적 자본주의로의 재편을 예비하는 것이었다고 볼 수
있지만 본격적인 산업화는 아직 진행되지 않았던 것이다.

이런 상황에서 노동자들의 사회적, 정치적 영향력은 극히 미미할 수밖에
없었다. 무엇보다도 산업화가 지체됨에 따라 노동자계급은 우선 수적으로
매우 적었고[2], 노동자계급을 실질적으로 대표하는 독립적 조직 역시 존재하
지 않았다. 1946-47년간 몇 번의 총파업을 거치면서, 그리고 1948년 남북한
에 단독정부가 수립되면서 좌익성향의 전국노동자평의회(전평)는 불법화되
었고 조직 기반 역시 철저히 파괴되었다. 1946년에 대한노동조합총연맹이
출범했으나 이는 반공체제 하의 권위주의 정부를 떠받치는 외곽조직에 불과
했다. 당연히 복지문제에 대한 노동자들의 영향력 역시 거의 전무했다.

이런 정치경제적 상황을 반영하여 이 기간 동안 국가복지는 논의의 대상
이 아니었으며, 그 결과 중요한 사회복지제도의 도입이 거의 이루어지지 않
았다. 이 시기의 사회복지는 전쟁난민에 대한 일시적 구호가 주종을 이루었
고, 그것도 국가가 아닌 외원기관이나 종교기관 등의 민간 사회복지기관에
의해 주도되었다. 미군정 시기에는 사회복지관련법이 전혀 제정되지 않았으
며[3], 제1공화국 시기에 제정된 것도 군사원호법(1950. 4), 경찰원호법(1951.
4)[4] 그리고 공무원연금법(1960. 1)을 들 수 있을 정도이다.

---

2) 1946년의 경우 총경제활동인구의 77%가 농민이었으며 산업노동자는 단지 2.1%에 지나지
  않았다(성경륭, 1987).

3) 특히 미군정 시기에는 아동들의 노동시간을 규제하는 법령 이외에 적극적인 복지관계 법령
  은 단 하나도 제정되지 않았다. 이 같은 상황을 같은 시기 일본의 미군정 정책과 비교한 글
  로는 이혜원 외(1998) 참조.

4) 군사원호법과 경찰원호법은 1961년 11월 군사원호보상법으로 통합 대체되었으며, 이는 다
  시 국가유공자예우등에관한법률(1984. 8)을 거쳐 국가유공자등예우및지원에관한법률

그러나 이러한 제도들은 국민국가 형성단계에서 관료 등의 충성심을 확보하려는 부가급여의 성격을 띤 것이었다고 할 수 있다. 즉 그것은 보편적 사회보장제도가 아니라 국가가 자신의 피고용인들에게 고용주로서 베푸는 직업복지의 성격을 가지고 있었던 것이다(성경륭, 1991: 117). 1953년에 제정된 근로기준법의 퇴직금 조항도 넓은 의미에서는 국가가 고용주에게 전가한 직업복지의 일종이었다고 볼 수 있을 것이다.

이 시기 사회복지와 관련된 노동운동의 역할은 결과적으로 미미할 수밖에 없었지만, 전평의 경우는 노동계급 복지정치의 가능성을 보여준 의미를 갖는다. 전평은 1945년 11월 창립대회에서 '실업, 상병, 폐질노동자와 사망한 노동자의 유족생활을 보장하는 사회보험제를 실시하라', '노동자를 위한 주택, 탁아소, 오락실, 도서관, 의료기관을 설치하라' 등의 사회보장요구를 일반 행동강령으로 채택하였다[5].

전평은 또한 1946년 9월 총파업과 10월 폭동 등에서 주도적인 역할을 수행하면서 계급동맹의 가능성도 보여주었다[6]. 나아가 미군정 당시의 물질적 시혜정책도 총파업 이후의 흉흉한 민심을 수습하려는 목적으로 급격히 확대되는 양상을 보여주고 있음도 노동계급운동의 잠재력을 보여주는 사례라고 평가할 수 있다[7]. 그러나 이러한 가능성마저도 단독정부의 수립과 한국전쟁이

(1997. 1)로 바뀌었다.

5) 반면 대한노총은 1946년 3월 창립대회에서 사회보장요구를 강령으로 채택하지 않았고, '우리는 혈한불석으로 노자간 친선을 기함' 등 허구적 노사협조주의를 주장하였다. 1947년 이후에는 사회보장관련 요구를 강령으로 채택하고, 각종 선언문과 결의문에서 사회보장제도를 요구하였지만, 형식적 선언적 수준을 벗어나지 못한 것으로 평가된다(김유선, 2000).

6) 9월 총파업은 부산의 철도노동자 7,000명의 파업으로부터 시작되어 서울에서만도 295개 기업의 파업에 3만 명이 참가했으며, 학생 1만 6천 명이 동맹휴학했고, 남한 전체적으로 25만 1천 명의 노동자가 참가했다. 총파업의 요구조건은 총 12개 항목 중 정치적 요구(6-12항) 외의 나머지는 '쌀을 달라', '임금 인상', '전재민과 실업자 구제', '해고 반대', '노동운동의 자유' 등 주로 민생문제에 집중되는 것이었다(이영환, 1989).

7) 당시 공식원조의 대부분을 차지하던 미육군성 점령지역 구제자금(GARIOA Fund) 원조는 1946년의 4,949만 달러에서 1947년에는 1억 7,537만 달러, 1948년에는 1억 7,957만 달러로 증

라는 정치적 격변 속에서 전평 그 자체와 더불어 사라져 버렸다.

2) 계급정치의 억압과 복지형성 단계: 1961-1987

두번째 시기는 1961년 박정희정권의 등장에서 제4, 5공화국을 거쳐 1987
년 6월 민주항쟁 및 노동자대투쟁에 이르는 시기이다. 매우 긴 기간임에도
불구하고 국가주도의 압축성장과 권위주의적 발전국가의 사회 지배, 노동자
계급의 철저한 정치경제적 배제라는 기본적 성격은 크게 달라지지 않았다.
그러나 빈약하나마 사회복지제도 발전의 단초가 된 시기였다.

1961년 쿠데타로 집권한 박정희 정권이 등장하면서 한국은 경공업에 기반
한 수출주도형 산업화(export-led industrialization)의 길을 걷게 된다. 국가는
미·일로부터 외자도입을 촉진하고 각종 수출관련 지원 입법 및 정책들을
통해 직접적으로 축적을 주도했다. 이런 국가의 역할은 1970년대에도 계속
되었다.

1970년대 초 경공업 위주의 수출 드라이브가 대외 의존성의 심화와 후발
개도국으로부터의 추격에 의해 한계에 부딪히고, 자본재 부문의 수입대체산
업화 및 수출상품 고도화가 절실히 요청되자 국가는 다시 중화학공업화를
주도하고 나섰다. 정부는 주저하는 독점자본들을 전폭적이고 집중적인 정책
지원을 통해 끌어들임으로써 축적체제의 개편에 성공하게 된다.

이런 산업화의 과정에서 국가는 노자간의 이익을 중재하는 최소한의 중립

가하게 되었고, 잉여농산물 수입도 1946년(5-12월)의 약 18만 메트릭 톤에서 1947년(1-6월)
에는 약 27만 메트릭 톤으로 대폭 늘어났다. 이와 더불어 당시의 정부 재정에서도 사회적 갈
등의 전개에 따라 구호재정이 크게 증가하는 경향을 볼 수 있다. 먼저 총예산 중 보건후생부
예산의 비중이 가을 소요 직후인 1947년에는 4.5%를 기록한 반면, 1946년과 1948년은 각각
3.5%와 3.18%에 불과하였다는 점이다. 또한 보건후생부 예산 내역에서도 경상비에 비해 전
재민과 이재민 구호비가 주축을 이루는 임시비의 비중이 압도적으로 높게 나타나고 있던 사
실도 미군정 당시 빈곤과 사회적 갈등 및 구호시책과의 상관관계를 보여주는 좋은 지표라고
할 수 있다(이영환, 1989).

적 외관조차 포기하고 철저히 자본의 입장에서 축적의 기반들을 제공했다. 국가는 유일한 경쟁력의 원천이었던 저임금체제를 떠받치기 위해 노동에 대해서는 병영적 통제로 일관했다. 노동3권은 존재했으나 유명무실했고, 임금 억제를 위한 가이드라인이 지속적으로 부과되었으며, 절망적 생존권 투쟁이었던 산발적 분규들은 무자비하게 진압되었다. 1972년 공개적 독재체제인 유신체제가 들어선 이후 이런 노동통제는 더욱 심화되어, 노동운동은 거의 합법적 공간을 얻지 못한 채 정치적, 경제적으로 배제되기에 이르렀다.

요컨대 축적을 주도했던 국가는 노동통제에 있어서도 개별자본가들을 대신하여 '이상적 총자본가'(ideal personification of the total national capital, Engels, 1986: 266)로서 행동했던 것이다. 이런 상황은, 1980년 서울의 봄이 짧은 에피소드로 끝남에 따라 1987년 6월 민주항쟁과 노동자대투쟁이 발생할 때까지 큰 변화 없이 계속되었다.

이와 같은 국가의 강력한 통제 속에서 노동자계급은 정치영역에서 자신을 대변할 어떠한 실질적인 조직도 갖지 못했다. 노조들은 전국적 대표체를 건설하지 못한 채 기업별로 원자화, 고립화되었다. 합법적인 전국적 조직으로 한국노총이 존재하긴 했으나 이는 권위주의 정권의 외곽조직으로서 국가로부터 부과되는 노동통제를 정당화하는 기능을 수행했을 뿐이다[8].

또한 1959년 진보당이 붕괴한 이래 분단 상황을 이용한 군사정권의 강력한 반공공세 속에서 좌파정당은 존재해 본 일이 없었다. 정치현장은 1963년 이래 1987년까지 면면히 이어진 군부세력에 기반을 둔 지배정당과 최소한의 절차적 민주주의의 회복을 지상과제로 삼는 보수야당에 의해 장악되었다. 요컨대 노동자계급의 입장에서 개혁을 강제할 수 있는 어떤 사회세력, 정치

---

8) 최장집은 이런 박정희 정권 하의 국가-노동-자본 관계를, 슈미터의 개념을 빌어, 국가조합주의(state capitalism)로 개념화한 바 있다. 한국의 국가조합주의체제 속에서 국가는 노총에 독점적 대표권을 부여하는 대신 노총을 통해 노동 전체에 수직적 통제를 부과했다. 노총은 정상조직(peak organization)으로서의 상향적 이익대표 기능은 전혀 하지 못했고 이런 상태에서 노동자들은 기업별 노조를 따라 수평적으로 파편화되고 정치적으로 탈동원화되었다(최장집, 1988).

세력도 제도정치의 현장엔 존재하지 않았던 것이다.

따라서 이 시기 동안 한국은 '한강의 기적'이라 불리는 경제성장을 이룩했으나 그 성장의 결실은 노동자계급을 비롯한 대부분의 기층민중과는 무관한 것이었다. 국가는 분배 문제에 대해 선성장 후분배 이데올로기로 일관했을 뿐만 아니라 복지문제에도 특별한 관심을 기울이지 않았다. 대규모 이농이 발생한 이 시기는 산업사회로의 진입 자체가 어느 정도 계층상승의 의미를 가지는 시기였으므로, 시장(고용)을 통한 분배 외에 복지제도와 같은 여타의 재분배 기제에 대한 절실한 요청이 나타나기 어려웠던 시기라고도 할 수 있다.

그럼에도 불구하고 이 시기에는 기본적인 복지제도들이 몇 차례의 계기에 걸쳐 도입, 형성되었다. 기존의 여러 연구들은 복지제도의 형성을 추동하는 노동계급과 같은 사회세력의 형성도 미미하고, 정부의 정책지향도 반복지적인 상황에서 이러한 복지제도들이 어떻게 도입될 수 있었는가에 관심을 기울여 왔는데, 이는 복지제도의 추동력을 찾는 의미라기보다는 예외적 상황을 가져온 요인을 확인하는 의미를 가지는 것이다.

제한적이나마 기본적인 복지제도들이 형성된 계기들과 형성된 제도들의 주요 특징들은 다음과 같다. 첫째 이 시기는 1960년대 초 5.16군사쿠데타 이후, 무려 19개에 달하는 복지입법이 대량으로 이루어진 시기이다. 그러나 그 대부분은 국가와 관련을 갖는 특수집단에 대한 혜택을 규정하고 있는 것들이었다. 예컨대 1962년의 군인보험법과 군사원호대상자정착대부법, 군사원호대상자고용법 등이 그것이다(성경륭, 1992: 118-119).

당시 시행된 유일한 사회보험인 산재보험은 막 추진되기 시작한 산업화정책을 뒷받침하는 성격을 가지고 있었는데, 500인 이상 사업장을 대상으로 시작하고 이후 점진적으로 확대됨으로써, 다른 사회보험에도 적용된 하향식 확산과정의 전형을 창출하였다. 유일하게 보편주의적 입법의 가능성을 가지고 있었던 의료보험법은 강제적용이 유보됨으로써 1977년까지 유명무실했다. 그리고 1961년의 생활보호법은 1944년의 조선구호령을 거의 답습한 것이고, 그 외의 제도들은 실효성이 극히 미약한 명목적인 것이었다고 할 수 있다. 이러한 제도들이 도입된 것은 불법적으로 집권한 정권의 정치적 정당성을 확보하기 위한 것이었다는 것이 일반적인 해석이다.

둘째는 1973년의 국민복지연금법 입법이 시행 유보되면서[9], 제5공화국 이전의 거의 유일한 보편주의 입법이라 볼 수 있는 1976년의 의료보험법 개정과 이로 인한 1977년의 직장의료보험 시행이다. 이 역시 500인 이상 사업장만을 대상으로 한 극히 제한적인 입법이었지만, 우리나라에서 시행된 최초의 보편주의적 복지제도로서의 의미를 가지면서, 이러한 제도도입의 원인이 무엇이었는지에 대한 학문적 관심이 집중되기도 하였다.

셋째는 1980년대 초 제5공화국 수립 직후이다. 1980년 서울의 봄을 쿠데타로 질식시키고 군부통치를 연장한 제5공화국 정부는 집권 직후 '복지사회의 건설' 을 국정지표로 내세우며 여러 가지 복지법안을 통과시켰다. 1981년의 아동복지법, 심신장애자복지법, 노인복지법 등이 그것인데, 노인인구 증가와 같은 사회적 변화를 반영하는 측면도 일부 있지만, 1960년대 초의 대량입법과 같이 정권의 정치적 정당성을 확보하기 위한 복지시혜라는 성격을 가지면서 내용적 실효성이 미미한 선언적 의미의 제도에 불과하다는 평가를 받고 있다.

넷째는 5공화국 정권 후반부에 속하는 1986년, 최저임금제와 국민연금 그리고 의료보험의 농어촌 확대 등 3대 복지개혁안이 선언된 사실이다. 이 제도들은 우리나라의 사회복지 역사에서 보편주의적 복지제도의 본격적 도입을 상징하는 중요성을 가지고 있는데, 이러한 제도들이 어떻게 도입될 수 있었는지, 그리고 이 제도들이 모두 1988년 초에 실시됨으로써 도입의 공과가 제5공화국과 제6공화국 정권 중 어디에 속하느냐는 논쟁을 야기하기도 하였다.

이상과 같이 이 시기 복지정책은 실질적 진전이 크게 이루어진 것이 아니었지만, 제한적이나마 기본적인 복지틀이 형성되는 과정이었다. 이러한 과

---

9) 국민복지연금법은 당시 중화학공업 추진을 위한 내자동원의 목적으로 정부 내부로부터 추진되어 입법이 완료되었으나, 중동전쟁 등의 영향으로 경제가 악화되자 시행이 유보되었다 (전남진, 1987).

정에서 본 연구에서 관심을 갖는 노동계급의 역할은 눈에 띄게 나타나지 않았다. 앞에서도 언급했듯이 1960년대와 1980년대 초의 대량 복지입법은 군사 쿠데타로 인한 정당성 위기에 대응하는 명백한 사례로 볼 수 있으며, 노동계급 등의 사회운동적 변수가 작용할 수 있는 상황도 아니었고, 그럴만한 노동계급의 역량도 갖추어지지 않은 실정이었다. 1976년의 직장의료보험과 1986년의 3대 복지제도 도입선언에서도 최저임금제의 경우를 제외하면 노동운동의 구체적이고 명시적인 요구를 찾아볼 수 없는 것이 사실이다.

그럼에도 불구하고 이러한 상황에서 노동계급을 위한 복지정치의 싹을 전혀 찾아볼 수 없는 것은 아니다. 이와 관련하여 1977년 의료보험제도 실시와 1986년 3대 복지제도 도입선언이라는 두 가지 계기를 좀 더 논의할 필요가 있다.

먼저 1977년 의료보험제도가 성립될 수 있었던 원인에 대해서 김연명 (1994)은 국제무대에서 남북이 벌인 체제경쟁에 영향을 받았다고 강조하는 한편, 유신이후 경제성장 위주의 정책이 소득재분배 악화 등으로 사회불안을 야기함에 따라 '사회개발'을 중시하는 방향으로 정부정책이 어느 정도 선회한 점을 중시하고 있다[10]. 후자의 원인과 관련해서는 유신 이후 증폭된 노동운동과 민중운동의 활성화가 의료보험의 형성을 야기하였다는 직설적 주장 (원석조, 1991)의 정당성은 일단 유보하더라도, 베트남 전쟁 종식(1975년) 이후 체제유지의 불안감에 의해 총력안보체제가 강화되면서 긴급조치와 같은 억압정책의 보완으로 노동자의 저임금해소, 실업대책, 최저임금제 실시 등 사회보장의 확대를 촉구하는 유화정책이 국회 등을 통해 나타나고 있던 현상 (김연명, 1994)을 미루어 볼 때 상당히 설득력 있는 논리라 할 수 있다.

그리고 이러한 사회불안의 중심에는 1970년 전태일 분신사건 이후 민주화된 단위노조들을 중심으로 전개된 상당히 전투적인 노동운동이 존재하였다

---

10) 1962년부터 시작된 경제개발 5개년 계획은 1977년(4차 계획)부터 '경제사회발전 5개년 계획'으로 변경되었는데, 사회적 상황의 변화에 따른 '사회개발' 욕구를 명시적으로 반영한 것으로 해석할 수 있다.

는 사실을 상기할 수 있다. 1979년 박정희 정권의 몰락을 촉발한 YH노조 사건도 이러한 운동의 맥락에 서 있었던 것이다. 즉, 이 당시 노동운동은 명시적으로 사회보장에 대해 요구하지는 않았지만, 정부의 정책결정에 영향을 주는 변수로 등장하기 시작하였다고 볼 수 있다.

다음으로 1986년의 제5공화국 정권 하에서 이루어진 3대 복지제도의 도입결정 또한 권위주의 체제에 대해 노동운동을 위시한 민중적 저항이 강화되고 있던 상황을 무시하고 생각할 수 없다는 점이다. 5공 정권 수립 이후 억압되었던 민중운동과 노동운동은 1983년경부터 재개되기 시작하였고(성경륭, 1991), 이에 대한 정부의 유화조치는 오히려 1985년 2.12 총선을 통한 강성야당 신민당이 부상하는 결과를 가져왔다. 총선 이후 정국은 양당체제로 복귀하였고, 대통령 직선제 개헌요구가 정치권의 핵심 현안으로 부상하였다.

이렇게 볼 때 1986년 8월 하순의 3대 복지정책 공약은 한편으로 개헌의 불가피성이 광범위하게 수용되는 분위기에서, 다른 한편으로 장성광업소(3월), 대우자동차(4월) 등 대형 노사분규가 빈발하는 등 노동운동이 활성화되고 이에 대한 억압 역시 재강화되고 있던 상황을 배경으로 하는 것이었다. 따라서 그 목적은 한편으로 개헌관련 국민투표에 대비한 정치적 지지획득의 측면을 가지면서, 동시에 노동운동과 민중운동에 대한 억압의 반대 급부적 성격을 갖는 것으로 이해할 수 있다.

이와 관련하여 당시 노동운동의 유일한 대표 단체였던 한국노총이 전례 없이 최저임금제 도입을 요구하는 운동을 활발히 전개하였다는 사실(유병혁, 1988; 김정하, 1994)을 들 수 있다. 그러나 그 외의 복지제도에 대한 적극적인 요구운동이 존재하지 않았던 것도 사실이다. 이러한 상황은 3대 복지정책공약이 노동운동을 중심으로 한 민중세력의 현재적, 잠재적 저항을 반영한 것으로, 즉 최소한 부분적으로 노동계급 복지정치를 반영하기 시작한 것으로 이해할 수 있는 반면, 그 한계를 보여주는 사례로도 이해할 수 있는 것이다.

3) 저항의 폭발과 복지개혁단계: 1987-1997

이 시기는 1987년 6월 민주항쟁과 연이은 노동자대투쟁(7-9월)을 기점으로 정치와 경제 측면뿐만 아니라 사회복지에 있어서도 대전환이 발생한 시기로 간주되는 것이 일반적인 평가이다. 정치적으로 이 시기에 한국의 정치체제는 권위주의체제에서 민주주의체제로 점진적으로 이행하기 시작하였으며, 경제적 측면에서도 노동계급에 대한 억압과 배제를 통한 축적체제에서 '동의에 의한' 축적체제로 변화되는 양상을 보여주었다. 사회복지의 발전에 있어서도 보편주의적 사회보험제도가 구비되는 등 복지국가의 외양이 갖추어지는 시기였다. 편의상 이 시기를 세부적으로 6월 민주항쟁과 노동자대투쟁 및 제6공화국(1988-1992) 시기와 문민정부(1993-1997)의 시기로 나누어 살펴보고자 한다.

(1) 6월 민주항쟁 및 노동자대투쟁과 6공화국 시기

1987년에 절정에 달한 1980년대 민주화운동은 1983년 이후 재개되고 강화되기 시작한 학생, 노동자, 재야 등의 민중적 저항과 1985년 2월 총선거 이후 선명야당이 제1야당으로 부상하면서 전자와 연합하여 추진한 대통령직선제 개헌 등 민주화투쟁의 맥을 잇는 것이었다. 전두환 정권은 이러한 저항에 대하여 호헌의 자세를 견지하였지만, 범국민적 저항에 직면하여 대통령직선제 개헌 등 민주화 조치를 주내용으로 하는 6.29선언을 수용할 수밖에 없었다.

군사정권의 대국민 항복이라 할 수 있는 이러한 상황은 국가의 물리적 통제기제를 이완시킴으로써 연이은 노동자대투쟁(7-9월)의 직접적 계기가 되었다. 당시 노동쟁의의 발생건 수는 1986년 276건에서 1987년 3,749건으로 급증하고, 노조조직률은 1986년 6월 17.3%에서 1988년 22%, 단위노조수는 1986년 2,658개에서 1988년 6,142개로 단숨에 뛰어올랐다(앞의 [표 1-4] 참조)[11]. '통치불가능상태'(ungovernability)라고 표현할 수 있는 이런 상황은 축적과정과 지배과정의 동시교란의 의미를 가지면서 정치적, 경제적, 사회적 대전환을 야기하였다.

그러나 이러한 전환은 상당한 한계에 봉착하였는데, 이러한 한계는 정치사회적 개혁은 물론 사회복지개혁에도 영향을 주는 요인으로 작용하였다. 우선 정치적인 측면에서 대통령직선제로의 전환은 민주화투쟁의 가시적 성과물 중 하나였지만, 1987년 12월 직접선거로 치룬 대통령선거는 야권의 분열 속에서 제5공화국에 뿌리를 둔 여당후보의 당선으로 귀결되었다. 이에 따라 이후 민주화의 과정은 점진적인 "자유화"[12], 구체제의 잔존(survival)과 이행과정에 대한 구체제의 강력한 통제, 그리고 미미한 사회경제적 변화가 특징인 "거래를 통한 이행"(transition through transaction)의 형태를 띠게 되었다(Mainwaring and Share, 1986). 비록 제6공화국 정부는 공개적 독재체제에서 벗어나 최소한의 절차적 민주주의를 도입했지만 진정한 민주주의와는 거리가 먼 것이었다.

나아가 1988년의 4.26 총선은 우리 헌정사상 처음으로 여소야대 국회를 성립시키면서 실질적인 민주화 추진의 가능성을 보여준 계기가 되었지만[13], 1989년 3월 문익환 목사 등의 방북사건에 의해 촉발된 공안정국 하에서 분위기가 반전되면서, 1990년 초 3당(민정당, 민주당, 공화당) 합당을 통한 보수회귀로 귀결되었다(이영환, 1995; 조희연, 1994).

또 다른 한계는 노동자대투쟁을 통해 실질적으로 중심적인 사회세력으로 부상할 수 있는 기회를 포착했던 노동계급의 정치적 조직화가 저지되었다는

---

11) 이런 폭발적 경험은 이후 임금인상과 노동법개정을 이슈로 한 1988년과 1989년 대규모의 파업을 가능케 하는 원체험이 된다.

12) "자유화"(liberalization)와 "민주화"(democratization)의 구분에 대해서는 오도넬과 슈미터(O' Donnell and Schimtter, 1986)를 참조.

13) 4.26 총선결과 총 299석 중 민주정의당 125석, 평화민주당 70석, 통일민주당 59석, 신민주공화당 35석, 한겨레민주당 1석, 무소속 9석 등 여소야대 상황이 전개되었다. 조희연(1994)은 군부정권의 주도권을 약화시키고 민주화를 추동한 힘 중에서 가장 중요한 조건이 여소야대 국회였다고 보고 있다. 즉, 군부정권의 통치헤게모니를 결정적으로 약화시키고, 야당이 주도권을 잡는 상태를 창출함으로써, 이후의 민주화를 추동하는 계기로 작용한 한편, 이로 인해 통치권 차원에서는 비효율성이 유발되었다는 것이다.

점이다. 정치세력화를 위해서는 노동자들의 정치참여를 가로막는 법적, 제도적 장애물들이 제거되어야 했지만, 제6공화국정부는 생산과 정치 양면에서 노동자들이 하나의 계급으로 조직화되는 것에 대해 반동적 탄압으로 일관했다.

먼저 생산현장에서 정부는 복수노조금지, 3자 개입 금지, 공무원 및 교사노조의 금지 등 노동통제의 기본적 수단들을 계속해서 유지했다. 노동자대투쟁의 이듬해인 1988년 3월부터 1991년 7월까지 3년 3개월 간 노동운동으로 인한 구속자 수는 1,736명에 달했다. 이는 공개적 독재체제였던 5공화국의 전(全) 기간보다 더 많은 수치로서 민주적 개방 이후 남미 어느 나라에서도 이에 비견될 탄압은 행해지지 않았다(최장집, 1995)[14]. 이런 강경 탄압 하에서 노조조직률은 1989년 23.4%를 고비로 1990년 21.7%, 1991년 19.85%로 떨어진다. 파업건수 또한 1989년 1,616건에서 1990년에는 322건, 1991년에는 234건으로 하락한다([표 1-4] 참조).

정치적으로도 마찬가지였다. 노동자들이 하나의 정치세력으로 형성되기 위해서는 계급으로서 시민권을 인정하는 법적, 제도적 개혁이 필요했다. 그러나 자유화 이후 노동자계급의 정치참여의 문턱이 낮아진 남미와 달리 한국의 경우엔 여전히 완강한 국가의 억압기제가 작동함으로써 계급갈등의 정치화를 방지했다. 노조의 정치활동금지, 엄격한 정당설립 요건, 노조의 정치자금기부를 금하는 정치자금법 등이 노동계급의 독자적 정치세력화를 가로막았던 것이다. 이런 조건에서 노동자들의 정치세력화를 위한 몇 차례의 선거참여는 모두 쓰라린 실패로 귀결된다. 노동자들은 그들의 탈동원화, 탈정치화를 강제하는 제도적 장애물과 보수적 지배연합의 이데올로기 공세 속에서 계급보다는 지역 등의 다른 집단적 아이덴티티를 준거로 투표했던 것이다(최장집, 1993).

---

14) 또한 정부는 '법의 테두리를 넘어서는' 파업에 대해서는 항상 공권력의 투입으로 대응했다. 정부는 1988년 임금투쟁과 노동법 개정투쟁, 1989년 봄 대표적인 대규모 재벌 산하 기업인 현대중공업의 100일이 넘는 전투적 파업을 모두 공권력을 동원해 무력화시켰다.

요컨대 한국의 노동자계급은 1987년 투쟁의 결과로 국가와 자본으로부터 몇 가지 물질적 양보를 얻어냈으나, 생산과 정치 양 전선에서 권력자원의 증대는 이루어내지 못했던 셈이다[15]. 이에 따라 노동운동의 우선적 과제는 여전히 노동자들의 정치적 조직화의 장애물들을 제거하는 데 놓여졌다. 사회경제적 개혁은 이 과제가 성취된 후에나 가능할 것으로 보였다.

이러한 상황이 이 시기 복지발전의 근본적 한계로 작용한 것은 사실이지만, 외형적으로 볼 때 이 시기에 상당한 정도의 양적 팽창이 이루어진 것도 사실이다. 문제는 이러한 팽창을 어떻게 해석하고 나아가 노동계급의 역할과 어떻게 연결되는지를 고찰하는 것이다. 이 시기의 복지발전은 다음과 같은 3가지 부분으로 나누어볼 수 있다.

먼저 이 시기에 1986년에 도입이 선언된 3대 보편주의 입법의 시행준비가 이루어지고 1988년 1월부터 시행되었다. 최저임금제도의 경우는 1986년 12월에 법이 제정되었는데, 1987년 7월과 11월에 시행령과 시행규칙이 제정되었다. 역시 1986년 12월에 제정되었던 국민연금법은 노동자대투쟁의 와중인 1987년 8월과 10월에 각각 시행령과 시행세칙이 제정되어 5인 이상 사업장 근로자를 대상으로 실시되기 시작했다. 농어촌의료보험의 경우는 1980년대 초부터 시범사업이 시작된 관계로 별다른 법령의 개정없이 실시되었다.

다음으로 3대입법 외에도 산재보상법의 적용범위 역시 10인 이상에서 5인 이상으로 확대되었으며, 정부가 보험운영을 위한 행정비용의 일부를 지원하기 시작했다. 직장의료보험의 경우도 1987년 12월 개정을 통해 1988년 1월부터는 16인 이상에서 5인 이상 사업장으로 확대되었다. 그리고 제6공화국 출범 후인 1989년에는 모자복지법과 장애인복지법, 장애인고용촉진법 등의 사회서비스에 관한 법률들이 제정되었고, 영구임대주택을 포함한 200만호 주

---

15) 최장집(1993)은 계급의식의 발현을 제약했던 지역 균열, 분단체제 하의 레드 콤플렉스, 서비스업의 증대와 노동자계급의 수적 감소의 시작 등 구조적 요인 역시 노동자계급의 정치세력화를 방해했음을 지적하고 있으나, 단기적 시점에서 역시 가장 중요했던 것은 국가의 탄압이라고 밝히고 있다.

택건설사업도 시작되었다[16].

마지막으로 1990년대 초에는 3저호황의 종식에 따른 경제불안 속에서 각종 근로자복지대책이 발표되고 시행되었다. 이러한 대책에는 근로자주택, 노동은행, 생필품구판장 설치, 사내복지기금법, 고용보험법, 장학사업, 우리사주제도 활성화, 근로자종합복지시설 확충 등 다양한 계획들이 포함되었다. 이와 같이 다양한 복지제도의 발전은 [표 2-4]에서 보았던 바와 같은 꾸준한 복지비 지출의 증가로 나타났다.

우선적인 문제는 이러한 복지제도 확충의 성격을 어떻게 볼 것인가 하는 것이다. 이와 관련하여 성경륭(1991)은 이 시기 복지제도의 확충이 대체로 노동자대투쟁의 결실이라는 측면을 강조하면서, 변화된 상황 속에서 노동자계급의 체제저항능력을 약화시키려는 지배연합의 복지공세(welfare offensive)라고 평가하고 있다. 즉, 농업사회에서 탈농업·산업사회로 전환, 권위주의체제로부터 민주주의체제로의 대전환에 수반되는 사회정책은 '동의에 의한 지배'를 유지하기 위한 물질적 기초의 성격을 가지며, 무력적 억압수단을 보조하는 '황금의 족쇄'라는 것이다. 그리고 이러한 과정에서 한국의 복지체제는 자유주의적, 조합주의적, 노동자계급배제적 복지체제에서 보편주의적, 노동자계급포섭적 체제로 이행하면서 복지국가의 초입에 진입하는 것으로 적극 평가하였다.

그러나 이러한 적극적인 평가와 달리 노동자대투쟁 이후의 복지확충은 내용면에서 뚜렷한 한계를 지닌다는 주장도 있다. 대표적으로 김종일(1991)은 먼저 3대 입법이 시기적으로 볼 때 노동자대투쟁과는 무관하게 준비되어온 것이고, 이후의 국가복지제도들도 내용상으로 볼 때 빈약하여 유명무실하다는 것이다. 따라서 제6공화국 복지정책의 핵심은 근로자복지대책으로서 이는 부분적인 노동력부족 상황에서 노동시장의 불안정을 해소하고 노동력의

---

16) 영구임대주택 25만 호를 위해 계획된 재정지원금은 3조 6천억 원으로서(실제는 19만호 건설에 4조 원 정도 소요), 1983-1987년의 5년 간 주택부문에 투입된 정부재정지원액 7,556억 원의 5.4배에 해당할 정도로 획기적인 것이었다(이영환, 1995).

안정적 확보를 위한 노동정책적 고려에 의한 것이었다고 주장한다.

그리고 이러한 목적을 가진 국가의 근로자복지대책이나 탄압의 대가인 기업복지의 내용은 빈약할 수밖에 없다고 지적하고 있다. 즉 근로자복지제도는 이후 전개될 근로자주택이 큰 변수가 되기는 하지만, 지나치게 인력관리 측면만 강조되고, 기업복지의 경우에도 급식이나 상담실, 지정병원, 통근제도, 휴게실 등 극히 초보적 수준의 프로그램만이 강조될 뿐 실질적인 변화는 아니라는 것이다.

물론 김종일도 노동자대투쟁 이후의 체제는 강압적인 노동통제가 약화됨으로써 이전의 전제정치적 체제에서 '동의에 의한 지배'를 추구하는 헤게모니체제로 변화되었으며, 폭발적 계급투쟁에 밀린 정권의 수동적 양보의 성격을 갖는다는 점은 인정하고 있다. 그러나 이러한 양보는 제한적 양보, 즉 노동통제의 본질을 유지하면서 좀 더 전문화된 조직관리 방식으로 노동유인체제를 전환하는 것이며, 따라서 이 시기의 복지개혁은 단순한 민주화의 산물이 아니라 변화된 상황에서 자본의 축적요구를 반영하는 것이라는 주장이다.

김종일과 유사하게 송호근(1992)도 이 시기에 구축된 한국 복지체제의 특성을 '주변적 국가복지와 형식적 기업복지'의 결합으로 규정하고 있는데, 이러한 한계는 앞서 언급한 정치적 민주화와 노동운동 성장의 한계를 반영하는 것으로 이해할 수 있을 것이다.

이들의 주장과 같이 1987년 이후의 개혁은 한국 사회복지 발전의 획기적인 계기라는 성격과 함께 불충분성을 동시에 내포하는 것이었다. 즉, 한편으로 1988-89년의 국민연금 도입, 의료보험의 전국민 확대는 1990년대 고용보험의 도입과 더불어 보편주의 원리에 입각한 사회보험의 틀을 갖추는 계기가 되었다. 이와 더불어 각종 사회서비스의 정비는 국가복지체계에 의해 포괄되는 사회적 위험의 종류를 크게 확대하였다. 당연히 복지지출 역시 꾸준한 증대를 보였다. 정부지출 대비 복지지출은 1987년부터 1996년(제6공화국 마지막 해)까지의 5년간 3% 증대했는데, 1975-87년간(12년간)의 복지지출의 증가가 1.8%에 그쳤다는 사실과 비교될 수 있다.

그러나 다른 한편 1987년 이후 점증하던 정부의 복지비 지출은 1992년부터 GDP 대비 1.6% 선에서 고정되었다. 그리고 모자복지법, 장애인복지법, 장애인고용촉진법 등 사회복지서비스에 관한 법률들도 국가의 부담을 최소화하기 위해 수혜대상을 극히 제한하였으므로 선언적 의미를 크게 벗어나지 못했다. 1990년 실시가 임박한 것으로 보였던 고용보험도 1990년대 중반으로 미루어졌으며, 기존 사회보험은 정부의 무기여와 낮은 소득대체율, 높은 본인부담의 비복지적 특성이 지속되었다. 인간 이하의 생활을 강요하는 공적부조 수준 역시 변함없이 온존되었다. 이러한 한계는 '수동혁명'(passive revolution, Gramsci, 1971; Bush-Glucksmann, 1978)으로 기획되었던 복지개혁의 귀결로서 당연한 것이기도 하였다.

이제 이러한 양면적 성격을 갖는 복지개혁과정에서 노동운동의 역할에 대해 살펴보기로 하자. 우선 1987년 노동자대투쟁기 노동운동의 주요 요구는 작업장 내 인권보장과 단결권 그리고 임금인상에 대한 요구가 주류였고 국가복지에 대한 요구는 찾아보기 어려웠다(기독교사회문제연구원, 1987)[17]. 따라서 앞에서 언급한 3대 복지제도(최저임금, 국민연금, 농어민의료보험제도)의 실시와 관련된 노동운동의 역할이 논란의 여지가 될 수 있는데, 예를 들어 성경륭(1991)의 경우는 이를 노동운동의 성과로 인식하고 있는 반면, 김종일(1991)의 경우는 이를 부정하고 있다. 3대 복지제도가 이미 1986년에 공약된 것이지만 실시가능성이 의문시되는 부분도 있었고[18], 부분적으로 노동운동의 명시적 요구를 반영한 부분(최저임금제의 경우)도 있었으며, 시행령과 시행규칙 등 준비과정이 주로 노동자대투쟁 전후에 이루어졌다는 사실 등이 논란을 불러일으키는 요인이 되었다.

이러한 논란에 대해 정확한 판정을 내리는 것은 매우 어려운 일이다. 다만

---

17) 임금인상에 대한 요구는 초기에만 크게 반영되었을 뿐 1989년부터 보수회귀가 시작되면서 기업복지의 확장으로 대체되는 양상을 보여주었다.

18) 국민연금제도 형성과정에 관한 한 연구(오정수, 1987)에 의하면 입법당시 언론은 시행가능성을 의심하는 분위기였다.

이들 제도들이 노동계급의 명시적인 요구에 반응한 것은 아닐지라도, 노동자대투쟁이 6월 민주항쟁으로 촉발된 정치적 민주화운동을 (불완전하나마) 거스를 수 없는 사회적·경제적 민주화의 방향으로 몰아갔던 상황적 맥락을 감안한다면, 노동운동이 이들 제도의 시행을 유보하거나 철회하기 불가능한 국면을 조성하는 데 공헌하였다고 평가할 수도 있을 것이다. 즉 이를 노동계급 복지정치의 직접적인 성과로 보기는 어렵지만, 정책실현과 관련된 간접적인 영향은 인정하여야 한다는 것이다.

이 같은 노동운동의 상황과 달리 이 시기 본격적인 복지운동의 시발이 된 것은 의료보험과 관련된 농민운동 및 보건의료단체들의 활동이다. 이들은 1988년 농어촌의료보험이 실시되자마자 불합리한 보험료산정 체계에 항의하는 대중행동을 전개하여, 농어촌의료보험에 대한 국고지원을 쟁취하였고, 문제의 근본적 해결을 위하여 기존에 조합주의적으로 분산되어 있던 의료보험제도를 통합·일원화하는 운동을 전개하였다. 이 운동의 성과는 1989년 3월 통합법안인 국민의료보험법안이 여야 만장일치로 국회에서 통과되는 것으로 나타났지만, 대통령의 거부권 행사로 실시되지는 못하였다(김연명, 1989). 노동운동은 이 시점까지는 참여하지 않았지만, 이후 전개된 의료보험 통합운동에 부분적으로 그리고 1994년부터는 본격적으로 참여하였다. 예를 들어 1989년 5월 결성된 지역의보총련(전국지역의료보험노동조합총연합)은 11월 24일 의료보험통합일원화 등의 슬로건을 내걸고 파업에 돌입하였다(김유선, 2000).

노동운동이 전국적 조직 차원에서 사회복지 이슈를 주장하기 시작한 것은 1990년대 들어서 나타나는 현상이다. 우선 1990년 1월에 결성된 민주노조 지향의 전노협(전국노동조합협의회)은 '고용안정보장제도, 공공임대주택, 무상의무교육, 의료보장제도, 복지재정지출확대 등 제도적, 정책적 개선을 쟁취한다'는 사회보장 요구를 강령 차원에서 수용하였다. 한국노총 역시 1991년 2월 대의원 대회에서 '노동운동의 이념으로 민주복지사회 실현을 위한 노동조합주의를 채택하고, 사회복지를 포함한 생활영역에서의 투쟁의 중요성을 강조' 하는 양상을 보여주었다(김유선, 2000).

이와 같이 노동운동단체들이 사회복지개혁을 운동의 중요한 목표로 내세운 것은 노동자대투쟁 이후 자율성이 신장된 노동운동의 변화된 양상을 보여주는 것이며, 다른 한편 당시 심각하게 대두된 주택문제와 같은 민생문제의 중요성을 반영한 것이라고 볼 수 있다. 당시 전노협과 한국노총은 전자가 국가복지를 강조한 반면 후자는 정부에서 추진하는 기업복지적 성격이 짙은 근로자복지제도를 선호하는 차이를 보이기도 하였는데(이영환, 1995), 이러한 차이는 이후에도 단속적으로 나타났다.

그러나 국가복지를 강조하는 민주노조운동은 민주노조결성과 사수, 임금인상, 단체협약갱신, 노동법개정투쟁을 당면과제로 삼을 수밖에 없었기 때문에, 사회개혁운동은 개별노조 혹은 연맹의 부분적 대응수준에 머무르는 한계를 노정하였고, 그 결과 사회적으로 부각된 복지운동을 창출하지는 못하였다(김유선, 2000).

(2) 문민정부 시기

1961년 이래 최초의 민간정부였던 김영삼 정부의 출범 이후에도 상황은 크게 달라지지 않았다. 김영삼 정부는 군부독재체제로부터 단절과 정치개혁을 추진했으나 노사관계에 대해서는 마찬가지로 보수적이었다. 정부는 국제경쟁력, 고통분담, 노조 이기주의 자제 등 이데올로기 공세를 통해 노동운동의 운신을 제약하는 한편 노총과 경총의 임금협상을 중재하는 등 의사 조합주의(pseudo-coporatist)적 조처를 취하기도 했다. 그러나 전투적 파업이나 급진적 노동운동 분파에 대해서는 노태우 정부와 다름없는 강경한 탄압으로 일관했다. 공권력은 대규모 파업 때마다 법의 집행을 명분으로 여전히 투입되었다.

이 시기 노동운동의 중요한 특징은 노조조직률의 저하와 전국적 연대의 공고화라는 모순적 경향으로 나타났다. 우선 노태우 정부 하에서 이미 상당히 떨어져 있었던 노조조직률은 김영삼 정부에 들어서서도 지속적으로 하락했다([표 1-4] 참조). 제조업에 종사하는 노동자의 감소, 임시직의 증대, 그리고 100인 이하 사업장의 증대[19] 등이 주원인이었다.

산별노조의 건설이 조직률 저하경향을 반전시킬 유일한 대안으로 간주되었으나 이 과제는 이렇다 할 진전을 보지 못했다. 기업별 노조주의의 유산, 대기업과 중소기업노동자들 간의 이해관계 차, 그리고 고용주들의 산별 협상에 대한 거부가 산별노조 건설의 장애물이 되었다. 조직률의 저하와 더불어 노동운동에 대한 한국사회의 완강한 이데올로기적 편견과 두 번의 선거 참여에서 겪은 패배 역시 노동운동을 좌절시켰다[20].

반면 노동운동의 전국적 연대는 이 시기 동안 크게 진전되었다. 1987년 이후 성장한 독립적이고 진보적인 민주노조들은 전국노동자협의회(1990. 1)와 전국노조대표자회의(1993. 6), 민주노총준비위원회(1994. 11) 등을 거치면서 전국적 조직건설을 모색했고, 마침내 1995년 11월 제2의 전국노조조직인 민주노동조합총연맹을 출범시켰다. 민주노총은 비록 전체노조원의 1/3 정도만을 포괄하고 있었으나 금속, 업종, 공공부문 노조 등 전략적으로 중요하고 영향력 있는 거대노조들이 소속되어 있었다(임영일, 1997).

따라서 민주노총의 대표성, 정당성, 그리고 동원력은 그간 어용노조로 비난받아왔던 한국노총에 비할 바가 아니었다. 민주노총의 출범은 이제 민주적 노동운동이 국가나 자본이 무시해 버리기 어려운 수준까지 성장했음을 보여주는 것이었고, 정부는 1996년 5월 대통령 직속으로 '노사관계개혁위원회'를 설치하여 그 실체를 인정하는 모습을 보여주었다.

연 5백만 명이 참여했던 1996년 12월-1997년 3월간의 전국적 파업은 민주노조운동의 역량과 한계를 동시에 드러내었다. 노동운동이 지속적으로 요구

---

19) 기업별 노조체제 하에서 100인 이하 사업장 노동자들은 인적으로나 재정적으로 노조를 설립, 유지하기 어렵다. 1995년 100인 이하 사업장은 전체 사업장의 92.1%를 차지했으나 이들의 조직률은 겨우 2.5%에 불과했다. 반면 500인 이상 사업장의 조직률은 97.1%에 달했다(이원보, 1997).

20) 민주노총이 후원한 후보들은 1995년 지방의회 선거에서 8개의 도의석과 14개의 지방의석을 얻는 데 그쳤다. 또한 1996년 국회의원 총선에서는 한 석도 얻지 못했다.

해온 노동법개정이 최악의 형태, 즉 노동조건이 유연화되면서 시대착오적인 노동기본권을 제한하는 조항들이 그대로 유지되는 것으로 마무리되자 민주노총은 총파업을 선언했다[21]. 1987년의 노동자대투쟁과 달리 이 파업은 주로 민주노총에 의해 조직화되고 통제되었으며 파업의 정치적 결과들이 면밀히 계산되면서 수행되었다. 또한 영향력있는 노조의 대부분을 동원할 수 있었으며 국내는 물론 해외로부터도 광범위한 지지를 받았다. 결국 정부는 개악된 노동법들을 다시 개정하겠다고 약속할 수밖에 없었다. 그러나 개정노동법을 재개정하는 과정은 노동운동의 취약성을 선명히 보여주었다. 정부가 수정을 약속하자 그 수정과정에서 민주노총이 직접 개입할 수 있는 여지는 없어졌다. 노동운동은 자신을 대표할 정당을 가지고 있지 않았고 자신의 이익을 대변할 제도화된 정치적 통로 역시 가지고 있지 않았기 때문에 투쟁의 성과물을 보수야당과 여당의 협상테이블 위에 올려놓고 그들의 협상결과를 그저 기다릴 수밖에 없게 되었던 것이다(임영일, 1997: 63). 결국 1997년 3월 통과된 재개정된 노동법들은 민주노총의 애초의 요구와는 매우 거리가 먼 것이었다. 이러한 경험을 통해 노동운동은 정치적 조직화의 필요성을 절실히 깨닫게 된다[22].

한편 문민정부의 복지정책은 '민주화를 통한 복지발전' 의 기대에 못 미치는 것으로 나타났다. 이 시기에서 두드러진 특징 중의 하나는 정부가 거의 매년 사회복지 개혁안을 발표하였다는 점이다. 1993년에는 신경제 5개년 계획을 수립하여 1991년에 작성했던 7차 경제사회발전 5개년 계획을 수정하였고, 이후 21세기위원회(1994년)와 사회복지정책심의회(1994년)의 개혁안 등을 거쳐 1995년에는 국민복지기획단을 구성하여 '삶의 질 세계화를 위한 국

---

21) 1996년 12월 신한국당은 복수노조금지조항 3년 연장, 정리해고 허용, 5년 후 노조전임자 임금지급금지 등 개악된 노동법을 날치기 처리하였다. 이에 항의하는 총파업에는 한국노총도 가세하였다(조희연 외, 2001).

22) 노동자 정당(혹은 진보정당)은 이전부터 여러 가지 흐름으로 추진되어 왔는데, 이를 결집하여 2000년 1월 민주노동당이 창당된다.

민복지 기본구상'을 발표하였다.

구체적으로 신경제 5개년 계획은 성장과 분배를 동시에 달성하는 '한국형 사회복지모형'의 개발을 추구하는 정책안을 제시하였다. 그러나 그 주요 내용은 생산적 복지의 추구, 민영화 및 지방화의 확대로 요약할 수 있는데, 이는 '국민복지 기본구상'에 이르기까지 그대로 관철되었다. 이러한 구체적 목표에 따라 고용보험과 농어민 연금 및 보육시설 확충과 같은 '생산'과 관련된 제도의 개선은 부분적으로 이루어졌지만, '생산적' 복지에 대한 강조는 여타의 '비생산적(?)' 복지를 위축시키는 결과를 가져왔다. 그리고 성급한 민영화(보육 및 노인시설의 민영화, 개인연금 지원, 자원봉사, 기업의 복지활동 강조 등)는 기초적인 복지투자의 중요성을 간과하는 결과를 가져왔으며, 지방화 정책 또한 기존의 지역간 불균형을 시정하는 적극적 시책을 결여한 채 오히려 이를 증폭시킬 위험을 안고 있었다. 결국 한국형 복지모형은 그럴듯한 수사와는 달리 복지투자의 확대를 강력히 억제하는 (신자유주의적) 이데올로기로 기능하였다고 평가할 수 있다(이영환, 1997).

그 결과 복지지출은 정체상태를 보여 정부지출 대비 11-13%선에 머물렀다. 전반적으로 사회보장 예산이 GNP 1%에도 못 미치는 열악한 상황이지만, 1980년대에는 완만하나마 지속적으로 복지비 지출이 확대되었다. 그러나 1991년을 고비로 복지비 지출은 정체 내지는 완만한 축소 경향으로 돌아섰으며, 이러한 경향은 1993년 문민정부 탄생 이후에도 지속되었다.

결국 1995년까지는 전반적으로 복지예산의 증가율이 평균적인 재정증가율에도 미치지 못하였으며, 1996년에 와서야 복지예산 증가율(18%)이 일반회계 증가율(16%)보다 약간 웃도는 정도로 책정되었을 뿐이다(이영환, 1997). 이와 같이 문민정부가 이전의 군사정부들보다 오히려 복지문제에 소극적이었던 것은 세계화 현상과 같은 외적인 요인이 작용한 것도 있었지만, 일반적으로 과거와 달리 복지지출의 확대를 통한 정치적 정당화의 필요성이 없었기 때문이라고 평가되고 있다. 노동계급의 복지정치와 관련하여 이 시기의 중요한 특징은 전국적 조직화를 달성한 민주노동운동 진영이 사회복지

요구투쟁을 공식적인 의제로 채택하고 대중동원 등의 방법으로 적극 개입하기 시작하였다는 점이다. 물론 노동운동 차원에서 좀 더 긴급한 과제는 제6공화국 하에서와 마찬가지로 여전히 노동법개정과 더불어 정치세력화의 법적·제도적 걸림돌을 제거하고, 그럼으로써 유의미한 정치세력이 되는 것이었다.

따라서 노동운동의 복지투쟁은 결과적으로 큰 성과를 산출하는 데는 성공적이지 못했지만, 복지문제를 노동운동의 중심과제로 수용한 것은 우리나라 사회복지 역사상 중차대한 의미를 갖는 사건임에 틀림없다[23]. 구체적으로 민주노총은 1995년 창립대회에서 의료보험 통합과 같은 사회보장 개혁안을 강령과 기본과제로 채택하였는데, 이를 전후한 상황은 다음과 같이 볼 수 있다(김유선, 2000; 백승호, 2000; 우승명, 1999).

- 1993년 6월 전노대(민주노총의 전신, 전국노동조합대표자회의): 사회보험관련제도개선 투쟁 선언, 고용보험법 제정과 공자법 제정 반대(사무노련중심) 요구.
- 1994년 '의료보험통합일원화와 보험적용 확대를 위한 범국민연대회의' 구성: 당시 복지부는 의료보장개혁위원회 구성. 병원노련 등 적극 참여 (노사공동청원서 요구 등)
- 1994년 민노총(준): 사회개혁투쟁 채택키로 함. 노동자의 경제적 지위는 개선되었지만, 정치적, 사회적 지위는 오히려 후퇴, 국민 전체의 생활과 권리를 개선하는 것이 노동운동의 과제라고 인식, 1995년부터 임단투, 노개투와 함께 사회개혁투쟁을 중점과제로 설정.

---

23) 한국노총의 경우도 1991년 대의원대회에서 사회복지문제를 중요한 과제로 채택하는 등 복지문제에 대한 개입을 확대하였고, 복지정책과 관련된 각종 정부위원회에 민주노총과 동반 참여하고 있지만, 민주노총만큼 적극적이지 않았기 때문에 여기에서는 민주노총의 활동을 중심으로 서술할 것이다. 한국노총이 전통적으로 복지문제에 적극적이지 않았다는 평가에 대해서는 감정기(1994) 참조.

· 1995년 민노총(준): 5대 과제 설정- ① 의료보험 통합일원화와 보험적용
  확대, ② 국민연금의 민주적 관리운영(기금운영문제, 공공자금관리기금
  법 5조 폐지), ③ 세제 및 재정개혁, ④ 재벌의 경제력집중 규제, ⑤ 교육
  개혁. 1차 년도에는 실질적인 제도개선보다는 조합원대중의 의식고양
  에 일차 목표가 있었음.
· 임단투에서도 의료비, 교육비, 개인연금보조, 의료보험조합의 민주적
  운영, 직장탁아소설치 등 요구, 제도개선에 대한 노사공동청원 지침 마
  련-쟁점화에 어느 정도 성공, 단협에서 성과, 의료보험급여확대 등 성과.
· 1995년 11월 민노총 창립 대의원대회: "우리는 독점자본에 대한 규제를
  강화하고 중소기업과 농업을 보호하며, 사회보장, 주택, 교육, 의료, 세
  제, 재정, 물가, 금융, 토지, 환경, 교통 등과 관련한 정책과 제도를 개혁
  한다"는 강령 채택, "우리는 사회보장제도와 주택, 교육, 의료제도를 개
  혁하여 전 국민의 인간다운 삶을 쟁취한다"는 기본과제 채택.
· 1996년 민노총: ① 정경유착 근절과 재벌개혁, ② 사회복지제도 개선,
  ③ 세제개혁을 사회개혁 3대 과제로 압축 제시하고 '노동법개정을 통한
  노사관계민주화'와 함께 총선시기에 최대 쟁점화 결의. 의료보험과 의
  료서비스확대, 연금기금운용개선 외에도 탁아소, 학교급식, 교육환경개
  선, 복지예산 증액 등 복지서비스 확대 요구.
· 1996년 2월: 1996 사회개혁과제 실현을 위한 노동, 시민, 사회단체 공동
  선언 채택.
· 1997년 7월: 민노총, 13대 사회개혁과제 제시(의료보험 통합 등).

이와 같이 민주노총을 중심으로 한 민주노동운동 진영은 사회복지제도 개
선 등 사회개혁투쟁을 노동법 개정과 함께 중심적인 운동과제로 채택하는
획기적인 모습을 보여주었으며, 이러한 노선은 현재까지도 지속되고 있다.
당시 민노총의 사회개혁운동은 1996년 총선시기 등에 사회적 쟁점화에 어느
정도 성공하였고, 단체 협약시 요구사항 관철에서도 성과가 있었던 것으로

평가되지만, 1996년 이후 노동법 개정과 임단투, 그리고 선거투쟁(총선, 대선)의 시급성에 밀려 큰 성과를 보기는 어려웠다(김유선, 2000). 그러나 이러한 운동이 1996년 출범한 노사관계개혁위원회와 1998년 노사정위원회를 통해 어느 정도 실질적인 성과가 나타나는 데 밑거름이 되었다는 점도 고려하여야 할 것이다.

노사관계 개혁위원회는 1997년에 ① 사회보험 관리운영체계 개선, ② 산재보험운영체계 개선의 기본방향, ③ 산재보험 적용확대 등을 논의하고 합의를 도출하였는데, 이러한 과정에서 산재보험 민영화론을 봉쇄하고, 의료보험통합과 각종 사회보험관련 위원회의 민주적 운영을 위한 기반을 마련하는 성과를 올림으로써 1998년 노사정 합의의 배경으로 작용하였다(김유선, 2000). 의료보험 통합의 1단계로 지역의료보험과 공무원·교원의료보험을 통합하는 국민의료보험법은 1997년 11월 18일 국회를 통과하여 12월 31일 공포되었다(시행은 1998년 10월).

결론적으로 이 당시 민주노동운동은 전국적 조직의 건설을 바탕으로 사회복지요구투쟁을 자신의 중요한 사명으로 공식의제화하는 역사적 전환을 이루었고, 대중적 동원과 노사정 협의기구를 통해 제한적이지만 가시적인 성과를 산출하는 데 성공하였다. 또한 1994년에 출범한 의료보험통합을 위한 연대회의에 적극 참여함으로써 사회개혁을 위한 연대투쟁에서 노동운동이 중심성을 갖는 중요한 계기를 마련하기도 하였다[24].

---

24) 민주노총 사회개혁투쟁의 이론적 근거는 후에 '연대주의사회보장전략'으로 제시되었는데, 그 주요 내용은 다음과 같다; 첫째, 사회보장은 사회적 임금으로서 시장임금과 동등한 중요성을 갖는다. 둘째, 사회보장은 사회적 위험으로부터 노동자를 보호함으로써 빈곤화를 방지한다. 셋째 사회보장은 노동자계급 내부의 연대를 강화하는 도구가 될 수 있다. 넷째, 나아가 타 사회계급·계층과 연대·동맹을 강화하는 수단으로 활용될 수 있다(김연명·남기곤·오건호, 1999).

4) 외환위기와 의사조합주의 실험단계: 1998년 이후

1997년 11월 21일 한국정부는 모라토리엄 직전의 위기에서 IMF에 구제금융을 공식적으로 신청하였다. 이 금융위기의 직접적 원인은 외국자본의 급속한 유출과 이로 인한 외환보유고의 고갈이었다. 그러나 위기의 원인은 좀더 근본적인 곳에, 즉 뿌리깊은 재벌체제와 급속하고 부주의한 외환시장의 자유화에 있었다. 비록 금융위기의 원인은 정부와 재벌에 있었지만 그 결과는 전국민에게 심각한 고통을 안겨주었고 엄청난 변화를 감내할 것을 요구했다.

IMF 구제금융은 매우 긴축적인 거시경제정책과 구조조정, 그리고 미시경제의 자유화 등을 조건으로 한 것이었고, 이것이 의미하는 것은 저성장과 고이자율, 고물가와 고실업이었던 것이다. 대부분의 사람들은 대량실업과 소득감소, 그리고 빈곤화라는 고통에 시달렸다.

이런 경제위기는 역사상 최초의 정권교체라는 상황과 맞물리면서 노사관계와 복지문제에도 큰 변화를 가져왔다. 노사관계에서 가장 눈에 띄는 변화는 3자 협의기구인 노사정위원회의 설립이었다. 민주노총은 앞으로 다가올 장기적 경기침체와 대량실업사태를 우려하면서 노사정위의 설립을 제안했다. 당시 야당후보였던 김대중은 기업과 보수적 유권자들을 의식하여 이런 민주노총의 제안에 아무런 반응도 보이지 않았으나 집권 뒤 결국 이 제안을 수용했다. 서구에서 자유주의체제보다 경제 관리에 있어 우수했다고 평가된 코포라티즘이 한국적 형태로 실험대에 오르게 된 것이다.

그러나 한국의 3자 협상구조는 과히 성공적이지 않았다. 1차 노사정위원회(1998. 1.-1998. 2)는 민주노총이 정리해고 법제화를 수용하기로 한 지도부의 결정에 불복하고 지도부 불신임선언을 하면서 해소되었다. 2차 위원회(1998. 6.-1999. 5)는 민주노총이 1998년 6월에 그리고 한국노총이 1999년 4월에 각각 탈퇴선언을 함에 따라 기능 정지 상태에 빠졌다. 경총 역시 1999년 5월 탈퇴를 선언했다.

민주노총과 한국노총은 정부의 일방적인 공기업 구조조정과 그로 인한 대량실업, 그리고 정리해고 협약을 준수하지 않는 개별기업에 대한 정부의 방기 등을 이유로 탈퇴했다. 반면 경총은 정부가 민주노총과 한국노총을 노사정위로 복귀시키기 위해 노조전임자의 회사에 의한 임금지급을 허용하자 이에 반발해 탈퇴했다. 3차 위원회는 1999년 9월 1일에 재개되었다[25].

어쨌든 한국의 노동운동은 노사정위에서도 그 자신이 가진 힘과 취약성을 동시에 보여 주었다. 노동운동은 고용안정을 노사정위 참여의 가장 중요한 이유로 내세웠으나, 여론을 등에 업은 자본과 국가의 압력 하에서 결국 정리해고 법제화에 동의할 수밖에 없었다. 또한 노사정위에서 합의된 정리해고 협약들이 개별기업에서 준수되지 않을 때에도 그것에 대해 아무런 조치를 취할 수 없었다.

그 결과 실업은 급속히 증대했고 노조조직률도 떨어졌다. 1997년 단지 2.6%에 불과했던 실업률은 1998년 2월 8.7%로까지 치솟았으며 실업자 수는 공식통계만으로도 180만 명에 육박했다. 1989년 18.6에 달했다가 1996년 이미 10.2%로 떨어진 노조조직률은 1998년엔 10.2%로 내려앉았다. 외환위기 이후 한국사회를 휩쓴 공포와 노동자들의 일방적 자제만을 요구하는 보수적 언론매체들의 이데올로기적 공격 역시 노동운동을 수세로 몰아넣었다.

그러나 경제위기가 노동운동의 약화만을 가져온 것은 아니었다. 1996-97년 총파업에서 드러났듯이 민주노조의 동원력은 증대되었고 조직적 집중도도 높아졌다. 또한 민주노총은 독립적 노조운동의 정당성을 기정사실화함으로써 국가나 자본이 일방적으로 노동을 배제하기 어렵게 만들었다. 이런 상황에서 노사관계의 안정이 절실히 요구되는 경제위기라는 상황이 도래하자

---

25) 한국의 3자 협상구조는 매우 불리한 조건에서 시작되었고, 따라서 처음부터 성공을 기대하기 어려운 측면을 가지고 있었다. 김수진(1998)의 지적처럼 3자 협상구조가 성공하기 위해서는 ① 국가가 노동의 양보를 보상해 줄 의지와 능력을 가지고 있어야 하고, ② 시장영역뿐만 아니라 정치영역에 있어서도 노동의 힘이 결정적으로 증대되어야 하며, ③ 노동의 희생을 보상해 줄 만큼 경제적 조건이 좋아야 하는데, 우리나라는 이러한 성공조건을 충족시키고 있지 못했다는 것이다.

그것은 노동운동의 동원력을 좀 더 위협적인 것으로 만들었다[26].

노사정위원회는 자본과 대등한 지위를 노동계급에게 부여하는 의미를 가지고 있었던 것이다. 노사정위의 협상과정에서 노조 쪽은 노조의 정치활동에 대한 법적 승인, 공무원 및 교원의 노조조직화 권리 인정, 그리고 실업자들의 노조 결성 및 가입권 등 노동운동의 오랜 염원이었던 과제들을 성취했다. 또한 비록 애초의 의도에 훨씬 못 미치는 것이긴 했지만 정리해고의 요건을 까다롭게 함으로써 고용을 보호하는 데도 일정한 역할을 했다.

고용안정이란 과제에 비해 복지개혁 쪽에서 이루어진 성과는 훨씬 큰 것이었다. 사실상 외환위기 발생 이후 노동자들이 국가로부터 가장 큰 양보를 받아낸 영역이 바로 복지였다. 민주노총은 한국노총과 연대하여 고용보험의 개혁, 실업자와 빈곤층을 위한 사회적 안전망의 확대, 국민연금 등 사회보장 프로그램의 포괄적 개혁 등을 요구했고, 정부는 이 요구들 중 상당 부분을 받아들였다.

정부는 우선 단기적 실업대책 예산을 1997년 6천억 원에서 10조 원으로 늘렸다. 그리고 이 예산으로 대규모의 공공근로사업과 직업훈련 및 실업자대부사업을 추진했다. 고용보험의 실업급여 역시 크게 개선되었다. 30인 이상 사업장으로 제한되었던 실업급여의 적용대상은 1998년 1월에는 10인 이상 사업장으로, 3월에는 5인 이상 사업장으로, 마침내 10월에는 시간제 및 임시직까지 포함하는 모든 노동자들에게로 확대되었다. 급여자격을 갖기 위한 기여금의 납부기간도 12개월에서 6개월까지로 줄어들었으며, 급여기간도 30-120일에서 60-150일로 늘어났다. 최빈층을 위한 사회적 안전망인 생활보호 프로그램의 수급자도 한시적 대상자를 포함하여 1997년 150만 명에서 1999년 2백만 명으로 늘어났다(노동연구원, 1998).

나아가 김대중 정부는 사회보장제도의 전반적 정비에 나섰다. 국민연금이 1999년 도시지역 자영업자들에게로 확대되어 마침내 보편적 프로그램이 되

---

26) 게다가 국내외의 여러 관찰자들은 실업률이 150만을 넘어서고 이에 대해 어떤 실질적 조치가 취해지지 않는다면 폭동이 일어날 가능성이 있다고 경고했다(중앙일보 1998. 1. 10).

었으며, 의료보험은 1차적으로 1998년 10월 지역과 공교조합의 통합이 실행되었으며, 1999년 1월 국민건강보험법이 제정됨으로써 직장조합까지의 통합이 이루어졌고(2000. 7. 시행), 보험급여의 범위도 단계적으로 확대하기로 결정되었다.

산재보험 역시 7월부터 모든 사업장으로 확대되었다. 또한 공공부조의 대상을 가구소득이 최저생계비 이하인 빈곤층 전체로 확대함으로써 국가가 모든 국민에게 기초수준의 생활을 보장하는 국민기초생활보장법이 1999년 8월에 제정되어, 2000년 10월부터 시행되게 되었다[27].

물론 노동자들의 입장에서 볼 때 이와 같은 외환위기 이후의 복지개혁을 승리로 간주할 수는 없을 것이다[28]. 국가는 고용안정이라는 노동 측의 가장 절박하고 긴급한 요구를 무시하면서 노동자계급의 분노를 잠재우는 수단으로 복지개혁을 택했다고 볼 수 있다. 즉, 국가는 노동측의 1차적인 요구인 정리해고 법제화 반대와 프랑스식의 일자리나누기(work sharing) 정책의 도입을 외면한 대신, 복지예산을 대폭 늘이면서 실업관련 프로그램을 비롯한 사

---

27) 이전의 공공부조제도인 생활보호제도는 18세 이하, 65세 이상의 노동무능력자에게만 시혜적 차원에서 생계비를 지급했다. 그러나 새 기초생활보장법은 취업여부와 나이를 불문하고 모든 사람에게 생계급여를 지급하도록 규정하고 있어 한국복지 역사상 가장 큰 전환점으로 평가받았다. '노동유인 논리'에 얽매이지 않는 이런 기초생활보장은 공공부조수급이 시혜가 아닌 권리이며 빈곤에 대해 국가가 책임을 져야 한다는 사고를 반영하고 있기 때문이다. 그러나 수급대상자 선정기준을 둘러싼 최근의 논란은 이런 사고가 한국의 복지원칙으로 정착하기가 얼마나 어려운지를 보여주었다. 이것은 재산기준이 지나치게 엄격하여 기존의 생활보호대상자마저 탈락의 위험을 안고 있기 때문이다.
28) 김대중 정부 복지개혁의 공과에 대해서는 여러 가지 평가가 가능하며, 이를 객관적으로 평가하기는 아직 시기상조일 것이다. 예를 들어 김연명(2001)의 경우는 문민정부의 복지개혁으로 인해 우리나라 국가복지의 성격이 자유주의나 분리적 조합주의의 틀을 벗어나 복지국가주의적 방향으로 진행되고 있다고 평가하는 반면, 김영범(2001)은 노동시장의 유연화나 소득보장제도의 가입자 부담 증대와 같은 변화는 보수주의 유형에 근접한다고 하였다. 양자 모두 에스핑-안델센(Esping-Andersen, 1990)의 복지국가체제 유형론에 근거하고 있는데, 우리나라의 경우는 어느 한 유형의 성격을 뚜렷이 가지기보다 혼합적인 양상을 보인다고 관찰하고 있다.

회보장체계 전반의 정비에 나섰던 것이다. 이는 최근의 복지개혁이 또 다른 형태의 수동혁명임을 의미하는 것으로 노동자계급의 힘의 한계를 보여주는 것이다.

이 시기 복지개혁과 관련된 노동운동의 가장 큰 특징은 노사정위원회와 관련된 것이다. 앞에서 언급했듯이 노사정위원회 자체가 민주노총의 제안으로 성립되었고, 진행과정상의 곡절은 많았지만 적어도 복지부문에서 상당한 성과를 거둔 것은 사실이다. 1998년 2월 9일 체결된 노사정위원회의 '경제위기극복을 위한 사회협약' 중 복지관련 조항의 주요내용은 [표 1-5]와 같으며, 합의사항은 상당부분 이행되었다.

[표 1-5] 노사정위원회 경제위기극복을 위한 사회협약(1998. 2. 9) 중 복지관련 조항

(27-31)고용안정 및 실업대책(요약)
· 고용보험 적용확대: 5인 이상 사업장으로 확대(98. 7. 1–), 임시, 시간제근로자에 적용(99. 7. 1–)
· 실업급여 확대(6개월 이상 보험료 납부자로 수급자격완화, 최저지급기간 60일로 연장, 최저지급수준을 최저임금의 70%로 상향조정, 고실업시 지급기간 30-60일 특별 연장)
(32-35)퇴직, 실직근로자 생계지원
· 생활안정자금대부, 장기실직자 한시적 생계지원, 이직 후 1년 간 직장의료보험 적용 등.(요약)
(51-61) 사회보장 확충
(51) 정부는 재정여건의 허용범위 내에서 사회복지관련 예산의 비중을 단계적으로 확대한다.
(52) 정부는 사회보험제도의 관리운영체계 개선을 위하여 우선적으로 고용보험과 산재보험, 국민연금과 의료보험의 보험료를 통합징수하는 방안을 강구한다.
(53) 정부는 근로복지 기능을 제고하기 위해 4대 보험과 노동복지정책의 연계성을 강화한다.
(54) 정부는 4대보험제도 관계법령을 개정하여 실질적으로 의사결정 및 감시의 기능이 확보될 수 있도록 사회보험관련 각종 위원회에 노사 및 기타 관계자 대표의 참여를 확대한다.
(55) 정부는 의료보험 통합·일원화 및 적용확대를 위하여 1998년 중 관계법령 개정을 추진한다.
(56) 정부는 공공자금관리기금법 제5조 삭제를 위한 입법을 1998년 중 추진한다.
(57-61) 세제개편, 근로자보호 등
(57) 세제개편 추진: 토지관련 보유과세 강화, 거래세 완화, 상속·증여세 강화.(요약)
(58) 세제개편 추진: 근로소득분리과세, 퇴직소득세 감면, 금융소득종합과세 등. (요약)
(59) 정부는 도산시 근로자 임금채권 보장법안을 1998년 2월 임시국회에 제출한다. (요약)
(60) 정부는 선원의 임금채권보장제도의 법제화를 조속히 추진한다.
(61) 정부는 영세사업장의 근로자보호를 위하여 5인 미만 사업장에 대해 근로기준법 일부 조항을 적용할 수 있도록 1998년 중 관련 법령을 개정한다.

자료: 노사정 위원회(발췌)

1998년 2월 9일 합의 이후의 주요 진행상황과 추가 합의사항들은 다음과 같으며(김유선, 2000; 노사정위원회 자료), 이는 의료보험통합일원화와 국민연금기금운용 문제, 국민기초생활보장법 제정 등 우리나라 사회복지발달을 위한 숙원사업들이 다수 포함되는 성과라고 볼 수 있다.

· 의료보험통합: 2000년 7월 통합일원화 실시, 보험자로 '국민건강보험공단' 설립, 공단 임원에 가입자단체 대표 확대, 재정운영위원회 설치 등
· 국민연금: 1999년 4월 1일부터 5인 미만 사업장, 일용직·임시직 근로자, 도시지역자영자 총 890만 명 당연적용대상자화. 기금운용위원회 위원장을 재경부장관에서 보건복지부 장관으로 변경, 가입자대표 확대, 정부대표 축소, 운영실질화 방안 추가, 재정자금 예탁시 일정이상의 수익률 보장. 공공자금관리기금법 5조의 실질적 폐지(강제예탁 폐지).
· 4대보험 통합추진 기획단 설치, 운영.
· 산재보험: 노사대표의 정책결정기구 및 관리운영기구(근로복지공단) 참여 확대.
· 국민기초생활보장법 제정(1999. 9월 제정/2000. 10월 시행)

이러한 성과가 어느 정도 노동계급의 역량에 기인한 것인지 평가하는 것은 쉬운 일이 아니고, 4대보험 통합추진과 같은 부분은 지지부진하게 진행되기도 하였지만, 의사조합주의적 실험이라 할 수 있는 노사정위원회를 통해 노동운동이 사회개혁의 중심세력으로서의 위상을 확립한 것은 분명한 사실이다. 즉, 노동운동은 1990년대 이래 여러 가지 사회개혁 또는 복지운동에서 여타의 사회운동단체들과 연대하여 운동을 전개하여 왔는데, 노동운동의 대중적 동원력에 더하여 노사정위원회를 통하여 정책결정의 핵심에 접근함으로써 운동의 성패를 결정짓는 중심적 역할을 수행할 수 있게 된 것이다.

예를 들어, 1994년부터 민주노총이 제1의 사회개혁과제로 내세웠던 의료보험의 통합일원화운동은 결국 노사정위원회를 거치면서 20여 년 간에 걸친

통합운동에 종지부를 찍었는데, 이 과정에서 민주노총은 주도적인 역할을 한 것으로 평가된다(백승호, 2000). 그 외 1998-99년 국민기초생활보장법 제정운동과 최근의 의약분업운동 등도 노동운동의 역할을 떠나서 생각하기 어려운 상황이 전개되고 있다.

한편 외환위기 이후의 개혁에서 이전과 달리 복지관련 시민운동의 힘이 크게 작용했음을 주목할 필요가 있다. 한국의 시민운동은 1987년 이후 민주화의 진전에 따라 활성화되기 시작하였으며, 주로 체제내 제도개혁 이슈에서 위력을 발휘하였다. 사회복지 발전을 위한 사회운동적 노력의 필요성은 1990년대 초반부터 감지되고 복지예산축소 반대운동 등과 같은 형태로 부분적으로 실천되어 왔는데(이영환, 1997), 이와 같은 시민운동단체들의 발전에 힘입어 조직화된 복지운동으로 전개되기 시작하였다. 특히 1994년 참여연대 사회복지위원회의 발족과 뒤이어 크고 작은 지역사회 복지운동단체들이 연이어 설립됨으로써 본격화되었고, 1995년 민주노총 설립 이후에는 이와 연대하는 운동들이 전개되어 왔다.

연대운동의 성과는 대표적으로 의료보험통합과 1999년 국민기초생활보장법 제정을 들 수 있다. 이런 현상은 한국의 정치권이 보수일색인 상태에서 시민운동이 일종의 계급정치를 대행하고 있는 현상이라고 해석할 수 있다. 노동운동이 사회개혁과제로서 복지개혁을 제기하고도 고용안정 등 선차적 과제에 매달려 이에 집중하지 못하는 동안 시민운동단체들이 이들을 대신하여 진보적인 정당의 역할을 수행한 셈인데, 이는 사회복지발전에 있어 한국적 특수성의 중요한 측면으로 볼 수 있다.

이와 같이 운동의제의 설정이나 정책대안 마련이 주로 시민운동측에서 주어지고 있음에도 불구하고 외환위기 이후 사회복지발전의 양상은 복지발전의 주력으로서 노동운동의 역할을 시민운동이 대체할 수 있는 것이 아니라, 역으로 노동운동의 역할이 기본적으로 중요함을 보여주는 것으로 해석되어야 한다. 제한적이나마 연대운동과 노사정 위원회를 통해 추진된 복지개혁의 사례들이 이를 잘 보여준다.

4. 결론

본 연구는 해방 50년에 걸친 우리나라 국가복지의 발전과정을 노동계급의 능력과 역할을 중심으로 계급정치론적 관점에서 일관성있게 분석하면서 주요 특징을 발굴하고 나아가 노동계급정치론적 접근의 필요성과 유용성을 고찰하려는 연구이다.

본문에서 살펴본 바와 같이 미군정기 전평의 불법화 이후 노동계급의 정치적 역할은 1980년대 말에 이르기까지 거의 실종된 상황이었다. 이에 따라 특정한 정치적 계기에 간헐적으로 도입된 복지제도들의 형성과정은 대체로 국가주도적으로 진행되었고, 노동운동의 요구나 심지어 자본측의 요구도 거의 나타나지 않는 상황이 전개되었다. 1987년을 전후하여 이루어지는 복지개혁에서도 노동계급의 요구는 명시적이지 않았다. 이러한 상황은 노동운동의 권력자원이 결여된 상황으로 해석될 수 있는데, 사회복지의 전반적인 저발전을 야기한 중요한 원인으로 볼 수 있을 것이다. 노동운동이 사회복지의 확대를 명시적으로 요구하면서 투쟁을 전개하기 시작한 것은 1990년대에 이르러서이고, 1995년 민주노총이 창립되면서 사회개혁투쟁으로 본격화되었다. 이와 같이 짧은 연륜을 가진 사회개혁 투쟁이지만, 외환위기를 계기로 노동측의 제안에 의해 성립된 노사정위원회는 노동운동이 자본과 대등한 위상을 갖는 경험을 제공하였으며, 이를 통해 상당한 성과를 거두기도 하였다.

물론 이 시기 노동운동은 노동법 개정과 같은 기본적인 과제에 우선 순위를 둘 수밖에 없었기 때문에 사회개혁 투쟁에 총력을 집중할 수 없었던 한계를 가지고 있었고, 개혁의 내용도 그리 만족할 만한 수준은 아니었다고 할 수 있다. 그럼에도 불구하고 이러한 과정은 노동계급 복지정치의 본격화를 기대할 수 있는 상황이 전개되고 있다는 사실만은 분명하게 보여준다.

주지하듯이 복지정책의 형성에 기여하는 요인들은 다양하지만, 시대적 상황에 따라 그 비중은 변화될 수밖에 없는데, 노동계급주체적 요인의 중요성이 뚜렷하게 증대되는 경향을 보여주는 것이다. 이러한 상황은 앞으로의 복지발전에서 노동계급의 역할을 주목할 필요성과 함께 노동계급 복지정치에 대한 이론적 관심의 본격화를 요구하는 변화로 이해되어야 할 것이다.

이러한 최근의 변화와 달리 1987년 이전의 상황은 이 같은 시각에서 일관성 있게 설명하기 어려운 것이 사실이다. 사회복지의 전반적인 저발전 현상의 원인을 노동계급 권력자원의 결여에서 찾는 도치된 형태의 설명은 가능하겠지만, 충분한 설명으로 보기는 어려운 일이다. 다만 몇몇 계기에 노동계급을 포함한 민중적 불만이 결과적으로 복지제도의 형성을 가져온 개연성은 역사적으로 인정할 수 있다.

이와 관련하여 노동계급정치론을 확장하여 설명하는 가능성은 있을 것이다. 즉, 노동조합과 사회민주당의 성장을 통한 노동자계급의 권력자원의 증대를 복지국가 발전의 가장 중요한 동력으로 간주하는 사민주의 가설(Furniss and Tilton, 1977; Stephens, 1979; Korpi, 1980; Esping-Andersen, 1985; 1990)을 넘어 대중의 저항 그 자체에 관심을 가지는 "대중저항 접근법"(public protest approach)을 수용하는 것이다.

여기서 "대중"은 주로 노동자계급을 의미하지만, 때로는 기득권을 갖지 못한 민중 혹은 중간계급을 포함하는 '시민' 개념으로까지 확장된다. 그리고 저항의 형태는 폭동, 파업 그리고 의회를 통한 이익표출이 아닌 모든 집단행동들을 의미한다(Piven and Cloward, 1971). 팔메(Palme, 1990: 10)가 지적하듯 비스마르크 치하의 사회보험도입에 대한 울만(Ullman, 1981)의 연구 역시 이 범주에 포함될 수 있다.

울만은 비스마르크 정권이 프랑스의 1871년 혁명의 '재앙스런' 결과를 목도한 뒤 독일에서 노동자들의 불만을 무마하고 체제내화하기 위한 수단으로 택한 것이 바로 복지개혁이었다고 설명한다. 비스마르크는 실제로 사회주의 탄압법이라는 채찍과 더불어 이를 보완할 당근으로 복지개혁을 선택했다. 울만의 표현처럼 "혁명의 위협이 사회보험의 첫 물결을 만들어내는 데 기여"했던 것이다. 이 경우 복지개혁의 특징은 복지개혁이 노동자들의 직접적인 요구로 제기되고 그것에 국가가 반응한 것이 아니라는 점이다.

성경륭(1991)이 제시하는 '저항연합의 불만과 위협-지배연합의 선택적 대응'이라는 도식도 유사한 맥락에 있다고 볼 수 있다. 물론 이러한 관점을 수용하더라도 좀 더 일관된 관점을 완성하기 위해서는 그 내부의 노동계급의 역할에 대한 역사적 사실 규명의 노력은 가일층 경주되어야 할 것이다.

마지막으로 최근의 계급정치 활성화와 관련하여 몇 가지가 지적되어야 할 것이다. 우선은 노동운동의 정책대안 산출능력이 아직 미진하고 그 결과 시민운동단체나 전문단체에 많이 의존하고 있는 문제를 들 수 있고, 계층이나 사회집단(시민운동 등)과의 연대를 넘어서는 계급동맹의 가능성을 모색하는 일, 그리고 노동계급 내부의 노선차이를 극복하는 일 등이다.

이와 관련하여 우리 사회의 중요한 특성으로 지적될 수 있는 것이 노동자계급 정당의 부진(혹은 부재)이다. 1980년대 후반 이후 간헐적으로 노동자계급 정당을 건설하려는 노력이 있어 왔고, 2000년 초 민주노동당이 창립되기는 하였지만, 아직 유력한 정당의 모습을 갖추지는 못하고 있다. 이러한 상황은 다른 나라들에서 찾아보기 어려운 우리 사회의 독특한 현상으로 노동계급의 동원이나 계급동맹 형성의 근본적 한계로 작용하고 있고, 작게는 체계적인 정책대안의 산출 역량을 갖추지 못하는 배경이 되고 있다. 앞으로 노동계급이 사회복지발전의 주도세력이 되는 것은 이러한 한계를 극복하는 정도에 비례할 것이다.

참고문헌

감정기. 1994. "한국노총 정치참여의 특성과 그 영향요인에 관한 연구", 서울대 박사학위논문(미간행).

고경환·계훈방. 1998. 『OECD 기준에 따른 우리나라의 사회보장비 산출에 관한 연구』, 한국보건사회연구원.

기독교사회문제연구원. 1987. 『7-9월 노동자대투쟁』.

김록호. 1989. "한국의료보장제도의 정치경제학적 이해", 보건과사회연구회 편, 『한국 의료보장 연구』.

김수진. 1998. "선진산업민주주의 국가의 사례에 비춰 본 노사정 3자협의의 성격과 전망", 학술단체협의회 1차 학술대회 발표문(1998. 5. 30).

김연명. 1989. "국민의료보험법 입법과정에서의 쟁점에 관한 일고찰". 보건과사회연구회 편. 『한국의료보장연구』.

______. 1994. "한반도의 냉전체제가 남북한 사회복지에 미친 영향", 중앙대 박사학위논문(미간행).

______. 2001. "DJ 정부의 사회복지정책: 신자유주의를 넘어서?", 한국사회복지학회 발표문.

김연명·남기곤·오건호. 1999. 『한국의 사회복지와 노동정책-'연대주의 사회복지 전략'을 향하여』, 민주노총정책토론회 자료집.

김영범. 2001. "경제위기 이후 사회정책의 변화: 한국과 선진자본주의국가들과의 비교", 『한국사회학』 35집 1호.

김유선. 2000. "노동운동과 사회복지" (미발표 원고).

김정하. 1994. "최저임금제도 형성에서 국가의 역할에 관한 연구", 서울대 석사학위논문(미간행).

김종일. 1991. "한국에서의 사회복지형성과 공장체제의 변화: 1987년 이후를 중심으로", 『한국사회학』 26집.

대한민국공보처. 1995. 『삶의 질의 세계화를 위한 대통령의 복지구상』.

백승호. 2000. "의료보험 통합일원화 정책결정과정 분석: 민주노총의 역할을 중심으로", 서울대 사회복지학과 석사학위논문(미간행).

성경륭. 1987. 『체제변동의 정치사회학』, 한울.

______. 1991. "한국의 정치체제변동과 사회정책의 변화: 정치사회학적 분석", 『사회복지연구』 3호.

손준규. 1981. "한국의 복지정책 결정과정에 대한 연구", 서울대 정치학과 박사학위논문(미간행).

송호근. 1992. "한국의 복지정책: '형식적 기업복지'의 이론적 기반", 『한국사회학』.

심상완. 1999. "비정규 고용의 확대와 노동복지" 『산업노동연구』 5권 2호.

엄규숙·김연명·허선. 1999. 『국민기초생활보장법과 노동조합』, 한국노총중앙연구원.

오을림. 1987. "한국의 사회복지정책 형성과정에 관한 연구", 건국대 행정학과 박사학위논문(미간행).

오정수. 1987. "국민연금제도의 형성과정과 입법변천에 관한 연구", 『사회보장연구』 3권, 한국사회보장학회.

______. 1993. "남북한 사회정책 변천의 비교연구: 국가성격에 기초한 사회정책 변천동인의 분석", 서울대 박사학위논문(미간행).

우승명. 1999. "노동조합과 '사회적' 운동: 민주노총의 사회개혁투쟁을 중심으로.", 한신대 석사학위논문(미간행).

원석조. 1991. "한국의료보험의 정치경제학적 연구", 중앙대 박사학위논문(미간행).

유병혁. 1988. "최저임금제 정책형성과정에 관한 연구", 서울대 석사학위논문(미간행).

이영환. 1989. "미군정기 전재민구호정책의 성격연구", 서울대 석사학위논문(미간행).

______. 1995. "영구임대주택의 정책결정과정", 서울대 박사학위논문(미간행).

______. 1997. "사회복지예산의 현실과 개혁의 과제", 한국사회복지학연구회 편, 『상황과 복지』.

이원보. 1997. "노동운동의 양대세력: 한국노총과 민주노총", 『동향과 전망』 제35호.

이인재. 1997. "사회복지정책의 변화와 전망", 학술단체협의회 편, 『6월 민주항쟁과 한국사회 10년 II』, 인간과복지.

이혜원 · 이영환 · 정원오. 1988. "한국과 일본의 미군정기 사회복지정책 비교연구", 『한국사회복지학』, 36: 309-338쪽.

임영일. 1997. "노동운동의 제도화와 시민권", 『경제와 사회』.

전남진. 1987. 『사회정책학강론』, 서울대출판부.

조희연. 1994. "한국에서의 민주주의 이행에 관한 정치사회학적 연구", 『동향과 전망』 21호.

조희연 외. 2001. "6장의 지도로 본 한국민주화운동사", 『월간 말』(6월호-부록).

최 균. 1992. "한국 노동정치의 성격과 국가복지의 전개", 『동향과 전망』 19호.

최장집. 1988. 『한국의 노동운동과 국가』, 열음사.

______. 1993. "92 대선과 신정부의 성격", 『사회평론』 2월호.

______. 1995. "한국 노동자계급의 정치세력화 문제" 1982-1992. 임현진 · 최장집 편, 『시민사회의 도전』, 나남.

통계청. 1998. 『한국의 사회지표』.

한국노동연구원. 1998. 『고실업사회의 실업대책』, 노동연구원.

한국보건사회연구원. 2000. 『한국의 보건복지지표 2000』.

한국사회과학연구소 사회복지연구실 편. 2000. 『한국사회복지의 현황과 쟁점』.

홍경준. 1996. "한국 기업복지의 결정요인: 제조업의 조직특성을 중심으로", 서울대 박사학위논문(미간행).

______. 1999. 『한국의 사회복지체제 연구』, 나남.

Buch-Glucksmann, C. 1978. *Gramsci and the State*. London: Lawrence and Wishart.

Cameron, D. 1978. "The Expansion of the Public Economy: A Comparative Analysis." *American Political Science Review* 72.

Castles, F. G. and D. Mitchell Castles. Augest 1997. "Between Rock and a Hard Place: Institutional Designs of the Welfare State and their Limitations." *Paper presented at the XVII World Congress of the International Political Science Association in Seoul.* South Korea. 17-21.

Jones, C. 1990. "Hong Kong, Singapore, South Korea and Taiwan: Economic Welfare State." *Government and Opposition* 25. no.4

______. 1993. "The Pacific Challenge: Confucian Welfare States." in Catherine Jones. ed. *New*

Perspectives on the Welfare State in Europe. London: Routledge.

Chow, W. S. Nelson. 1985/1986. "Social Policy Provision in Singapore, Hong Kong, Taiwan and South Korea: A Comparative Analysis." *Journal of International and Comparative Social Welfare 2*. no.1&2.

Engels, F. 1986. "Anti-Duhring." *Collected Works 25*. N.Y.: International Publishers.

Esping-Andersen, G. 1985. *Politics against Market: The Social Democratic Road to Power*. Princeton. N.J.: Princeton University Press.

_______________. 1990. *The Three Worlds of Welfare Capitalism*. Cambridge: Polity Press.

Furniss, N. and T. Tilton. 1977. *The Case for the Welfare State: From Social Security to Social Equality*. Bloomington: Indiana University Press.

Goodman, R. and Ito Peng. 1996. "The East Asian Welfare State: Peripatetic Learning, Adaptive Change, and Nation-Building." in G. Esping-Andersen. ed. *Welfare States in Transition*. London: Sage Publications.

Gramsci, A. 1971. *Selections from the Prison Notebooks*. London: Lawrence and Wishart.

Korpi, K. 1980. "Social Policy and Distributional Conflict in the Capitalist Democracies: A Preliminary Comparative Framework." in A. S. Heidenheimer. ed. *European Politics 3*.

Mainwaring, S. and D. Share. "Transition through Transaction: Democratization in Brazil and Spain." in Wayne Selcher. ed. *Political Liberalization in Brazil*. Boulder: Westview Press.

Midgley, J. 1986. "Industrialization and Welfare: The Case of Four Little Tigers." *Social Policy and Administration 20*. no.3.

O'Connor, J. 1973. *The Fiscal Crisis of the State*. New York: Saint Martin's Press.

O'Donnell, G. and Philippe C. Schmitter. 1986. *Transition from Authoritarian Rule: Tentative Conclusions about Uncertain Democracies*. Baltimore: The Johns Hopkins University Press.

Offe, C. 1984. *Contradictions of the Welfare State*. London: Hutchinson Education.

Palme, J. 1990. *Pension Rights in Welfare Capitalism*. Stockholm: Swedish Institute for Social Research.

Piven, F. F. and R. A. Cloward. 1971. *Regulating the Poor: The Functions of Public Welfare*. New York: Tavistock Publication.

Przeworski, A. 1985. *Capitalism and Social Democracy*. Cambridge: Cambridge University Press.

Rose, R. and R. Shiratori. eds. 1986. *The Welfare State East and West*. Oxford: Oxford University Press.

Stephens, J. 1979. *The Transition from Capitalism to Socialism*. London: Macmillan.

Ullman, H. P. 1981. "German Industry and Bismarck's Social Security System." in W. J. Mommsen. (ed.) *The Emergence of the Welfare State in Britain and Germany*. London: Croom Helm.

제2장
미군정기의 복지정책: 한국과 일본의 비교*

1. 서론

1) 문제제기와 연구목적

본 연구는 제2차 세계대전 이후 한국과 일본에서 전개된 미군정기(한국: 1945-1948년, 일본: 1945-1952년)[1]의 사회복지정책을 비교 고찰함으로써 양국간의 공통점과 차이점 및 정책결정 요인들을 규명하고 나아가 미군정의 장기적인 영향을 평가하려는 연구이다.

주지하다시피 미군정은 양국 모두의 역사에 중요한 영향을 끼쳤지만, 그 내용과 결과는 상당히 달랐으며, 복지정책에 있어서도 양국의 미군정은 매

---

* 이 글은 동료 교수들과의 공동연구 결과이다 : 이혜원·이영환·정원오, "한국과 일본의 미군정기 사회복지정책 비교연구", 『한국사회복지학』 36호, 1998. 11, 한국사회복지학회, 309-338쪽.

1) 이 기간을 한국에서는 '미군정기', 일본에서는 '미점령기'라고 명명하고 있는데, 이는 당시의 객관적 상황에 기인한 것이지만, 미군의 성격에 대한 양국간의 인식의 차이를 보여주는 것으로 볼 수도 있다.

우 다른 양상을 보여주었다. 한국에서의 미군정은 복지정책의 (법적)제도화를 위한 노력을 거의 하지 않았고 임기응변적인 응급구호에 치중하였다(이영환, 1989a). 반면 일본에서의 미군정은 군국주의적 복지정책을 근본적·체계적으로 개조하려는 적극적인 의지와 노력을 보여주었다(村上貴美子, 1987). 이러한 차이점을 해명하려는 것이 본 연구의 기본 관점이다.

그 동안 미군정기의 복지정책에 대해서 일본에서는 비교적 다양한 연구들이 행해졌지만, 한국의 경우에는 극소수의 연구만이 행해졌을 뿐이다. 한국에서는 몇몇 단편적인 기술적 연구들 이외에 본격적인 연구로는 미군정 복지정책의 한계를 강조한 이영환(1989a), 남찬섭(1993)의 연구를 들 수 있을 정도이다. 반면 일본의 경우에는 미군정기 복지정책의 형성과 변화의 동력 및 장기적 결과에 대한 논의에까지 발전한 단계이다[2]. 하지만 동일한 시기에 유사한 경험을 한 양국간의 비교연구는 거의 이루어지지 않았다.

이러한 맥락에서 본 연구는 양국간 비교연구를 통해 좀 더 체계적으로 미군정 복지정책의 의미를 탐구하고자 하며, 다음의 연구과제를 구체적으로 논의해 보고자 한다.

첫째, 복지정책의 구체적 내용과 전개과정에 있어 양국간에 어떠한 유사성과 차이점이 있었는가 하는 점이다.

둘째, 그러한 결과를 결정한 요인들, 즉 제반 상황적 요인의 영향력 및 양국 미군정의 동기와 목적은 무엇이었는가 하는 점이다. 본 연구에서는 비교연구의 장점을 활용하여 이를 통찰하려고 한다.

셋째, 미군정 사회복지정책의 장기적 영향에 대한 관심이다. 이는 매우 방대하고 심층적인 연구를 요하는 문제이지만, 당시 양국간에 공통된 대표적 정책이었던 공공부조정책의 사례를 통해 그 단초를 파악하고자 한다.

---

2) 예를 들어, 당시의 복지정책이 GHQ(미군정)의 일방적 정책이었다고 주장한 石田雄(1984)의 연구, 이를 비판하면서 GHQ와 일본 정부간의 力關係를 강조한 村上貴美子(1987)의 연구, 이를 재비판한 古川孝順(1987)의 연구, 그리고 미국식 사회사업의 사상과 이념이 일본의 사회사업기술론에 미친 영향을 강조한 吉田久一(1984)의 연구 등을 들 수 있다.

2) 연구방법과 범위

본 연구의 주된 연구방법은 비교연구이다. 즉 한일간의 비교연구를 통하여 미군정 복지정책의 성격을 좀 더 분명하게 평가하려는 것이다. 그러나 한일간의 비교연구에는 여러 가지 난점이 존재하는데, 무엇보다도 상황의 차이, 즉 복지정책의 주요한 발전요인으로 간주되고 있는 산업화의 수준과 이에 따른 노동자의 수와 비중 등 인구구성에서 큰 차이가 있었다. 나아가 복지제도의 발전수준도 한국의 경우에는 1944년에 공포된 조선구호령이 거의 유일한 제도였음에 반해 일본의 경우는 1929년에 제정된 구호법을 필두로 다수의 사회보장제도를 나름대로 구비하고 있는 상황이었다. 따라서 이러한 상황의 차이가 미군정 당시 복지정책의 상이성을 낳은 근본적 원인으로 간주되면서, 양국간 비교연구의 의미를 약화시킬 수도 있을 것이다.

이러한 난점에도 불구하고 양국간의 비교를 가능케 하는 요인들도 존재한다. 우선 본 연구는 동일한 시기에 동일한(혹은 유사한) 목적의식을 갖는 미군정의 존재를 초점으로 하고 있으며, 양국 모두 극심한 빈곤과 실업, 전쟁난민(전재민), 주택 등의 사회문제를 안고 있었고 이에 따른 민중적 불만이 지속적으로 분출되었음을 들 수 있다. 양국의 미군정이 당면한 공통의 기본과제는 점령지에서의 정치적·경제적 기본질서를 형성하는 동시에 이와 같은 심각한 사회문제에 대응하는 것이었다고 하겠으며, 양자는 상호 밀접히 관련된 것이기도 하였다. 따라서 이와 같이 유사한 사회문제에 대한 미군정의 상이한 대응은 충분히 비교분석의 대상이 될 수 있을 것으로 파악된다.

또한 복지제도의 역사가 상이하였다는 점도, 한국내 복지정책이 체계적으로 진전될 수 없었던 결정적인 요인으로 파악할 수는 없다. 왜냐하면, 당시 북한에서는 비교적 체계적으로 각종 복지제도가 수립되었던 역사적 사실을 들 수 있고(오정수, 1987), 남한의 경우에도 몇몇 노동관계 보호법령들이 수립되었던 경험을 상기할 수 있기 때문이다(2장 참조).

비교 연구의 난점을 극복하기 위해 택한 또 하나의 방법은 역사적 사례를 통한 비교고찰이다. 구체적으로 빈곤정책(공공부조정책 또는 생활보호제도)의 전개과정을 사례로 택할 것이다. 빈곤정책은 가장 기본적인 복지제도로서 산업화 수준과 비교적 무관하게 전개될 수 있으며, 당시의 민중적 욕구와도 잘 부합되기 때문이다. 또한 일본의 미군정기 복지정책을 연구한 이혜경(1982)의 연구에서 생활보호제도의 발전이 가장 중요한 복지정책이었다는 결론도 사례선택의 의미를 강화시켜 줄 것이다.

자료와 관련해서 본 연구는 주로 기록 자료들에 의존하고자 한다. 또한 양국의 경험에 대한 해석이 중심과제이므로 1차 자료의 추가적 발굴보다는 기존 연구성과의 재구성을 통한 분석에 비중을 둘 것이다. 그리고 연구의 시간적 범위는 한일 미군정의 존재기간과 일치한다.

3) 이론적 배경과 분석틀

사회복지정책의 발전요인들은 정치적 요인과 사회경제적 요인으로 대별할 수 있다. 정치적 요인은 거시적으로 정치체제의 속성과 이념, 중범위적으로 사회계급 및 이익집단의 역할 그리고 미시적으로 관료기구의 속성과 정책결정의 메커니즘 등을 들 수 있다. 사회경제적 요인은 경제발전과 산업화의 수준, 사회계급의 분포, 사회문제의 실태와 속성 그리고 복지제도의 역사 등이다(Rimlinger, 한국사회복지학연구회 역, 1991).

사회경제적 요인은 앞서 언급했듯이 양국간에 상당히 큰 격차가 있었지만, 본 연구에서는 이를 결정적인 요인으로 보지 않고 정치적 요인에 좀 더 비중을 두고자 한다. 그 이유는 당시의 사회적 현실이 물리적으로 자신을 관철하는 속성을 갖는 (외국군에 의한) 군정 치하였으며, 민족적·민중적 욕구와의 사이에 정치적 갈등이 심각했던 사회라고 생각하기 때문이다(이영환, 1989a: 5).

정치적 요인 중 가장 중요한 것은 행정과 입법 및 사법의 모든 국가권력을 독점하고 있었던 미군정의 정책지향성, 즉 미국 점령정책의 기본방침이라

할 수 있다. 미군정의 정책을 이해하는 전통적인 연구방법론은 국제정치적 시각에 의한 냉전체제적 접근이었다(역사문제연구소, 1989: 14-19). 즉 소련의 전통적인 남하정책을 저지한다는 미군정의 기본방침이 피점령지역의 운명을 결정했다는 시각이다. 이에 대한 반론은 커밍스(Cumings) 등에 의해 1970년대 이래 제기된 수정주의적 관점인데, 냉전의 일차적 책임은 미국의 '대소 선제 봉쇄정책'에 있었으며, 미국의 한반도정책은 한국민의 자주적 민족국가 수립 열망에 배치되는 미국의 국가이익 실현과정이었다는 것이다 (역사문제연구소, 1989: 70-83; 김석준, 1996). 두 관점 모두 미군정의 주도적 역할을 인정하는 데에는 큰 차이가 없지만, 후자의 경우 기층민중의 시각에서 사태발전을 분석한 결론(최장집, 1988: 110-111)이라는 점에 큰 의미가 있다. 기층민중으로 분석시각의 확대는 내인과 외인의 결합을 강조하는 주장으로 이어진다. 즉 외세(미군정)의 지배적 규정력은 반드시 국내의 계급갈등과 결부되어 발휘되며 역으로 국내의 계급갈등은 외세의 지배력 정도를 규정짓고, 정책의 방향을 좌우한다는 것이다. 따라서 논의의 초점은 오히려 국내의 변혁역량과 계급관계에 주어져야 한다는 주장이다(역사문제연구소, 1989: 14-19). 이러한 시각들을 종합하여 본 연구에서는 정치적 결정요인으로서 미군정의 정책지향(기본방침)과 더불어 당시의 국내 계급관계, 즉 지배세력과 민중의 관계 및 각각의 역할을 중시하고자 한다.

또 다른 정치적 결정요인은 미시적 차원에서의 행정 및 관료기구의 성격과 역할이다. 당시 일본의 미군정은 일본인 관료기구를 온존시킨 상태로 간접통치의 방법을 구사하였던 반면, 한국에서는 행정의 한국인화를 목적으로 1946년에 설치한 입법의원과 남조선 과도정부의 존재에도 불구하고 기본적으로 직접통치의 방식을 사용하였다.

이상의 논의를 종합한 본 연구의 분석틀은, 사회문제의 압력이 정치적, 사회경제적 요인을 배경으로 미군정과 관료기구를 통해 정책대응(복지정책)으로 현실화되는 과정으로 이해하는 것이다.

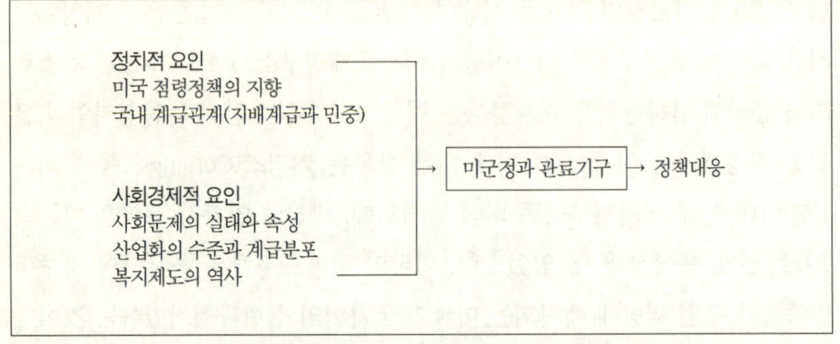

[그림 2-1] 분석틀: 미군정기의 정책결정요인과 과정

2. 한국 미군정기의 사회복지정책

1) 사회문제의 실태

1945년부터 몇 년 간은 한국사회가 조선후기와 일제식민시대를 거치면서 누적시켜온 빈곤문제가 압축적으로 나타난 시기였다. 조선 말엽(1898-1904년 사이)에 실시된 토지조사에 의하면 한국농민의 75%가 완전 소작농이거나 반소작농이었는데, 일제시대 토지조사사업의 실시와 시장관계의 출현으로 토지가 급속도로 소수에게 집중되고 소지주들이 소작인으로 전락함으로써 1930년에 실시된 토지조사기록에 의하면 소작농이 한국농민의 80%에 이르렀다(Cumings, 1986: 96). 일제시대 한국농민들은 상상조차 할 수 없는 극도의 빈곤상태에서 분해의 과정을 거치는데 이에 더하여 일제의 전쟁수행을 위한 강제징집과 해외로의 도피성 이주 그리고 화전, 유랑민으로의 전락 등으로 해체되는 양상을 보여 주었다. 1945년 일제가 패망하면서 일제하에서 징병, 징용, 이민 등으로 해외에 이주하였다가 귀국한 '귀환동포'들의 숫자는 약 200만 명에 달하는 것으로 추정되고 있는데(이영환, 1989a), 문제는 이들을 수용할 수 있는 산업기반 등 사회적 여건이 전혀 준비되지 못했다는 점이다.

해방 이후 독립국가가 형성되기까지 통치를 담당했던 미군정 기간 동안 남한의 공업 현황은 일제시대보다도 훨씬 위축된 현상을 보여주고 있다. 공업부문의 위축 상황은 [표 2-1]에 의해서 개괄적으로 파악할 수 있다. 표에 의하면 일제 말기에 비하여 미군정 기간 동안 공장수가 지속적으로 감소하고 있으며, 종업원 수는 미군정 후기로 감에 따라 약간의 증가 경향을 보이고 있지만 일제시대에 비해 현저히 감소된 상태라는 것을 알 수 있다.

[표 2-1] 해방전 · 후 공장수 및 종업원 수의 추이

(단위: 개소/인)

년 월	43년 6월	46년 11월	47년 3월	48년 1월	48년 말
공장수	8,998	4,996	4,378	4,194	3,808
종업원수	198,849	113,850	125,755	141,845	131,116

자료: 사꾸라이 히로시(新納豊), "해방후 한국경제의 구조", 『한국현대사 I』, 열음사, 428쪽, 이영환(1989a: 21)에서 재인용

한편 농업부문의 상황도 일제시대보다 위축되었는데, 농업생산력이 급속히 감소하고 경지면적도 축소되었다. 예를 들어 1940-1944년의 현황을 100%로 할 때, 1947년에는 경지면적이 78.7%로 감소되었고, 곡물수확고는 81.1%로 저하되었다.

일제식민 통치에서 해방되고 새로운 사회질서를 구축하는 과정에서 사회구조의 해체현상은 어느 정도 필연적일 수밖에 없었다. 또 이와 같은 산업기반의 해체현상은 그 한 단면이라 할 수 있을 것이다. 앞서 언급한 약 200만 명에 달하는 '귀환동포' 대부분은 고국의 사회구조 속에 뿌리를 내리고 안정된 생활기반을 확보하기가 어려웠고, 절대빈곤 상황에 빠져들 수밖에 없었다. 전통사회에서 사회복지의 주요 대상이 풍수해 등으로 인한 이재민(罹災民)이었다면, 이 시기의 귀환동포 대부분은 2차 세계대전의 직 · 간접적 피해자로서 전쟁의 재해로 발생한 사회적 보호대상자라는 의미에서 전재민(戰災民)이라 불렸다. 이들 전재민들은 당시 빈곤인구의 다수를 차지하게 되었고, 열악한 경제사정과 정치적 혼란 속에서 사회불안과 갈등의 주요한 요인

을 형성하였기 때문에, 미군정의 사회복지 관련 사업들은 이들 전재민에 대한 구호사업에 치중할 수밖에 없었다.

2) 사회복지정책의 개요

이 시기의 사회복지정책을 구호행정체계, 보건후생 예산 그리고 복지정책의 주요 내용을 구성하는 노동정책과 구호정책으로 나누어 개괄적으로 살펴보기로 하자.

먼저 미군정기의 복지행정은 보건후생부를 중심으로 이루어졌다. 행정체계는 방대한 정책수요에 대응하여 기구의 비대화와 중앙집중을 특징으로 팽창의 양상을 보여 주었다. 보건후생 행정부서의 확대는 1945년 9월 24일 미군정법령 1호에 의해 경무국 산하의 위생과가 위생국으로 독립한 것을 출발로 하였다. 위생국은 1945년 10월 27일(법령 18호)에 보건후생국으로 그리고 1946년 3월 29일에는 법령 64호에 의해 부로 승격하였으며, 1947년 6월 3일에는 정식 출범하는 남조선 과도정부 하의 13부 6처 중에서, 산하에 16개국을 거느린 최대의 부서가 되었다(이영환, 1989a: 55). 일제식민시대에 일개 과에 불과했던 행정부서가 최대의 부서로 개편된 변화는 보건복지정책의 발달사에 있어 의미있는 사건이라고 볼 수 있으나, 이러한 변화가 결국 미군정의 중앙집권적 통치구조를 확립하는 과정의 일환이었다는 점과 정부예산 중 보건복지예산의 비중을 고려할 때 큰 의미를 부여하기는 어렵다고 평가할 수 있다.

1946년과 1947년의 정부예산을 살펴보면, 보건후생부의 세출예산은 각각 전체 예산의 3.5%와 4.5%에 불과한 것으로 나타난다(조선경제연보, 1948, I-267; 이영환, 1989a, 45). 이와 같은 정부 재정의 측면에서 볼 때 미군정의 복지정책은 매우 미온적이었다고 할 수 있으며, 그러한 미온성은 당시 정부재정의 팽창규모를 감안하면 더욱 분명해진다.

미군정 3년 동안 정부의 재정규모는 급격히 팽창하였다. 1945년도 조선총독부의 예산이 31억 원이었는데 비해, 미군정 초기 6개월(1945. 10. 1.-1946.

3. 31.) 동안 남한의 예산만도 18억 원에 이르렀다. 그리고 1946년도 예산 (1946. 4.-1947. 3.)은 세입예산이 약 80억 원에 세출예산은 118억 원이었으며, 1947년도 예산의 경우 세입이 약 154억 원에 세출은 177억 원에 이르렀다. 결국 미군정 하에서 재정 규모가 급격히 팽창했을 뿐만 아니라 재정의 적자 폭도 급증하였음을 알 수 있다. 그러나 이와 같은 적자재정은 적자보전을 위한 불환지폐의 남발을 가져왔고, 이로 인해 인플레이션이 유발됨으로써(3년만에 약 259배의 물가 폭등), 결과적으로 서민생활을 악화시키는 한 요인이 되었던 것으로 평가된다(이대근, 1987: 107-109). 그리고 정부 재정의 팽창과 적자재정 확대의 근본적 목적은 절대빈곤층의 생계지원을 위한 것이 아니라 대부분 미군정의 통치력을 확보하기 위한 중앙집권적 관료기구를 확대하고 유지하기 위한 비용이었다고 볼 수 있다. 이는 1947년도 세출 예산에서, 사무비가 총세출 예산액의 38%를 점하였고, 통위부, 경무부 등의 치안 유지 담당 부처의 예산비중이 각각 5.6%와 8.9%로서 상대적으로 높았다는 점에서 확인할 수 있다(조선경제연보, 1948, I-267).

이와 같이 미군정기의 사회정책은 매우 미온적으로 진행되었는데, 주요 사업 내용은 절대빈곤계층에 대한 구호사업과 노동문제에 대한 대응으로 대별될 수 있다. 먼저 노동문제에 대한 대응은 전반적으로 당시의 활성화된 (좌경)노동운동에 대한 억압적 정책이 중심이 되면서 일부 노동보호적인 입법을 통한 잠정적 무마책을 병행하는 것으로 나타났다. 노동자 부문에 대한 잠정적인 무마책으로 미군정은 1946년 7월 11일에 노동부를 설치하고(법령 97호), 적극적인 행정조정으로 분규발생을 완화하고자 하는 노력을 보였다. 예를 들면 노동쟁의에서 노동자의 요구가 관철된 건수가 1946년의 21%에서 1947년에는 31%로 증가하였고, 또 이 기간 중 행정조정에 의한 분규해결 방식이 높은 비율을 차지하는 것으로 나타났다(최봉대, 1985: 368). 그리고 일반노동임금에관한법령(1945. 10. 10, 군정법령 14호), 아동노동법규(1946. 9. 18, 군정법령 112호), 최고노동시간에관한법령(1946. 11. 7, 군정법령 121호), 미성년자노동보호법(1947. 5. 16, 남조선과도정부 법률 4호) 등 개별적 노동보호 입법들이 당시 첨예한 갈등의 한 진원지였던 노동문제에 대응하는 사회정책적 노력의 일환으로 나타났다(남찬섭, 1993: 72-80).

이상과 같은 노동보호적인 입법은 여타의 사회정책 부문에서 찾아보기 어려운 적극적인 측면이라 할 수 있다. 그럼에도 불구하고 당시의 노동문제에 대한 대응이 기본적으로 노동배제적이고 억압적이었을 뿐만 아니라, 당시의 산업사회의 사정이 매우 열악하였기 때문에 그러한 노동보호법들이 제 기능을 발휘하지는 못하였던 것으로 평가된다(남찬섭, 1993).

결국 미군정기 사회정책의 근간을 구성하는 부문은 구호정책이었다고 볼 수 있는데, 이에 대해서는 다음 장에서 공공부조정책의 사례를 통해 구체적으로 고찰할 것이다. 미군정의 구호사업 역시 지극히 지엽적이고 형식적인 수준이었다는 점은 전술한 바와 같이 부처별 예산지출의 내역을 통해 추정할 수도 있지만, 복지정책을 위한 법 또는 제도상의 변화와 빈민구호의 실태를 통해 좀 더 구체적으로 드러날 수 있을 것이다.

3) 공공부조정책의 전개

(1) 공공부조정책의 제도적 변화

미군정기에 실시된 공공부조정책에서 제도화된 변화를 발견하기는 어렵다. 즉 체계적이고 장기적인 측면에서 공공부조의 원칙과 법적·제도적 장치를 새롭게 마련한 흔적이 거의 없었던 것이다. 일제 하의 관계법령 중 대표적인 것은 1944년 3월 1일에 제정된 조선구호령인데, 이는 1929년에 제정되어 1932년에 실시된 일본의 구호법을 기초로 하고 모자보호법과 의료보호법을 부분적으로 부가해서 종합화한 법이다. 미군정은 조선구호령의 제도적 적절성을 근본적으로 검토하거나, 폭발적으로 증가한 절대빈곤층의 생존문제를 해결하기 위한 제도적 원칙을 마련하고자 하는 노력을 보이지 않았다. 오히려 조선구호령을 형식적으로 계승하면서, 상황적 필요에 따라 군정법령 및 처무준칙을 임시방편적으로 마련함으로써, 대빈곤 정책의 제도적 근거로 삼았을 뿐이다. 미군정 하에서 공공부조정책의 제도적 변화가 이루어지지 않았다는 사실은, 조선구호령과 미군정하의 임시 법령들의 내용을 비교함으로써 좀 더 구체적으로 파악할 수 있다.

조선구호령의 주요한 내용은 다음과 같다. 제1조 적용대상을 살펴보면 ① 65세 이상의 노쇠자, ② 13세 이하의 유아, ③ 임산부, ④ 불구, 폐질, 질병, 상이, 기타 정신 또는 신체의 장애로 인하여 노동을 하기에 지장이 있는 자로 규정되어 있다. 제10조와 제17조에서는 급여의 내용을 규정하고 있는데, ① 생활부조, ② 의료부조, ③ 조산부조, ④ 생업부조, ⑤ 장제부조로 구성되어 있다. 구호는 신청주의에 의해 실시되며, 이를 심사하기 위해 자산조사를 거치도록 규정하고 있으며, 거택구호가 원칙으로 되어 있다. 거택구호가 불가능하다고 인정되는 경우에는 시설수용 또는 개인의 가정 혹은 적당한 시설에 위탁수용할 수 있도록 규정하였다(류진석, 1989: 347).

미군정 하의 구호준칙으로는 후생국보 3호(1946. 1. 12)와 후생국보 3A호(1946. 1. 14) 및 후생국보 3C호(1946. 2. 7)를 들 수 있다. 후생국보 3호의 C항은 공공구호(public relief)를 규정하고 있는데 조선구호령과 유사하게 구호의 대상으로 ① 65세 이상된 자, ② 6세 이하의 부양할 소아를 가진 모, ③ 13세 이하의 소아, ④ 불치의 병자, ⑤ 분만시 도움을 요하는 자, ⑥ 정신 또는 육체적 결함이 있는 자로서 구호시설에 수용되지 않고, 가족이나 친척의 보호가 없고, 노동할 수 없는 자로 규정하고 있다. 구호내용으로는 식량, 주택, 연료, 의류, 의료, 매장으로 분류하고 있다. 후생국보 3A호는 이재민과 피난민에 대한 구호를 규정하면서 구호 내용으로 식량, 의류, 숙사, 연료, 주택부조, 긴급의료, 매장, 차표제공 등을 들고 있다. 후생국보 3C호는 궁민과 실업자에 대한 구호규칙으로서 거택구호시 세대 인원에 대한 지급한도액을 규정하였다(장인협, 1982: 45).

이렇게 볼 때, 제도적인 측면에서 미군정기의 공공부조정책은 일제식민시대와 큰 차이가 없다는 것을 알 수 있다. 이는 제도의 주요 대상이 노동능력을 상실한 빈곤자로 제한되고, 최저생활보장의 개념이 규정되지 않음으로써, 욕구의 측면과 국가 책임성의 측면이 제도화되지 않는 등 자선과 시혜의 의미를 벗어나지 않았다는 점에서 그러하다. 미군정기의 법령과 조선구호령에서 차이점이 있다면, 그리고 제도적 발전의 의미를 부여한다면, 구호대상자에 6세 이하의 부양할 소아를 가진 모자가정을 포함시켰다는 점과 노동능력 상실자 외에 이재민과 피난민, 그리고 궁민과 실업자를 구호대상자로 포함시켰다는 점이다. 그러나 이와 같은 대상자의 확대는 미군정기의 특수한 사회적 필요성에 의한 일시적 규정에 불과한 것으로 판단된다. 즉, 임시구호의 의미를 벗어나 최저생활보장을 위한 공공부조의 대상자로 제도화되었다고 보기는 어렵다. 이는 대상자를 규정하는 법령이 후생국보 3호 안에 체계적으로 규정되어 있는 것이 아니라 후생국보 3A호와 3C호로 나누어져, 그때그때의 필요성을 반영한 형태로 규정되어 있다는 점에서도 드러난다.

최저생활의 보장이나 국가 책임성과 같은 주요한 원칙이 규정되지 않았다는 의미에서 미군정기의 공공부조정책은 자선과 구별되는 근대적 의미의 공공부조제도로 발전하지 못하였으며, 빈곤자에 대한 자선과 시혜의 성격을 벗어나지 못하였다는 의미에서 일제시대의 조선구호령과 근본적 차이가 없었다고 볼 수 있다.

(2) 구호정책의 실태

미군정기의 전재민의 숫자는 약 200만 명에 달했고 그들 중 요구호대상자는 거의 절반인 약 98만여 명에 이르는 것으로 평가되고 있다. 귀환 전재민 외에 요구호 실직 빈궁민이 약 100만 명 이상이었다는 점을 고려하면, 당시 즉각적인 구호가 필요한 인구는 200만 명을 상회하였다고 볼 수 있다(아산복지재단, 1979: 47).

미군정 당시의 구호사업을 종류별로 보면 시설, 공공, 응급, 이재구호사업과 같은 일반구호사업과 실업구제, 수용 및 주택구호 사업 등으로 나누어볼 수 있다. 일반구호사업과 실업구호사업은 전재민과 토착빈민 모두에게 해당되었던 반면, 수용구호와 주택구호사업의 주 대상자는 전재민과 피난민이었다(이영환, 1989b: 442). 여기에서는 일반구호사업의 실태를 개략적으로 살펴보면 다음과 같이 요약할 수 있다.

먼저 시설구호사업을 살펴보면, 해방 이후 보호시설은 약 2.5배, 수용인원은 약 4배로 꾸준히 증가하였지만, 1946년의 경우 요구호자 중 아동은 약 20%, 노인은 약 1.5%, 행려불구자는 0.7%밖에 수용하지 못하는 실정이었다. 전체적으로 볼 때 요구호자 95,000명 중 5.5%만이 수용구호되는 실정이었다. 1948-1949년에 이르러서도 개선실적은 2배를 넘지 못하였고(남정운, 1949: 198-200), 시설의 운영주체도 개인경영이 62.7%에 달하여(조선통신사, 1948: 342) 정부의 책임성이 미미한 가운데 민간에 대한 의존도가 상당히 높았다. 공공구호사업은 조선구호령과 후생국보 3C호에 의하여, 65세 이상의 노인, 소아를 가진 여자, 임산부, 불구폐질자에 대한 구호를 주요 내용으로 하고 있는데, 1948년 3월말 현재 총대상자 304,571명 중 138,309명만이 구호를 받고 있어 구호율이 50%에도 미달하였다(사회부, 『경제연감』, 1949). 응급구호사업은 재난빈민·실직자 및 토착 빈민·실직자들에 대한 긴급 구제사업이었는데, 1948년 3월말 현재 수급자의 수는 전자의 경우 878,674명, 후자의 경우 711,480명에 불과하였다(사회부, 『경제연감』, 1949). 이재구호사업은 피난민과 이재민에 대한 의류, 식량, 가옥, 여비 및 구급치료 등을 제공하는 일시적 구호였다.

이상과 같은 일반구호사업을 전반적으로 평가하기 위해 1947년도의 구호상황을 전체적으로 살펴보면, 공공구호, 응급구호, 이재구호를 합한 총 구호자 수가 월평균 248,398명으로 1947년도 요구호자 약 200만 명의 12.4%에 불과하였고, 월평균 1인당 구호비도, 공적구호가 75.4원, 응급구호가 88.7원, 이재구호가 55.7원으로 평균 76.9원에 불과한 것으로 나타나고 있다. 이와 같은 구호실태는 미군정이 당시의 엄청난 수요에 비해 지극히 지엽적이고 형식적인 수준에서 구호를 제공하였다는 점을 밝혀주고 있다(이영환, 1989a: 57).

4) 사회복지정책의 성격

(1) 정치적 특성

일본제국주의가 패망하고 1945년 9월에 미군이 남한에 진주함으로써 미군정은 시작되었다. 그러나 당시 남한에 진주한 미육군 제24군단은 분할점령의 세부적인 사항은 전혀 준비하지 못한 상태였다(Meade, 1951). 24군단은 군정 기능을 수행한 경험을 가지지 못했고, 한국에서의 임무에 관한 지시나 보고서도 거의 없었다. 점령에 대한 지시 부재의 상태는 미군이 진주한 이후 거의 1개월 이상 지속되었고, 최초의 기본훈령이 1945년 10월 17일에 3성조정위원회(SWNCC)에서 승인됨으로써 마련되었지만, 한국사회의 현실을 고려한 구체적인 정책지침을 제대로 제공하지는 못하였다. 이러한 점은 현실적으로 당시 미군의 인적·물적 자원을 고려한 역량은 동아시아에서는 일본 본토의 점령과 통치까지가 한계였기 때문이기도 하다(B. Cumings, 1986).

미군정은 북한 및 소련과의 냉전적 대결이라는 궁극적 과제를 수행하기에 앞서, 절대빈곤이 야기하는 사회불안의 만연 그리고 무엇보다도 그에 기반한 민중운동의 활성화 및 좌익정치세력과의 연계라는 기본적 난관에 직면하게 된다.

민중적 욕구의 분출은 우선 노동자 조직과 농민조직의 활성화를 통해서 나타났다. 1945년 11월에 결성된 조선노동조합전국평의회는 결성 당시 1,194개의 분회와 217,073명의 조합원이 1946년 2월에는 1,676개의 분회와 573,475명의 조합원으로 급증하는 양상을 보여 주었다. 농민조직도 1945년 11월 말에 이미 군 단위 188개 조직, 면단위 1,745개, 마을단위 2,588개가 조직되었고 조합원은 330만 명에 이르렀다. 해방 직후 남북한의 농가호수가 299만호였다는 점에 비추어 보면 거의 전 농민의 참여가 이루어졌음을 알 수 있다(이영환, 1989a: 30). 이와 같은 민중적 욕구의 분출은 좌익운동과의 연계 그리고 미군정에 대한 불만과 접목하여 광범위한 민중소요로 발전하였다. 특히 노동쟁의는 1946년 9월에서 10월, 그리고 1947년 3월에 집중적으로 발생하였다.

이렇게 급격하게 성장하는 민중의 정치력은 냉전적 입장에서 정치적 주도권(hegemony)을 장악하고자 하던 미군정과 충돌할 수밖에 없었으며, 충분한 준비가 갖추어져 있지 않던 미군으로서는 중앙행정기구의 강화를 서두르면서 경찰과 군대라는 물리력에 의존하는 정치적 통제를 추구할 수밖에 없었다. 결국 중앙행정기구의 성급한 강화는 구성원의 우익화와 기구의 비대화라는 결과를 낳았다. 1945년 9월 7일 남한에 진주한 미군은 곧바로 군정청을 설치하면서, 일본 총독부의 통치기구와 그 인원 및 친일적인 한국인 관료를 활용하는 방식을 채택하였다. 이 과정은 좌익과 민중세력을 배제하면서 친일적인 우익세력과의 동맹을 추구하는 전략으로서 미군정 당국자들의 냉전적 시각을 잘 보여주는 것이었다.

미군정은 1946년 3월 29일 군정청의 각 국을 부로 승격시키고, 1947년 2월 10일에는 정부 각 부서를 13부 6처로 확대개편하며, 이를 5월 17일에는 '남조선 과도정부'로 명명하는 등 지속적인 확장과정을 거치게 된다. 이상과 같이 관료기구가 구축되는 과정에서 우리는 미군정의 사회복지정책이 민중의 욕구를 포섭하는 측면보다는 억압(repression)과 온정주의(paternalism)의 한계 안에 머무를 수밖에 없었던 태생적 한계를 읽을 수 있다.

한편 억압적 물리력으로서의 경찰기구의 확대 재편과정도, 식민지 경찰조직이 거의 그대로 유지되면서 약간의 재편 과정을 거치는 것으로 나타났다. 인적 구성에 있어 관료 기구와 유사하게 간부직의 80% 이상을 식민 경찰 출신이 장악하였고, 이북에서 월남한 일제경찰 출신들도 대부분 재기용되었다. 경찰조직에 대한 미군정의 입장은 "폭동과 비상사태에 일사불란하게 대처할 수 있는 중앙집권적인 국립경찰이 만들어져야 한다"는 것이었다(김승철, 1986: 332). 결국 일제시대부터 민중을 억압했던 경찰기구가 본질적인 변화없이 부활하여 통치력의 기반이 된 것이었다.

이와 같이 미군정은 3권을 장악한 상태에서 구식민지 관료기구를 활용한 직접통치의 형태를 취하였다. 당시의 명령계통은 미국정부의 3성(state-warnavy) 조정위원회 산하 극동소위원회에서 정책기안을 담당하였고, 그 명령은 주한미군사령부(SCAP)을 통하여 군정청(USAMGIK)으로 하달되었다(이혜숙, 1995). 이러한 과정에서 주한미사령관과 군정청은 상당한 재량권을 행사한 것으로 평가되고 있는데, 이는 본국의 점령정책이 사전에 확고하게 준비되지 않았던 사정에 기인한 것이다. 그러나 이와 같은 재량권의 존재가 사회복지정책의 발전에 기여하였다는 증거는 찾아보기 어렵다. 앞서 언급한 대로 남한의 미군정은 준비가 부족한 상태에서 정치적 헤게모니 장악과 통치구조의 확립에 대부분의 역량을 투입해야 했다. 이에 따라 남한사회의 갈등과 사회문제들을 근본적으로 해결하기 위한 합리적이고 장기적인 사회정책을 마련할 여유가 없었다. 결국 미군정기의 사회복지정책은 최저한의 생존을 가능케하는 미봉적 대응으로서의 물질적인 시혜에 머물게 되었던 것이다.

(2) 사회복지정책과 제도의 성격

앞서 설명한 대로 미군정은 합리적이고 체계화된 선진국가의 발전된 사회복지제도들을 도입하기보다는, 분출하는 민중의 욕구를 무마하기 위해 그때그때 필요한 제도들을 입안하는 임시방편적이고, 비체계적인 복지정책을 실시하였다. 공공부조정책의 예에서 보듯이 미군정의 제도는 일제하의 조선구호령과 큰 차별성이 없었고, 시혜적이고 온정주의적인 빈곤정책을 벗어나지 못하였던 것으로 평가된다.

미군정기 사회복지정책의 또 하나의 큰 특징은 사회통제적 성격이다. 즉 미온적이나마 미군정이 당시 시행하였던 복지정책은 복지이념에 근거하여 시행되었다기보다는 사회적 갈등을 무마하기 위한 통제적 목적으로 일관하였다는 점이다. 이러한 사정은 미국의 원조정책에서 단적인 예를 찾을 수 있다.

미군정 당시 외국원조는 미 육군성 예산에 의한 점령지역 구제자금(GARIOA FUND)에 거의 의존했으며, 기타 OFLC의 차관을 합쳐 미군정 3년 동안 총 4억 3,392만 달러에 이르렀다. 원조의 내역은, 인플레이션 수습과 민생안정을 도모하기 위한 긴급구호적 성격의 것으로서, 식료품, 작물 등 긴급

소비재가 1/2 이상이었으며, 나머지는 농업용품 등 기존 생산시설의 보수와 가동을 위한 것들로 구성되어 있다. 그런데 원조의 연도별 추세와 관련된 가장 큰 특징은 1947년 이후 원조액이 현격하게 증가한 점이다. 그 원인은 미군정에 대한 불만이 최고조에 달했던 시점이 9월 총파업과 10월 폭동이 발발하였던 1946년 후반이었음을 반영한다는 것이다. 그리고 그와 함께 소련에 의해 점령된 북한지역의 개혁정책 선전에 대한 미군정의 반작용도 작용한 것으로 평가할 수 있다(이영환, 1989a: 40-42). 미 육군의 점령지역 구제자금에 의한 원조는 원래 점령군에 위협이 되거나 군사작전에 방해가 되는 '질병 및 만연된 정치불안'을 방지하는 목적으로 지역내 자원을 보조하는 선에서 최소한의 식량, 연료, 의약, 위생품에 국한되는 것이었다(김국태 역, 1984: 97). 남한의 경우도 예외가 아니었던 이러한 소극적 정책은 사회적 갈등이 격화되고, 미군정의 정책에 대한 불만이 노골화되었던 시점에서 수정되지 않을 수 없었고, 이에 따라 정책의 목표가 '적극적인 구호와 원조정책에 의한 민중의 불만 무마'로 변화되어 갔던 것이다.

이와 같이 미국의 대한 원조정책은 초기의 소극적 방침에서 벗어나 국내 소요 등의 정치불안을 억제하는 통제적인 목적과 공산주의와의 대결의식에 의해 전개되어 갔던 것으로 볼 수 있다.

3. 일본 미군정기의 사회복지정책

1) 사회문제의 실태

1945년 8월 15일 패전 직후 일본 정부는 식량문제, 전재민(戰災民)문제, 빈곤문제, 실업문제 등 해결이 시급한 사회문제에 직면하게 되었다. 특히 국토의 45%가 유실되고, 대흉작 등으로 인하여 식량문제가 심각하였다. 또한 전쟁 중의 군수산업에서 전후 민수산업으로 전환되면서 공업자본 설비능력의

44%가 감소되고, 재외자본이 점차 감소됨으로써 일본의 경제활동은 사실상 전쟁 이전의 상태에서 동결되었던 것으로 분석되고 있다(日本 經濟企劃廳戰後經濟史編纂室, 1957: 3).

더구나 전후 국외의 전재민이 귀환함으로써 전체 전재민의 수가 1945년 10월 809만 명에서 1946년 10월 1,324만 명으로 급격하게 증가하였다. 이러한 전재민의 급증은 전후 식량문제, 빈곤문제, 실업문제 등을 더욱 심각하게 만들어 전체 국민의 생활보호문제가 긴급한 사회문제로 제기되었다. 이러한 사회문제에 대한 대응책으로서 1946년 당시 군사부조법(1918년, 적용대상: 298.0만 명), 구호법(1932년, 적용대상: 9.3만 명), 모자보호법(1938년, 적용대상: 8.5만 명), 의료보호법(1941년, 적용대상: 240.5만 명), 전시재해보호법(1942년), 국민근로동원부조규칙(1942년), 응징선원부조규칙(1945년) 등이 있었다(吉田久一, 1971: 187).

그러나 이러한 구호(救護) 입법들은 패전 당시 전국적으로 슬럼화된 전체 국민의 긴급한 생활보호문제를 해결하기에는 미흡하였다. 따라서 전후 사회문제에 좀 더 적절하게 대응하기 위하여 1945년 10월 후생성 건민국이 사회국으로 개편·조직되었으며, 기존의 사회복지시설 관련 업무도 함께 관리하게 되었다. 같은 해 12월 생활곤궁자 긴급생활원호요강(CLO 1092)이 일본 정부에 의하여 발표되었다. 본 요강에서는 생활곤궁자를 ① 일반 국내생활자, ② 실업자, ③ 국내 전재민, ④ 국외로부터의 귀환 전재민, ⑤ 국외 거주자(잔류가족), ⑥ 상이군인·가족·군인 유가족 등 6가지로 분류하였다. 그러나 최저 생활보장에 관한 구체적 기준이 규정되어 있지 않았으며, 다만 해당 세대의 생활실태에 대응하여 보장하는 것으로 표기되었다. 행정적으로는 도·도·부·현과 시·정·촌의 지방행정기관을 보호 실시기관으로 하며, 방면위원을 보조기관으로 하였다(日本 厚生省社會局編, 1950: 94).

본 요강은 구제(救濟)복지계획(CLO 1484)으로 발전되었으나, 최저생활보호 기준은 극히 제한적인 최소한도의 의식주(衣食住) 비용으로서 표준세대(당시 5인 가족 기준) 월 200엔으로 책정되었다(日本 厚生省社會局援護課編,

1981: 104). 당시의 보호기준은 보호를 행하는 하나의 기준에 불과하며, 담당자인 방면위원의 독자적인 심사에 따라 보호되었다.

한편 1945년 11월 후생성이 발표한 실업대책에 관한 요강은 급증하는 전재민을 위한 실업대책으로서 원직(原職)복귀와 대체취업(代替就業)을 제안하였다(日本 厚生省援護局, 1977: 61-63). 전자는 지식계층을 유용한 인력으로서 흡수하고 직업군인을 우선적으로 배려하기 위한 실업정책이었으며, 후자는 청장년층 남성의 취업을 촉진하기 위하여 여성·노인·아동 등을 직장으로부터 해고시키는 실업정책이었다.

또한 실업대책 연락본부를 설치하고, 본부장으로 후생성 근로국장을 임명하였다. 같은 해 12월 실업대책위원회를 설치하여 세부 실업대책으로 ① 민수산업의 진흥, ② 근로의욕의 촉진, ③ 지식계급의 취업, ④ 여성의 취업 등이 제시되었다. 1946년 1월 경제위기 긴급대책 실시요강이 발표되었으며, 같은 해 2월 긴급 취업대책 요강 및 실업보험법이 발표·제정되었다. 이로써 일본 정부는 전후 경제부흥을 위한 실업대책을 전개하였으나, 전후의 사회심리적 문제로 인하여 실업자들의 근로의욕은 그다지 높지 않았던 것으로 보고되고 있다(日本 經濟企劃廳戰後經濟史編纂室, 1957: 69).

2) 사회복지정책의 개요

일본의 사회복지 발전과정을 살펴보면, 제2차 세계대전 이전에 이미 사회보험(연금보험·건강보험·근로자재해보험), 공공부조, 공중보건, 그리고 사회복지서비스의 기본 골격은 형성되어 있었다. 그러나 그 내용에 있어서 기존의 사회복지정책들은 가족주의와 군국주의에 기초한 전시(戰時) 후생(厚生) 사업에 불과하였던 것으로 평가할 수 있다.

주지하는 바와 같이 패전후 일본은 1952년까지 미군을 중심으로 하는 GHQ의 점령하에 놓이게 되었다. 일본의 패전은 심리적으로 완전한 파멸을 가져왔으나, 정치·경제·사회적으로는 새로운 변화의 시대를 열었다.

[표 2-2] 일본 미군정기의 사회복지정책(1945년-1952년)

시기	사회복지정책	일반 사항
1945년	구제 및 복지계획에 관한 각서(GHQ) 후생성 실업대책위원회 설치 생활곤궁자 긴급 생활원호요강(후생성) 전쟁고아 등 보호대책요강(후생성)	포츠담 선언 연합군 총사령부(GHQ) 설치
1946년	생활보호법(구생활보호법) 제정 사회보험제도조사회 설치 사회구제에 관한 각서(GHQ) 부랑아 등 기타 아동보호 응급조치 민생위원령 제정, 일본사회사업학교 개설	군국주의자 공직 추방령(GHQ) 군국주의자 동경재판 개정(開廷) 일본국 신헌법 공포
1947년	일본사회사업협회 설립, 재해구조법 제정 아동복지법 제정, 보건소법 제정 실업보험법 제정, 공동모금 전개 노동자재해보상보험법 제정	일본국 헌법 시행 최고재판소 발족 개정 민법 공포 가(家)제도 폐지
1948년	민생위원법 제정 생활보호기준 개정(market-basket방식 도입) 사회보장제도심의회 설치 사회보장에의 권고(완델보고서)	신(新)경찰제도 발족 민주자유당 결성 동경재판 판결 경제안정 9원칙 발표(GHQ)
1949년	긴급실업대책법 제정 모자복지대책요강 제정 신체장해자복지법 제정 일일고용(一日雇用)실업보험제도 창설 후생성설치법 제정, 6항목 제안(GHQ)	경제안정정책(도지라인) 사회교육법 공포
1950년	생활보호법 개정(신생활보호법) 정신위생법 제정, 보호사(保護司)법 제정 사회보장제도에 관한 권고(사회보장제도심의회)	공직선거법 공포 공산당중앙위원회 전원 추방지령 한국전쟁 학교교육법 시행규칙(학교 급식)
1951년	중앙사회복지협의회 발족 사회복지사업법 제정, 사회복지사무소 발족 아동헌장 제정, 결핵예방법 제정	ILO 및 UNESCO 가맹 대일(對日)평화조약 조인 미일(美日)안보조약 조인
1952년	모자복지자금 대여 등에 관한 법률 제정 일본 아동보호회 결성 일본 정신박약자육성회 결성	대만과 평화조약 조인 중앙교육심의회 설치 일본적십자사법 공포

자료: 一番ケ瀬康子 外. 1987. 『講座 社會福祉2: 社會福祉の歷史』, 東京: 有斐閣, pp.348-360. 에서 재구성.

GHQ의 점령정책은 일본의 군국주의를 철폐하기 위하여 비군사화와 민주화를 목표로 간접 통치에 의하여 다양한 분야에서 실행되었다. 특히 GHQ의 점령정책은 사회복지정책의 기초 형성에 크게 기여하였다(하상락 편, 1989: 84-87). 당시의 사회복지정책은 점령 본국인 미국 사회복지정책의 직접적 영향을 받은 것으로 분석되며, 사회복지정책의 개요는 [표 2-2]와 같다(吉田久一, 1971: 185-197; 一番ヶ瀬康子, 1973: 53-61; 伊部英男, 1979: 39-44; 中村優一, 1986: 5-24; 古川孝順, 1987: 59-69).

GHQ의 제안에 따라 1946년부터 1950년에 걸쳐 생활보호법, 아동복지법, 신체장애자복지법(사회복지 3법)이 제정·정비됨으로써 사회복지정책의 기초가 마련되었다. 이들 가운데 생활보호법의 제정·개정에 의하여 전체 국민의 최저생활을 보장하는 근대적 의미의 공공부조제도가 확립되었다. 이는 곧 GHQ의 가장 두드러진 사회복지정책의 개혁으로 평가된다(日本社會事業大學 救貧制度研究會, 1976: 343-375).

또한 군인을 위한 선별적 급여가 일반 장애인·유족을 위한 보편적 급여로 대치되었고, 공공부조의 전문성을 확보하기 위하여 미국식 사회복지사무소가 세워졌으며, 사회복지 교육을 이수한 전문인력(사회복지주사)이 배치되었다. 1947년에 일본을 방문한 사회보장제도 조사단은 사회보장에의 권고(1948년)를 통하여 공공부조제도의 보편적 적용, 행정의 일원화, 재분배 기능 등을 강조하였다. 이러한 권고 내용은 단계적으로 반영되었다. 특히 1951년에 사회복지사업법을 제정함으로써 공공부조와 관련된 각종 사회복지서비스 제공의 법적 근거를 마련하였다.

3) 공공부조정책의 전개

본 절에서는 패전후 일본 공공부조정책의 전개 과정을 GHQ와 일본 정부 간의 문서 교환이 활발하였던 3시기(SCAPIN 775의 형성, 생활보호법의 제정, 생활보호법의 개정)로 나누어 고찰함으로써 당시 GHQ와 일본 정부간의 역학관계를 분석하고, 공공부조정책의 성격과 영향을 파악하고자 한다(이혜원, 1997: 314-336).

(1) SCAPIN 775의 형성(1945년-1946년)

1945년 11월 15일 이후 국제적십자사의 구호활동 종료에 대비하기 위하여 GHQ가 일본 정부에 제시한 대일 구제계획(SCAPIN 333)의 원칙은 다음과 같다[3].

· 구제용 물자의 배급관리는 일본 정부의 책임이다(국가책임의 원칙).
· 군경력자를 특별 취급하지 않는다(무차별 평등의 원칙).
· 구제 기준은 최소한도의 의식주 비용으로 제한한다(필요충족의 원칙).

이에 따라 패전 직후 후생성은 빈곤문제 해결과 경제 부흥을 위하여 군용 물자를 사용하였으며, 복원 군인을 특별 대우하지 않음으로써 무차별 평등의 원칙을 준수하였다.

GHQ(SCAPIN 404 · 473 · 668 · 775)와 일본 정부(CLO 1092 · 1484)간에 일련의 문서가 교환되었다. 이들 가운데, GHQ의 SCAPIN 404는 기존의 배급계획 관련 법체계 및 행정 시책을 재검토함으로써 지방행정 기관의 구제행정 내용을 제시하였다. 특히 최저생활이라는 용어를 사용함으로써 SCAPIN 333 보다 구체적이며 체계적인 구제계획을 제시하였으며, 대일 공공부조정책의 기본 방침이 되었다. 이후 GHQ는 구제용 배급물자의 분배계획에서부터 구체적으로 개입하였으며, 통치자로서의 입장을 명확하게 명시하였다.

특히 SCAPIN 775는 구제용 배급물자에 관한 분배원칙뿐만 아니라 구제정책의 기본 원칙(구제계획의 3원칙)을 수립하였으며, 지방군정(GHQ의 지방

---

3) SCAPIN은 Supreme Commander for the Allied Powers Institution의 약자로서 연합군 최고사령부의 지령을 의미한다. GHQ의 대일 정책은 SCAPIN에 의하여 일본 정부에게 전달되었다. 이에 대하여 CLO는 Central Liaision Office의 약자로서 중앙 섭외국(GHQ/SCAP와 일본정부를 연결하는 행정조직)을 의미하며, 일본 정부의 정책은 CLO에 의하여 GHQ에 전달되었다.

행정 단위)으로 하여금 지방 구제행정을 감독하게 하고, 가정방문을 통한 사례조사를 실시하도록 지시하였다. 또한 일본 정부의 군인에 대한 우대조치, 군사부조법, 구호법, 전시재해보호법 등을 폐지할 것을 지시하였으며, 국가책임을 민간단체에 전가하는 것을 금지하였다.

이에 대하여 일본 정부는 군사부조법 등 기존의 구호 관련법을 폐지·조정하고, 전체 국민의 빈곤문제를 해결하기 위한 종합적 법령을 새롭게 제정할 것을 약속하였다. 이로써 구호정책은 구제용 물자의 배급 개념에서 보편적 공공부조 개념으로 확대·전개되었으며, 공공부조정책의 3원칙(국가책임·무차별 평등·필요충족의 원칙)이 정립되었다.

(2) 생활보호법의 제정 및 실시(1946년-1950년)

일본 정부는 폐지된 기존의 구호 관련 법을 대체하고, 전체 국민의 빈곤문제를 해결하기 위한 생활보호법안요강(1946. 4.)을 GHQ에 제출하였다(東京大學社會科學硏究所編, 1984: 49). 본 요강의 보호내용은 생계보호, 의료보호, 자활보호(생업부조), 조산보호, 장제보호 등 5가지로 구성되어 있다. 이에 대하여 같은 해 5월에 GHQ는 생활곤궁자 원조의 국가적 책임을 강조하면서 다음의 4가지 실시 원칙을 제시하였다.

- 생활보호보다 발전된 공공부조의 개념 정착
- 공공부조의 피부조자의 권리 보장: 신청·이의소송·최저생활보장 권리
- 공공부조의 피부조자로서의 의무: 자산목록 작성, 수급 이후 생활실태 보고
- 공공부조의 급여기준: 계절·행정단위·지역별 차이, 지방정부의 자유재량권

1946년 7월에 중앙사회사업협회 주최로 생활보호법안에 관한 회의를 개최하여 생활보호 담당 전문인력의 확보 및 양성방안에 관하여 논의하였다. 이때 후생성은 전문인력 양성방안으로서 사회사업가 양성학교(오늘날의 일

본사회사업대학)와 조사연구기관을 설립하고, 당시 구호법의 보조기관이었던 방면위원을 생활보호실시의 보조기관으로 임명하는 계획을 발표하였다(吉田久一・一番ヶ瀬康子, 1978: 99-121). 이러한 의견이 반영되어 1946년 9월 9일에 생활보호법(생활보호법 개정과 구분하여 구생활보호법으로 칭함)이 제정되었다.

그러나 생활보호법의 제정 당시 일본 정부는 최저생활비에 관한 이론이 정립되지 못한 상태였으므로 적정 수준의 생활보호 기준액을 책정하지 못하였다. 당시까지는 최저생활비용을 최소한도의 의식주 비용으로 해석하여, 6대 도시 5인 세대의 기초 표준세대를 기준으로 최저생활비용을 필요에 따라 산정하였다. 또한 민생위원(방면위원의 개칭)의 자유재량에 의하여 심사・보호하는 것이 바람직한 것으로 간주되었다. 이러한 생활보호 기준액은 남구(濫救), 자립의욕의 저하, 민생위원의 주관적 판단, 행・재정의 비효율성 등의 다양한 문제를 초래하였다. 이에 대하여 GHQ는 민생위원의 생활보호 실시문제는 생활보호법에 규정된 무차별평등의 원칙 및 민주화 노선에 위배되는 것이라고 비난하였다. 따라서 객관적인 적정 수준의 보호기준액 책정이 모색되었으며, 결국 1949년에 생활보호법의 개정을 촉구하게 되었다. 특히 GHQ는 민생위원의 역할과 개입을 동법의 보조기관으로부터 협력기관으로 축소・전환시킬 것을 요구하였다.

(3) 생활보호법의 개정(1950년)

1949년 8월에 공공부조위원회는 생활보호법 개정의 기본 원칙을 다음과 같이 제시하였다(日本 社會保障制度審議會, 1949).

· 적극적 최저생활보장 개념의 확립: 소득보장 및 자립조장
· 무차별 평등의 원칙
· 심사청구권의 인정: 피생활보호자의 실제적 권리
· 결격조항[4]의 삭제: 보편주의의 실현
· 생활보호행정의 개선: 전문인력・생활보호업무지침・실태조사・민생

이 권고안은 1949년 9월에 제6회 사회보장제도심의회에 생활보호제도의 개선·강화에 관한 건으로 제출되었고, 같은 해 11월에 GHQ와 후생성 간의 합동회의를 통하여 GHQ의 6항목 원칙으로 발전·책정되었다. 이로써 1950년에 생활보호법이 개정되기에 이르렀다.

개정된 생활보호법은 구법과 비교하여 5가지의 차이점(신헌법 25조의 생존권 이념의 명시, 수급자격요건을 갖춘 국민의 생활보호 수급권 인정, 건강하고 문화적인 최저한도의 생활수준의 규정, 교육부조·주택부조의 추가, 불복청구제도의 인정)을 지니고 있다.

4) 사회복지정책의 분석

(1) 정치적 특성

1944년 12월에 미국무성·육군성·해군성의 3성 조정위원회가 설치된 이후 유럽 중심의 대독(對獨) 정책이 대일(對日) 정책으로 전환되었다. 1945년 6월에 설정된 미국의 초기 대일 정책방침은 다음과 같다.

· 미국의 대일 점령 목적은 비군사화와 민주화이다.
· 대일 경제정책의 목적도 비군사화와 민주화이다.
· 대일 빈곤정책은 일반 경제정책과 연계되어 있다.
· 빈곤정책의 주체는 일본 정부로서 일본의 자력을 갱생함을 목적으로 한다.

그러나 현실적으로 GHQ의 점령 정책은 일본의 경제와 국민생활의 기본적인 안정을 전제로 전개되어야 하기 때문에, 패전 직후 일본 사회가 안고 있는 기아선상의 절대 빈곤문제를 일본 정부에게만 떠맡길 수 없는 딜레마에

---

4) 생활보호법(1946) 제2조에는 "술을 마시는 자, 싸우는 자, 낭비하는 자 등은 피생활보호자의 자격에서 결격된다."라고 규정되어 있다(小山進次郎, 1951: 31).

놓이게 되었다. 이는 세계 경제정책(global economic policy)의 관점에서도 피할 수 없는 상황이었다.

따라서 GHQ는 일본 사회의 질병 및 불안을 해결하고 예방할 수 있는 최소한의 대일 원조를 제공하게 되었다. 실제로 일본 전국 도시에는 1일 1,500 칼로리 섭취량 이내의 GHQ 식량원조가 제공되었다(日本 大藏省財政史室編, 1976: 270-274).

한편 당시 대일 군정정책은 한국의 경우와는 달리 일본 정부를 통한 간접통치의 방식을 취하였다. 즉 최고사령관/연합군최고사령부지령(GHQ/SCAP)으로부터 일본 정부에 명령이 전달됨으로써 시행되었다. 특히 사회복지에 관한 명령·지령은 공중위생국(Public Health and Welfare Section: PHW)으로부터 중앙섭외국(Central Liaision Office: CLO)을 통하여 일본 정부의 후생성에 전달되었다. 또한 지방정부 차원의 사회복지정책은 광역지방자치단체(도도부현(都道府縣))의 책임하에 실시됨과 동시에, 도도부현에 파견된 군정팀에 의하여 감시·감독받음으로써 SCAP의 간접통치를 받았다.

일본의 미군정이 취하였던 간접통치의 방식은 앞에서 공공부조정책의 사례에서 분석된 바와 같이, 적어도 사회복지정책과 관련해서는 미군정과 일본 정부 사이에 상당히 활발한 상호작용을 가능하게 하였으며 사회복지정책의 수립에 있어 일본 정부의 주체적 역할을 고양시켰다는 점은 분명하게 관찰된다. 이러한 측면은 한국의 미군정과 상당히 다른 점이라고 할 수 있다.

(2) 사회복지정책과 제도의 성격

미군정기의 일본 사회복지정책은 상당한 정도의 제도적 성취를 이룩한 이외에도 공공부조정책의 전개과정을 통하여 이념적 차원에서 생존권 보장의 확립, 자립조장 개념의 확립, 그리고 통일적 사회보장제도의 지향이라는 성과를 획득한 것으로 분석된다.

① 생존권 보장의 확립

생활보호법(1946)의 적용과 관련하여 피보호자의 권리문제가 직접적으로 제기된 것은 1949년 2월에 아이지현(愛知縣) 지사가 후생성에 대한 불복소송에 관하여 조회함으로써 비롯되었다. 이러한 조회에 대한 회답으로서 후생성은 같은 해 5월 생활보호시행규칙을 개정하게 되었다. 또한 최저생활보장제도의 확립에 관한 권고안(1949)을 통하여 법 이념으로서의 권리문제가 제기되었다. 즉 사회보험제도의 피보험자의 권리와 동일하게 생활보호제도의 피보호자의 권리를 인정해줄 것을 요구하게 되었다. 특히 전체 국민을 대상으로 무차별 평등에 의한 사회보장제도의 확립이 중요한 이슈로서 제기되었다.

이에 대하여 생활보호법 개정을 위한 준비과정에서 생활보호의 불복청구, 소송제기, 심사 결정절차 등 생활보호제도의 권리성 문제가 법안 작성상의 중요 이슈로서 집중적으로 논의되었다. 이러한 논의를 거쳐 중의원회의(1950)에서 생활보호법 개정의 목적을 헌법 25조의 이념에 부응하여 국민이 권리로서 보호를 요구하여 수급받는 생활보호제도를 확립하는 것으로 규정하게 되었다. 따라서 생활보호법 개정은 절대 빈곤계층인 피보호자의 최저생활을 권리로서 보장하는 현대적 의미의 공공부조법 체계를 구성하게 되었다.

② 자립조장 개념의 확립

생활보호법 개정의 중요한 특징은 기존의 생계보호와 의료보호 중심의 소극적 최저생활보장 개념에 자활보호를 통한 자립조장의 개념이 부가됨으로써 좀 더 적극적인 최저생활보장 개념으로 발전되었다는 점이다.

특히 자립조장의 개념은 최저생활보장제도의 확립에 관한 권고안(1949)에 의하여 적극적으로 수용·발전되었다. 당시 공적부조 소위원회는 생활보호제도의 발전방향을 피보호자 스스로가 경제적 자립을 도모하는 것으로 설정하고, 생활보호법(1946)의 결격조항 삭제, 시·정·촌장의 업무지침의 필요성 등을 주장하였다. 이러한 주장이 생활보호법 개정에 반영됨으로써 기존의 소극적 구빈행정에서 탈피하여 자립조장을 통한 적극적 생활보장, 예를 들어 작업장의 증설, 취업훈련 및 알선, 생업자금의 대여 확충 등을 통하여 피보호자 스스로가 경제적 자립을 도모하도록 지원할 수 있게 되었다.

③ 통합적 사회보장제도의 지향

전후 생활보호법의 제정·개정 과정을 통하여 일본 사회보험제도심의회는 전체 국민의 최저생활을 공공부조제도와 사회보험제도가 통합적으로 보장할 수 있는 새로운 제도를 모색하였다. 특히 사회보장제도요강(1947), 사회보장제도의 권고(1949) 등은 헌법 25조의 생존권 보장을 위한 통합적 사회보장제도의 확립을 모색하였다. 이를 통하여 단계적으로 공공부조제도와 사회보험제도가 기능적으로 통합된 사회보장제도가 확립되기에 이르렀다.

이러한 노력은 오늘날 일본이 다른 국가들에 비하여 최저생활보장의 우선순위를 예방적 사회보장정책에 두고 있는 현상으로 이어지고 있다. 즉 공공부조제도와 사회보험제도의 비중에 있어서 일본만큼 철저하게 비중이 작은 공공부조제도(공식적인 피보호율은 0.8%, 1995년)를 유지해온 나라도 드물다고 할 수 있다. 방빈대책으로서의 사회보험 급여수준의 적절성은 생활부조, 의료부조, 주택부조 등의 잠재적 욕구를 상당 부분 흡수하였다. 또한 기초연금제도의 도입, 노인보건제도의 도입, 사회수당의 확충 등으로 공공부조의 현재적 욕구도 감소시켰다. 실제로 오늘날 일본 생활보호법의 피보호자의 수입은 생활보호 급여(생활부조, 의료부조, 교육부조, 주택부조, 출산부조, 생업부조, 장제부조)뿐 아니라 사회수당 등 다른 사회보장 급여도 중요한 비중을 차지하고 있다.

따라서 일본의 사회보장체계는 일본 사회의 특수성 및 역사성을 반영하여 우리 나라를 포함한 다른 국가들의 사회보장제도와는 상당한 차이를 보여주고 있다. 특히 전후 지속적인 고도 경제성장을 배경으로 전체 국민의 최저한도의 생활보장이라는 국가 의무를 수행함에 있어서 공공부조라는 사후대책적·직접적 재분배 체계보다는 예방적인 성격이 강한 사회보험체계를 효율

적으로 관리·운영함으로써 가능한 한 방빈적 사회보장정책을 효과적으로
유지하여 온 것으로 평가된다.

4. 결론: 미군정기 한일 사회복지정책의 비교

1) 양국 복지정책의 유사성과 차이점

본론을 통해 미군정 당시 양국의 복지정책이 많은 차이점을 가지고 있었
다는 것을 알 수 있었다. 양국 모두 절대빈곤에 따른 사회적 갈등의 문제를
안고 있었고, 이에 따라 빈곤대책이 복지정책의 중심이었던 점은 공통되지
만 그 대응 방식에는 다음과 같이 현격한 차이가 있었다.

첫째, 정책의 제도화 또는 법제화의 수준에 근본적인 차이가 있었다. 한국
의 경우에는 아동노동법규(1946.9.18, 군정법령 112호) 등 몇몇 노동관계 법
령들 외에는 별도의 복지입법이 전혀 없었으며, 일제시대의 조선구호령에
미군정의 행정지침이나 준칙 등을 일부 보완하는 정도에 그쳤다[5]. 반면 일본
에서는 생활보호법, 신체장해자복지법, 아동복지법의 복지 3법을 위시한 다
양한 복지입법이 활발하게 진행되었다. 공공부조정책에서도 1946년에 제정
된 생활보호법을 1950년에 개정하는 등 복지법령의 근대화를 위한 노력이
활발하게 진행되었다.

둘째, 복지이념의 확립에 있어 현격한 차이가 있었다. 한국의 경우, 미군정
행정지침이 조선구호령의 성격과 별반 다른 점이 없었다는 점에서 당시의
복지정책은 전근대적인 구빈제도의 틀을 거의 벗지 못하였다. 즉 일제시대

---

[5] 미군정은 1945년 10월 9일 군정법령 11호로 일제시대의 악법을 폐지할 것을 공언하였으나,
11월 2일에는 군정법령 21호를 통하여 폐기되지 않은 법률은 유효하다고 선언함으로써 식
민잔재를 대부분 온존시켰으며, 나아가 좌익세력의 억압을 위해 일제의 억압적 법령들을 적
극 활용하였던 것으로 평가되고 있다(역사문제연구소, 1989: 111).

와 마찬가지로 억압에 따른 시혜, 사회적 갈등의 무마를 위한 온정주의, 그에 따른 최소한의 구호 등의 특징을 유지하였다. 반면, 일본의 경우에는 1950년의 (신)생활보호법이 생존권 보장, 자립조장 및 통합적 사회보장의 원칙을 확립한 사실에서 보듯이 근대적인 공공부조법의 이념이 정착되는 단계에 이르렀다. 미군정 초기에는 비군사화와 민주화의 원칙을 가지고 있었던 미군정과 퇴역 및 상이군인의 복지를 우선시하던 일본정부 사이에 상당한 갈등이 노정되었지만, 점차 양자간의 신뢰관계가 발전되었고(村上貴美子, 1987: 274-5), 이에 따라 복지이념의 근대화가 상당히 진척되었던 것으로 평가할 수 있다.

결과적으로 볼 때, 한국의 미군정은 사회정책에 있어 매우 소극적이고 임기응변적이었으며, 소련과의 대결이라는 냉전적 사고를 벗어나지 못하였고 이에 따라 사회적 갈등의 물리적, 온정적 통제에만 골몰하였던 것으로 나타난다(이영환, 1989a). 반면 일본의 미군정은 일본사회 전체의 비군사화, 민주화라는 점령정책의 기본 원칙을 사회정책에도 적용하여, 기존 법제도의 개혁을 위해 노력하였다. 1948년에 미국의 전문가들을 동원하여 작성한 완델보고서(사회보장에의 권고)는 이러한 노력을 보여주는 단적인 예이다. 한국은 미군정기 전체를 통틀어 이와 견줄 만한 사회정책 개혁의 노력이 한 번도 없었다.

2) 정책결정 요인의 비교

(1) 사회경제적 요인

사회경제적 요인으로는 사회문제의 성격과 산업화의 수준 그리고 복지제도의 역사라는 측면을 제시할 수 있다. 먼저 사회문제의 속성에서, 양국 모두 경제적 파탄과 절대빈곤 그리고 그에 연유한 사회적 갈등과 불안이 빈곤대책을 사회정책의 최대 이슈로 부각시키는 등 상당히 유사한 모습을 보여주었지만, 그에 대한 대응양상은 매우 상이하였다.

다음으로 산업화의 수준이라는 측면에서는 양국 간에 현격한 차이가 있었다. 이는 양국 간 복지정책의 상이성을 상당 정도 설명할 수 있는 요인으로 볼 수 있다. 그러나 한편으로 양국 모두 산업의 피폐가 극심한 지경이었으며 이에 따라 복지시책을 위한 자원의 조달이 군수품과 외원에 의존할 수밖에 없었던 사실을 감안하면, 양국의 차이를 설명하는 산업화 변수의 설명력은 그만큼 저하될 수밖에 없을 것이다. 제도화의 역사라는 차원에서도 양국의 차이는 매우 컸지만, 서론에서 언급했듯이, 한국에서의 법제도적 접근이 불가능했거나 불필요했음을 입증하는 것은 아닐 것이다. 이렇게 볼 때 사회경제적 요인은 당시 복지정책의 배경을 형성한 중요한 요인이었음에는 틀림없지만, 한일 양국의 차이를 설명하는 요인으로 충분하다고는 평가할 수 없을 것이다.

(2) 정치적 요인

정치적 요인으로는 서론에서 논의한 대로 한편으로는 외세를 대표하는 미국의 역할, 다른 한편으로는 국내 지배세력과 민중간의 역학관계에 초점을 맞춰 논의하고자 한다. 먼저 미국의 역할은 한일 양국에 대한 미국 점령정책의 기본 방향이 초점이다. 일본의 경우 점령의 기본정책은 크게 보아 포츠담 선언에서 규정한 '일본의 비군사화와 민주화'라는 원칙에 입각하였다. 이 원칙은 1945년 9월 22일 '초기대일정책'에 천명되면서 일본의 민주적 개혁을 위한 지침으로 작용하였는데(역사문제연구소, 1989: 42-47), 복지정책의 추진과정에서 보았듯이, 일본 정부와 정책갈등을 야기하기도 하였다. 그리고 중국의 공산화가 확실시되면서 1948년을 기점으로 초기의 민주개혁방침이 대폭 수정되면서 반공동맹 및 우방국화 정책으로 선회하였고, 이에 따라 민주개혁의 후퇴가 사회 전반적으로 진행되었지만, 큰 틀에서의 '비군사화와 민주화 원칙'은 견지되었다고 보인다(역사문제연구소, 1989: 42-47). 복지정책의 제도적 변화도 이러한 틀 내에서 진행되었던 것으로 평가할 수 있다.

반면 한국에 대해서 미국은 사전에 준비된 일관된 방침을 가지고 있지 않았다. 종전 당시 갑작스러운 분할 점령이 이루어진 후 준비가 부족한 상태에서 미국은 직접통치와 현상유지를 기본방침으로 택하였다(최상룡, 1988: 28). 그러다가 1945년 말의 모스크바 삼상회의와 이듬해부터 열린 미소공동위원회의 결렬, 그리고 중국의 공산화 경향 등으로 남한을 반공의 보루로 구축하는 정책을 굳혀가게 되었다. 이러한 과정은 미군정 3년 내내 지속된 정책의 혼선과 무계획성, 비체계성 등의 원천이 무엇이었는가를 보여준다. 결과적으로 남한의 미군정은 점령준비 부족의 상황에서 '소련과의 대결'이라는 냉전적 임무를 제외하고는, 일본의 경우에 비해 상당한 정도의(본국으로부터의) '자율성'과 정책주도성을 보유하였으나(김석준, 1996: 195, 212-215), 그 결과는 역설적으로 경제적 파탄과 정치적 혼란이었다. 임기응변적이고 비체계적, 비제도적 긴급대책으로 일관하였던 미온적인 복지정책도 이러한 정치적 맥락에서 이해할 수 있을 것이다.

다음으로 국내의 지배세력과 민중의 역할을 살펴보기로 하자. 민중의 역할은 양국 모두에서 사회문제의 이슈화 등 복지욕구의 분출에 상당한 역할을 한 것으로 평가할 수 있지만, 지속적인 정책투입요인으로 작용하기에는 한계가 있었다. 즉, 안정적인 정치세력으로의 위상 정립에는 실패하였다고 볼 수 있다. 한국의 경우, 민중세력은 해방 직후 전평, 전농 등의 대규모 조직화를 통해 강력한 세력을 결집하였고, 1946년 9월 총파업과 10월 폭동 등에서 중심적인 역할을 수행하였지만, 좌우익의 대립과정에서 미군정의 집중적 탄압으로 좌익정치세력과 운명을 같이 하면서 와해될 수밖에 없었다. 일본의 경우 민중세력은 1930년대의 '역사적 패배' 이후 종전 후에야 재기할 수 있었으나, 이 역시 총파업 중지명령(1947. 2. 1)과 우익단체 지원 등의 미군정의 탄압(역사문제연구소, 1942-47)으로 한국의 민중세력과 비슷한 운명에 처하게 되었다. 그리고 농민의 수탈을 지속케 하는 불완전한 농지개혁, 새로운 독점을 가능케하는 불완전한 재벌해체 등의 미온적 사회개혁도 민중세력의 정치적 헤게모니 획득을 저해하는 요인들로 작용하였다. 결국 한일 양국의 민중세력은 좌익정치세력의 패배와 함께 침몰하면서 사회적 주도세력으로의 위상정립에 실패하였고, 이에 따라 민중의 생존권적 요구를 사회정책적으로 수렴하여 성취하는 데 한계가 있었다고 평가할 수 있다.

국내 지배세력의 정립과정도 양국의 경우 유사한 측면이 있다. 양국 모두에서 과거 군국주의의 중심 또는 식민지배의 협조세력이었던 우익보수집단이 정치적 헤게모니를 장악하였으며, 그 과정에서 과거 관료기구의 온존이 중요한 계기로 작용하였다. 그러나 일본의 미군정이 일본정부의 관료기구를 온존시킨 가운데 간접통치의 방식을 취하였던 반면, 한국의 미군정은 식민 관료기구를 활용하기는 하였지만 직접통치의 방식을 사용하였다는 차이가 존재한다. 물론 한국에서도 미군정은 제한된 범위에서나마 행정의 한국인화를 추진하였다. 1946년 2월 14일에 개원한 '남조선 대한국민대표 민주의원'[6], 1946년 12월 20일 개원한 '남조선과도입법의원'[7], 그리고 이를 통한 남조선 과도정부의 선포(1947. 5. 17) 등을 그 예로 들 수 있다. 하지만 기본적으로 직접통치의 틀을 벗어난 것은 아니었다.

정도의 차이는 있지만 한일 양국은 국내세력이 미군정의 정책결정에 참여할 수 있는 기회를 가지고 있었다고 평가할 수 있다. 따라서 정책결정에 있어 미군정 나아가 본국정부(미국)의 역할이 상대적으로 중요하였던 것은 사실이지만, 민족 내부적·주체적 요인의 작용을 중시하여야 할 필요성 또한 충분할 것이다. 그러나 이러한 기회의 활용도는 양국이 매우 달랐다. 본문에서 살펴보았지만, 일본정부와 GHQ 사이에는 상당한 정도의 상호작용이 일어나면서 복지정책의 결정과정이 진행되었으며, 상호작용의 성격도 초기에는

---

6) 모스크바 삼상회의 후 임정과 이승만 그리고 한민당 세력이 제휴한 비상국민회의를 하지 사령관의 요청으로 미군정의 자문기구화한 것인데, 중도파와 좌파는 배제되었으며 뚜렷한 역할 없이 1946년 5월 8일 무기한 휴회하였다(정용욱, 1996).

7) 총 90명의 의원 중 반은 민선, 반은 임명되었는데, 민선의원의 경우 다액납세자와 지주만 선거권을 가지고 있었다. 중도파도 참여하였지만 민선의원은 주로 이승만과 한민당 계열이 독식하였고, 중도파는 점차 소멸하였다. 1948년 5월 10일 해산할 때까지 1년 반 동안 50여 개의 법률을 통과시켰지만 11개만 인준·발효되었다. 사실상의 입법권은 거부권을 가지고 있었던 군정장관 몫이었던 것으로 평가된다(정용욱, 1996).

입장의 차이가 많았지만 후기로 갈수록 양자의 신뢰관계가 발전하였다고 볼수 있다. 그리고 적어도 1950년의 생활보호법의 개정 사례에서 보이는 바는 일본정부가 사회보장심의회의 설치와 심의과정을 통하여 다양한 사회집단의 의견을 수렴해내는 민주적인 정책결정의 양상을 보여주는 단계로까지 진입하였다는 것이다. 반면 한국에서는 비록 미군정의 직접통치 하이기는 하였지만 한국인으로 구성된 관료기구 또는 입법기구가 일본정부에 버금가는 활동상을 보여주었다는 증거는 찾아볼 수 없다. 예를 들어, 1년 반 동안 활동한 남조선과도입법의원과 남조선과도정부가 실효성이 약했던 '미성년자 노동보호법(1947. 5. 16.)' 이외에는 어떠한 복지관계 입법도 추진하지 않았다는 사실은 한국내 지배세력의 속성을 단적으로 보여주는 사례라고 할 수 있을 것이다.

이상과 같은 정치적 요인들을 종합해 보면, 미국 점령정책의 기본방향의 차이, 행정구조의 차이 그리고 관료 및 지배세력의 역할 차이 등이 부각될 수 있다. 이러한 요인들이 사회경제적 요인들과 상호 작용하면서 정책결정을 규정하였다고 볼 수 있다. 예를 들어, 한국 미군정의 경우 점령정책의 무계획성과 독단성 그리고 관료 및 지배세력의 반민중성이 열악한 사회경제적 요인들과 결합하여 임기응변적 복지시책을 낳았던 것이다. 결국 양국간 복지정책의 차이는 다양한 요인들의 상호작용으로 설명되겠지만, 정치적 요인의 중요성이 상대적으로 좀 더 부각되는 것으로 평가할 수 있다.

3) 장기적 영향

마지막으로 미군정기 복지정책의 장기적 영향은 어떻게 평가할 수 있을까? 일본의 경우에는 제도적 측면과 이념적 측면에서 미군정의 복지정책이 이후의 발전을 위한 토대를 형성하였다. 제도적 측면에서는 생활보호법, 아동복지법, 신체장해자복지법의 복지 3법이 이 기간 동안 정립되었으며, 그외에도 실업보험제도, 정신위생법, 사회복지사업법 등의 법제화가 활발하게 진행되었다. 이념적 측면에서도 (신)생활보호법의 개정과정에서 보듯이 생존권 보장의 원칙, 자립구호의 원칙, 통합적 사회보장제도 지향의 원칙 등과 같은 근대적 복지이념이 정립되었다.

반면 한국의 경우에는 실효성이 약한 몇몇 노동보호 관계법 이외에는 아무런 새로운 법체계가 정비되지 않았음은 이미 전술하였다. 그 결과 제국주의 잔재라고 볼 수 있는 조선구호령이 1961년까지 존속할 수 있었던 기반은 이 기간 동안 형성되었다고 평가할 수 있다[8]. 제도나 정책의 내용에 있어서도 조선구호령과 미군정기의 처무준칙 그리고 1961년에 제정된 생활보호법의 주요 내용을 비교해 보면, 급부 대상자의 인구학적 제한(65세 이상 노인, 18세 미만 아동, 불구 폐질자, 임산부 등), 급부 내용과 수준의 저열성 등 전근대적인 구빈제도의 속성이 그대로 계승되고 있음을 알 수 있다. 결국 미군정기는 한국 복지정책의 이념적, 제도적 근대화에 거의 아무런 공헌도 하지 못한 시기로 평가할 수 있다.

---

8) 미군정기의 법령들이 이후에 존속할 수 있었던 것은, 초대헌법 100조("기존의 법률과 행정명령이 헌법에 저촉되지 아니하는 범위 안에서 계속해서 효력을 가진다")와 한미간 '재정과 재산에 관한 청산협정'(1948. 9. 11) 11조('대한민국은 모든 기존의 법률, 행정명령, 공공법률이나 규칙이 계속해서 유효한 것으로 인정한다')와 같은 조항들에 근거한다(송광성, 1993: 139).

참고문헌

국사편찬위원회. 1970. 『자료대한민국사』 I-VII권.

권태환. 1978. "인구 성장의 추세와 요인", 이해영·권태환 편, 『한국사회-인구와 발전』 제1권, 서울대 인구발전연구소.

김국태 역. 1984. 『해방 3년과 미국- 미국무성 비밀 외교문서(1945-48)』, 돌베개.

김석준. 1996. 『미군정시대의 국가와 행정』, 이대출판부.

김승철. 1986. "미군정의 구조와 성격", 『녹두서평 I』, 녹두.

남정운. 1949. "한국 후생사업의 회고와 전망", 『대한민국공보부』, 시정월보. 5호.

남찬섭. 1993. "미군정기 한국 사회복지정책 고찰", 연세대 석사학위논문.

류진석. 1989. "일제시대의 빈곤정책", 하상락 편, 한국사회복지사론, 서울: 박영사.

사회부. 1949. 『경제연감』.

송광성. 1993. 『미군점령 4년사』, 한울.

아산복지재단. 1979. 『한국의 사회복지』.

역사문제연구소. 1989. 『해방 3년사 연구입문』, 까치.

오정수. 1987. "북한의 사회체제변동과 사회정책의 전개과정", 서울대 석사학위논문.

이대근. 1987. 『한국경제의 구조와 전개』, 창작사.

이영환. 1989a. "미군정기 전재민 구호정책의 성격 연구", 서울대 석사학위논문.

______. 1989b. "미군정기의 구호정책", 하상락편, 『한국사회복지사론』, 박영사.

이혜숙. 1995. "미군정의 구조와 성격". 한국사회사학회편, 『해방후 정치세력과 지배구조』, 문학과 지성.

이혜원. 1997. "일본의 생활보호제도 형성과정", 『한국사회복지학』, 제33호, 314-336쪽.

장인협. 1982. "공적부조 제도에 관한 연구", 서울대 박사학위논문.

정용욱. 1996. "1942-47년 미국의 대한정책과 과도정부 형태 구상", 서울대 박사학위논문.

조선은행조사부. 1948. 『조선경제연보』.

조선통신사. 1948. 『조선연감』.

주한미육군정보참모부. 1986. 『미군정정보보고서』, 일월서각(영인본, 영문판).

최봉대. 1985. "정치적 이데올로기를 통해 본 이승만 정권의 성립과 그 함의", 『한국 현대사 I』, 열음사.

최상룡. 1989. 『미군정과 한국 민족주의』, 나남.

최장집. 1988. "해방에서 6·25까지의 정치사회사 연구현황과 문제점", 역사문제연구소편, 『한국근현대 연구입문』, 역사비평사.

최장집 편. 1985. 『한국현대사 I』, 열음사.

하상락 편. 1989. 『한국사회복지사론』, 박영사.

Cumings, Bruce. 김주환역. 1986. 『한국전쟁의 기원 상·하』, 청사.

Meade, E. Grant. 1951. *American Military Government in Korea*. New York: King's Crown Press. Columbia University.

Hye Kyung, L. 1982. "Development of Social Work Systems in the United States and Japan: a Comparative Study". unpublished doctoral dissertation. Uni. of California. Berkely.

Rimlinger, Gaston V. 한국사회복지학연구회 역. 1991. 『사회복지의 사상과 역사』.

伊部英男. 1979. "社會福祉行政の基本的視點". 『社會福祉研究』No. 24.

石田 雄. 1984. "日本における福祉觀念の特質-比較政治文化の視點から"(東京大學社會科學研究所 編,
　　　福祉國家4-日本の法と福祉, 東京大出版部).

一番ヶ瀨康子. 1973. "日本の社會事業の歩み:占領期の社會事業II". 『月刊福祉』No. 19.

岡田好治. 1947. 『生活保護百聞百答』弟1輯. 東京: 日本社會事業協會.

葛西嘉資・中村優一. 1986. "前後社會福祉制度體系の原點をさぐる". 『月刊福祉』1月.

小山進次郎. 1951. 『改訂增補生活保護法の解釋と運用』. 東京: 中央社會福祉協議會.

中村優一. 1986. "占領期社會事業の原流", 『社會事業研究所年報』No. 22.

日本 大藏省財政史室編. 1976. 『昭和財政史: 終戰-講和』3. 東京: 東洋經濟新報社.

日本 經濟企劃廳戰後經濟史編纂室. 1957. 『戰後經濟史』. 東京: 經濟企劃廳.

日本 厚生省社會局援護課編. 1981. 『生活保護30年史』. 東京: 社會福祉調查會.

日本 厚生省援護局. 1977. 『引場と援護の歩み30年』.

日本 厚生省社會局編. 1950. 『社會局30年』.

日本 財團法人厚生團編. 1953. 『厚生年金保險10年史』. 東京: 厚生團出版會.

日本社會事業大學 救貧制度研究會. 1976. 『日本の救貧制度』. 東京: 勁草書房.

日本 社會保障研究所編. 1968. 『戰後の社會保障:資料編』. 東京: 至誠堂.

日本 社會保障制度審議會. 1949. 『社會保障制度審議會總會議事錄要旨』.

日本 全國社會福祉協議會. 1954. 『民生委員制度40年史』. 東京: 全國社會福祉協議會出版部.

古川孝順. 1987. "占領期對日福祉政策と緊急聯邦救濟法". 『社會事業史研究』No. 15.

村上貴美子. 1987. 『占領期の福祉政策』. 東京: 勁草書房.

吉田久一. 1971. 『昭和社會事業史』. 東京: ミネルウ"ア.

吉田久一・一番ヶ賴康子. 1978. 『昭和社會事業史へ證言』. 東京: ドメス出版.

新納豊. 1985. "해방후 한국경제의 구조", 최장집 편, 『한국현대사 L』, 열음사.

제3장

해방 후 도시빈민과 4.19 혁명*

해방 이후 한국전쟁을 거쳐 4.19 혁명에 이르는 시기의 빈곤 문제, 특히 도시빈민의 창출기제와 존재형태 및 행동양식을 살펴보는 것이 이 장의 목적이다. 이 시기는 1960년대에 국가 주도로 본격화된 경제개발계획이 우리 사회의 면모를 일신하기 이전, 즉 도시빈민의 원초적 형성기로 분류될 수 있지만, 어떤 의미에서는 이후 역사의 행로를 규정하는 전제조건이 형성된 중요한 시기라고 할 수 있다.

1. 미군정기의 빈곤과 빈민

미군정기(1945-48) 3년간 남한 사회는 광범위하고 지속적인 경제파탄과 만연된 빈곤에 시달렸다. 미군정기의 경제적 파탄의 기본 요인은 일제의 경제적 침탈의 유산과 해방 후 남북 경제의 단절로 볼 수 있지만, 그 외에도 수

---

*이 글은 『역사비평』 46호(서울: 역사비평사, 1999년 봄호, 174-187쪽)에 같은 제목으로 실린 글이다.

많은 전재민(귀환동포와 월남인)의 유입에 의한 급격한 인구증가가 가속화
요인으로 작용하였으며, 나아가 미군정의 경제정책 역시 문제를 해결하기보
다는 오히려 악화시키는 방향으로 작용하였다.

　해방 후 빈곤의 직접적 원인은 경제적 파탄과 생산력의 전반적 위축이라
하겠다. 공업부문을 볼 때, 1946년의 남한 제조업의 생산액은 1939년에 비해
25% 정도에 불과하였고, 1948년 말에 이르러서도 공장수와 종업원 수에서
해방 전의 수준을 회복하지 못하였다. 농업부문에서도 지주제의 유지와 강
제적인 미곡수집정책의 시행으로 농가경제가 피폐해지면서 이농과 폐농이
속출하여 농업생산력의 급속한 감소와 경지면적의 축소를 가져왔다. 해방
전을 100%로 할 때 1947년도의 경지면적은 78.7%, 곡물수확고는 81.1%에 불
과하였다. 이러한 농업피폐의 반대급부로 미국은 남한을 잉여농산물 처리시
장으로 재편할 수 있었다.

　이와 같은 생산력의 피폐현상의 배후에는 미군정의 경제정책이 큰 몫을
담당하고 있었다. 미군정의 기본 목표는 범세계적인 냉전체제의 심화에 대
응하여 한반도에 친미적인 정부를 수립하는 것이었으며, 이에 따른 경제정
책 역시 자본주의 경제질서의 확립이라는 정책지향에 입각하여 친미세력의
물적 기반을 확보하는 한계 내에서 진행되었다. 민족적인 입장에서 해방 후
경제적 과제는 식민통치로 인한 왜곡된 경제구조를 극복·재건하는 일이었
으며, 이를 위해서는 남한 전체 자산의 70-80%에 달하던 적산(토지를 포함한
귀속재산)의 처리가 핵심적인 문제였다. 그러나 민주적 방식의 적산처리는
친미세력의 물적 기반을 형성하려는 미군정의 목적과 갈등관계에 놓일 수밖
에 없었다. 그 결과는 민족적 과제의 해결은 도외시된 채, 관료적 적산불하를
통한 친미 자본가세력의 형성과 농지개혁의 지연에 따른 지주세력의 온존으
로 나타났다.

　이러한 경제상황을 바탕으로 빈곤의 심화를 가속화시킨 요인으로는 미군
정의 미곡정책이 초래한 식량기근과 인플레의 만연을 들 수 있다. 미군정은
1945년 10월 자본주의적 자유시장 원리에 입각하여 배급제를 폐지하고 미곡

의 자유판매주의를 선언하였으나, 그 결과는 매점매석 등에 의한 식량파동이었다. 이에 미군정은 1946년 1월 미곡수집령을 발동하고 2월에는 쌀배급제를 부활하여 대응하였고, 1946년 이후에는 미국의 잉여농산물을 도입하기로 하였다. 그러나 결국 식량기근 문제를 해결하지 못한 채 오히려 일제시대의 식량공출을 연상케 하는 강제적, 억압적 미곡수집정책의 강행으로 광범위한 민중적 저항만을 유발하였다. 인플레는 일제말기 총독부의 조선은행권 남발과 미군정의 방만한 재정운영으로 초래된 적자를 보전하기 위한 지폐남발에 기인하는데, 이는 물가폭등을 가져오면서 서민생활을 파탄에 이르게 한 주요 조건으로 작용하였다. 1948년 3월의 물가지수는 1945년 3월에 비해 무려 259배 증가한 것이었다.

마지막으로, 미군정기의 빈곤을 심화시킨 또 다른 요인은 수많은 전재민의 급속한 유입이 있다. 전재민(戰災民)이라는 용어는 제2차 세계대전의 직접·간접적 피해자라는 의미를 갖는데, 이들은 일제하에 징병, 징용, 이민 등으로 해외에 이주하였다가 귀환한 동포들로서 해방 후 대체로 2백만 명 이상이 유입된 것으로 추정된다. 여기에는 일본과 만주 그리고 중국 등의 해외귀환동포와 이북으로부터의 월남민들이 포함된다. 이들은 거의 생활대책이 전무한 상태로 대거 귀국하였고, 국내의 경제상황 역시 이들을 수용할 만한 태세가 되어 있지 않았다. 또한 당국의 구호정책도 빈약하기 짝이 없었기 때문에 이들이 겪었던 빈곤과 기아는 당시 한국사회 전반의 빈곤상황을 집중적으로 표현하는 의미를 갖는다. 물론 이들의 빈곤은 비단 국내의 경제상황에 기인한 것만은 아니었다. 이들은 귀환 전 현지(중국이나 일본 등)에서 많은 박해를 받아 재산을 빼앗겼을 뿐 아니라, 귀환과정에서도 미군정이 수송능력 부족을 이유로 이들의 재산과 산업시설의 반입을 금지시켰고, 가지고 있던 일본은행권도 일인당 1,000원만 교환해 주고 나머지는 모두 회수함으로써 이들은 적수공권의 상태로 귀국할 수밖에 없었던 것이다.

다음으로 빈곤실태를 살펴보자. 미군정기의 광범위한 민중빈곤 실태를 잘 보여주는 지표로는 우선 실업의 양상을 들 수 있다. 당시의 자료들은 도시와 농촌을 막론하고 실업문제를 가장 대표적인 사회문제로 제시하고 있다. 조선은행의 통계에 의하면 1946년 11월의 실업자 수는 약 110만 명에 달하였으며, 1947년의 정부통계는 실업률을 20-30%로 추정하였다. 그러나 실질실업은 최소한 이러한 공식 통계의 배가 넘었을 것으로 추정된다.

실업자 범람은 필연적으로 저임금을 만연시키고 물가 앙등과 함께 실질임금의 저하를 초래한다. 1936년을 기준으로 했을 때 1947년 말의 실질임금 지수는 30.54%에 불과하였다. 이에 따라 취업근로자들도 압도적 다수가 기아선상의 수입에 의존하게 되었으며, 부채와 매물로 생계를 보충할 수밖에 없었다. 농촌의 경우도 높은 소작비율(1947년 말 지주와 자작농을 합하여 18.6%에 불과)과 과도한 미곡수집 및 낮은 곡가 등으로 인해 피폐해 있었고, 춘궁기에는 절량농가가 4할에 달하는 실정이었다.

이와 같이 미군정 당시 빈곤의 만연은 명확한 사실이었지만, 빈민의 규모와 구성에 대해서는 일관성 있는 통계를 찾기 어렵고, 구호시책과 관련된 단편적인 자료를 통해 추정할 수밖에 없다. 먼저 미군정 초기(1945-46년)에 관해서는 조선경제연보의 구호자 일람표에 요구호자가 69만 호에 288만 명, 피구호자는 84만 8천 호에 447만 명, 합계 154만 호에 735만 6천 명에 달한다는 통계를 볼 수 있고, 미군정 정보 보고서에서도 구호물자를 받은 인구가 750만 명이라고 밝히고 있다. 이러한 수치를 해방 당시 남한 인구 1,600만 명과 비교하면, 보편화된 빈곤의 규모가 어떠했으리라는 것은 쉽게 짐작할 수 있다.

이후 1947년 3월의 보건후생부 자료에는 요구호전재민이 약 98만 명, 요구호 실직빈궁민(토착민)이 약 102만 명이라고 밝히고 있다. 1948년 3월에는 공공구호자 약 30만 명과 응급구호자 159만 명이(토착민과 전재민 포함) 언급되고 있다. 이렇게 볼 때, 숫자적 정확성보다는 추세와 경향으로 보아 최소한 200만 명 이상의 요구호자가 군정 3년 동안 계속 존재했음을 확인할 수 있으며, 아울러 실제 빈곤인구는 행정관청의 통계수치보다 훨씬 많았을 것으로 짐작할 수 있다. 이와 같은 빈곤인구 구성에서 특징적인 것은 요구호자 중 귀환전재민들이 절반 정도의 비중을 차지하면서 당시 빈곤의 대표적 표현으로 나타나고 있다는 점이다.

전재민의 생활 상태에 대한 당시 언론의 많은 기록들은, 전재민 대부분이 의식주와 실직의 고통에 시달리고 있었음을 보여준다. 예를 들면 다음과 같다.

"귀농하지 못한 60만 가량이 각 시도에 산재하여 토굴이나 일인 창고에서 생활 중… 취업자나 자유노동자의 경우에도 수입이 영세하여 국내실업자와 더불어 일대 사회적 대책을 요함"(『조선해방연보』, 1946).

"부산 지방에는 7만 명의 요구호전재민이 있는데, 부두생활자 360명 중 70%가 영양부족과 추위로 신음하며 석탄, 밀 등의 절도로 생활하고 있다"(『독립신보』, 1947. 1. 4).

미군정은 이들에 대하여 임시방편적인 응급구호로 대응하였지만, 3년 동안 이들의 상태가 개선되었다는 증거는 발견하기 어렵고, 오히려 생활을 견디지 못하여 일본으로 다시 밀입국하는 수가 늘어가는 현상마저 나타나고 있었다. 결국 이들 전재민은 질적, 양적으로 볼 때 빈곤인구의 대표적 범주였으며, 이들을 중심으로 하는 빈곤대중은 당시 심각했던 사회적 갈등의 중심에 위치하였던 것으로 나타난다. 특히 커밍스 같은 학자는 전재민들이 당시의 정치적 대중조직 및 저항과 항쟁의 주력을 형성하고 있었다고 주장하는데, 그 이유는 이들이 식민통치의 가장 큰 피해자로서 해방 후 식민잔재의 온존에 분노했을 뿐만 아니라, 해외에서 넓어진 안목과 좌익 이데올로기의 영향 등이 작용했기 때문이라는 것이다.

전재민을 중심으로 하는 빈곤대중이 당시 사회적 갈등의 중심에 있었다고 하는 주장은 다음과 같은 사실들로 뒷받침될 수 있다. 우선 해방 이후 가장 큰 사회적 변화 중의 하나는 민중의 정치적 활성화로서 농민, 노동자 조직 등 전국 규모 대중조직의 급격한 활성화로 표현된다. 이러한 민중적 정치력의 급속한 성장은 정치적 헤게모니를 둘러싼 싸움에서 미군정과 충돌할 수밖에 없었으며, 이 과정에서 민중부문은 좌익세력과 연합하여 격렬한 사회적 항의, 즉 파업과 폭동을 속출시키게 된다. 이러한 사건 중 가장 큰 규모로 전개되었던 것이 1946년 9월 총파업과 10월 폭동이다. 9월 총파업은 부산의 철도노동자 7,000명의 파업으로부터 시작되어 서울에서만도 295개 기업의 파업에 30,000명이 참가했으며, 학생 16,000명이 동맹휴학했고, 남한 전체적으로 251,000명의 노동자가 참가했다고 한다. 그런데 총파업의 요구조건을 보면, 총 12개 항목 중 정치적 요구(6-12항) 외에 나머지는 '쌀을 달라', '임금 인상', '전재민과 실업자 구제', '해고 반대', '노동운동의 자유' 등 주로 민생문제에 집중되었다.

총파업은 지방으로 확산되어 대중봉기 양상으로 격화되어 갔는데, 대구, 경북, 경남, 전남 순으로 퍼져나갔다. 농민들을 중심으로 한 10월 폭동의 요구사항도 '쌀을 다오', '공출 반대' 등 민생문제로 집약되었고, 습격대상도 쌀 창고 또는 공출과 직접 관련된 경찰, 지주, 관리들에게 집중되었다. 이와 같은 소요사태의 원인에 대해서 한미공동 소요대책 위원회의 보고를 보면,

첫째, 경찰 및 친일 부역자와 군정 내 통역의 출현에 대한 반감, 일부 한인 관리들의 부정부패, 둘째, 미곡수집 및 배급계획, 인플레와 물가고, 전재민문제, 경제재건의 지체, 셋째, 임시정부 수립의 지연과 적산관리의 불만 등 정치적, 경제적 문제 외에 민생문제를 주 요인으로 들고 있음을 볼 수 있다.

이러한 사회적 갈등을 처리하는 미군정의 대응 양식은 크게 보아 두 가지 양상으로 나타났다. 한편으로는 관료기구와 경찰, 군대 등 물리력을 갖춘 국가기구의 강화, 다른 한편으로는 최저한의 생존을 가능케 하는 물질적 시혜 및 개량적인 제도적 개혁을 들 수 있는데, 빈곤대중의 민생문제와 관련해서는 물질적인 시혜가 중심적인 대책이 된다. 그 중에서도 가시적이고 가장 즉각적인 효력을 갖는 것은 구호정책의 확대인데, 이는 부분적으로 미국원조의 증가에 의해 뒷받침되었다.

미군정 본래의 민간원조정책은 점령군에 위협이 되거나 군사작전에 방해가 되는 '질병 및 만연된 정치불안'을 방지하는 목적으로 지역내의 자원을

보조하는 최소한의 식량, 연료, 의약 및 위생품에 국한되었다. 그러나 1946년 이후 미군정의 성격과 정책에 대한 불만이 노골화되고, 이에 더하여 소련 및 북한과의 대결의식이 깊어감에 따라 미군정은 원조를 통한 구제부흥계획을 적극화하게 된다. 당시 미군측의 기록에는 이와 관련된 많은 문건들을 찾아 볼 수 있는데, 예를 들면 다음과 같다.

"현하 남한의 폭동과 파업에 대처한 미곡 및 석탄의 수입이 필요…"(군정장관 아놀드 소장, 1946. 10. 9)

"춘궁기의 심각한 소요를 막기 위해… 적어도 15만 톤의 곡물을 수입할 필요가 있을 것…"(하지의 편지, 1946. 10. 28)

"점령정책의 성과가 현저히 반영되는 것은 현 조선의 생활난을 완화시키는 구제사업에 있는 것…"(미국무성의 보턴 일본문제국장, 1946. 12. 31)

이에 따라 당시 공식원조의 대부분을 차지하던 미육군성 점령지역 구제자금(GARIOA Fund) 원조는 1946년의 4,949만 달러에서 1947년에는 1억 7,537만 달러, 1948년에는 1억 7,957만 달러로 증가하게 되었고, 잉여농산물 수입도 1946년(5-12월)의 약 18만 메트릭 톤에서 1947년(1-6월)에는 약 27만 메트릭 톤으로 대폭 늘어났다. 이와 더불어 당시의 정부 재정에서도 사회적 갈등의 전개에 따라 구호재정이 크게 증가한 것을 볼 수 있다. 먼저 총예산 중 보건후생부 예산의 비중이 가을 소요 직후인 1947년에는 4.5%를 기록한 반면, 1946년과 1948년은 각각 3.5%와 3.18%에 불과하였다. 또한 보건후생부 예산 내역에서도 경상비에 비해 전재민과 이재민 구호비가 주축을 이루는 임시비의 비중이 압도적으로 높게 나타난 사실도 미군정 당시 빈곤과 사회적 갈등 및 구호시책과의 상관관계를 보여주는 지표라고 할 수 있다.

2. 한국전쟁기

미군정 3년 동안의 격심한 인플레이션과 빈곤의 만연은 정부수립 이후에도 크게 변하지 않았다. 1950년에 들어서서야 정부는 "경제안정 15원칙"을 공포하면서 균형예산을 편성하고 화폐발행고도 축소하는 등 물가안정을 위한 노력을 본격화하였지만, 한국전쟁의 발발(1950. 6. 25)로 사태는 더욱 악화될 수밖에 없었다.

한국전쟁은 보기 드문 장기적 소모전의 양상으로 전개되었으며, 협소한 지리적 여건 속에서, 현대 무기의 광범한 사용과 집중적인 폭격으로 엄청난 손실을 초래하였다. 전쟁으로 인한 인명손실도 남북한 총인구 3천만 명 중 약 5백만 명 사상자가 발생하였으며, 남한 측 만도 약 200만 명의 사상사가 발생하였던 것으로 추산된다. 이러한 인명손실과 더불어 물질적 피해 역시 헤아리기 어려울 정도였다.

물질적 손실은 우선 가옥과 건물 및 생산시설의 파괴와 그로 인한 생산 위축으로 집중된다. 전세가 교착상태에 들어가던 1951년 8월말 경에 추산된 공업부문의 피해는 건물 44%, 공장시설 42%의 손실로 나타났고, 발전시설의 경우는 거의 80%가 파괴되었던 것으로 평가된다. 전쟁 초기 15개월 동안의 생산손실은 약 20억 달러로 집계되는데 이는 1949년도 국민총생산을 능가하는 액수였다. 국민총생산 증가율은 1949년 9.7%에서 1950년에는 −15.1%, 1951년 −6.1%로 하락하였으며, 1957년에야 전쟁 전 수준을 회복하였다. 농업부문의 피해도 막심하였는데, 기본적인 영농조건까지 파괴되는 정도였다.

다음으로 전쟁이 가져온 경제적 피해는 통화증발과 그에 따른 인플레이션의 만연이었다. 1950년 9월에 이미, 통화량이 전쟁 직전에 비해 72% 증대되었는데, 유엔군에 대한 군자금 대여 등 국방예산이 전체 예산의 50%를 상회하는 상황에서 이를 한은차입금으로 마련하기 위해 대규모 통화증발이 강행되었기 때문이다. 이러한 인플레는 일상생활에서 극심한 물가고로 나타날 수밖에 없었다.

전쟁 중에 농지개혁과 귀속재산 불하와 같은 주요 정책 사업이 좌초한 것 또한 중요한 경제적 손실이었다. 농지개혁은 1949년 6월에 농지개혁법이 제정되고 1950년 4월에 막 착수하였다가 전쟁으로 중단할 수밖에 없었으며, 귀속재산처리도 유사하게 전쟁 직전에 시작하였다가 중단하였다. 정부는 사업의 중요성을 감안하여 전쟁 중에도 가능한 지역에서 부분적으로 강행했지만 주요 과제는 동란 이후로 넘겨졌고, 동란과 휴전 직후의 혼란에 따른 사업의 왜곡으로 소기의 성과를 거두기 어려웠다. 특히 농지개혁의 파행적인 진행은 농촌경제 파탄의 중요한 요인으로 작용하였다.

이와 같이 한국전쟁은 한편으로 국내 농업과 공업의 피폐를 가져오고, 다른 한편으로는 원조자금을 바탕으로 한 대외의존적인 소비재 공업을 발흥시키고, 나아가 2차 산업의 기반이 취약한 상태에서 비정상적이고 비생산적인 3차 산업의 비대화를 야기하는 등 한국경제의 기형적 발전을 가져온 중요한 계기로 작용하였다.

소모적인 지구전과 경제의 파탄은 우리가 감당하기 힘든 수많은 사회문제를 유발하였고, 기본적인 의식주조차 해결되지 않는 상황이 오랜 기간 지속되었다. 당시 전재민 수는 자료에 따라 상당히 다른데, 미군 측의 조사에 따르면 1952년 11월경 총인구 약 2,037만 명의 13.4%에 이르는 약 275만 명이 전재민이었다. 그러나 다른 기록(유엔민사원조사령부의 조사)에서는 1951년 8월경 전재민 수가 총인구의 38%에 이르는 782만 명으로 추산되기도 했다. 당시 월남 인구 150-200만 명을 주력으로 하는 이러한 전재민들의 존재는 전쟁 이후 판자촌을 중심으로 하는 도시빈민 집단의 형성에 크게 기여하였을 것으로 평가된다.

이외에도 전쟁은 아동과 노인, 여성 등 취약계층에게 더욱 큰 고통을 안겨주었다. 전쟁고아와 혼혈아 및 부랑아들을 보호하는 수용시설은 1952년 8월에 280개 시설에 30,473명을 수용하였는데, 전체 후생복지시설의 81%를 점하였고, 1949년과 비교할 때, 시설은 2.8배, 수용아동은 4.2배 증가한 것이었다. 아동시설은 이후에도 계속 늘어나 1960년에는 581개 시설에 62,607명을 수용하기에 이르렀다. 전쟁 중에 양로원도 급증하여 1952년 8월에 19개 시설에 1,182명을 보호하였으며, 여성세대주 가구도 크게 증가하였다.

3. 전후 회복기

1953년 휴전 이후 한국사회는 한편으로는 전후 회복기이자, 동시에 자본주의의 발전이 가시화되면서 모순구조도 정착되는 시기로 볼 수 있다. 먼저 이 시기는 경제적으로는 상대적인 고성장이 지속되었다. 1953-60년 사이의 경제성장률은 연평균 4.9%로서 당시 후진국 평균 성장률 4.4%보다 높은 편이었고, 1960년의 1인당 국민소득 83달러도 당시로는 아주 낮은 수준은 아니었다고 평가된다. 인구도 전후의 베이비붐에 힘입어 1955년에 2,150만 명, 그리고 1960년에는 2,500만 명으로 해방 당시 남북을 합한 인구수와 비슷한 정도로 성장하였다. 그러나 이와 같은 외형적 변화의 이면에서는 광범위한 민중적 빈곤이 형성 또는 온존되는 구조적 발전이 동시에 진행되고 있었다. 그러한 변화는 다음과 같이 나누어 볼 수 있다.

첫째는 전쟁 중에 전비 조달을 위해 남발되었던 통화증발이 전후 복구의 명분으로 지속되고, 미 잉여농산물 수입 등 해외 원조가 증가하면서 이에 따른 급격한 인플레이션의 진행이 국민생활의 피폐를 지속시킨 점이다. 1955-60년 사이의 평균 인플레는 10.4%에 달하였는데, 1958년에만 이례적으로 –5.6%를 기록하였고, 1959년 3.2%, 1960년 8.2% 등 인플레이션은 1950년대 내내 민중생활의 고통을 가중시키는 기본 조건이 되었다.

둘째는 농업의 피폐였다. 1950년대에 농민은 전 인구의 대략 60%를 차지하였는데, 농업의 몰락과 농민의 궁핍을 불러온 원천적인 요인은 농지개혁의 불철저성이었다. 전쟁 전(1949년 6월)에 뒤늦게 입법된 농지개혁법은 시기를 놓친 것 이외에도, 유상매입과 유상분배의 원칙을 채택함으로써 농민에게 과중한 부담을 주어 실패를 자초하였다. 여기에 더하여 원조경제하 잉여농산물 도입에 따른 저곡가 정책과 과중한 세금 및 고리사채의 폐해는 농업생산력의 저하와 함께 농촌의 몰락을 재촉하였다.

농촌의 빈곤은 거의 매년 2월 하순에서 5월초의 보릿고개에 전 농민의 30-40%가 초근목피로 연명하는 정도였고, 1956년도 신문에서는 경상북도 내 농가의 60%가 농촌을 떠나 걸인으로 전락하고 있다는 기사도 볼 수 있다. 농민의 대부분은 1ha 이하를 경작하는 영세농이었으며(1960년에 전체 농가의 73%), 농가실업률(역시 1960년 경우)이 비농가의 경우(42%)보다는 덜한 편이지만 29.1%에 달하였다는 사실도 농촌경제의 피폐를 잘 보여주는 지표라 할 수 있다. 이러한 농촌경제의 파탄에 따른 이농향도의 대열은 1950년대 도시빈민을 창출했던 하나의 중요한 경로로 자리매김하였다.

셋째는 한국 자본주의의 기형적인 발전으로서 1950년대 원조경제 하에서 종속적 자본주의가 형성된 점이다. 특히 대자본은 정경유착과 귀속재산 불하 등의 특권과 특혜로 그 지배력을 확대해 나갈 수 있었고, 그 외에도 원조자금 및 물자의 독점(피해복구시설 우선 배분), 국가의 재정, 금융적 지원(산업자금 거의 전액 융자), 저임금 노동력 활용, 저환율, 인플레이션 억제를 명분으로 한 저곡가 정책, 저렴한 원자재 활용 등 축적조건은 거의 일방적이었다.

이에 대한 반대급부로 한국의 자본주의는 허약한 체질의 종속적 자본주의를 형성하게 되었다. 2차 산업은 원조에 기생하는 종속적 산업구조를 형성함에 따라 내포적 공업화가 저해되었고, 3차 산업에서는 비정상적인 비대화가 진행되었다. 이에 따른 계급구성 구조를 보면, 노동자(비농업)계급은 1955년에 8.9%였던 반면 도시 쁘띠부르조아지가 10%에 달하였다(1960년에는 각각 16.1%와 13.1%로 변화되어 불균형이 약간 시정되었다).

넷째는 이상과 같은 기형적인 경제구조 형성의 토대의 역할을 감당했던 원조경제의 폐해를 들 수 있다. 원조의 논리나 성격은 익히 알려져 있듯이 수원국(한국)의 요구를 반영한 것이 아니라 후원국(미국)의 정치경제적 논리와 전후 자본주의 재생산 구조에 한국경제를 편입할 필요성에 의해 진행되었다. 1950년대의 원조경제는 급속한 자본축적을 가능케 하고 자본가 계급과 독점자본의 형성을 촉진하는 중요한 계기로 작용함으로써, 종속적 자본주의를 형성시켰다. 종속적 자본주의의 발전을 지향하는 원조의 성격은 원조의 내용이 주로 소비재를 중심으로 하면서 생산재나 시설재의 비중은 매우 취약하다는 점에서 잘 알 수 있다. 1945-48년 사이에 주어졌던 GARIOA 원조에서 생산재는 0.1%에 불과하였고, 1950년대에도 시설재 비율은 매우 저조하여, SEC, CRIK, PL480 등의 원조에는 시설재가 아예 존재하지 않았다.

더구나 1957년 미국에 대공황이 일어나자, 자유당 정부의 경제개발계획이 수립 중임에도 불구하고 원조액이 대폭 삭감됨으로써 이에 따라 야기된 한국의 경제위기가 4월 혁명의 직접적인 경제적 배경이 될 정도로 원조는 우리 경제의 아킬레스건이 되었다. 1957년에 3.8억 달러이던 원조는 1958년 3.2억 달러, 1959년 2.2억 달러, 1960년 2.5억 달러로 감소하였으며, 이에 따라 경제 성장률도 1957년 8.7%에서 1958년 7.8%, 1959년 5.2%, 1960년 2.1%로 급하강하였다. 즉 원조감축과 경제불황이 거의 동시적으로 발생하면서, 그 충격이 4.19 혁명의 경제적 배경을 형성한 것으로 평가된다.

이상과 같은 요인들의 전개에 따른 1950년대 민중적 빈곤의 창출은 매우 광범위하였다. 당시 빈곤의 규모를 정확히 보여주는 자료는 찾아보기 어렵지만, 한국정부가 추산한 요구호자 수가 1952년에 956만 명, 1953년 984만 명 그리고 1957년에도 446만 명에 달하였던 사실은 만연된 빈곤 실태를 충분히 짐작케 해준다.

1950년대 도시 특히 서울에서 빈민의 형성을 가속화한 것은 주로 한국전쟁으로 인한 월남인구의 유입과 농촌으로부터의 이농인구였다. 150-200만으로 추산되는 월남인구의 다수는 서울 등 도시지역에 정착하였고, 농촌으로부터의 대규모 이농에는 1959년의 사라호 태풍과 같은 천재지변도 이를 재촉하는 요인으로 작용하였다. 그 외에 1950년대 후반 도시로 유입된 20만 제대군인들도 도시인구집중에 한 몫을 하였다. 서울 인구는 한국전쟁 이후 급격히 증가하여 1955년에 이미 157만 명을 돌파하였고, 1960년에는 244만 명에 이르렀다.

이들은 도시지역에서 방대한 과잉인구를 형성하면서 불안정고용 구조하에서 저임금과 고실업의 풀을 형성하게 되었다. 1960년의 경우 완전실업률 8.2%, 잠재실업률 26.0%로 총실업률은 34.2%에 달하였다(농가 29.1%, 비농가 42%). 이러한 고실업 상태와 과잉인구의 존재는 필연적으로 저임금을 낳게 되었는데 1961년의 경우를 보더라도, 가족 평균생활비가 월 75,000환인데 비하여 방직, 식료품, 금속, 기계공업 등 대부분 2차 산업의 임금은 23,400-26,000환 정도에 불과하였다.

이와 같은 만연된 빈곤에도 불구하고 이들 빈민들의 사회변혁세력으로의 조직적 동원은 여러 가지 상황에 따라 억제될 수밖에 없었으며, 제한적이나마 4.19 혁명에서 어느 정도의 역할을 담당하는 정도로 나타났다.

4. 4.19와 도시빈민

4월 혁명은 표면적으로는 자유당 정부의 부정부패와 부정선거 및 인권유린에 대한 학생들의 투쟁이 직접적인 계기가 되었지만, 그 이면에는 1950년대 한국사회의 구조적 모순을 배경으로 하여, 억압 속에서 성장해 온 민중운동의 저력을 토대로 하는 것이었다. 민중적 저력의 성장은 앞에서 언급한 바와 같은 객관적 조건, 즉 민중생활의 전반적인 파탄에서 주어진다고 볼 수 있다. 이에 따라 1950년대에는 억압적 상황에서 제한된 정도에서였지만 노동, 농민, 학생, 혁신정당 등 다양한 운동이 성장하고 있었다. 물론 4월 혁명은 이러한 민중운동의 힘을 조직적으로 동원한 계획적 혁명이 아니라 학생들이 촉발한 운동에 산발적으로 힘을 합해 나가는 과정으로 진행되었다.

4월 혁명의 경제적 배경은 위에서 서술한 전반적인 경제적 파탄, 특히 1957년 원조 삭감 이후의 경제불황이 주요한 계기가 되었다. 그러나 혁명적인 불만의 표출은 전반적인 생활의 피폐에 의해 야기되기보다는 불평등과 박탈 인식에 의해 추동되는 성질을 갖는다. 즉 절대적인 수준보다는 상대적인 박탈감이 더 치명적인 것이다. 이러한 의미에서 당시 실업과 저임금에 시달리던 하층 노동자들과 판자촌을 근거로 연명하던 실업자와 피구호민 및 3차 산업의 불완전 취업자 등 수많은 과잉인구들이 혁명의 진전에 예상치 않았던 역할을 담당할 가능성은 얼마든지 존재하였다. 혹자는 도시빈민층이 4월 혁명에서 가장 중요한 역할을 수행하였다고 주장하기도 하지만, 실제로 이들이 4월 혁명의 진전에 어떻게 참여하였는지를 보여주는 자료는 찾기 어렵다. 다만 학생들이 촉발한 시위가 시민적 차원의 시위로 확산되는 과정에서 도시빈민층의 참여가 중심이 되었을 것이라는 추측은 일리가 있다. 그 하나의 증거로 4월 혁명의 희생자 분포에서, 학생 77명(41.4%)과 회사원 10명(5.4%) 외에 하층노동자 61명(32.8%)과 무직자 33명(17.7%)이 큰 비중을 차지하고 있었던 사실을 들 수 있다.

결국 도시빈민은 미군정기 이후 오랜만에 사회변혁의 중심에 위치할 수 있는 가능성을 가졌던 것으로 보인다. 그러나 이들의 참여와 투쟁은 고립화, 원자화되고 산발적 투쟁에 그쳤을 뿐 세력형성에는 미치지 못하였고, 혁명 이후에 여타 민중세력들이 활발하게 조직을 확대해 나가는 과정에서도 이들의 조직화된 운동은 찾아볼 수 없었다. 다만, 혁명 이후 여러 가지 정치적, 경제적 개혁의 요구와 더불어 민중의 생활조건 향상이 혁명주도세력의 주요한 요구로 부각되고, 노동운동에서 일부 실업자 조직을 시도한 점 등에서 도시빈민의 존재의미를 발견할 수 있지만, 결국 혁명의 요구가 제대로 시행되지 못하면서 민중생활은 계속 악화됨으로써, '궁핍으로부터의 해방'을 주장한 군사 쿠데타 세력에게 빌미를 제공하고 말았다.

참고문헌

김광중 외. 1996.『서울시 주택개량 재개발 연혁 연구』, 서울시정개발연구원.

김병태 외. 1981.『한국경제의 전개과정』, 돌베개.

김성환 외. 1983.『1960년대』, 거름.

박현채 외. 1984.『한국사회의 재인식 1』, 한울.

박현채. 1986.『한국 경제구조론』, 일월서각.

서울특별시사편찬위원회 편. 1997. "서울통계자료집-미군정기편".

송건호 외. 1985.『해방 40년의 재인식 I』, 돌베개.

송건호 외. 1980.『해방전후사의 인식』, 한길사.

양우진 · 홍장표 외. 1991.『한국 자본주의 분석』, 일빛.

유인호 외. 1982.『민중과 경제』, 민중사.

이대근. 1987.『한국경제의 구조와 전개』, 창작사.

이두호 · 최일섭 외. 1991.『빈곤론』, 나남.

이영환. 1989. "미군정기 전재민 구호정책의 성격", 서울대 석사학위논문.

정동익. 1985.『도시빈민연구』, 아침.

조희연. 1993.『계급과 빈곤』, 한울.

진덕규 외. 1981.『1950년대의 인식』, 한길사.

최원규. 1996. "외국민간원조단체의 활동과 한국사회사업 발전에 미친 영향", 서울대박사 학위논문.

편집부 편. 1982.『한국현대사의 재조명』, 돌베개.

한국사회사연구회. 1989.『현대 한국의 자본축적과 민중생활』, 문학과지성사.

한국사회사학회. 1997.『한국 현대사의 사회변동』, 문학과지성사.

한국역사연구회. 1991. "한국현대사 2- 1950년대 한국사회와 4월 민중항쟁", 풀빛.

한국정치연구회. 1990.『한국전쟁의 이해』, 역사비평사.

한완상 외. 1983.『4.19 혁명론 I』, 일월서각.

1. 서론: 한국사회의 민주적 개혁과 사회복지

우리나라의 사회복지정책은 1980년대를 지나면서 제도적으로 상당히 발전하였다. 국민연금이나 최저임금제 등과 같이 신설된 제도들이 있는가 하면, 생활보호사업이나 의료보험과 같이 그 내용이 확충된 제도들도 있었다. 한편으로 국가적 차원의 복지예산지출도 높아졌다. 이러한 발전은 우리나라 자본주의의 성장을 반영함과 동시에 또한 정치적 민주화와 민중운동의 발전과도 궤를 같이하는 것이라고 평가할 수 있다.

그러나 이러한 발전에도 불구하고 우리의 복지수준은 아직 저급한 단계를 벗어나지 못하고 있다. 주요한 복지제도의 혜택에서 배제된 계층이 광범위하게 존재하는가 하면, 혜택을 받는 경우에도 그 내용과 수준은 매우 저열한

---

*이 글은 한국사회복지학연구회와 사회와복지연구회의 공동연구를 거쳐 필자가 대표 집필하여 1992년도 학술단체협의회 심포지움에서 발표한 자료로서 원제목과 출처는 다음과 같다 : "한국사회의 민주적 개혁과 사회복지의 실천적 대응- 정책대안 제시를 중심으로", 학술단체협의회, 한국사회의 민주적 변혁과 정책적 대안, 역사비평사, 1992.

차원에서 머물고 있을 뿐이다. 우리나라 사회복지의 이러한 한계는 민중의 삶에 있어 '충족되지 못한 욕구(unmet need)'라는 고통으로 나타나게 된다.

본 연구는 민중들의 실생활에서 제기되는 다양한 복지욕구를 충족시키기 위한 정책대안을 마련하는 데 연구의 중점을 두고 있으며, 이러한 정책 대안들이 민주적 개혁이라는 한국사회 발전의 대전제 속에 정확하게 자리매김될 수 있기를 희망하고 있다. 이러한 목적을 달성하기 위해서는 구체적으로, 우리나라 국가의 사회복지정책은 민중들의 복지욕구를 과연 어느 정도 충족시키고 있는가, 또 그와 관련하여 우리나라 복지정책의 일관된 특성은 무엇인가, 나아가서 민중의 복지욕구가 관철되기 위한 정책대안들은 어떤 관점에서 어떻게 시작되어야 하는가를 고찰하여야 할 것이다.

이러한 작업, 즉 다양한 복지정책을 꿰뚫으면서 현실의 한계를 분석하고 대안적인 방향을 모색하는 작업의 개념적 도구로서 이 연구에서는 '사회복지재정의 사회화'와 '참여의 민주화'라는 두 가지 원칙을 선택하였다. 이 두 가지 원칙은 이 연구의 출발점으로서 우리나라의 복지현실에 대한 분석도구가 되는 한편 민주적 개혁의 전망을 담지하는 대안적 방향으로서 제시될 것이다.

재정의 사회화 원칙은 복지제도의 운영에 있어 항상 가장 큰 문제가 되고 있는 재원의 확보, 즉 재원마련 책임의 사회적 배분에 관한 문제이다. 복지재원의 사회적 분담방식은 다양한데 특히 경제가 어려워질 때 심각한 논쟁으로 발전하는 이슈이다. 그래서 복지제도의 정확한 모습은 바로 재정의 사회적 분담방식과 정도를 분석함으로써 파악될 수 있을 것이며, 국가와 자본 및 민중간의 책임분담이 초점이 된다. 특히 국가와 자본의 책임을 강조하는 재정의 사회화 원칙은 국민의 최저한의 생활을 보장하는 사회복지제도의 기본적인 요건이라 할 수 있다.

참여의 민주화 원칙은 복지제도의 결정과 집행에서 민중적 참여가 보장되어야 한다는 의미이다. 사회복지는 결코 민중에 대한 시혜가 아니라 민중의 정당한 권리로 인식되어야 하며, 이러한 권리가 구체적인 정책에서 실현되기 위해서는 민중들의 주체적인 참여가 보장되어야 한다. 즉 사회복지의 기본 목표가 실현되기 위해서는 민주적인 참여의 보장 역시 기본적으로 요구된다.

이 연구에서는 이상의 두 가지 원칙을 기본 축으로 하여 현실비판과 대안모색 작업을 진행할 것이다. 우선 제2장에서는 기본 원칙에 대해 좀 더 고찰한 후, 제3장에서 재정과 참여의 측면으로 나누어 현실을 비판하고 개혁적 방향을 모색할 것이다. 그리고 제4장에서는 각 제도와 관련하여 개혁적 사회복지 실현을 위하여 노력하고 있는 사회복지관련 운동단체들의 기존 대안들을 비판적으로 검토하고자 한다. 이러한 작업 역시 위에 제시한 두 가지 원칙에 근거하여 진행할 것인데, 사회복지운동의 발전을 위한 좋은 계기가 되기를 기대한다.

사회복지정책 분야는 워낙 다양하고 방대하기 때문에 이 연구에서는 사회보장의 3대 영역인 공적부조, 사회보험, 사회복지서비스 중에서 사회보험과 사회복지서비스 분야를 집중적으로 다루고자 한다. 사회보험 영역에서는 현재 시행되고 있는 국민연금, 의료보험, 산재보험을 그리고 사회복지서비스 영역에서는 예산상 큰 비중을 차지하고 있는 노인복지, 장애인복지, 아동보육(탁아) 분야를 선택하여 연구대상으로 하였다. 공적부조 영역(생활보호사업, 보훈사업 등)의 경우 그 중요성을 무시하려는 의도는 전혀 없으며, 그 동안 많은 연구가 이루어져왔기 때문에 본 연구에서는 제외하였다.

2. 사회복지 개혁의 기본 원칙

1) 재정의 사회화

사회복지 부문의 민주적 개혁을 위한 첫째 원칙은 재정의 사회화를 관철시키는 일이다. 왜냐하면 사회복지제도 운영에서 핵심이 되는 이슈가 바로 사회복지제도에 필요한 재원을 얼마만큼 그리고 어떻게 마련할 것인가에 관한 일이기 때문이다. 특히 경제적 불황기에 재정문제는 심각한 논쟁으로 발전하게 된다.

여기에서 '재정의 사회화'가 뜻하는 바는 사회복지를 위한 재원마련의 책임이 사회 전체에 귀속된다는 사회적 책임성의 원칙을 의미한다. 이는 개인적 책임성과 상반되는 개념으로 복지재원에 대한 책임이 사회 구성원간, 즉 정부와 자본 및 노동(또는 주민, 민중) 간에 적절히 배분되어야 한다는 것이며, 특히 국가와 자본의 책임성을 강조하는 개념이다. 그리고 마련되는 재원의 크기가 민중의 인간다운 최저생활을 보장하기에 충분한 정도여야 한다는 것이 전제되어 있다.

자본주의 사회에서 사회복지제도가 정당성을 갖는 근거는 두 가지로 볼 수 있다. 하나는 광범위한 시장의 실패이다. 시장경제 메커니즘만으로는 한정된 자원의 효율적인 배분을 이루지 못하는 것은 물론 좀 더 심각한 결과로서 민중의 욕구를 효과적으로 충족시키지 못한다는 것은 역사적으로 증명된 사실이다. 현실적으로도 시장의 실패는 보편화되어 있다. 다른 하나는 자본주의 사회에서는 개인과 가족차원에서 해결할 수 없는 다양한 형태의 사회문제들이 발생한다는 점이다. 즉 노령, 질병, 산업재해, 장기적 소득상실 등의 원인이 사회 전체에 있기 때문에 그 해결도 사회가 짊어져야 하는 다양한 형태의 문제(비복지 현상)들이 존재한다. 이와 같은 시장의 실패와 사회의 비복지 현상들을 해결하고 사회구성원들의 복지를 증진시키기 위해서 고안된 사회제도가 사회복지제도이며 재정의 사회화 원칙도 이러한 사회적 책임성 원칙에 근거한다고 할 수 있다.

이러한 재정사회화 원칙에 따른 구체적 과제를 살펴보면 위에서 언급한 대로 적절한 규모의 복지재원을 적절한 분담방식으로 확보하는 일로 나누어 볼 수 있다.

먼저 복지재원의 규모와 관련해서는 국가의 재정지출 수준의 문제가 우선적인 중요성을 갖는다. 오늘날 대부분의 국가는 전국민의 최저생활을 보장하고 복지를 증진시키는 책임을 지고 있다. 국가는 사회보험제도를 운영할 뿐만 아니라 아동, 노인, 장애인 등 사회적 약자들을 위한 공적부조를 전적으로 국가책임으로 시행하고 있으며, 사회복지서비스 등의 경우에도 상당한 정도의 국가재정을 투입하고 있다. 그러므로 오늘날 국가의 재정지출 수준은 한 국가의 복지수준을 가늠하는 가장 중요한 지표로 통용되고 있다. 우리나라도 마찬가지로 이러한 제도들을 운영하고 있지만 국민총생산의 30-40%를 복지재정으로 지출하는 선진국들에 비해 재정지출의 수준이 매우 낮다. 문제는 공적부조와 같이 국가가 전액 비용을 부담하는 경우에도 그것만 가지고 재정의 사회화 원리가 충실하게 적용되고 있다고 판단할 수 없다는 점이다. 왜냐하면 재정지출의 수준이 낮아지면 복지급부의 수준이 같이 낮아지거나 혹은 수익자부담원칙 등과 같은 비용의 전가현상이 나타나기 때문이다. 이와 같이 국가의 재정지출 수준은 민중의 복지수준과 직결되는 중요한 문제이다.

다음으로 중요한 이슈가 복지비용의 분담문제인데, 특히 사회보험과 관련된 재정의 부담문제를 다루고 있는 국제노동기구의 권고안이 중요한 시사점을 제공해준다. 사회복지제도가 세계적으로 확대되는 데 기여한 대표적인 단체로서 1919년에 설립된 국제노동기구(ILO)는 사회보장제도와 관련해서도 많은 조약과 권고를 재정하였다. 사회보장의 재정에 관한 내용으로 1944년에 제정된 「소득보장에 관한 권고」(권고 제67호)가 대표적이며, 그 주요 내용은 다음과 같다[1].

첫째, 재정은 공평하게 분담하며, 피보험자, 사용자, 납세자간에 분배한다.
둘째, 노동자, 자영업자의 기여금은 각각의 소득에 비례한다.
셋째, 사용자는 급여 전체 비용의 적어도 절반 이상을 부담한다(업무상 재해의 경우 전액 보상).

---

1) ILO, 『ILO조약 권고집』, 국제노동문제연구소 편, 돌베개, 1991, 771-772쪽.

넷째, 기여금 이외의 비용은 사회전체가 지불한다.

이러한 내용은 사회복지재정의 사회적 분담, 즉 재정사회화 원칙이 국제적으로 공감되고 있음을 보여주는 것이다[2].
이상의 내용을 요약하면 재정의 사회화와 관련된 이슈는 국가의 복지재정 지출로 대변되는 재원의 수준(크기)과 비용의 사회적 분담의 문제로 볼 수 있다.

2) 참여의 민주화

사회복지 부문의 민주적 개혁을 위한 둘째 전제는 참여의 민주화로서 이는 복지정책을 결정하고 시행할 때 사회복지에 의해 삶에 영향을 받는 민중들의 참여기회가 제도적으로 보장되어야 한다는 것을 의미한다.

민주적 개혁을 위한 전제로서 참여의 민주화가 논의되는 것은 사회복지에 대한 국가개입이 증대되면서 관료주의의 강화가 우려되기 때문으로 볼 수 있다. 관료주의 하에서는 민중들의 삶에 중요한 영향을 미치는 정책이 비공개적으로 결정되어 민중을 대상화시키게 된다. 특히 우리나라는 권위주의적 속성이 강하기 때문에 민중의 참여욕구는 더욱 절실한 것이 될 수밖에 없다. 따라서 참여의 필요성에 대해 공감함에도 불구하고 참여의 정의나 의의에 대한 견해는 매우 다양하게 나타나게 된다[3]. 이러한 다양한 견해들을 종합하

---

2) 그런데 여기에서 한 가지 유념할 사항이 있다. 국민이 사회복지 비용을 분담하는 방법은 조세와 사회보장 기여금 및 수익자부담금(예를 들어 의료보험의 본인부담금) 등을 들 수 있는데, 비용부담이 공평하게 이루어지기 위해서는 전국민이 비용을 지불하는 조세체계가 공평성을 보장할 수 있게 누진적으로 운용되는 것이 전제되어야 한다. 우리나라의 경우는 간접세의 비중이 다른 나라에 비해서 높기 때문에 이의 개선이 무엇보다 우선적으로 이루어져야 재정의 사회화 원칙이 관철될 수 있다(한국개발연구원, 『재정통계자료집』, 1991, 86. 257쪽 참조).
3) 각 학자들의 참여에 대한 정의를 보면 다음과 같다. R. R. Alford는 참여를 정책결정과정에

여 참여의 의미를 정리해 볼 수 있다. 첫째, 참여는 기존의 정책과정 또는 정책결정구조에 영향을 준다는 점이다. 즉 민중이 배제된 행정관료와 기술전문가 중심의 정책결정구조로부터 민중이 정책결정자의 하나로 포함되는 구조로 전환되는 것이다. 둘째, 참여한다는 것은 민중들이 정책결정 주체의 하나가 된다는 것이다. 자신의 삶에 영향을 미치는 정책결정에서 제외되어 정책의 대상으로 전락한 민중이 자신의 삶을 결정하는 주체로서 직접 관여하게 된다는 것이다. 셋째, 참여를 통하여 권력의 분산이 이루어진다는 점이다. 즉 이것은 정책결정의 권력이 소수 정책결정자에서 민중으로 분산된다는 것을 의미한다.

결국 참여는 자신들의 삶에 대한 결정권을 갖는다는 의미에서 민중의 자아실현을 위해 필수적으로 요청되는 것이며, 그 자체 권력의 이동과 분산이 이루어진다는 의미에서 개혁의 한 요소라고 할 수 있다. 나아가 참여는 사회복지정책의 정당성과 효율성을 실현하는 필요조건이기도 하다.

이러한 참여의 문제는 국제적인 사회복지 흐름에서도 원칙적인 방향으로 확인되고 있다. ILO는 일찍이 1953년의 국제사회보장학회에서 "사회보장의

영향을 주는 것이라고 정의하고 있으며, V. Mathews는 기존 제도·기구의 의사결정에 영향을 주려는 의도라고 한다. J. V. Cunningham은 참여는 기존의 의사결정자인 행정기관에 대하여 주민이 직접적으로 그 결정에 영향을 주려는 활동과정으로 참여의 본질적 요소는 일반인(common amateurs), 권력, 결정이라고 지적하고 있다. S. P. Huntington은 정부의 정책결정에 영향력을 미치려고 의도하는 일반 주민의 행위를 말하며, Sidney Verba는 공식적으로는 결정권한을 가지지 못한 사람들이 결정권한을 가진 사람들의 행위에 영향을 미치기 위해 의도적으로 하는 행위라고 정의하고 있다. Arnstein은 참여를 시민 권력의 한 형태로 보면서 현재는 정책과정에 관여하지 못하는 민중들을 정보의 분배, 목표와 정책의 형성, 자원의 분배와 사업의 집행 등을 어떻게 할 것인가를 결정하는 과정에 관여할 수 있도록 하는 전략이라고 한다. 참여의 개념에 대해서는 다음 문헌들을 참조. ① Carole Pateman. "Participation and Democratic Theory", Cambridge, Cambridge University Press, 1970, p. 42. ② Brian Wharf, "The Case Citizen Participation in Social Programmes", *Australian Social Work*, September, vol. 34, No. 3, 1981, p. 15. ③ Ivan Beringer, "Participation in Regional and Social Planning", *Australian Social Work*, Vol. 28, No. 1. pp. 15-27. ④ 김성일. 『지역개발에 있어서 주민참여에 관한 연구』, 서울대 석사학위논문, 10-11쪽.

각급 관리기관에는 피보험자의 대표가 참여해야 한다. 따라서 관리기관의 선거가 필요하고 노동조합의 참여가 필요하며, 그 관리형태는 관료주의를 방지하고 피보험자의 고충을 정당하고 신속하게 처리하도록 해야 한다"는 원칙을 결정하였다[4]. 또 최근 각국의 사회보장운영에서 피보험자의 참여문제를 연구한 한 자료에서도, "행정 및 전문적 관리의 독립성을 위하여 피보험자 대표에게 조직의 중대한 관리권한을 부여하는 것이 공통된 추세"라고 밝히고 있다[5].

실제로 사회복지정책은 정부의 책임으로 시행되고 있지만 대부분은 정책의 정당성과 효율성을 위해 관련 당사자들을 정책과정에 참여시키는 제도적 장치들을 가지고 있다. 이러한 제도적인 참여 방법들은 그 수준이나 형태에 있어 다양한 모습을 지니고 있지만 대부분은 대표조직을 통한 간접적 참여의 방법을 취하고 있기 때문에 그 주요 이슈는 대표선발방식과 대표조직의 구성방식 및 대표조직의 권한이라는 문제로 집약될 수 있다[6].

먼저, 대표선발방식에서는 관련 당사자들(피보험자, 노동자, 주민, 수급권자 등)이 직접 선출하는 직접방식과 노조 및 직장단체들이 추천, 지명하는 간접방식 그리고 단체추천자 중 피보험자들이 선출하는 혼합방식 등이 있다. 여기에서 조직을 대표하지 않는 개인적인 참여형태나 위로부터 임명 또는 위촉되는 참여형태는 진정한 의미의 참여라고 볼 수 없을 것이다.

다음으로, 대표조직은 대부분 관련당사자 대표, 사용자 대표 및 정부 대표로 주로 구성되는데 그 구성비율과 책임성이 어느 쪽에 부여되어 있느냐 하는 것이 문제가 될 수 있다.

마지막으로, 대표조직의 권한이 실질적으로 정책결정과 관리, 감독 기능을 가지고 있느냐의 문제가 제기될 수 있다. 복지정책을 규정하는 입법 활동

---

4) 김영모 편, 『현대사회보장론』, 복지정책연구소, 1985, 13쪽.

5) X. Dinh, "사회보장운영에 있어서의 피보험자의 참여유형과 방법", 의료보험관리공단편역, 『제23차 ISSA총회 주제발표논문집』, 1989, 139쪽.

6) X. Dinh. 위의 글 참조.

에 참여가능성과 이사회 또는 운영위원회 같은 최고관리기구 및 분쟁심사기구 등에 대한 실질적인 참여 정도가 어떠한가 하는 것이다.

이상의 측면들이 바람직한 방향으로 정립되지 않을 경우 제도적 참여는 관료주의적 지배를 정당화하는 형식적 참여로 전락할 가능성이 크며, 다음 절에서 살펴보겠지만 우리나라의 경우 실제로 그러한 모습을 보이고 있다. 이러한 위험을 방지하기 위해서는 민중의 뜻을 대표할 수 있는 참여방식으로 개혁을 요구하는 전체 민중의 직접적인 운동적 참여가 필요하게 된다. 결국 민중이 참여의 주체여야 한다는 것이다.

3. 한국 사회복지정책의 현실과 개혁의 방향

1) 사회복지 재정의 측면

이 장에서는 앞에서 논의한 개혁적 사회복지의 원칙들에 비추어서 한국 사회복지정책의 현실을 분석하고 좀 더 구체적인 개혁의 방향을 제시하려 한다. 먼저 재정부문에는 재정의 사회화 원칙이 한국의 사회복지정책에 적용되고 있는가 하는 점과 만약 그렇지 못하다면 일관되게 적용되고 있는 재정원칙이 무엇인가를 살펴보아야 할 것이다. 한국의 사회복지재정을 평가하기 위해서는 제2절에서 언급한 복지재정의 수준과 사회적 분담이라는 두 가지 측면에서 분석이 이루어져야 할 것이다. 그리고 이러한 분석은 다시 사회복지와 관련된 총재정의 문제와 개별제도 차원의 문제로 나누어질 수 있다. 여기에서는 편의상 총재정의 차원에서 수준문제와 사회적 분담의 문제를 고찰한 후 개별제도에 대한 분석으로 진행하고자 한다.

(1) 사회복지 부문 총재정의 분석

총재정에 대한 분석을 수준과 분담의 문제로 나누어 살펴볼 때 먼저 수준

문제와 관련해서는 국가의 복지재정지출을 통하여 살펴볼 수 있다. 왜냐하면 앞에서 언급한 대로 국가의 복지비 지출은 그 나라의 복지수준을 좌우하는 핵심적인 요소가 되기 때문이다.

국가의 복지비 지출을 평가하기 위해서는 그 절대적인 수준이나 추세뿐만 아니라 국제적인 비교도 필요한데 이러한 관점에서 보면 우리나라 정부의 사회복지지출은 한 마디로 극히 '열악한' 수준에 머무르고 있다고 할 수 있다.

먼저 [표 4-1]에서 우리나라 사회복지예산의 변천추이를 보면, 전체적으로 보아 대 GNP 비율 및 대 정부예산 비율 모두 증가추세에 있다. 그러나 1987년 기분으로 각국의 정부예산을 비교한 연구결과에 따르면 선진국의 경우 사회복지예산의 대 정부예산 비율 평균이 40.67% 우리나라와 경제발전수준이 유사한 중상위국의 경우 22.37% 중하위국의 평균은 11.98%에 달하는 것으로 나타난다[7]. 이에 비해 우리나라의 경우는 1991년 경우에도 7%에 불과하여 전체적으로 사회복지지출 수준이 극히 열악함을 알 수 있다. 사회보장 항목에 포함되어 있는 사회복지서비스 부문[8] (노인, 아동, 장애인, 부랑인,

[표 4-1] 사회복지 관련 예산의 변천 추이 (%)

구 분	1986	1987	1988	1989	1990	1991
일반회계/GNP	6.4	16.0	14.9	16.1	14.9	14.1
사회보장/GNP*	0.5	0.6	0.7	0.8	1.0	1.0
사회보장/일반회계	3.3	3.7	4.5	5.2	6.6	7.0
사회복지서비스/일반회계	0.3	0.3	0.3	0.3	0.5	0.5
사회복지서비스/사회보장예산	8.6	8.1	6.3	5.8	7.7	12.9

* 사회보장의 범주에는 국민연금, 의료보험, 산재보험, 생활보호, 의료보호, 보훈, 근로자 복지 및 사회복지서비스 예산이 포함되므로 일반적인 사회복지예산과 동일시할 수 있을 것이다.
자료: 『제7차 5개년계획 사회보장부문계획안』, 1992, 294쪽.

---

7) 평화연구소·사회와 복지연구회, 『한반도의 군축과 사회복지』, 한울, 1991, 23-38쪽.

부녀 복지) 역시 열악하기는 마찬가지다. 특히 사회복지서비스의 경우는 사회보험과는 달리 재정부담에서 정부의 역할이 두드러지기 때문에 예산의 규모는 곧 정책의 수준과 포괄성을 결정하는 주요 요인이 되며, 따라서 재정지출의 저열한 수준은 곧바로 복지수준의 저열성과 직결된다.

다음으로 복지재정 분담문제와 관련하여 우리나라의 사회보장재원의 구성비를 선진국 등과 비교해 보면 다음의 [표 4-2]와 같다[9]. 다른 나라들의 경우는 정치적 성격에 따라 구성비의 비율에 차별성을 보이므로 구분하여 정리하고 있다.

[표 4-2] 사회보장재원 구성비의 비교

	피보험자 갹출	사업주 갹출	국공비 부담	기타*	정치적 성격
서독(1980)	34.0	34.2	28.9	2.9(0.8)	자본주의적 성격
일본(1979-80)	25.9	28.3	31.3	14.5(8.9)	
미국(1979-80)	23.4	40.4	29.8	6.4(6.4)	
스웨덴(1980)	1.0	45.9	45.3	7.8(7.8)	사회민주주의적 성격
영국(1979-80)	15.8	26.5	54.8	2.9(2.9)	
폴란드(1980)	2.1	52.2	44.2	1.5(0.0)	공산주의적 성격
헝가리(1980)	14.6	41.1	43.6	0.7(0.0)	
한국(1985)**	29.0	32.5	25.1	13.4(n.a)	—

* ( )안은 자산수입의 비율임.
** 한국의 경우 사업주 갹출에는 정부의 사용자로서 사회보험료 부담분을 포함한 것임.
자료: 연하청 외, 『사회보장제도의 정책과제와 발전방향』, 한국개발연구원, 1988, 265쪽.

[표 4-2]에서 볼 때, 우리나라의 경우 사업주부담과 자산수입을 포함한 기타

---

8) 1991년도 예산에 의하면 사회복지서비스 중 노인복지 부문이 28.2% 아동복지 부문이 34.4% 장애인복지 부문이 23.9%를 점하고 있다.

9) 이 표에서 사용한 자료들은 이미 낡은 것으로서 특히 1988년 이후의 중요한 변화, 즉 지역의료보험의 확대나 국민연금의 경우를 제대로 반영하지 못하고 있는 등의 한계가 있다. 그럼에도 불구하고 이 표가 시사하는 재정부담의 역진성이 이후에 뚜렷이 개선되었다는 증거는 찾아보기 어렵다. 이러한 주장은 뒤에 이어지는 각 제도별 분석을 통하여 보강될 수 있다.

수입의 비율이 높고 국공비 부담이 낮으며 피보험자 기여 비율이 비교적 높다. 이러한 비율은 개발도상국의 공통된 특성인데 개도국에서 사용자부담 비율이 높은 것은 아직 사회보장제도의 적용범위가 좁고 그에 따라 사용자부담이 수반되는 피용자들이 가입자의 주류를 형성하는 한편 사용자부담이 없는 자영업자의 가입이 적기 때문이다[10]. 따라서 전체적으로 볼 때 자본의 부담 비율이 크다고 볼 수는 없다. 개발도상국의 경우 자산수입비율이 높은 것은 강제 적립금제도가 보편화되어 있고 사회보험의 경우에도 인구의 연령 분포상 젊은층이 많기 때문에 적립금을 소모할 필요가 적다는 것을 반영한다.

재정부담에서 이러한 특징들은 우리나라 사회보장제도를 형성, 발전시켜 나간 기본원리가 '재정부담의 형평성' 보다는 '수익자부담원칙' 과 '재정중립론' 에 치우쳐 있었음을 보여주는 것이다. 실제로 산재보험, 의료보험, 국민연금 등 사회보험에서 정부는 재정중립론에 의해 관리운영의 일부만을 부담하고 있을 뿐이다. 그러므로 1988년 이후 지역의료보험에 보험료지원이 시작된 것은 하나의 전환점으로 간주될 수 있다.

(2) 각 복지제도별 재정 분석

다음으로는 총재정에서의 열악성이 구체적 제도들에서 어떠한 문제들로 발현되고 있는지를 살펴보고자 한다.

① 의료보험

1989년도 도시지역주민을 마지막으로 전국민에게 적용된 의료보험은 여러 가지 점에서 우리나라의 대표적인 사회보장제도로 언급되고 있다. 특히 연금, 산재보험과 비교할 때 자영자 등 전국민을 포괄하고 있다는 점에서, 그리고 공무원 등 특수직역 사회보험을 제외하고 처음으로 일반 국민을 대상

---

10) 이렇듯 기업체 노동자(특히 대기업)부터 제도를 적용해 나가는 특성은 우리나라 사회보험의 확대과정에서 일관되게 나타나고 있으며, 사회보험제도의 역진성을 가져오는 대표적인 원인 중 하나가 되고 있다.

으로 한 사회보험에 대폭적인 국고지원이 이루어졌다는 점에서 의료보험이 갖는 의미는 매우 중요하다. 또한 국가, 사용자, 근로자, 자영자가 모두 재원을 분담하고 있다는 점에서 의료보험 재정의 사회화가 어떤 상태에 있는가 하는 점은 상당히 주목할 만하다.

의료보험에 소요되는 비용에 대한 부담은 크게 보면 가입자(근로자, 자영자)의 보험료, 사용자의 보험료, 국가부담금[11] 그리고 본인부담금으로 나누어볼 수 있다. 본인부담금을 제외한 의료보험 각 제도의 재정의 사회화 정보를 보기 위해 전국민 의료보험이 완성된 1989년 이후 국가, 사용자, 피보험자 간의 재정분담률을 산출하였는데 그 결과는 [표 4-3]과 같다.

[표 4-3] 의료보험의 국가, 사용자, 피용자 재정분담 현황

	직장의료보험				공교의료보험				지역의료보험		
	국가	사용자	피용자	기타	국가	사용자	피용자	기타	국가	지역주민	기타
1989	—	45.4	45.4	9.2	39.8	4.1	44.6	11.5	41.4	56.6	2.0
1990	—	44.7	44.7	10.6	40.0	4.1	44.1	11.9	36.6	60.1	3.3

* 공교의료보험의 사용자는 사립학교 재단의 부담금을 의미함. 기타는 각종 재정수익금을 의미함.
자료: 보건사회부, 『1991 보건사회통계연보』; 의료보험관리공단, 『1990 의료보험통계연보』에서 재구성.

이 표는 각 제도의 보험료 수입을 국가, 사용주, 피보험자의 법정 보험료 분담비율에 따라 재구성한 것이다. 1990년의 경우, 직장의보에 대한 국가부담은 전혀 없고 공교(공무원 및 사립학교 교원)의보는 40.0%, 지역의보는 36.6%의 분담률을 나타내고 있으며, 사용자부담은 직장, 공교의보가 각각

---

11) 우리나라의 보험료 산정방식은 임금근로자는 근로소득에 대한 정률제, 자영자는 재산, 소득, 가족수 등에 따른 등급별 정액제이며, 본인부담금은 정률제와 정액제가 혼합되어 있는데 보험료산정 자체가 불평등한 특징을 갖고 있다. 이에 대한 체계적 정리는 김영모 외, 『한국의료보험연구』, 한복연 출판부, 1991, 제3장 참조.

44.7%, 4.1%로 나타나고 있다. 이러한 비율을 전체적으로 보면 직장과 공교의보는 국가와 사용자의 보험료 분담비율이 50%를 넘지 않으며 지역의보는 오히려 주민들의 부담률이 50%를 훨씬 초과하고 있다는 것이 드러나고 있다. 특히 지역의보는 국가의 50% 재정지원 약속[12]에도 불구하고 36.6%(1990년)에 불과한 것으로 나타나고 있다. 결국 이것이 의미하는 바는 우리나라 사회보장제도 중에서 국가와 자본의 부담 정도(즉 재정의 사회화 정도)가 가장 높은 의료보험조차도 국가와 자본의 총부담이 50%를 넘지 못한다는 것을 의미하는 것이다.

한편 앞에서 언급했듯이 의료보험의 재정은 국가, 사용자, 피보험자의 보험료 외에 본인부담금이 있기 때문에 본인부담액까지 포함해야 전체적인 재정의 사회화 정도를 파악할 수 있다. 16개국의 본인부담제를 연구한 브룩스(Brooks)에 의하면 본인부담제를 채택하고 있는 여러 나라의 진료비 중 본인부담률 평균은 약 10-30% 정도로 보고하고 있는데[13] 우리나라의 경우를 보면 [표 4-4]에서 보듯이 법정 본인부담률과 비급여 본인부담률까지[14] 합친 총 본인부담률이 외래 67.0%, 입원 40.3%에 달하는 것으로 나타나고 있다. 이것

[표 4-4] 진료비 중 총본인 부담금의 비율

(단위 : %)

구 분	합 계	보험급여율	총본인 부담률		
			소 계	법정본인 부담률	비급여 부담률
입 원	100	59.7	40.3	14.9	25.4
외 래	100	33.0	67.0	34.1	32.9

자료: 인구보건연구소, 『의료보험 본인 부담제에 관한 연구』, 1989.

---

12) 1988년 농촌의보가 실시될 때 정부는 지역의보 재정의 50%를 국고에서 지원하겠다는 약속을 했다.

13) R. Brooks, "Cost Containment Measures in Health Care Schemes", 김영모 외, 앞의 책, 342쪽에서 재인용.

14) 비급여 본인부담은 보험적용이 안 되는 진료를 말하는데 CT 촬영, 식대 등이 해당된다.

은 의료보험 외에 별도로 피보험자가 전액 부담하는 비용으로서 의료보험제도가 사회보장제도로서의 기능을 상실했다는 의미로까지 해석할 수 있는 수치이다.

재정의 사회화와 관련시켜 [표 4-2]의 의미를 좀 더 단순하게 계산해보자.

편의상 국가와 사용자가 총보험료의 50%를 부담한다고 가정하고 또한 [표 4-2]의 총본인부담률(법정본인부담률과 비급여본인부담률의 합계)을 입원, 외래 평균 50%로 가정하면, 결국 피보험자의 총부담액은 보험료 25%에 총본인부담률 50%를 합해야 하므로 총재정의 75%를 피보험자가 부담하는 것이 된다. 결국 상당한 정도의 국고지원이 이루어지는 현재의 의료보험조차도 국가와 자본이 부담하는 비용은 25% 정도밖에 되지 않아 재정의 사회화 정도가 높지 않으며 수익자부담원칙이 강하게 관철되고 있는 것이다.

② 국민연금

우리나라의 연금제도는 1960년대와 1970년대에 실시된 특수직역연금인 공무원연금, 군인연금, 그리고 사립학교교원연금 등 3개 특수직역연금이 있으나 일반 국민을 대상으로 한 연금은 1988년부터 실시된 국민연금으로 현재 5인 이상 사업체 임금노동자는 강제가입으로 되어 있다. 자영자는 임의가입자로서 사실상 가입자 수는 아주 미미한 정도이다.

연금제도에서 재정의 사회화는 국가, 자본가, 그리고 근로자간의 연금재

[표 4-5] 국민연금기금의 갹출료율

(단위: %)

구 분		1988-1992	1993-1997	1998년 이후
사업장 가입자	가입자 기여금	1.5	2.0	3.0
	사용자 부담금	1.5	2.0	3.0
	퇴직금 전환금	-	2.0	3.0
합 계		3.0	6.0	9.0
지역가입자		3.0	6.0	9.0

자료: 국민연금관리공단, 『1989년 국민연금통계연보』.

원의 분담비율 측면에서 살펴볼 수 있다. 국민연금의 재원은 가입자가 부담하는 기여금, 국고부담금, 기금운용수익금 및 적립금 등으로 구성되어 있는데, 현재는 제도운용에 필요한 거의 모든 비용을 피보험자와 사용자의 기여금에서 충당하고 있다. 이와 같은 국민연금의 재정부담 방식의 특징 역시 국가의 재정중립원칙과 수익자부담원칙이 강하게 관철된 것으로 볼 수 있으며, 여기에서 나타나는 문제는 근로자와 특히 가입자의 부담의 과중함이다.

먼저 피용자의 기여금은 의료보험처럼 근로소득을 기준으로 하는 정률제 방식으로 [표 4-5]와 같이 현재는 평균보수월액의 3%를 노사가 각각 1.5%씩 부담하고 있는데 1993년부터는 퇴직금전환금을 포함하여 각 2%씩 6%의 기여금을, 1998년부터는 각 3%씩 9%의 연금기여금을 부담하게 된다[15]. 이와 같이 총기여금의 절반에 해당하는 근로자기여금을 우리와 경제사정이 비슷한 나라들과 비교할 때 분담비율이 높게 나타나기 때문에 사용자의 분담률을 50% 이상으로 늘릴 필요성이 제기된다[16].

임의가입으로 되어 있는 지역가입자(농민과 도시자영자)는 사용자나 국가의 부담 없이 기여금 전액을 부담하고 있는데, 정부는 1990년대 중반 자영자를 강제 가입시킬 때 현재의 전액 본인부담을 유지하되 '일정한도 내에서' 국고지원을 할 계획을 잡고 있다[17]. 그러나 여기서 국고지원은 기여금 지원이 아닌 관리운영비 지원에 그칠 공산이 크기 때문에 사실상 연금에 대한 국고지원은 없게 되며[18] 이렇게 되면 완전한 수익자부담원칙에 입각한 연금이

---

15) 퇴직전환금은 근로기준법상 사용주가 임금총액의 8.3%를 적립하고 있는 퇴직금에서 연금기여금으로 전환되는 금액을 의미하는데 이 금액의 성격을 어떻게 볼 것인가, 즉 퇴직금을 후불임금으로 볼 것인가에 따라 노사간 부담 몫이 달라지는 문제가 이슈화되고 있다(제4장 참조).

16) 예를 들어 브라질의 경우 노사분담률이 8.5%~10.0% : 13.5%, 멕시코 1.5% : 4.2%, 대만 1.4% : 5.6% 등으로 사용자의 분담비율이 훨씬 높다(US. DHHS., Programs throughout the World, 1987).

17) 보건사회부, 『제7차 경제사회발전 5개년계획: 보건의료 사회보장부문 계획 1992-1996』, 1992, 269쪽.

되어 사회보험적 성격이 거의 상실되게 된다. 또한 사용자가 50%를 부담하는 근로자와 불평등이 조장되고 재정의 50%를 국고에서 지원하는 지역의보와는 형평성 문제도 제기된다. 더욱이 이들은 기존의 의료보험료에 연금보험료를 전액 부담하게 되어 상당한 경제적 부담을 가질 수밖에 없다. 때문에 자영자에 연금을 확대할 경우 기여금에 대한(최소한 지역의료보험 수준의) 국고지원 요구는 중요한 정책적 요구가 될 것이다.

③ 산업재해보상보험

산재보험의 보상금 지급과 관련된 재정은 전액 사용자의 보험료로 충당하고 있으며, 제도운영비의 경우도 1989년 제11차 법개정 이전까지는 그 대부분을 보험료로 충당하였다. 1990년부터 제도운영비를 일반회계에서 전액부담하기로 법이 강제조항으로 개정됨으로서 [표 4-6]에서 보는 바와 같이 국고부담이 약간 늘어났으나, 결국 산재보험에서 국가의 재정부담은 극히 미약하며, 이는 국가재정 중립론의 대표적 사례다.

[표 4-6] 산업재해보장보험의 재정추이

(단위: 억 원)*

	1988년	1989년	1990년
총예산	3,362	4,243	6,010
보험료	3,250	4,106	5,503
국고부담	10	10	70
기타	101	127	436

* 억 미만은 버림.
자료: 노동부, 『노동통계연감』, 각 년도.

---

18) 현재 유력한 자영자연금 확대방안이 되고 있는 '기초연금제' 안을 보면 자영자연금은 의료보험처럼 50%의 국가재정 지원이 이루어지지 않을 것이다(한국보건사회연구원, 『국민연금 확대방안 연구: 기초연금제와 소득비례연금제의 일원적 설계』, 1988).

④ 아동보육

아동보육에 소요되는 비용, 즉 보육료와 보육시설의 운영비를 누가, 어떻게 부담하고 있는가하는 것이 보육재정의 사회화 문제를 검토하는 데 가장 중요한 점이다. 보육료의 경우를 보면 1992년에는 생활보호대상자와 월 60만 원 이하의 저소득층에 대해서 국가가 보육료를 부담하였으나 그 대상은 전체 보육대상아동의 3%에 불과했다[19]. 즉 보육의 대부분이 수익자부담원칙에 입각한 시장메커니즘에 맡겨져 있고 보육의 사회화는 극히 일부에서 이루어지고 있다[20]. 보육시설에 대한 국고지원도 종사자인건비와 시설 신축비 명목으로 국공립 시설에만 지원되고 있고 보육아동의 58%를 담당하고 있는(1991년 기준) 민간보육시설 등에 대해서는 국가가 전혀 지원하지 않고 있다. 이러한 일부 계층에 대한 선택주의에 입각한 정부의 재정지원은 모든 아동에 대한 보육의 '사회화'와는 동떨어진 것이다.

국가의 부담 외에 자본의 보육비용부담도 현재로서는 매우 미미한 실정이다. 영유아보육법에는 500인 이상 사업체에는 의무적으로 보육시설을 설치하거나, 혹은 보육수당을 지급하도록 되어 있으나 처벌조항이 없어 강제력이 없고, 또한 500인 이상 사업체에 근무하는 기혼여성의 수도 극히 적어[21] 실효성이 없다[22]. 즉 보육에 대한 자본의 비용부담도 현재로서는 거의 없는 실정이다.

---

19) 지역사회탁아소연합회,『우리들이 낸 세금을 우리 아이들에게!』, 올바른 탁아정책 실현을 위한 요구대회 자료집, 1992, 13쪽.

20) 영유아보육법에서는 "영유아의 보육에 필요한 비용은 보호자가 부담하는 것을 원칙으로 하며 다만 생활보호대상자와 저소득층(월소득 60만 원 이하인 자)에게만 국가와 지방자치단체가 그 비용의 전부 또는 일부를 부담한다"(제21조)고 하여 시장원리에 입각한 수익자부담원칙을 공공연히 천명하고 있다.

21) 300인 이상 사업체에 종사하는 기혼여성비율은 전체 기혼여성취업자의 4.4%에 불과하기 때문에 500인 이상 사업체에 대한 보육시설 설치 의무규정은 실효성이 없다.

22) 한국여성노동자회·인천여성노동자회 외, "직장탁아소 설치를 위하여: 직장탁아소의 필요성 및 설치방안", 1991.

⑤ 장애인복지

장애인복지예산은 다른 사회복지예산에 비해 '소비성 복지예산'으로 인식되는 경향이 있는데, 이는 '노동력을 위한 투자'라는 사회복지의 '친자본적' 성격이 약하기 때문이다. 그러나 우리나라 장애의 원인이 대부분 산재 혹은 교통사고 등 사회성을 띠고 있기 때문에(교통사고, 산재 등 후천적 장애 원인이 90% 이상임) 장애인복지에 대한 비용부담 역시 국가와 자본의 책임을 강조할 수밖에 없다.

장애인복지에 대한 국가부담은 생계보조수당, 장애인 수용시설 보조, 보장구지급 등의 명목으로 장애인 중 생활보호대상자(이하 생보자) 및 의료부조대상자에게만 집중되고 있다. 그러나 그 대상은 추정장애인의 2%도 안 되는 비율이며, 동시에 생보대상자는 아니지만 이들보다 별로 나을 것이 없는 저소득장애인이 완전히 배제된 실정이다. 그리고 그 내용도 장애인들이 경제적으로 최소한의 독립적인 생활을 영위할 수 있는 수준과는 거리가 멀다. 예를 들면 현재 국가의 장애인복지예산은 1991년도에 333억 원 정도가 되나 이 중 시설운영지원비가 82%를 차지하고, 직접적인 장애복지서비스에 제공되는 비용은[23] 40억 원 정도로 추정 장애인 인구를 91만 5천 명[24]으로 볼 때 그 수혜액이 장애인 1인당 5천 원도 안 되는 극히 열악한 형편에 있다.

한편, 장애인복지에 대한 자본부담은 1991년에 시행된 장애인고용촉진법에서 찾아볼 수 있다. 이 법에 의하면 300인 이상 사업체는 고용인의 1.0%(1991년)를 장애인으로 의무 고용해야 하는데 현재는 해당사업장의 39.5%만이 이를 지키는 것으로 나타나고 있다. 고용비율이 이렇게 낮은 이유는 의무고용 위반시 부과되는 벌금이 1인당 월 12만 원밖에 안 돼 자본가

---

23) 대부분이 인건비, 시설유지비로 사용되는 장애인복지시설 운영비를 제외한 수순하게 장애인복지에 사용되는 예산(생계보조수당, 장애인등록사업, 의료비지원, 보장구교부 등)을 의미함.

24) 이 수치는 1985년도 한국인구보건연구원의 「전국 심신장애자 실태조사 보고서」의 추정치다. WHO는 한 나라의 장애인을 전인구의 10%로 보고 있다. 각종 장애관련 단체에서는 우리나라 장애인 인구를 400만 명 정도로 보고 91만 5천 명의 수치를 인정하지 않고 있다.

가 고용장애인을 위한 편의시설을 갖추는 데 드는 비용보다 비용이 적게 들기 때문이다.

⑥ 노인복지

노인복지서비스의 예산규모는 최근에 크게 증가해 왔지만(1991년 393억 원), 그 중 80%는 시설보호사업과 교통비 지원에 투여되고 있어(각각의 내역은 『사회보장부문 계획안』참고) 나머지 사업은 형식적인 데 그치고 있다. 그 외에 생활보호사업에서 65세 이상 저소득층 노인에 대한 공적부조(1988년 노인 인구의 13.7%)와 노령수당(70세 이상 생보자, 노인 인구의 10% 미만, 월 1만 원)이 제공되고 있다.

자본이 일정 정도 재정을 부담하는 노인복지제도로는 특수직역연금(1988년에 전체 노인 인구의 2.7%)과 직장 및 공무원·교직원의료보험의 피부양자에 대한 부담정도이다.

(3) 개혁의 방향

우리나라 사회복지제도의 재정 현황의 검토를 통해 예산상 비중이나 절대액이 현저히 부족하고, 그나마 국가나 자본의 부담보다는 노동자, 수혜자의 비용부담이 높게 나타난다는 것을 알 수 있었다. 즉 국민연금이나 산재보험에는 국고부담이 거의 없어 자본과 노동의 부담이 크게 나타나며, 지역가입자에게 국고보조가 주어지는 의료보험의 경우에도 피보험자의 실질부담률이 70-80%로 나타난다. 사회복지서비스의 경우에도 국가의 지출수준이 낮고 자본의 부담이 거의 없는 현실이다.

한 마디로 재정의 사회화라는 원리가 관철되고 있지 않으며 복지비의 꾸준한 상승에도 불구하고 오히려 국가재정중립론, 수익자부담원리가 지배하고 있음을 알 수 있다. 그 결과 열악한 복지수준은 물론 복지혜택의 적용이 일부 계층에 국한되는 선택주의가 만연되고 있다. 현재 사회보험은 일정 규모 이상의 기업체 노동자에게만 적용되거나 혹은 이들에게 좀 더 유리하게 운영되고 있으며, 반면 사회복지서비스의 주요 혜택은 생활보호대상자 등 한정된 계층에만 국한되는 실태를 노정하고 있다.

따라서 재정의 사회화 원칙에 입각하여 이러한 선택주의를 극복하고 좀 더 보편적인 복지제도를 구현하기 위해서는 국가와 자본의 부담 몫을 확대하는 것이 필연적이며 무엇보다 우선되어야 하는 것은 국가의 복지재정지출의 확대이다.

여기에서 국가의 재정지출을 확대하는 방안에 대해 간략히 살펴보고자 한다. 국가의 복지재정지출을 확대하기 위해서는 복지재원의 확충이 전제되어야 한다. 사회복지재원의 획기적인 증대방안을 고려하는 것은 힘들겠지만 조세부담에서 누진성을 강화하여 세입을 확대하는 방법과 세출구조를 조정하는 방법이 가능성으로 고려될 수 있다.

먼저 조세부담과 관련하여 볼 때, 우리나라의 경우 조세부담률은 선진국보다 결코 낮은 것이 아니며(특히 봉급생활자의 경우) 또한 조세를 부담하고 되돌려 받는 사회복지수혜율이 매우 낮기 때문에[25] 세입의 확대를 위해서는 재산, 토지과세 강화와 같은 직접세의 비중을 높이는 방법을 취하는 것이 형평에 맞는다. 또한 기존의 조세의 세원을 확대하는 방안으로서 조세체계 내에서 각종 불필요한 조세감면제도를 축소 내지 폐지하고 준조세를 공조세화하며 금융자산실명제 등을 통해 지하경제를 근절시키는 방법을 들 수 있다. 우리나라 지하경제의 규모가 국민총생산의 20-40%로 추정되는 현실을 감안할 때, 이를 통해 얻어질 세수의 증대는 실로 막대할 것이며[26], 현실적으로 우리사회의 경제정의의 실현과도 관련되므로 바람직한 재원확대방안이라고 할 수 있다.

---

25) 우리나라의 조세부담률(1990년 19.7%)을 선진국들과 비교해 보면(일본 1987년 21.2%, 미국 1987년 20.8%, 서독 1988년 22.7%) 그다지 낮게 나타나지 않은 반면 국민소득 대비 사회복지비수혜율(1987년 1.65%)은 극히 늦은 것으로 나타난다(선진국 25.69%, 중진국 16.02%). [(경제기획원 내부자료) 김영모,『사회복지학』, 한복연 출판부, 1991].

26) 경실련의 조사에 의하면 토지관련 세금의 과표를 100% 현실화한다면, 1989년 기준으로 1,823억 원이었던 토지세가 1조 8,230억 원으로 증대된다는 것이다.

다음으로 세출구조의 조정방법은 기존의 예산범위 내에서 우선순위와 비중을 조정하여 사회복지예산의 증대를 꾀하는 것인데, 과대 팽창되어 있는 국방예산의 축소가 거론되고 있다. 남북관계로 인해 국방비가 과정하게 비대해진 우리의 특수성을 감안한다면 상황의 변화에 따른 국방비 감소를 기대할 수 있을 것이다. 과연 국방예산을 줄여 어느 정도의 복지예산 확대가 가능한가를 살펴보면, 1989년 기준으로 경제발전 정도가 유사한 국가의 수준으로 방위비 감축을 할 경우 4조 8,070억 원, 현행보다 50% 방위비를 감축할 경우에는 3조 1,150억 원의 절감효과가 매년 발생하는 것으로 추정되었다[27].

2) 참여구조의 측면

이제 앞에서 논의된 참여의 민주화 원칙에 입각하여 현행 우리나라 사회복지제도의 현실을 비판적으로 검토하고자 한다. 즉 제도운영이나 정책의 실행 차원에서 정책대상자(또는 수혜자)나 민중의 참여문제가 어떻게 다루어지는지를 제도적 규정을 중심으로 살펴보고자 한다[28].

[표 4-7] 현행 사회복지제도의 정책심의 및 실행기구

제 도	정책심의(자문, 심의)	실행기구
산재보험 의료보험 국민연금	산재보험심의위원회 의료보험심의위원회 국민연금심의위원회 국민연금기금운용위	노동부-지방사무소 연합회, 공단, 조합 관리공단
노인복지 장애인복지 탁 아	노인복지대책위원회 장애인복지위, 고용촉진위 보육위원회	보사부-지방행정조직 (사회과 등)

---

27) 평화연구소 외, 『한반도의 군축과 사회복지』, 한울, 1991.

28) 참여의 차원에는 제도운영이나 정책실행 차원 이외에도 법과 제도의 창설과 개폐의 과정이 매우 중요하다. 또한 제도적으로 규정된 참여 못지않게 사회행동 같은 비제도적 참여의 문제도 중시되어야 한다. 그러나 이 연구의 목적이 현행 정책이나 제도에 대한 비판적 고

현재 우리나라 사회복지제도들에서 참여의 문제는 두 가지 차원에서 살펴볼 수 있다. 하나는 국가 및 지방단위의 정책결정과정의 차원이고, 다른 하나는 정책실행기구 차원이다. [표 4-7]에서 볼 수 있는 바와 같이 정책결정과정에 대한 참여는 정책의 자문과 심의를 담당하는 각종심의위원회를 통해서 가능하며, 정책실행기구의 경우에는 관리공단이나 조합의 운영위원회, 이사회 등이 대표적인 참여구조로 나타난다[29].

(1) 정책심의기구 분석

위원회 제도는 집단적 결정과정을 통해 다수의 경험과 전문지식을 활용하여 합리적 결정을 가능케 할 뿐만 아니라 소수 관료들의 전횡을 방지하고 행정재량을 견제하는 의의를 가지고 있다[30].

법령에 의해 설치되어 있는 각종 위원회의 설치단위와 조직구성은 [표 4-8]에 간략히 제시되어 있다[31]. 특이한 점은 사회보장(보험)의 경우에는 중앙집

찰과 대안의 모색에 집중되어 있기 때문에 기존 제도 내적 참여의 문제에 논의를 국한하고자 한다. 여기에서 논의되는 사회복지제도들은 주로 다음의 법률들과 각각의 시행령 및 시행규칙에 의해 운용된다: 사회보장에관한법률(1963년), 산업재해보장보험법(1963년 제정-1989년 개정), 국민연금법(1986년 제정-1987년 개정), 사회복지사업법(1970년 제정-1983년 개정), 노인복지법(1981년 제정-1989년 개정), 장애인복지법(1981년 심신장애자복지법-1989년 전문개정), 영유아보육법(1991년 제정), 장애인고용촉진법(1990년 제정), 산재보험업무및심사에 관한 법률(1963-1978년) 등.

29) 이외에도 복지집행기구와 민중과의 분쟁을 심의·처리하는 기구들, 즉 산재보험심사위(노동부), 의료보험재심사위(보사부), 국민연금심사위(보사부)들이 있지만 참여문제에 있어서는 다른 위원회들과 성격이나 한계가 유사하므로 이 글에서는 다루지 않는다. 또한 사회보장정책과 사회복지서비스를 총괄적으로 심의하는 기구로서 사회보장심의위원회와 사회복지위원회가 보사부에 설치되어 있지만 마찬가지로 제외하였다.

30) 박석돈, 『사회복지서비스법』, 두엄, 1991, 73-74쪽.

31) 이들 위원회 중 일부는 최근의 법개정을 통하여 새롭게 설치되기도 하였다. 예를 들어 노인복지대책위원회의 경우 1981년 법에는 없었으나, 1989년의 전문개정으로 새롭게 설치된 기구이며 장애인복지위원회도 1981년 제정된 심신장애자복지법에는 설치되지 않았던 기구이다.

권적인 특성을 반영하여 중앙부처(노동부나 보사부) 차원에만 설치되어 있는 반면, 사회복지서비스 관련 위원회들은 대체로 중앙과 지방에 이원적으로 조직되어 있어(노인복지는 예외) 지방자치단체의 역할을 중시하고 있는 모습을 볼 수 있다[32]. 이에 따라 위원의 임면권도 사회보험의 경우는 중앙부처 장관에게 집중된 반면 사회복지서비스에서는 장관과 지방자치단체장으로 이원화하고 있다.

[표 4-8] 복지정책 심의위원회 설치와 구성

위원회	설치단위	구성	위원장
산재보험위	노동부	노사 및 공익대표 동수로	
국민연금위	보사부	노사(각 4인), 공익대표(5)	보사차관
연금기금운용위		관계장관, 노사, 공단대표, 전문가	기획원장관
의료보험위	보사부	노사(각 2), 주민(2), 의약계(8), 공익(5)	보사차관
노인복지위	국무총리	관계장관, 전문가	국무총리
장애복지위	중앙 · 지방	공무원, 종사자, 전문가(1/3은 장애인)	위원 중
장애고용촉진위	노동부	공무원, 노사대표, 전문가	노동차관
보육위원회	중앙 · 지방	공무원, 종사자, 보호자, 전문가	위원 중

이들 위원회의 구성을 보면 각 제도에 따른 약간의 차이들은 존재하지만 사회보험 부문과 사회복지서비스 부문으로 대별될 수 있으며, 관계공무원 외에 이해관계 당사자와 공익대표(또는 전문가)가 위원으로 참여하고 있음을 공통적으로 볼 수 있다. 사회보험의 경우에는 대체로 노사대표 등 당사자 대표(의료보험의 경우 지역주민과 의약계 대표 포함)와 공익대표로 구성되어 있는데 주로 현역노동자를 가입자로 하고 있는 점을 반영하여 노사대표가 동수로 참여하고 있는 모습을 보여준다. 이러한 대표들은 노사 등 관련단체의 추천으로 위원회에 참여하게 된다. 사회복지사업의 경우에도 위원회마

---

32) 중앙위원회는 보사부(또는 노동부)에 설치되어 있고, 지방위원회의 경우 사회복지위원회는 시 · 도, 시 · 군에, 장애인위원회는 시 · 도에, 그리고 보육위원회는 시 · 도, 시 · 군 · 구에 설치되어 있다.

다 차이는 있지만, 사회보험에서의 노사대표 대신에 민간복지사업 종사자와 관련당사자 대표(장애인 또는 보호자)가 포함되어 있다.

그러나 이와 같은 형식상의 대표성에도 불구하고 이것이 위원회를 진정한 의미의 참여기구로 볼 수 없게 만드는 몇 가지 한계가 지적된다.

첫째, 위원회의 구성에 있어 고위공무원들이 많은 수를 차지하고 있고(특히 사회복지서비스의 경우), 위원의 임면권이 관련부처 장관에게 주어져 있으며, 위원장도 대부분 관련부처 고위책임자급에서 담당하고 있기 때문에 위원회는 거의 정부 의도대로 움직여질 수밖에 없다.

둘째, 이들 대표들의 선출방식에 문제가 있다. 이해관계 당사자들은 대부분 한국노동총연맹(이하 노총), 한국경영자총협회(이하 경총) 등 관련단체의 추천을 받아 위촉되는 간접참여의 방법으로 참여하고 있음으로 조합원 등의 직접참여 기회는 전적으로 배제되어 있다. 나아가 주민이나 공익대표, 전문가 등의 경우에는 정확한 선출규정이나 조직적 배경이 없기 때문에 개인적인 참여에 그치고 만다. 그 결과 정책과 제도운영에 대한 대중적 무관심이 야기될 우려가 있으며, 행정부의 자의에 의해 위원회가 구성될 수밖에 없는 현실이다.

셋째, 위원회의 기능과 권한의 문제를 볼 때, 의결기구로서의 성격을 갖는 것이 아니라 대개 장관이 부의하는 주요 사항에 대한 심의와 자문의 기능만을 갖기 때문에 진정한 참여기구로서의 의의는 한층 더 삭감된다. 이러한 위원회들은 과거에는 주무장관에 대한 단순한 자문기구 성격을 갖는데 불과했으나 최근의 법 개정 등을 통하여 심의기구로 그 성격을 강화하게 되었지만 아직 결의기구로서의 성격은 확보하지 못하고 있는 한계를 보여 준다[33].

이와 같이 사회복지제도와 관련된 심의위원회들은 그 성격상 자문과 심의

---

33) 자문기구와 심의기구 및 결의기구는 행위의 능동성, 결정의 구속력 및 심의의 의무성 여부에 따른 성격차이를 가진다. 심의기구는 자문기구와 결의기구의 중간 정도의 위상을 갖는데, 집행부는 심의에 부의할 의무를 갖지만 그 결정에 구속되는 것은 아니다(박석돈, 앞의 책, 74쪽).

의 역할에 한정되어 있으며, 형식적 대표성은 있지만 대표선출의 방식이나 위원의 임면 및 운영이 주무부서 내에서 이루어지고 있는 점 등을 볼 때, 행정부의 자유재량을 넘어설 수 있는 여지는 거의 없는 현실이라 할 수 있다. 즉 형식적인 참여를 통하여 복지정책에 대한 관료적 통제를 합리화하는 기능을 담당한다고 볼 수밖에 없다. 이와 같은 판단은 위원회의 운영과 관련된 다음과 같은 몇 가지 사례들을 보면 좀 더 분명해질 것이다.

먼저 국민연금제도의 경우 기금운용문제와 관련된 참여구조로서 국민연금기금운용위원회가 있다. 국민연금은 적립방식을 취하고 있기 때문에 가입자의 기여금만으로도 1991년까지 약 3조 5천억 원 정도의 기금이 적립되어 있으며 2023년에는 191조 원에 이를 것으로 추계된다. 때문에 이 막대한 금액에 대한 민주적 통제권이 확립되지 않으면 현재처럼 국가와 자본의 정치적, 경제적 필요성에 따라 기금이 자의적으로 운용되게 된다[34].

현재 '국민연금기금운용위원회'는 심의, 의결권을 가지고 있으며, 운용계획은 국무회의 심의를 거쳐 대통령의 승인을 받도록 되어 있다. 그러나 이 위원회는 경제기획원장관이 위원장이 되며, 보사부장관이 부위원장이 되고 재무부장관 등 3명의 장관, 사용자대표 2인, 노동자대표 2인 등으로 구성되어 있어 거의 국가의 의도대로 기금을 운용할 수 있으며 노동자대표로 되어 있는 노총의 영향력은 거의 없다. 최근 제정된 기금관리기본법에서 기금계획서의 국회제출 그리고 소관 상임위원회에서의 질의, 응답을 규정하고 있으나 실질적인 심의, 의결권이 국회에 없기 때문에 국민연금기금이 자의적으로 사용될 가능성은 얼마든지 존재한다. 따라서 국민연금의 복지적 성격을 보전하기 위해서는 기금운용에 대한 민주적 통제권을 확보하는 것이 시급한 과제이다[35].

---

34) 예를 들어 석유사업기금의 경우가 그러하다. 현재 국민연금기금도 재정투 · 융자특별회계에 예탁되어 있는 기금이 어디에 사용되는지 그 사용처가 불문(不問)이다.

35) 한편, 장애인고용촉진기금의 예를 들 수 있는데, 액수는 적지만 통제구조는 좀 더 열악하다. 이 기금은 장애인 의무고용 위반시 사용주가 낸 부담기초액을 재원으로, 1991년에 약

노인복지대책위원회의 경우는 대한노인회의 건의를 수용하여 국무총리실에 설치된 기구이지만 노인의 이해관계를 실질적으로 반영하기에는 미흡하다. 왜냐하면 위원회의 기능이 '자문' 에 국한되어 있는데다 위원회의 구성도 25명 중 위원장(국무총리)을 비롯하여 각부 장관이 12명을 차지하고 있고, 여타 위원 역시 위원장이 위촉하게 되어 있기 때문이다.

위원회의 형식성을 보여주는 또 하나의 사례로서 장애인복지위원회는 위원의 3분의 1을 당사자인 장애인으로 구성하고 전위원이 장애인복지 관련 인사로 구성된 점은 다른 위원회보다 진보적인 구조임에 틀림없다. 그러나 1989년 장애인복지법의 개정에 의해 위원회의 설치 규정이 들어간 이후 현재까지 단 한 번의 위원회가 개최된 것을 보면 이 구조도 실질적으로 장애인의 의견이 반영될 수 있는 구조로는 한계점이 있다.

장애인고용촉진법에 의한 장애인고용촉진위원회도 1990년 10월 적용제외율을 심의하면서 자본가측에게 유리하게 일부 업종의 업종별 제외율을 조정하여 기업측의 입장을 반영함으로써 장애인단체의 심한 반발을 야기시킨 적이 있다[36].

이러한 사례들이 보여주는 심의위원회의 형식적이고 정책합리화 수단으로서의 성격은 대부분의 위원회들에서 나타나는 공통적 속성이라고 보아야 할 것이다.

180억 원 정도의 기금이 조성되었고 5년 이내에 1천억 원 정도의 기금이 조성될 것으로 추정되고 있다. 그러나 문제는 이 기금의 통제권이 노동부 장관에게 있고 그 운용은 경제기획원과 재부무와 협의만을 거치게 되어 있어 지금까지의 정부기금 운영행태로 보아 장애인복지와 동떨어진 데 기금이 사용될 위험성이 있다는 것이다(1991년도 조성분에 대한 사용내역이 아직 공개되지 않고 있다).

36) 적용제외율이란 장애인고용촉진법에 의한 장애인 의무고용비율(1990년의 경우 1%)을 업종에 따라 낮추거나 면제해주는 것을 의미하는데 장애인단체의 반대에도 불구하고 촉진위원회에서는 석탄광업 0.75%, 숙박·음식점업 0.3%, 교육은 0.6% 등으로 적용제외율을 조정하였다.

(2) 정책실행기구 분석

정책실행기구 차원에서 민중이 제도의 관리운영에 참여하는 일은 더욱 어려운 실정이다. 사회보험은 중앙정부의 주무부서에서 직접 운영하거나 관리공단을 설립하여 운영하고 있으며, 사회복지사업은 중앙정부에서 지방자치단체로 이어지는 정부행정체계를 통하여 운영하고 있고 별도로 아동상담소 등 전문전달체계를 설치하기도 한다.

먼저 국민연금의 경우는 보사부의 관장 아래 국민연금관리공단의 설립되어 가입자 관리, 징수, 급여결정, 급부, 복지증진사업 등 제도의 운영을 담당하고 있다. 공단의 이사회는 3급 이상 공무원 중에서 임명되는 당연직 이사들과 이사장이 제청하여 장관이 임명하는 이사들로 구성되며 이사장은 장관이 제청하여 대통령이 임명하고 있다. 공단 산하에 '국민연금급여 등 심사위원회'를 설치하여 이의신청을 처리하고 있는데, 공단 이사장이 임명하는 7인의 위원으로 구성되어 있다. 이러한 구성으로 미루어볼 때 연금제도 실행기구에 대한 민중적 참여는 거의 불가능한 것으로 판단된다.

산재보험의 경우는 별도의 공단을 설립하지 않고 노동부와 노동부의 지방사무소에서 직접 제도를 운영하고 있기 때문에 참여의 여지는 전무하다.

다음으로 의료보험의 경우는 제도 자체가 공교, 직장, 지역(농어촌, 도시지역)으로 분립되어 있기 때문에 제도의 운용기구도 복잡하다. 기본적인 골격은 보사부-의료보험연합회-의료보험조합으로 이어지는 관리체계로 볼 수 있는데, 여기서는 기본단위인 조합의 운영에 대해 살펴보기로 한다.

의료보험조합의 최고결정기구는 운영위원회인데, 직장조합과 지역조합의 경우가 서로 다르다. 직장조합의 운영위원회는 조합원 중에서 선출된 위원으로 구성되는데, 2분의 1은 사용자가 선정하고 2분의 1은 호선(互選)한다. 조합의 대표이사가 되는 위원장은 사용자가 선정한 위원 중에서 맡게 되므로 실질적으로 사용자의 주도로 조합이 운영된다고 볼 수 있다.

지역조합의 경우에는 지역 의약단체에서 추천한 조합원과 동·반장 등을 시장, 군수, 구청장이 위촉하게끔 되어 있어 일부 이익단체와 관의 개입정도가 크게 나타난다. 또한 상임대표이사의 경우는 장관 또는 시·도지사의 승인을 얻어야 하므로 대부분의 조합들이 관의 주도로 운영되고 있다.

이러한 제도의 결과는 의료보험조합 대표이사들의 출신성분을 분석해 볼 때 가장 단적으로 나타날 수 있는데, 1989년의 경우 군 출신과 민정당 출신 및 퇴직공무원으로 이루어지는 관변인사들이 직장조합 대표이사의 81%(66명), 지역조합의 96%(135명), 연합회 및 공단간부의 83%(47명)를 차지하고 있는 것으로 나타나, 의료보험조합의 운영이 정치적으로 이용되고 있음을 보여준다[37].

이상과 같이 사회보험의 관리운영실태, 즉 제도운영체계 및 위원, 이사들의 인적구성과 임면권 등을 볼 때, 정책대상자나 민중의 참여는 형식적인 것 이상이 되기는 어려우며, 앞에서 살펴본 심의위원회들의 경우보다 더욱 열악한 현실을 보여 준다고 평가된다.

한편 사회복지서비스 부문을 보면 그 실시기관이 국가와 지방자치단체로 되어 있으며, 그 전달체계로는 사회보험에서와 같은 별도의 운영주체를 설립하지 않고 기존의 보사부 및 지방행정체계를(보사부—시·도—시·군·구—유·면·동) 그대로 이용하고 있다[38]. 정책에 따라 별도의 전문서비스기관을 설치하기도 하는데 현재 아동상담소와 부녀상담소가 몇몇 시·도에 설치되어 있을 뿐이다. 따라서 사회복지서비스 부문에서 민중의 참여가 보장되는 구조는 거의 없다.

이와 같이 사회복지제도를 관리, 운영하는 정책실행기구 차원에서의 참여 가능성은 사회보험 부문과 사회복지서비스 부문을 막론하고 앞서 살펴 본 정책결정과정의 경우에 비해 결코 크게 나타나지 않는다.

---

37) 1989년도 국회보사위 제출 자료.

38) 예외적으로 장애인고용촉진법에 의한 장애인고용촉진공단이 설치된 것을 들 수 있는데 그 구성이나 기능은 사회보험을 시행하는 공단들과 유사하다. 다만 이사회의 3분의 1을 장애인으로 구성하는 특징을 보여준다(장애인고용촉진 등에 관한 법률 제12조, 1990.).

(3) 개혁의 방향

이상에서 살펴본 바와 같이 우리나라 사회복지정책의 결정과 시행과정에서 민중이 참여할 수 있는 구조는 매우 취약하다. 상대적으로 볼 때 정책집행기구보다는 정책결정기구 차원에서 참여가능성이 다소 높게 나타나지만 형식적인 참여를 크게 벗어나는 정도는 아니다.

이에 따라 우리나라의 사회복지제도들은 대체로 행정부의 독단적인 정책시행에 의해 좌우되는 성격을 벗어나지 못하고 있으며 각종 참여제도들은 이러한 현실을 합리화하는 도구로 이용되고 있는 실정이다. 결국 사회복지제도들은 민중의 진정한 욕구에 대응하여 그를 반영하면서 성장, 발달해갈 수 있는 건강한 생명력을 상실하고 있는 것이다.

이러한 상황인식을 바탕으로 참여구조의 개혁방향을 정리해보면 다음과 같다.

첫째, 정책심의위원회나 관리공단, 조합 등 각급 기관에 노동자, 농어민, 도시자영업자 등 당사자의 실질적인 참여가 보장되는 방향으로 개혁이 이루어져야 한다. 이를 위해서는 대표의 구성비율이나 운영방식에서 민중의 대표성이 최대한 보장되어야 하며, 선출방식에 있어서도 관의 주도를 벗어나 가급적 민중의 직접적인 참여계기를 확보하는 개혁이 있어야 한다. 그 기능과 권한에 있어서도 자문과 심의에 그치지 않고 의결과 집행권한이 확보되어야 할 것이다.

또한 이러한 개혁이 상부구조에 그치지 않고 개별 복지시설과 기관에 이르기까지 일관성 있게 이루어져야 한다는 것을 유념할 필요가 있다. 사회복지 전달체계의 일환이 되는 일선 복지단체, 기관 및 시설 차원에서의 참여구조도 중요시해야 할 것이라는 점이다.

예를 들면, 탁아시설에서 학부모가 시설의 운영과정에 참여할 수 있는 규칙(가칭 보육시설운영위원회)을 신설하는 것이 필요하며, 직장탁아의 경우도 노조가 시설운영과정에 실질적으로 참여할 수 있는 구조를 확보해야 할 것이다. 또한 장애자시설의 경우에도 장애자들이 대상화될 수 있는 복지공급구조를 생각할 때 이를 극복할 수 있는 참여구조의 확보가 요구된다.

둘째로, 위와 같은 참여구조는 입법부와 연계를 통하여 강화될 필요가 있다. 즉 각종 위원회나 주요 집행기구를 국회에서 여야 동수로 추천하여 구성하고 예산, 결산이나 기금사용 문제 등 주요 사항에 대한 승인과 감사권을 국회에 부여하면 행정부의 독주를 견제하고 정치적 중립성 확보에 기여할 수 있다. 이에 따라 지방차원의 정책결정위원회나 집행기구들의 경우는 지방의회와 연결시키는 방법을 채택해야 할 것이다.

현재 심의위원회나 각급 주요 집행기구의 조직과 운영은 전적으로 행정부 내에서 이루어지고 있기 때문에 복지정책의 실질적인 운영과 관련해서 정당이나 입법부의 역할이 거의 없다. 이는 곧 사회복지문제에 관한 탈정치화 현상의 한 요인이 되므로, 위원회의 중립성을 보장하고, 그 조직과 운영을 정치적 과정에 노출시킴으로써 복지문제에 대한 정치적 관심을 제고한다는 의미에서 국회 또는 지방의회를 통한 추전방식은 바람직한 것으로 보인다. 나아가 진보적 단체의 대표성을 정부로부터 인정받지 못하고 있는 현재의 정치적 상황을 감안한다면 이러한 대안적 방향은 큰 의미를 가질 수 있다.

마지막으로 이상과 같은 제도 내적 참여는 민중의 직접적인 참여에 의해 뒷받침되고 보완되어야 할 것이다. 사회복지의 제도화는 관료의 영향력 강화가 동반됨으로써 사회복지가 보수화, 관료화될 위험을 내포하게 된다. 또한 조직의 뒷받침이 없을 경우 대표들의 제도적 참여는 개인적인 참여로 전락하고, 정당 등 정치권의 관심과 참여도 명백한 한계를 갖게 될 것이기 때문이다.

이러한 문제를 극복하기 위해서는 제도 외부에서 민중주체의 부문별 요구운동의 조직화와 부문별 조직 간의 연대운동이 활발히 일어나야 할 것이다. 즉 민중의 최대한 참여를 위해서는 의식화, 조직화, 연대라는 과제가 필연적으로 요청된다. 노동조합과 같은 민중운동에서의 노력이 중요함은 물론, 각종 사회복지운동체들의 노력 또한 이러한 방향으로 향하는 귀중한 자산이라 할 것이다. 이러한 운동체들은 전체적으로 결집하여 사회복지문제를 부단히 정치화하는 작업, 정책대안의 제시와 홍보 및 예산확대 투쟁, 제도개혁투쟁 등을 벌여나가야 할 것이다. 사회복지는 운동에 의해 발전하고 활동에 의해 정착되는 것이다.

4. 기존 대안의 평가와 새로운 방향의 모색

이상에서 사회복지 부분에서 '재정의 사회화'와 '참여구조'가 갖는 의미와 제반 원칙, 그리고 한국의 사회복지에서 이러한 두 가지 원칙이 제대로 적용되지 않고 있다는 점을 살펴보았다. 이에 따라 한국의 사회복지 요구투쟁에서 재정의 사회화와 참여구조의 확보 문제가 우리나라의 열악한 사회복지 수준을 풀어가는 핵심고리이자 당면한 과제임을 부각시켜 보았다.

이러한 관점에서 볼 때 최근에 급속히 부상하고 있는 각종 사회복지 관련 사회운동(예를 들어 의료보장 쟁취운동, 탁아운동, 장애인운동, 사회복지예산 확보운동 등)에서 내세운 요구(정책)를 면밀히 검토해보면 사회복지 부문이 갖는 공통적 속성[39]에도 불구하고 하나의 단일(운동)조직체로 묶여지지 않고 단체간 요구 '수준'의 차별성과 일관된 원칙의 부재 등이 나타나며, 이 때문에 요구투쟁 자체가 비효율적이고 소모적으로 변해가는 양상을 발견하게 된다. 이 절에서는 이 연구에서 다루고 있는 제도들과 관련된 각종 사회복지(관련) 단체[40]의 정책대안을 다음에서 설정한 두 가지 틀에 입각하여 검토, 평가해 보기로 한다.

---

39) 민간복지를 제외한 (국가)사회복지 부문은 ① 국가재정과 밀접히 연관되어 국가를 상대로 한 요구투쟁이 핵심이 되며, ② 대부분 자본·임노동관계가 성립되지 않으며, ③ 사회복지 부문을 규정하는 모순구조가 동일하고, ④ 공공심이라는 이념이 강하게 부각된다는 점에서 공통적 특성을 가지고 있다. 때문에 영역의 다양성에도 불구하고 하나의 부문운동으로 수렴될 수 있는 가능성이 충분하다.

40) 이 글에서 쓰는 사회복지(관련)단체라는 용어는 사회복지영역에서 일정한 정책대안을 갖고 조직적인 활동을 하는 조직체를 의미한다.

1) 의료보장

의료보장을 둘러싼 요구투쟁은 우리나라 사회복지운동에서 가장 치열하게 전개된 대표적인 영역이다. 이 영역에서의 요구투쟁은 1988년 농어촌의료보험의 실시를 계기로 촉발되었으며, 1989년에 농민단체와 인도주의 실천을 위한 의사협의회 등 진보적 보건의료단체를 중심으로 의료보장쟁취공동위원회가 결성되어 의료보험개혁운동을 벌여왔다. 이 위원회는 의료보장에 대한 진보적 정책대안을 '국민의료보장법(안)'으로 구체화시키고 이 법안을 중심으로 국회를 상대로 입법투쟁을 벌인 결과 1989년 3월 국회에서 '국민의료보험법(안)'(이하 국의법)을 통과시키는 성과를 거두었다[41].

(1) 재정의 사회화

의료보장쟁취공동위원회의 정책대안이 담겨져 있는 국민의료보장법안은 조세가 아닌 '보험료'를 주요 재원으로 삼되 ① 보험료는 근로소득을 기준으로 하고, ② 일정 소득 이상의 자에게는 누진율을 적용하며, ③ 보험료의 분담비율은 피용자(노동자, 공무원, 근로자, 군인)의 경우 사용자와 50대 50으로 분담하되 일정 소득 이하인 자는 100분의 50 이하로 하며 자영자(지역의보 대상자)도 소득에 따라 국가와 자영자의 분담비율에 차등을 두었다. ④ 또한 본인부담금을 진료비의 10% 이하로 규정하였으며, ⑤ 조합별 독립채산제를 폐지하고 재정을 통합하여 지역간, 계층간 소득재분배가 이루어질 수 있도록 재정통합방식을 택하였다[42].

그러나 이러한 국민의료보장법안의 재정관련 규정이 국의법에서 관철된 것

---

41) 그러나 국의법은 노태우 대통령의 거부권 행사로 13대 국회에서는 입법화되지 못했다. 의료보험논쟁과 쟁취운동의 과정에 대해서는 원석조, 『한국의료보험의 정치경제학적 연구』, 중앙대 박사학위논문. 1991; 이경이, 『국민의료보험법의 형성과정과 성격에 관한 연구』, 중앙대 석사학위논문, 1991 참조.

42) 전국의료보험대책위원회, 『국민의료보장법안 채택대회 자료집』, 1990.

은 위의 ②항, 즉 일정 표준소득 및 일정 재산 이상의 피보험자에 대한 누진율 적용 ③항, 즉 정부와 자영자의 보험료 분담률의 차등 적용에 관한 사항이다.

국민의료보장법안의 정책대안은 비록 국의법에서 몇 가지 규정이 제외되었으나 우리나라 사회보험에서 처음으로 보험료의 누진제를 규정했다는 것과 저소득자에 대한 사용자와 국가의 보험료 분담비율 인상, 본인부담의 완화 등 국가와 자본 그리고 고소득자의 보험료 부담을 높이는 안을 제시함으로써 사회복지재정의 사회화에 충실한 대안을 제시했다고 볼 수 있다.

(2) 참여구조

현행 의료보험제도에서 가입자의 참여구조는 중앙정부 차원의 의료보험심의위원회와 의료보험조합의 의료보험조합운영위원회이다. 의료보험심의위원회는 심의권만 있고 결의권이 없는데다 보사부 장관이 임면권을 갖고 있으며, 의료보험조합운영위원회도 주민참여는 배제되어 있는 형식적 구조이다[43]. 때문에 두 위원회는 의료보험가입자들이 정책결정과정에 실제적으로 참여하는 기구라기보다는 오히려 관료적 통제를 합리화시키는 성격을 갖고 있다.

국민의료보장법안과 국의법은 모두 재정운용과 관리운영체계에서 통합일원화방식[44]을 택하고 있으며 보건사회부 산하에 '의료보험심의위원회'를 두어 의료보험사업에 관한 주요 사항을 심의, 의결 하도록 하며, 위원회의 구성도 도시자영자, 농어촌자영자, 근로자, 사용자, 공무원 등을 대표하는 위원으로 조직하되 그 구성은 보사부령으로 정하게 되어 있다. 이러한 참여구조

---

43) 조합운영위원회 비민주성은 현행 조합방식 의료보험을 강력히 옹호하는 조합론자 조차도 비판하고 있는 실정이다(문옥륜, "의료보험조합의 위상정립 및 운영개선", 『의료보험』, 의료보험연합회, 1989).

44) 우리나라 사회복지계의 최대 논쟁이었던 의료보험 '조합-통합논쟁' 은 알려진 것보다 매우 복잡하며 용어사용의 혼란으로 잘못 이해된 점이 많다. 통합론의 의미와 의료보험논쟁의 주요 쟁점에 대해서는 다음을 참조할 것(김연명, "지역의료보험의 쟁점", 『농민과 사회』 제4호, 한국농어촌사회연구소, 1992.).

는 결정권한이 없는 현행 심의위원회보다 진일보한 구조이나 위원회의 구성
이 정부에 맡겨져 사실상 민중들의 참여가 봉쇄되는 구조가 될 가능성이 농
후하다. 따라서 이러한 국의법의 대안은 민중적 참여구조로서는 매우 미흡
하며 관료적 통제의 보조적 역할을 할 가능성이 매우 높기 때문에 앞 절에서
서술한 것처럼 구성위원을 국회추천방식으로 바꿀 필요가 있다.

그리고 국의법은 조합방식이 아닌 통합방식을 규정하고 있기 때문에 현행
의료보험조합이 해체되는 대신 지역별로 사무소를 설치하고, 각 사무소에는
'결정권한이 없는' 운영협의회를 설치하며, 합의회의 구성은 대통령령으로
정하도록 규정하고 있다. 이 역시 참여구조로서의 한계는 명백하지만 좀 더
근본적인 검토가 요청되는 것은 사무소 설치가 사실상 중앙집권화를 의미하
기 때문에 지역단위에서의 주민참여가 봉쇄되는 결과를 가져오리라는 점이
다. 다시 말하면 조합해체가 관료주의의 폐해에 대한 대안이 될 수 없다는 것
이다[45]. 때문에 재정의 전국적 통합과 총재정의 지역적 분배를 통해서 각 지
역단위조합에서 재정을 지역의 의료실정에 맞게 사용하는 방향으로 대안이
모색될 필요가 있다[46].

이렇게 재정통합을 전제로 하고 지역단위조합의 자율성을 인정한다면 지
역단위조합에서의 의사결정권한은 지방의회와 밀접하게 관련시킬 필요가
있다. 즉 조합의 운영위원회에 지방의회 추천 인사들이 참여하도록 하며 조
합장의 경우도 지방의회에서 임면권을 갖도록 해야 할 것이다.

지금까지 본 것처럼 재정의 사회화라는 측면에서 기존의 의료보험에 관련
된 정책대안은 방향의 적합성이 갖추어져 있으나 참여구조의 확보라는 측면

---

45) 의료보험조합의 해체라는 구호가 의료보장쟁취운동에서 주요쟁점으로 부각된 것은 조합
   의 비민주성에 대한 반발이라는 점에서 이해가 되나 이는 결과적으로 지역단위에서 주민
   참여의 가능성을 배제하는 결과로 이어진다. 통합론의 핵심은 재정통합을 통한 계층·지
   역간 소득재분배효과의 극대화이며 이 점은 재정통합으로 충분히 수렴될 수 있다. 따라서
   재정통합을 전제로 하되 단위조합의 주민참여를 활성화하는 것이 올바른 참여구조의 확보
   방안일 것이다.
46) 김연명, 앞의 글.

에서는 적합성에 문제가 있으며 주민참여를 제도화할 수 있는 대안으로 의회구조와 참여구조를 연계하는 방안을 모색할 필요가 있다.

2) 국민연금

연금은 의료보험과 달리 아직 민중운동권에서 본격적인 요구투쟁이 이루어지지 않았기 때문에 민중운동단체에서 구체적인 정책대안을 갖고 투쟁한 적은 없으며, 진보적 연구자들과 노총, 경총 등의 이익단체에서 정책대안이 제시되고 있을 뿐이다[47].

(1) 재정의 사회화

연금제도에서 재정의 사회화는 국가, 자본가, 그리고 근로자간의 연금재원 분담비율 측면에서 살펴볼 수 있다. 현재 피용자의 경우 근로소득에 대한 정률제(노사 각각 1.5%씩 3%)로 되어 있는 기여금이 1993년부터 6%로 인상된다. 이 중 2%는 사용자가 전액 부담하는 퇴직전환금에서 충당되는데, 이것은 노동자의 분담이 4%로 늘어나는 반면 사용자부담은 2%가 되어 노사간 분담비율이 2대 1이 되는 결과를 가져온다. 때문에 노총에서는 기여금분담금을 동일한 비율(4%)로 조정할 것을 요구하고 있다[48].

퇴직금을 국민연금으로 전환하는 것은 전혀 소득재분배효과가 없는 불평등한 성격[49]의 퇴직금제도를 계층간 소득재분배효과가 있고 노후소득보장기능이 확실하게 확보되는 공적연금으로 전환한다는 점에서 긍정적인 측면

---

47) 민중당 정책위원회, 『지방자치제와 사회복지』, 1990; 보건과 사회연구회, "1980년대 사회
　　보장정책의 성격", 학술단체협의회, 『1980년대 한국사회와 지배구조』, 풀빛, 1989; 한국노
　　동조합총연맹, 『국민연금제도의 합리적 운용을 위한 건의』, 1991; 한국경영자총협회, 『국
　　민연금제도 개선에 관한 경영계 의견』, 1991.

48) 한국노동조합총연맹, 앞의 글.

49) 퇴직금은 소득계층간 소득재분배효과가 없고, 소규모 기업은 제외된다는 점에서 본질적으
　　로 노동자계층간 불평등을 조장한다.

을 갖고 있으나[50], 동시에 퇴직금 폐지에 대한 근로자들의 정서적 저항과 기득권이 상실될 위험 그리고 연금제도 운용과정에서 노동자의 실질적 참여권이 배제되었을 때 막대한 연금기금이 자본과 국가의 의도대로 사용되는 부정적 측면이 동시에 존재한다. 퇴직금과 연금의 관계에 대해서는 좀 더 철저하게 검토해야 하겠지만 연금이나 퇴직금 양자가 계층간 불평등을 완화시키는 방향으로 그리고 노동계급을 공통의 이해관계로 묶어 계급형성에 기여하는 방향으로 정책대안을 요구할 필요가 있다[51].

한편 앞 절에서 농어민과 도시자영자 등 지역가입자에게 자영자 연금이 확대 실시된다 할지라도 의료보험처럼 기여금에 대한 국고보조는 이루어지지 않을 것이라는 점을 지적하였다. 만약 국고보조가 이루어지지 않는다면 기존의 의료보험료에 추가하여 연금기여금을 전액 납부해야 하기 때문에 농어민과 도시저소득층에게는 상당한 경제적 부담이 될 것이다. 아직 전국농민회총연맹 등 관련 단체에서 이 문제에 대한 대안제시가 나오지 않고 있기 때문에 관심을 기울일 필요가 있다.

(2) 참여구조

국민연금제도와 관련하여 살펴보아야 할 참여구조에서는 기금운용문제가 가장 중요하다. 현재 기금운용상황을 보면 전체 기금의 46.9%가 공공부문, 즉 1988년에 제정된 재정투융자특별회계법에 의한 '재정투융자특별회계'(이하 재특)에 강제 예탁되어 사회간접자본 등에 투자되고 있고, 나머지 53.1%가 금융부문에 투자되고 있다. 재특부문에 예탁하는 것은 이자율(약 11%)이 금융부문(약 14%)보다 연평균 2-3%가 낮고 상환의 전망도 불투명하

---

50) 공적연금은 개별기업의 도산에 영향을 받지 않고 일시금보다 연금형태로 지급된다는 점에서 퇴직금보다 노후생활보장 기능이 뛰어나다.

51) 그 동안 노동운동권에서 간간히 '퇴직금 누진제'가 주장되기는 하였으나 국민연금과 퇴직금의 관계에 대해서는 거의 관심을 기울이지 못했다. 내년부터 퇴직금이 국민연금으로 전환되기 시작하는데, 어떤 형태의 정책대안을 요구할 것인가에 대해 상당히 광범위한 논의가 필요하다.

기 때문에 결국 기금의 고갈시기를 앞당겨 연금가입자에게 그 만큼 추가부
담을 주게 되는 것이다[52]. 이런 이유에서 경총과 노총에서는 공공부문의 투
자비율을 현행 약 50% 정도에서 20-30%로 낮출 것을 요구하고 있다[53].

　기금운용의 민주적 통제권을 확보하기 위한 대안은 현행 기금운용위원회
에 노동자, 농어민, 도시자영자 대표의 수를 증원하고 위원을 국회(소관 상임
위원회)에서 추천하도록 하는 것이다. 덧붙여 국민연금기금의 규모와 중요
성을 고려하여 기금운용계획과 결산도 국회의 승인과 감사를 받도록 요구할
필요성이 있다. 마찬가지로 심의권만 있는 국민연금심의위원회도 의결권을
부여하고 위원의 구성을 국회추천방식으로 바꾸어야 한다.

3) 산업재해보상보험

　산재보험의 경우는 가장 오래된 사회보험이면서도 노동자의 삶에서 차지
하는 비중에 걸맞지 않게 조직적이고 체계적인 제도개선투쟁이 존재하지 않
았으며, 주로 산재추방운동과 직업병여부 문제와 보험급여의 불만족에 대한
개별적인 법적 소송제기가 주류를 이루어왔다. 때문에 제도 차체에 대한 정
책대안은 그리 체계화되어 있지 못한 상태이므로 기존 대안의 검토 대신 나
름대로의 대안적 방향을 모색해 보기로 한다.

(1) 재정의 사회화

　산재보험은 의료보험, 연금과는 달리 피보험자의 기여가 없으며 주로 사
용자의 기여금[54]에서 재정이 전액 충당되며 국가는 약간의 운영비를 보조하

---

52) 최근 제정된 '기금관리기본법'은 국민연금의 기금 중 신규 기여금의 50%를 재특에 예탁하
　　도록 규정하여 국가의 필요에 따라 자의적으로 연금기금을 이용할 소지가 더욱 강화되었다.
53) 한국경영자총협회, 앞의 건의안, 1991; 한국노동조합총연맹, 앞의 건의안, 1991.
54) ILO는 이미 1944년 필라델피아 회의에서 채택된 '소득보장에 관한 권고'(권고 67호)에서
　　"업무상 재해에 대한 보상에 따른 전체 비용은 사용자가 내야 한다"고 권고하였다(ILO, 앞

는 특성을 갖고 있다. 재정의 사회화와 관련하여 사용주 전액부담제 그리고 보험료율의 결정 방식 두 가지 측면을 보기로 한다.

현재 산재보험의 재원조달은 사용주 전액부담제이다. 이 방식은 업무상재해에 대한 '고용주책임원리'를 실현한다는 점에서 의미가 있으나 부분적인 역기능이 존재한다. 즉 기여능력 부족 때문에 적용범위에서 5인 미만 사업체가 제외됨으로써 영세사업장의 근로자는 높은 재해 발생률에도 불구하고 산재보험에서 제외되는 문제점을 갖고 있다. 사실 영세업체의 경우는 기여능력에 어느 정도 한계가 있기 때문에 사용주에 대한 국고부담을 강제하기는 애매한 점이 있다. 때문에 이 부분은 국고부담(혹은 국가, 사용주 동시부담)으로 해결하는 수밖에 다른 방법이 없다[55]. 현재 산재보험의 국고지원은 관리운영비 지원이라는 미미한 수준이기 때문에 좀 더 강한 국가책임성의 요구라는 측면에서 영세업체에 대한 국고보조는 타당성을 갖는다.

한편 사용주 전액부담제하의 재원조달은 보험료의 형태를 취하고 있는데 보험료는 업종별 보험료율제와 개별 기업별 보험료율제를 혼합한 '실적요율주의(merit rating system)'에 입각하여 계산되고 있다. 즉 업종별로 재해위험도에 따라 과거 3년간의 재해율에 개별 기업의 산재보험급여액을 감안하여 보험료를 계산하고 있다. 이 방식은 보험료율 결정에 재해발생 실적이 반영되도록 하여 주업주의 재해예방 노력을 유인하기 위한 것이다. 그러나 이 방식하에서는 산재발생률이 높은 기업은 보험료가 최고 40% 인상됨은 물론 행정상의 책임도 요구받아서 사고발생시 산업재해로 처리하기보다는 공상 처리 및 의료보험 처리를 선호하게 되어 산재근로자의 불이익을 초래하는 역기능을 갖고 있다. 따라서 기존의 보험료율 산정방식에서 개선의 여지를

의 책, 772쪽).

55) 적용한계의 문제와 '보상액'의 현실화를 위해 사용주 책임방식에서 전액 국고부담방식으로 전환해야 된다는 제안(박석운, "산재보상보험법의 문제점 및 개선방안", 『노동과 건강』 제8호, 1989. 11)이 있으나 이는 사용주부담제가 산재예방에 대한 효과를 갖고 있다는 점이 과소평가된 것으로 생각된다. 그리고 산재보험을 전액 국가부담으로 하는 경우는 찾아보기 힘들다.

찾아야 할 필요성이 제기된다. 그러나 현실적으로 사업장에서 기업주가 산재처리를 회피하는 경향을 제어할 만한 제도적 방법에는 한계가 있다. 단지 현실적으로 가능한 조치로서 노동조합의 감시기능의 강화 및 정부의 지도감독기능[56] 강화를 요구하는 것이다.

(2) 참여구조

산재보험에서 살펴야 할 참여구조는 산재보험사업 일반에 대한 심의를 하는 산업재해보상보험 심의위원회와 보험재정의 운용방법 그리고 산업재해 인정과정이다.

심의위원회는 다른 위원회와 마찬가지로 해당 부서의 장관이 임면권을 갖고 있고 노동자대표가 실질적인 영향력을 행사할 수 없게 되어 있는 구조이다. 때문에 임면권을 국회(노동위원회)에 부여하고 심의기능뿐만 아니라 의결기능까지 추가하여 노동자의 의견이 제도적으로 반영되는 구조로 개편되어야 한다. 산재보험재정은[57] 산재보험특별회계법에 의해 운용되고 있으며 운용주체는 노동부장관이다. 노동부장관은 재정운용의 주요사항을 결정할 때 위 심의위원회의 '심의'를 거치게 되어 있으나 위원회의 기능 한계로 인하여 재정운용의 방만함[58]을 감시할 수 없다. 때문에 이 위원회의 구성방식도 국회추천방식으로 바꿀 필요가 있다.

한편, 노사간에 이견이 존재할 수 있는 재해발생시, 현행구조에서는 노동부에서 지정한 의료기관의 '자문'을 받아 지방노동청장이 '결정'하게 되어 있어 재해근로자의 의견이 제대로 반영되지 않을 수 있으므로 노동자가 추

---

56) 최근 정부는 심각해지는 산재발생 예방을 위해 산재발생률을 1991년의 1.62%에서 0.9%로 감소시킨다는 목표 아래 중대재해 발생시 사업주를 구속하며, 무재해실적에 따라 사업장의 근로감독을 면제해주는 등의 감독강화 조치를 발표했다(『한겨레신문』1992년 8월 14일자).

57) 1991년의 경우 보험료 징수액이 6천억 원 정도이며, 산재보험기금은 약 1천억 원 정도된다.

58) 예를 들어 산재보험 중에 일부가 노동사무소의 청사 증·개축, 노동부 보험관리부서 운용비 등으로 변칙사용(1989년 전체 보험급여액 4%, 117억 원 상당)되기도 하였다.

천하는 의료기관에서도 '자문'을 구할 수 있도록 조정해야 할 것이다.

또한 근로기준법에서 명시된 직업병 규정이 대단히 막연하고 추상적일 뿐만 아니라 보호범위가 좁다는 비판이 제기되고 있다. 특정 질환이 직업병으로 인정되려면 노·사·공익대표자 각각 동수(10명)로 구성된 중앙노동위원회의 '동의'를 얻어 노동부 장관이 지정하게 되어 있다. 그러나 노동위원회 위원의 위촉 주체가 대통령으로 되어 있어(지방노동위원회의 경우는 노동부 장관) 노동자 측의 이해가 반영되기 어려운 구조이다. 때문에 중앙위원회의 임면권을 국회(노동위원회)에 부여하고 지방노동위원회의 경우는 지방의회의 추천을 받은 인사로 구성하도록 하여 그 기능의 중립성을 유지하도록 해야 할 것이다.

4) 아동보육

아동보육(탁아)문제는 사회복지 분야에서 의료보장요구투쟁 이후 최근에 가장 활발하게 전개되고 있는 요구투쟁 중의 하나이며 그 중심은 지역사회탁아소연합회(이하 지탁연)가 중심이 된 한국여성단체연합 내 탁아문제특별대책위원회이다. 이 위원회에서는 독자적인 탁아법안인 '탁아소 설립 및 운영에 관한 법률'을 제출하기도 하였고 후에 '영유아보육법'의 제정과정과 시행령 작성과정에 이르기까지 활발하게 정책대안을 제시하였다[59]. 여기서는 보육운동이 중심체가 되어 온 지탁연의 정책대안을 검토하기로 한다.

(1) 재정의 사회화

아동보육에 소요되는 비용, 즉 보육료와 보육시설의 운영비를 누가, 어떻게 부담하고 있는가하는 것이 보육재정 사회화의 대안을 검토하는 데 가장 중요한데, 앞 절에서 지적한 것처럼 보육비용의 사회화는 거의 초보적인 상

---

59) 나경선·이경희, "우리나라 민간탁아운동사", 지역사회탁아소연합회 탁아정책연구부, 『탁아정책』, 1992. 7.

태에 있다.

이러한 보육비용의 사회화에 대한 지탁연의 대안을 보면 지역보육시설의 경우 현재 국공립시설에 한정된 시설운영지원비를 민간보육시설에 대해서도 확대할 것[60], 저소득층에 대한 보육지원선인 60만 원의 비현실성을 지적하며 합리적인 보육지원선을 설정할 것, 그리고 직장보육시설은 500인 이상 사업체 규정을 100인 이상으로 낮추고 이에 따라 보육수당도 100인 이상 사업체 기혼여성이 받을 수 있도록 할 것 등을 정책대안으로 내세우고 있다[61]. 여기서 미세한 부분들의 정책대안을 검토할 수는 없지만 전체적으로 볼 때 국가와 자본의 보육비용부담을 요구한다는 점(보육비용의 사회화)과 우리나라 사회복지정책의 기본 방향인 '자유주의적 복지정책'[62]의 틀을 공격한다는 점에서 적합한 방향으로 생각된다. 다만 빈민운동의 맥락에서 출발한 지탁연의 대안들이 특히 저소득층의 보육에 대한 국가책임의 과도한 강조가 '또 다른 의미의 선택주의적 보육정책'으로 귀결될 수 있다는 점에서는 중산층을 포함한 전체 아동보육의 사회화라는 시각에서 정책대안들이 재조명될 필요성이 있다.

(2) 참여구조

아동보육 부문에서 검토해야 될 것은 보사부 산하의 중앙보육위원회와 지방보육위원회, 그리고 개별 보육시설에서 학부모(수혜자) 참여구조에 관한 것이다. 심의권만 가지고 있고 보사부장관이 임면권을 갖고 있는 현재의 운영위 구조로는 정부정책을 합리화시켜주는 조직이 될 가능성이 높다. 또한 개별 보육시설에서 학부모들의 의견이 반영될 수 있는 구조도 없다.

---

60) 지탁연의 활동결과로 최근 인천시 의회에서는 민간보육시설에도 보육료 외에 시설운영비에 대한 국고지원이 가능하도록 예산편성이 이루어졌다. 이는 정부의 선택주의적(자유주의적) 보육정책의 일각이 무너졌다는 의미에서 매우 주목할 만하다. 인천의 사례에 대해서는 지탁연의 앞의 자료집, 36~70쪽 참조.

61) 지탁연, 앞의 자료집; 한국여성노동자회 외, 앞의 글.

62) 김연명, "한국 사회복지정책의 문제점과 대응방안", 월간 『함께걸음』, 1992년 5월호.

이러한 참여구조에 대해 지탁연은 보육위원회 등이 민간보육시설을 규제하는 관주도 조직이 될 가능성이 있다고 지적하고 있으나[63] 이를 어떻게 극복할 것인가에 대해서는 보육비용의 경우만큼 강조하고 있지 않다. 때문에 현장조직의 강화를 통한 참여 못지않게 현재의 위원회 구조를 어떻게 민주적으로 개편할 것인가에 대해서도 관심을 기울일 필요가 있다.

5) 노인복지

노인문제는 영역의 특성상 진보적 단체에서 정책대안을 조직적으로 제기하고 요구투쟁을 한 예는 없다. 여기에서는 노인복지법의 개정과정에서 어느 정도 노인들의 이해관계를 대변하고 영향력을 행사했던 대한노인회의 정책대안을 검토하기로 한다. 대한노인회는 1981년에 제정된 노인복지법이 '선가정보호 후사회보장'의 원칙에 입각해 있어 노인보호의 사회적 성격이 미흡하고, 노인들의 욕구와는 매우 동떨어진 선언적인 규정만이 나타나 있다는 비판에 대응하여 노인복지법개정운동이 시작되었다. 그 결과 1989년에 개정된 노인복지법에 대한노인회의 정책[64]이 상당히 반영되는 성과를 가져왔다.

(1) 재정의 사회화

대한노인회는 1989년 노인복지법개정과 관련하여 노후생활문제에 대한 국가와 자본의 책임을 강조하는 몇 가지 정책대안(노령수당, 대중교통수단 무료이용 등)을 제시하였다. 노령수당은 대한노인회에서 가장 강력하게 주장한 대안으로 65세 이상 전노인에게 월 3만 원씩의 수당을 지급할 것을 요구하였고 그 재원확보는 조세부담방식과 국민연금기금에서 부담하는 방법

---

63) 성남 · 봉천지역탁아소연합회, 『영 · 유아보육법 개정을 통해 본 탁아운동의 과제』, 1991.
64) 이 단체의 정책대안에 대해서는 대한노인회, "노인복지법 개정안", 『노인생활』 1989년 1 · 2월호 참조. 이 문헌에는 당시 노인복지법개정을 위한 공청회 자료가 모두 수록되어 있다.

을 제시하였다[65]. 그리고 65세 이상 전체 노인에게 적용되는 노인교통비 지원(무료 회수권)도 시내버스에서 시외버스 등으로 확대할 것을 요구하였다. 이와 같은 요구는 노후생활책임의 사회화라는 측면에서 보편주의적 원칙과 재정의 국고부담원칙에 입각한 것으로서 지속적으로 요구되어야 하며 노인복지법의 임의규정을 강제규정으로 바꾸는 요구도 병행되어야 할 것이다.

노인복지에 대한 자본부담[66]은 작년에 제정된 고령자고용촉진법에서 찾아 볼 수 있다. 이 법은 권장사항이기는 하지만 일정 규모 이상(민간기업 300인 이상) 기업체에 노인취업 고용비율(3%)을 명시함으로써 노인복지에 대한 자본부담을 공식화시키고 있다. 때문에 이 법의 권장사항을 강제규정으로 바꾸는 요구도 매우 중요한 사안이 될 것이다. 물론 강제규정의 시행은 대상 기업체에 대한 어느 정도의 국고지원(예를 들어, 세금감면 등의 간접지원)이 병행되어야 할 것이다.

대한노인회의 정책대안들은 절대적으로 취약한 국가의 노인복지예산 때문에 국가부담원칙을 일괄되게 요구하고 있어 우리가 제시한 사회복지재정의 사회화 원칙에 부합한다. 정부의 재정지원 원칙이 "최저생계비 미만 계층은 정부부담, 최저생계비 이상 계층은 수익자부담원칙"[67]이기 때문에 향후 이를 극복하는 정책대안을 모든 노인복지 영역에 걸쳐 지속적으로 요구할 필요성이 있다(예를 들어 경로당의 국고지원 확대, 각종 국공립 노인복지시설의 확충 등). 또한 상대적으로 강조되지 않고 있는 자본부담에 대한 측면도 적극적으로 고려해야 할 것이다.

---

65) 대한노인회, "노령수당지급제도에 관한 대정부 건의문", 『노인생활』 1990년 3·4월호.

66) 1981년부터 시작된 경로우대제가 민간운송업자에게 재정부담을 강제화함으로써 노인복지에 대한 자본부담이 일정 정도 이루어졌다. 그러나 경로우대제가 강제규정에서 권장사항으로 바뀌면서 자본부담이 없어졌고 '노인복지의 후퇴' 라는 비판이 강력히 제기되었다.

67) 보건사회부, 앞의 글, 293쪽.

(2) 참여구조

노인복지법의 참여구조는 다른 사회복지법과는 달리 '노인복지대책위원회' 라는 구조를 갖고 있다. 대한노인복지법개정(안)에서는 중앙에 국무총리의 자문에 응하는 노인복지대책위원회를 두고 시·도에도 이에 준하는 위원회를 설치하는 규정을 요구했으며[68], 이 개정 시안은 노인복지법에 일부 반영되어 국무총리 자문에 응하는 노인복지대책위원회가 신설되었다.

그러나 3장에서 지적했듯이 '노인복지대책위원회' 역시 노인들의 의견을 제도적으로 반영하는 구조가 되기는 힘들다. 따라서 위원회에 국회추천을 받는 인사들의 수를 늘려야 하며 또한 언제든지 노인문제를 논의할 수 있도록 위원회의 운영구조도 개편되어야 한다. 아울러 '자문' 의 기능을 '심의' 기능까지 확대하고 지방에도 위원회를 설치하여 지역의 특성에 맞는 정책을 실시할 수 있는 구조로 변화시켜야 할 것이다.

6) 장애인복지

장애인복지 영역은 이미 체계적인 운동조직이 결성되어 요구투쟁을 하고 있는 분야이며 이를 통해 장애인고용촉진법의 제정, 심신장애자복지법의 개정 등에 어느 정도 영향력을 행사하였다[69]. 최근에는 그 동안 장애인운동에 참여해왔던 각종 단체들이 '장애인복지를 위한 공동대책위'[70]라는 단일조직으로 결집되어 각종 정책대안을 제시하며 활발할 활동을 벌이고 있다. 여기서는 그 동안 각종 장애인단체에서 제시한 정책대안에 초점을 맞추어 검토하기로 한다.

---

68) 대한노인회, 앞의 글.

69) 전국장애인운동청년연합준비위, 『교육자료집』, 1991.

70) 이 대책위는 사회복지 부문의 다른 분야와는 달리 소위 제도권 단체(각종 법인단체)와 비제도권 단체가 같이 결합되어 있는 특징이 있어 향후 전체적인 사회복지운동의 조직방향에서 볼 때 주목할 만하다.

(1) 재정의 사회화

장애인단체에서는 저소득장애인 중에서도 극빈층(생보자)에게만 집중되어 있는 국가부담의 장애인복지 프로그램을 일반 장애인에게까지 확대하고 그 수준도 높일 것을 요구하고 있다. 그 내용은 현재 생보자 중 중복·중증장애인 및 시각 1급 장애인에게 지급되는 생계보조수당을 최저생계비 수준의 생계수당으로 지급하고 그 대상자를 전체 저소득장애인에게 확대할 것을 요구하고 있다. 또한 재활수술 및 재활치료를 일반 장애인에게 확대할 것, 보조기 및 의지를 의료보험 급여대상에 포함시켜 일반 장애인도 혜택을 받을 수 있도록 하되 이 중 저소득층에 대해서는 본인부담을 면제해줄 것[71]을 요구하고 있다. 이러한 요구들은 결국 저소득장애인 중 극빈층이 아닌 일반 장애인에게까지 국가부담의 서비스를 요구한다는 것이다.

한편, 장애인고용촉진법의 실시에도 불구하고 규정을 지키는 기업체가 39.5%(1991년)에 지나지 않아 법의 강제력을 높이기 위해 장애인단체에서는 부담기초액을 상향조정할 것을 요구하고 있다. 이외에도 직업재활시설을 갖춘 사업장에 주는 지원[72]을 확대하여 사업주, 특히 장애인고용에 필요한 시설투자가 어려운 영세사업장(대부분의 장애인들이 영세사업장에 취업해 있다.)에서도 장애인들의 직업재활 및 취업이 이루어지도록 하는 방안이 필요하다. 전체적으로 보면 장애인단체의 정책대안은 복지비용의 사회화의 틀에 적합한 방향을 제시하고 있다고 볼 수 있다.

(2) 참여구조

장애인복지의 참여구조에서는 장애인복지법상의 '장애인복지위원회'와

---

71) 김윤태, "장애발달에 따른 예방과 의료대책", 월간 『함께걸음』 1992년 5월호. 현재 보장구는 생보대상 장애인 3천 명에게만 무료로 지급하고 있으나 이 비율은 보장구를 필요로 하는 사람의 1~2% 정도이다.

72) 장애인고용에 필요한 작업시설, 장비, 편의시설 및 부대시설의 설치·구입비용 등과 기타 노동부장관이 장애인의 고용촉진을 위해 필요하다고 인정하는 경비는 장애인고용촉진기금에서 지원할 수 있게 되어 있다.

장애인고용촉진법에 기반한 '장애인고용촉진위원회' 그리고 장애인고용촉진기금에 대한 통제권을 살펴보아야 한다.

장애인위원회는 구성면에서 다른 사회복지 부문의 위원회보다 민주적이라고 볼 수 있으나 임면권 자체가 정부에 있고, 중앙부처 관료들이 다수를 차지하고 있다는 점, 그리고 적용제외율의 심의에서 보듯이 장애인의 이익을 제도적으로 반영하는 구조로서의 한계가 나타나고 있다. 때문에 3절에서 제시한 논리에 입각하여 장애인복지위원회의 중앙위원회 구성 자체를 국회추천으로 바꾸고 지방위원회도 지방의회 추천 인사로 바꾸며, 장애인 고용촉진위원회도 국회 노동위원회와 보사위원회의 추천방식으로 개편하는 것이 필요하다.

한편, 장애인고용촉진법에 의해 설치된 장애인고용촉진기금의 통제권에 장애인들이 참여할 수 있는 구조를 만드는 것도 매우 중요하다. 통제권이 노동부 장관에게 있고 운용은 경제기획원과 재무부와의 협의를 거쳐야만 하는 현재의 구조는 지금까지의 정부의 기금운영으로 보아 장애인복지를 위해 어느 정도의 기금이 사용되는지 의구심을 갖게 한다.

그러므로 장애인고용촉진법에 기금운용위원회 규정을 신설하고 위원회의 구성방식과 기금의 예산, 결산 등도 국회의 통제를 받도록 할 필요성이 제기된다.

이와 같은 참여구조의 민주적 구성과 재정의 통제권과 관련한 장애인단체들의 요구로는 '장애인복지청'의 신설을 들 수 있다. 이들은 장애인복지청만이 예산확보와 예산의 운용에 관한 통제권을 갖고 장애인의 의견을 제도적으로 반영할 수 있다고 주장한다. 이러한 요구가 장애인복지를 위한 궁극적인 관건이라 해도 장기적인 계획을 요구는 것이므로 단기적으로는 앞서 언급한 것과 같은 구체적인 대안을 가지고 현재의 제도개선을 위한 노력을 해야 할 것이다.

5. 결론

이 연구는 한국 사회복지정책의 현 실태를 비판적으로 평가하고 개혁의 방향을 모색하려는 의도를 가지고 시작되었다. 여기에서 사회복지는 민중의 삶의 욕구와 직접적인 연관을 갖는 것이며, 따라서 우리 사회가 지향해야 할 개혁의 방향은, 우리 사회의 사회복지 관행에 대한 올바른 분석과 새로운 지향을 포함하지 않으면 안 된다는 생각이 근저에 놓여 있다. 그러한 목적을 위해서 연구자들이 사회복지 개혁의 방향으로 설정한 기본원칙은 '재정의 사회화'와 '참여의 민주화'였다. 이 원칙들은 결코 새로운 것은 아니지만, 현 시점에서 미래의 발전을 위해 반드시 이루어져야 할 과제라는 의미에서 선택된 것이다. 연구자들은 이 원칙들에 입각해서 사회복지정책의 현실을 비판하고 나름대로 개혁의 방향을 제시하고자 하였다.

한국의 사회복지정책은 특히 지난 1980년대를 거치면서 비교적 단기간에 상당한 양적 팽창을 가져왔다. 사회복지정책이 점차 많이 시행되면서 사회복지와 관련을 맺으면서 살아가는 사람들이 점점 늘어나고 있고 또 정치적인 구호로도 사회복지는 자주 등장하게 되었다. 그러나 현란한 구호와 점진적인 제도 도입에도 불구하고 한국의 사회복지정책은 민중들의 삶의 욕구를 적극적으로 충족시키지는 못하고 있다. 대부분의 정책과 제도들이 일부 또는 특정 계층에만 국한되는 선택주의적 모습을 보이고 있고, 급부와 보장의 수준도 최저한에 머물고 있다. 그리고 이러한 한계가 민중의 삶의 고통으로 직결된다는 것은 말할 것도 없다.

연구자들은 이러한 현실을 재정의 사회화와 참여의 민주화라는 원칙에서 분석한 결과 이러한 원칙이 거의 실현되지 못하고 있음을 확인하였다. 정부와 자본의 복지비 부담은 최소한으로 국한되고 있으며, 시장의존적인 멘탈리티가 강력하게 지배하고 있다. 그리고 이러한 상황을 타개하기 위한 민중의 개입을 가능케 하는 참여의 여지도 거의 없는 실정이다.

이러한 상황은 한국의 사회복지가 개혁의 기로에 서 있음을 보여준다고 할 수 있으며 이에 따라 연구자들은 개혁의 원칙에 입각하여 나름대로의 정책대안들을 모색해보았다. 대체로 사회복지의 발전과정은 점증적인 변화의 모습을 보이고 있기 때문에 이를 뛰어넘기는 쉽지 않지만, 원칙적인 방향성을 확인하고 이를 점진적인 발전내부에라도 체현해내는 일은 미래의 좀 더 포괄적인 개혁을 가능케 하는 매우 가치 있는 일이라고 생각된다.

한편 연구자들은 다양한 부문에서 민중적 사회복지의 실현을 위하여 노력하고 있는 복지운동단체들의 역할에 주목하고자 하였는데, 이러한 운동들이 사회복지의 올바른 발전을 보장할 수 있는 중요한 민중적 참여의 모습이라고 보았기 때문이다. 이들 운동들은 최근에 괄목할 만한 성장을 보이고 있지만 아직 많은 측면에서 해결해야 할 과제를 가지고 있다. 특히 이 연구에서는 정책대안의 측면에서 이들의 활동을 검토하였는데 아직 많은 분야에서 조직적인 대안이 나오지 않고 있다. 또 기존의 대안들은 대체로 재정적인 측면에는 관심을 가지지만, 제도 내적 참여의 측면에서는 무관심하거나 소극적이다. 이러한 양상은 이들 활동이 주로 제도 외적인 차원에서 이루어지고 있기 때문이다. 앞으로 민중의 참여 폭과 깊이를 확대하기 위해서는 현실적인 제도개선투쟁을 개혁적 방향으로 추진해내는 일이 필요하다.

이러한 원칙에 근거한 방향 제시가 우리 사회의 복지지향에 대한 활발한 논의를 유도하고 사회복지운동의 발전에 기여하며 전체 민중의 관심과 참여를 활성화하는 중요한 계기가 되기를 기대한다.

1. 서론

　최근 우리 사회에는 사회복지 개혁의 문제가 주된 관심사로 등장하고 있다. 정부 차원에서 거의 매년 새로운 사회복지 개혁안을 발표하면서 미래의 청사진을 제시하고 있을 뿐만 아니라, 민간에서도 사회복지 예산 확충을 위한 요구운동을 활발하게 전개하고 있다. 이러한 상황은 한편으로는 우리의 경제가 선진국으로의 진입을 바라보고 있다는 사실에 고무된 것이고, 다른 한편으로는 최근 몇 년 동안에 개최되었던 일련의 국제회의들—코펜하겐 사회개발정상회담(1994)과 북경 여성회의(1995), 이스탄불 주거회의(1996) 등—이 촉구한 사회개발 및 삶의 질에 대한 관심에 자극받은 것으로 볼 수 있다.

　한편 이러한 개혁논의와는 반대로 우리 정부의 복지예산은 현정부 출범 이후 줄곧 정체상태를 벗어나지 못하였으며, 1996년에 겨우 총예산증가율을 약간 웃도는 정도의 복지예산이 편성되었을 따름이다. 금년 상반기에 전년

---

*이 글의 출처와 원제목은 다음과 같다: "사회복지예산의 현실과 개혁의 과제", 한국사회복지학연구회 편, 『상황과 복지』 2호, 인간과복지, 1996.

대비 증가율 61.9%에 달하는 1997년도 보건복지부의 예산요구안이 발표되었을 때만 해도 최근의 복지개혁 분위기에 힘입어 어느 정도 획기적인 예산이 증액될 것으로 기대했지만, ‘국방비 12% 증액’이라는 돌발 변수에 따라 대규모 삭감이 행해짐으로써 결국 현정부의 복지개혁 청사진들은 구호에 그치고 마는 것이 아닌가 우려되고 있다.

본 연구는 이와 같은 상황의 전개가 복지예산 문제에 대한 폭넓은 관심을 유발하고 있음에 주목하면서 이와 관련된 쟁점과 개혁의 과제를 고찰하려는 목적을 가지고 있다. 이를 위하여 구체적으로 다음과 같은 문제들을 고찰하고자 한다.

첫째, 최근의 논의들이 제시하고 있는 복지개혁의 목표와 전략들이 복지예산이라는 측면에서 제기하는 쟁점과 과제들이다. 정부 안팎에서 전개되고 있는 복지개혁 논의들은 한편으로는 우리나라의 저급한 복지수준을 선진국 수준으로 끌어올려야 한다는 목표에 대한 공감대가 폭넓게 형성되었음을 보여줌과 동시에 다른 한편으로는 이러한 목표에 대한 공감대에도 불구하고 구체적인 목표와 전략에 있어서는 많은 쟁점과 과제가 존재한다는 것도 함께 보여주고 있다. 따라서 복지개혁 논의들에 대한 비판적 고찰이 우선적 과제이다.

둘째, 우리나라 복지예산의 현실을 어떻게 평가할 것인가의 문제이다. 우리나라 정부의 복지비 지출 수준이 매우 저급하다는 것은 널리 알려진 사실이지만, 이를 구체적으로 표현하는 통계수치들은 자료에 따라 매우 혼란스럽게 나타난다. 즉 통계자료의 체계적 정비가 매우 미흡한 상태이며, 이러한 문제는 국제비교의 경우에 특히 심각하다. 이 장에서는 최근의 조사자료들을 중심으로 복지예산의 현실을 살펴보고, 국제적인 비교를 혼란스럽게 만드는 복지예산의 개념과 범주의 문제를 고찰하기로 한다.

셋째, 복지예산 결정과정의 문제이다. 복지예산 결정과정이 정치적 과정이라는 것은 상식적인 사실이지만, 1997년도 예산결정과정은 정치적 요인의 결정적 영향력에 대한 관심을 새삼 상기시키고 있다. 이 글에서는 1997년도 예산안 조정과정을 중심으로 예산결정과정상의 개혁과제를 고찰하고자 한다.

2. 복지개혁 논의의 쟁점과 과제

1) 복지개혁 논의의 주요 내용

현정부 출범 이후 정부는 거의 매년 사회복지 개혁안을 발표하고 있다. 1993년에는 신경제 5개년계획을 수립하여 1991년에 작성했던 7차 경제사회발전 5개년계획을 수정하였고, 이후 21세기 위원회(1994)와 사회복지정책심의회(1994)의 개혁안 등을 거쳐 1995년에는 국민복지기획단을 구성하여 '삶의 질 세계화를 위한 국민복지 기본구상'을 발표하였다. 이러한 개혁구상의 주요 내용은 거시적 목표, 구체적 목표 및 예산계획의 3가지 측면으로 나누어 볼 수 있다.

첫째, 거시적 목표의 측면에서는 경제수준의 향상에 걸맞는 선진국 수준의 '삶의 질'을 확보하는 것이 주된 목표로 등장하였다. 구체적으로 21세기위원회(1994)는 2005년에 OECD 국가들의 복지수준에 도달할 것을 정책목표로 제시한 바 있고, '국민복지 기본구상(1995-1996)'에서는 현재 우리의 삶의 질을 세계 32위로 평가하면서 이를 2000년대 초에는 세계 15위로 끌어올리고, G7 수준의 경제발전이 기대되는 2010년에는 세계 11위를 목표로 한다고 천명하였다(국민복지기획단, 1995. 12).

둘째, 구체적 목표의 측면에서, 신경제 5개년계획은 성장과 분배를 동시에 달성하는 '한국형 사회복지모형'의 개발을 추구하는 정책안을 제시하였다. 그러나 그 주요 내용은 생산적 복지의 추구, 민영화 및 지방화의 확대로 요약할 수 있는데, 이는 '국민복지 기본구상'에 이르기까지 그대로 관철되고 있다(대한민국정부, 1993. 7: 93-97; 국민복지기획단, 1995. 12). 이러한 구체적 목표에 따라 고용보험과 농어민 연금 및 보육시설 확충과 같은 '생산'과 관련된 제도의 개선은 부분적으로 이루어졌지만, 전반적으로 '생산적' 복지를 강조하면서 '비생산적(?)' 복지가 위축되는 결과를 초래하게 되었다. 그리고 성급한 민영화(보육 및 노인시설의 민영화, 개인연금 지원, 자원봉사, 기업의 복지활동 강조 등)는 기초적인 복지투자의 중요성을 간과하는 결과를 가져왔으며, 지방화정책 또한 기존의 지역간 불균형을 시정하는 적극적 시책을 결여한 채 오히려 이를 증폭시킬 위험을 안고 있다(이영환, 1994). 결국 한국형 복지모형은 그럴듯한 수사와는 달리 복지투자의 확대를 강력히 억제하는 이데올로기로 기능하였다고 평가할 수 있다.

셋째, 예산계획의 측면을 살펴보면, 대체로 복지예산을 매년 20% 정도 증액하여 국제적 기대치에 도달한다는 계획으로 나타나고 있다. 신경제 5개년 계획에서는 특별한 예산계획을 제시하지 않았지만, 사회복지정책심의회(1994)는 일반회계 중의 사회복지비를 6년간 매년 20%씩 증액하고 재특과 국민연금기금으로 보완하여, 1994년에 GNP의 0.8%였던 사회보장비를 2000년에는 1.5% 수준으로 끌어올린다는 계획을 제시하였다. '국민복지 기본구상'에서는 현재 우리나라의 사회복지비 수준이 국제적 평균기대치의 29.2%에 불과하다고 평가하면서[1], 2010년까지 매년 20%씩 복지비를 증액하여 국제적 평균기대치를 달성하되, 공공부조와 사회복지서비스 부문을 우선 확충하자는 계획을 제시하였다(국민복지기획단, 1995. 12)[2]. 그러나 이러한 구상에서 목표치 추산의 근거인 60개국 평균기대치와 선진국 수준의 삶의 질(세계 11위)과는 거리가 있음이 분명하다. 결국 현정부의 복지개혁 구상은 화려한 수사와는 달리 평균 재정증가율을 약간 웃도는 정도의 복지예산 증액을

---

1) IMF 자료를 토대로 60개국의 1인당 국민소득과 복지지출의 상관 관계를 통하여 추산한 수치.

2) 1994년의 중앙정부 사회보장비(GDP 대비 1.9%)를 매년 20.2%씩 증액하면 2010년에 기대치의 50%(GDP 대비 5.5%)에 도달하며, 민간의 사회보험 기여금을 포함한 총 사회보장비(1994년 GDP 대비 4.9%)를 2010년에 목표치(GDP 대비 11%)로 끌어올리려면 매년 17.8%의 증액이 필요하다. 보고서에서는 우리나라의 사회보험제도가 기여형이므로 민간의 기여금을 포함한 총 사회보장비를 기준으로 매년 18% 정도의 증액(이는 보통 재정증가율 14-5%의 1.2배 수준)이 타당하다고 보았다.

계획한 소극적(reluctant) 구상에 불과하다고 평가할 수 있다. 그러나 현정부의 복지비 지출 실태는 이러한 소극적 목표에도 미치지 못하고 있는 실정이다. 이에 대해서는 뒤에서 살펴볼 것이다.

한편 정부의 개혁논의와는 별도로 민간차원의 복지예산 확충을 위한 요구운동도 활발하게 진행되고 있다. 민간차원의 복지예산 확충운동이 전개된 것은 1991년 가을 사회복지전문요원 채용예산 삭감에 반대하는 사회복지학계의 항의집회가 발단이 되었으며, 이듬해 사회복지관련 8개 단체들이 '사회복지예산 확보를 위한 공동대책위원회'를 구성함으로써 좀 더 조직적인 운동이 전개되었다. 이후 1995년 3월 사회복지관련 교수들의 성명("복지개혁을 촉구한다")과 1996년 봄의 8개 시민사회단체 공동정책협의회 및 국민복지연합의 성명 등을 통하여 민간차원의 요구는 'GDP 대비 5%의 복지예산'에 대한 요구로 정식화되었다(이영환 외, 1995). 즉 우리나라의 사회복지예산은 경제발전수준과는 걸맞지 않는 지극히 저열한 수준에 머물고 있어서 획기적인 예산증액이 절실하다는 것이 사회복지학계나 시민·사회운동단체들의 일관된 주장이라고 볼 수 있다.

2) 복지예산 개혁의 쟁점과 과제

앞에서 언급한 대로 현재 우리나라의 복지수준이 매우 열악하고, 이를 경제발전의 수준에 맞추어 선진국 수준으로 끌어올려야 한다는 당위성에 대해서는 정부는 물론 사회복지학계와 실무계 및 시민·사회운동 단체들간에 이론의 여지가 없는 것으로 보인다. 그리고 이를 위해서는 복지예산의 확충이 당면과제라는 인식에도 공감대가 형성되어 있다고 볼 수 있다. 문제는 구체적인 목표와 실현 방법의 문제이다. 이와 관련된 쟁점과 과제들은 다음과 같이 요약할 수 있다.

첫째, 구체적 예산목표에 대한 국민적 합의가 성취되어야 할 것이다. 정부측의 개혁구상들은 대체로 2000년대에 선진국 수준의 삶의 질을 성취하기 위하여 매년 20% 정도의 예산증액이 필요하다는 입장을 보이고 있다. 그러나 앞서 지적한 바와 같이 그 산출근거와 목표의 소극성이 문제로 지적될 수 있다. 반면, 사회복지학계나 실무계 및 시민·사회운동 단체들은 2000년경에 정부 차원의 복지비 지출을 GDP 대비 5%로 확충할 것을 요구하면서 이를 위해 매년 40% 이상의 증액이 필요하다고 주장하고 있다. 이 같은 주장은 복지선진국들이 복지국가로 발전해 나갔던 역사적 경험과 우리의 현실에서 시급히 요구되는 복지욕구에 대한 인식에 근거한 것이다.

이와 같은 인식의 격차를 좁히고 구체적인 예산목표에 대한 국민적 합의를 형성하는 것이 무엇보다 시급한 과제이다. 이러한 합의를 성취하기 위해서는 무엇보다도 국민들의 복지욕구에 대한 합리적인 측정이 기반이 되어야 할 것이다. 왜냐하면 우리 나름의 역사적·사회적 특수성을 반영하는 정책이 수립되어야 하며, 다른 나라들과의 비교는 참고자료에 불과할 뿐이기 때문이다. 결국 우리 사회의 안정과 평화로운 발전을 위해 충족되어야 할 시급한 복지욕구들이 무엇인지를 먼저 생각해야 할 것인데, 그러한 욕구들은 현재의 복지제도들을 '적용의 보편성'과 '위험의 포괄성' 및 '급여수준의 적절성'이라는 기준에서 비판적으로 고찰할 때 파악될 수 있다.

복지제도의 보편성은 모든 국민들 또는 복지혜택이 필요한 모든 사람들에게 복지제도가 빠짐없이 적용되고 있느냐 하는 문제이고, 위험의 포괄성은 국민들을 불시에 곤경에 빠뜨리는 모든 종류의 위험이 커버되고 있느냐 하는 문제이다. 급여수준의 적절성은 복지급여의 수준이 그러한 곤경을 극복하고 모든 국민의 인간다운 삶을 보장하는 데 충분한가 하는 문제이다. 이러한 관점에서 보았을 때, 현행 우리나라의 복지제도는 매우 많은 허점을 가지고 있는 것이 사실이다. 이러한 허점을 극복하는 데 필요한 자원에 대한 합리적 고려가 복지예산 확충 논의의 일차적 근거가 되어야 할 것이다.

둘째, 복지개혁 논의의 또 하나의 전제는 사회복지의 적극적인 기능을 인식하는 것이다. 사회복지의 효과는 경제적으로 환산하기 어렵기 때문에 소비적인 것으로 인식되는 경향이 있다. 그러나 사회복지는 매우 중요한 사회적 기능을 가지고 있으며, 경제발전의 수준이 높아짐에 따라 그 중요성은 더욱 증대된다.

사회복지의 적극적인 사회적 기능은 다음과 같이 요약할 수 있다.

① 사회복지는 각종 사회적 위험에 대한 안전망과 예방장치의 역할을 하기 때문에, 결과적으로 그러한 위험이 초래할 사회적 비용을 줄이는 효과가 있다.

② 사회복지는 경제성장에 따른 부의 불평등을 완화시켜 사회적 균열을 예방하고 사회통합을 증진하는 역할을 한다.

③ 사회복지는 건강하고 우수한 노동력을 재생산함으로써 고도 산업사회의 최고의 경쟁무기라 할 수 있는 인간자본 형성에 기여한다.

④ 사회복지는 생산비용을 절감함으로써 국제경쟁력 강화에 기여한다. 사회복지가 낙후될 경우, 주택·보건·교육·노후보장 등에 대한 과도한 개인적 부담이 결국 임금인상과 생산비용의 폭등 및 노사관계의 악화를 초래하여 경제의 취약요소로 작용하게 된다.

셋째, 재원확보 방법의 문제이다. '국민복지 기본구상(173쪽 이하)' 에서는 복지지출의 확대를 위하여 조세체계의 개혁을 통한 세입의 증대, 기존 복지지출의 효율화, 민간자원의 동원, 지방화 등을 주요 방안으로 제시하고 있다. 이를 차례로 살펴보자.

먼저 조세수입의 증대를 위해 탈루세원의 발굴과 면세범위 축소를 통한 세입기반의 확대 및 종합토지세제의 과표를 현실화하여 세입을 증대하는 등의 방안이 제시되고 있다. 정부지출의 확대를 위해서 세입이 확대되어야 한다는 것은 필연적 요청일 수 있다. 그리고 이를 위하여 조세체계를 개혁하는 일은 꼭 필요한 일이지만, 재정지출 구조의 근본적 개혁에 관한 구상이 결여되어 있음이 지적되어야 한다. 예를 들어 1994년도 통합재정수지를 보면, 방위비는 17.2%, 경제사업비는 26.6%를 차지할 정도로 비대한 반면, 복지비는 총예산의 10% 정도에 불과한 것이 우리의 현실이다(재무부, 1994). 이와 같은 비복지적 재정구조를 복지지향적으로 개혁하여 정부기능의 질적 변화를 실현할 필요가 있다.

다음으로 기존 복지지출의 효율화와 관련해서는 복지급여의 낭비와 중복을 최대한 방지하는 것 이외에 주로 거론되고 있는 방법이 사회보험 및 복지서비스의 민영화(privatization)이다. 이는 기초적인 복지는 공공부문이 담당하고 그 이상의 부분은 민간시장에 맡기자는 구상이다. 그러나 민간의 활력을 이용하여 공공부문의 비효율을 개선하자는 주장에는 어느 정도 일리가 있지만, 우리의 경우 공공부문의 비효율을 걱정할 만큼 복지제도가 팽창되어 있지 않다는 사실이 분명히 인식되어야 한다. 아직 기초적인 복지제도도 제대로 확립되어 있지 않은 상황에서 서구에서 논의되고 있는 민영화 정책을 성급히 도입할 경우 결과적으로 국민들 간의 위화감과 불평등의 확대가 우려된다.

같은 맥락에서 자원봉사와 같은 민간자원 동원의 문제에 있어서도, 민간의 참여는 공공복지의 대체물이 아니라 보완적인 수단임을 명심할 필요가 있다. 또한 중앙정부의 지출을 축소할 목적을 갖는 지방화 정책도, 현재의 지역간 불균형을 시정할 수 있는 조치의 확대가 먼저 이루어지지 않는 한 시기상조라고 평가할 수밖에 없다. 결국 복지지출 확대를 위한 재원조달 방안은 정부가 책임질 복지 몫에 대한 국민적 합의를 토대로 합리적으로 모색되어야 할 것이다.

3. 복지예산의 현실

1) 복지비 지출의 현황과 추세

앞에서 언급한 대로 우리나라 정부의 복지비 지출은 복지개혁에 관한 화려한 논의와는 달리 저급한 수준을 면치 못하고 있다.

먼저 중앙정부의 복지비 지출의 현황과 최근 추세는 다음 [표 5-1]에서 보
는 바와 같다. 전반적으로 사회보장 예산이 GNP의 1%에도 못 미치는 열악
한 상황이지만, 1980년대에는 완만하나마 지속적으로 확대되는 경향을 보여
주었다. 그러나 1991년을 고비로 정체 내지는 완만한 축소 경향을 보이고 있
으며, 이러한 축소 경향은 1993년 문민정부 탄생 이후에도 지속되고 있다.
1996년에 와서야 복지예산증가율(18%)이 일반회계 증가율(16%)보다 약간
웃도는 정도로 책정되어서, 다시 완만한 회복세로 전환될 가능성을 보여준
다(1996년도 사회보장비의 비중은 GNP 대비 6.0%, 일반회계 대비 0.9%). 결
국 1995년까지는 전반적으로 복지예산의 증가율이 평균적인 재정증가율에
도 미치지 못하였던 것이다.

[표 5-1] 우리나라 사회보장 예산의 연도별 추이

(단위: 백만 원, %)

연 도	사회보장 예산	일반회계 예산	G N P	사회보장/ 일반회계	사회보장/ GNP
1995	2,921,907	50,141,100	333,529,000	5.8	0.86
1994	2,613,623	43,250,000	289,482,300	6.0	0.90
1993	2,414,830	38,050,000	266,540,000	6.4	0.90
1992	2,148,901	33,501,729	235,880,000	6.4	0.91
1991	1,995,858	31,382,261	206,016,500	6.4	0.97
1990	1,498,834	27,455,733	171,488,100	5.5	0.87
1989	1,142,708	22,046,824	127,400,000	5.2	0.90
1988	820,227	18,429,079	123,579,000	4.5	0.66
1987	580,300	16,059,629	105,629,800	3.6	0.55
1986	456,428	13,800,532	90,543,900	3.3	0.50
1985	397,388	12,532,362	78,088,400	3.2	0.51

* 사회보장예산은 중앙정부 일반회계 보건복지부예산 중 보건의료 부문을 제외한 사회부문 예산 + 보훈 + 근로자
복지 예산.
자료: 보건복지부

[표 5-2]는 중앙정부의 일반회계예산 중의 사회복지비만을 보여주는 [표 5-1]과는 달리 정부와 민간의 사회보험 기여금까지 포함된 통계치다. 1994년의 경우 민간의 사회보험 기여금을 포함한 총 사회보장 재원은 GDP의 5.7%, 지출은 3.7%이었다. 여기에서 중앙정부의 복지비 지출은 공무원에 대한 보험료 부담을 제외하고 1.09%로 나타나고 있는데, [표 5-1]과 [표 5-2]에서 나타나는 수치의 차이는 주로 사회보장의 범주를 어떻게 정하느냐에 따른 차이로 볼 수 있다. 즉 우리나라 중앙정부의 복지비 지출 규모는 GDP 대비 1% 안팎에 불과하다고 볼 수 있다.

다음으로 [표 5-3]은 중앙정부와 지방정부의 복지비 지출을 합한 일반정부 차원의 복지비 지출 현황이다. 이 경우에도 일반정부의 복지비 지출은 일반정부 총세출의 10% 안팎에 불과함을 볼 수 있다. 그리고 총복지비 지출 중 지방정부가 부담해야 할 몫은 25% 안팎 정도이지만, 지방정부의 복지비 지출 증가율이 중앙정부의 그것보다 크게 나타나고 있어 앞으로 지방정부의 복지역할이 증대될 것으로 예상된다.

[표 5-2] 우리나라 사회보장 수입과 지출의 대GDP 비중

(단위: %)

	1993년	1994년	비 고
사회보장 총재원	5.5	5.7	민간기여금 포함
사회보장 총지출	3.6	3.7	
중앙정부사회보장지출	1.2	1.21	공무원 보험료부담 포함
(보험료 부담 제외)	1.07	1.09	

* 사회보장 범주는 사회보험, 공공부조, 사회복지서비스 외에 보훈사업과 근로자복지를 포함하고 있음.
  자료: 노인철 외(1996)에서 재구성.

[표 5-3] 우리나라 일반정부 사회복지지출의 현황 (1985-94)

(단위: 10억 원, %)

년 도	1985	1990	1991	1992	1993	1994	증가율 (90-94)
A.중앙정부	970.9	3,259.8	4,154.4	4,589.6	5,015.1	6,133.4	17.1
B.지방정부순계	288.1	856.2	1,325.1	1,398.4	1,727.9	1,870.2	21.6
C.일반정부합계	1,259.0	4,116.0	5,479.5	5,988.0	6,743.0	8,003.6	18.1
D.일반정부총세출	18,443.1	42,139.1	51,991.1	60,257.0	64,308.4	80,348.9	17.5
B/C	22.88	20.80	24.18	23.35	25.63	23.37	
C/D	6.83	9.77	10.54	9.95	10.98	9.96	

* 사회복지지출= 보건 + 사회보장 및 복지
* 지방정부 예산은 중복부분 차감한 순계치임.
자료: 한국은행, 『경제통계연보』, 국민복지기획단(1995: 184)에서 재구성.

이상에서 보는 바와 같이 사회복지비의 규모는 정부의 범위와 회계상의 포괄 범위 및 사회보험기여금 포함여부 등에 따라 달리 나타난다. 정부의 범위 문제는 중앙정부 지출만을 대상으로 할 것인지, 지방정부 지출을 포함한 일반정부 차원의 지출을 대상으로 할 것인지의 문제이며, 회계의 포괄범위는 일반회계 외에 특별회계와 각종 정부관리기금을 포함할 것인가의 문제이다. 1995년 현재 우리나라 중앙정부는 1개의 일반회계 외에 4개의 공기업 특별회계를 포함한 23개의 특별회계, 40개의 정부관리기금을 운영하고 있다. 이에 따라 매년 국회의 심의를 받아 확정되는 일반회계 예산보다 실제 정부의 예산규모는 훨씬 크다. 예를 들어 1994년의 경우 일반회계 예산은 35조 5,044억 원이었지만, 특별회계 15조 8,503억 원 등을 합하여 총 60조 1,254억 원에 이르렀다. 이러한 예산구조의 복잡성은 실제 정부예산의 전모를 일목요연하게 파악하는 것을 매우 어렵게 만들고 있다(박영희, 1994).

다음으로 사회보험기여금을 복지예산에 포함시킬 것인가의 문제이다. 국가에 따라 사회보험기여금을 일반예산에 포함시키는 경우도 있고, 우리나라와 같이 별도의 회계로 관리하는 경우도 있기 때문에 이를 구분할 필요가 있다. 또한 공무원에 대한 사용자로서의 정부의 갹출금에 대해서도 이를 사회복지비에 포함할 것인지 논란의 여지가 있다. 따라서 사회복지비 지출의 규모를 추계할 경우에는 어떠한 범위에서의 추계인지 분명히 할 필요가 있으며, 국제적인 비교의 경우에는 더욱 그러하다.

하지만 우리나라의 경우 이러한 다양한 범위에 따른 복지예산의 추계가 체계적으로 이루어지고 있지 않기 때문에 국제비교 등이 곤란한 경우가 많다. 현재 복지예산에 대한 통계는 재정경제원에서 분류하는 기능적 예산분류에 따른 사회보장비 외에는 보건복지부 차원의 부서예산이 고작일 뿐 사회보장 전반에 대한 다양하고도 체계적인 자료는 찾아보기 어렵다. 또한 재경원, 복지부, 통계청 등 관계 부처의 자료들이 상이한 근거에서 산출되면서 일관성을 결여하고 있는 점도 문제로 제기된다. 복지예산의 현실에 대한 정확한 파악은 복지개혁 논의의 출발점이기 때문에 이에 관한 정비는 매우 시급한 과제이다[3].

2) 사회복지비의 국제비교

한 나라의 복지비 수준을 가장 쉽게 평가할 수 있는 방법은 다른 나라들과 비교하는 것이다. 우리나라 사회복지비 수준을 서구 선진국들에 비추어보면 비교가 되지 않을 정도의 낮은 수준이다. [표 5-4]에서 보는 바와 같이 우리가 가입하려고 하는 OECD 국가들은 1993년 현재 대부분 GDP의 30% 안팎에 달하는 복지비 지출수준을 보여주고 있다. 이들 국가들은 이미 1980년경에도 평균 20% 안팎의 지출 수준에 도달하였었다.

그러나 OECD 국가들의 통계는 우리나라의 복지비 지출구조와 다른 구조를 가지고 있으므로 비교를 위하여 총사회보장 재원 중에서 정부가 부담하는 몫만을 별도로 추계하여 보면 [표 5-5]와 같다. 이 표는 유럽연합 12개국 정부의 평균 복지비 지출 비중을 보여주고 있는데, GDP 대비 평균 8% 이상이

---

3) 최근 노인철 등(1996)은 이러한 다양한 범위에서 우리나라 사회복지비의 수입과 지출에 대한 체계적인 조사를 수행하고 이를 바탕으로 국제적인 비교를 시도하였다.

어서 GDP 대비 1% 안팎에 머물고 있는 우리나라 정부의 복지비 지출과는
비교하기 어려운 차이임을 알 수 있다[4].

[표 5-4] GDP대비 사회지출비의 비중 (OECD)

(단위: %)

	1980	1992	1993
호주	11.68	16.38	
오스트리아	22.34	24.71	25.78
벨기에	25.63	27.01	
캐나다	13.29	19.77	19.75
덴마크	27.63	29.94	30.96
핀란드	18.87	34.78	35.39
프랑스	23.46	27.29	28.73
독일		27.26	28.27
서독	24.98	23.68	24.67
그리스	10.88	16.77	17.24
아일랜드	19.35	20.39	20.06
이탈리아	18.23	24.68	25.00
일본	11.09	12.44	
룩셈부르크	27.40	29.47	30.96
멕시코		3.83	
네널란드	28.71	29.79	30.20
뉴질랜드	18.20	22.51	
노르웨이	18.86	29.48	29.32
포르투갈	11.65	15.60	16.37
스페인	16.49	21.41	22.52
스웨덴	30.42	37.07	38.03
스위스		20.63	
터키	4.40	7.16	7.11
영국	18.32	22.84	23.42
미국	12.44	15.55	15.64

자료: OECD, *Social Expenditure Statistics of OECD Members Countries*, 1996.

---

4) 그 외, 우리나라의 복지비 지출 수준은 서구의 국가들이 우리와 비슷한 경제수준이었을 당
시와 비교해도 현저히 낮은 수준일 뿐만 아니라, 우리보다 경제적으로 훨씬 열악한 국가들
과 비교해도 매우 낮은 수준임을 보여주는 자료들은 쉽게 찾아볼 수 있다.

[표 5-5] 유럽연합 12개국 정부의 평균 복지비 지출

(단위: %)

	1980	1985	1990	1991	1992	1993
정부지출/GDP	6.78	7.54	7.03	7.69	8.15	8.61

* 정부지출은 사회보호비용(social protection expenditure: 우리나라 사회보장비와 비슷. 주택 포함) 을 의미하며, 정부가 고용주로서 기여하는 사회보장분담금은 제외된 수치이다.
　자료: EU(유럽연합), Eurostat 1993 에서 재구성.

그런데 이와 같은 국제적인 비교에 있어서 가장 큰 문제가 되는 것은 사회복지의 개념 차이에 따른 복지비 범주의 문제이다. 국가적 특성의 차이 때문에 사회복지제도에 대한 평면적 비교가 곤란하듯이 복지비의 경우도 마찬가지이다. 따라서 절대적인 비교자료를 산출하는 것은 불가능하지만, 최대한으로 일관된 분류기준과 산출근거를 정비할 필요할 있다. 현재 사회보장지출에 관한 국제적 자료를 일관된 분류기준에 따라 체계적으로 산출하고 있는 국제기구들로는 ILO, EUROSTAT, NOSOSCO, OECD, WORLD BANK 등을 들 수 있는데, 이들 기구들이 사용하는 사회복지(사회보장)의 범주는 다음과 같다(문진영, 1996).

· ILO는 매 3년을 주기로 세계 110개 국가를 대상으로 한 사회보장 수입과 지출에 대한 통계집을 'The Cost of Social Security' 라는 이름으로 발표하고 있다. 여기에서 사회보장의 범주는 다음과 같은 내용을 포함하고 있다: 강제적 사회보험, 법률로 명시된 임의적 사회보험, 보편적 무갹출제도, 공공기관의 예비적 기금, 고용시 재해에 관한 고용주의 책무, 국가 법률로 정해진 국민보건서비스, 가족수당, 공공부문 피고용인을 위한 특별제도, 공적 부조, 전몰유공자 급여, 고용주와 피고용인간의 협의로 결정된 산업, 직업제도.

· 유럽연합의 공식적인 통계기구인 EUROSTAT는 유럽연합 회원국 12개국을 대상으로 사회보호급여(social protection benefits)에 관계된 수입과

지출을 매년 조사하고 있다. 사회보호급여는 사회적 위험(social risks)에 처해 재정적인 비용이 발생하거나 수입의 감소를 경험하는 가구(households)에 대한 현물 또는 현금 형태의 모든 소득이전을 의미한다. 여기에서 사회적 위험은 다음의 경우를 말한다: 상병, 폐질, 장애, 직업재해 및 직업병, 노령, 유족, 해산, 가정, 직업알선과 지도 및 재정착, 실업, 주택, 기타.

· NOSOSCO: 1949년부터 격년제로 발간되는 The Nordic Statistics on Social Security는 북구 5개국인 덴마크, 핀란드, 아이슬란드, 노르웨이, 스웨덴을 대상으로 사회보장의 지출과 재정에 대한 통계를 발표하고 있다. 여기에서 사회보장 지출은 가정과 아동, 실업, 보건과 질병, 노령과 장애 및 유족, 기타 사회급여, 행정비용의 영역으로 분류하여 산출하고 있다.

· OECD는 『OECD 회원국의 사회지출통계(Social Expenditure Statistics of OECD Members Countries)』를 발간하여 회원국의 지출동향을 자세하게 설명하고 있다. 사회지출의 내역은 다음과 같다: 노령 현금급여, 장애 현금급여, 산업재해 또는 직업병, 상병급여, 노인 및 장애인을 위한 서비스, 유족, 현금 가족급여, 가족 서비스, 적극적 노동시장 프로그램, 실업, 보건, 주택급여, 기타 상황.

· World Bank에서 매년 발간하는 World Development Report에서는 각국의 중앙정부지출대비 사회복지지출의 비중을 발표하고 있는데 여기에서 사회복지지출에는 주택, 사회보장, 그리고 사회복지가 포함되어 있고 보건분야는 독립된 항목으로 따로 다루고 있다.

이상에서 간략하게 살펴본 바와 같이 국제기구들 간에도 분류체계와 기준

이 상이하지만, 각 국제기구들은 나름대로의 원칙에 입각하여 각국의 사회
복지비 규모를 체계적으로 비교하고 있다. 우리나라도 (특히 OECD 가입을
앞두고) 이러한 국제적 체계에 부응하는 개념의 정립과 이에 따른 체계적인
자료의 산출을 서둘러야 할 것이다.

참고로, 우리나라의 경우는 [그림 5-1]과 같이 주로 정부예산의 기능적 분
류 중 '사회보장비'를 사회복지 예산으로 보고 있는데 사회보험과 공공부
조, 사회복지서비스에 보훈사업과 근로자복지를 추가한 내용으로 구성되어
있다. 국제기구들의 분류체계와 비교하면 보건과 주택급여가 제외되어 있
고, 복지제도상으로는 가족수당과 공무원 특별제도가 결여되어 있다.

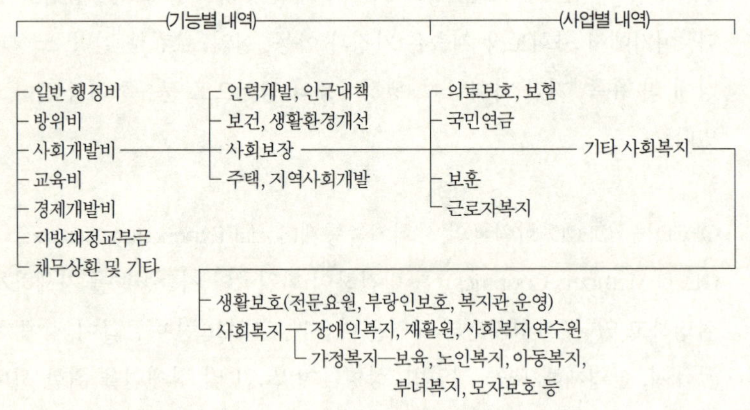

[그림 5-1] 우리나라 사회복지예산의 기능적 분류

4. 예산결정과정: 1997년도 예산안 조정과정을 중심으로

복지예산문제와 관련된 세 번째 과제는 예산결정과정의 민주화이다. 이를
1997년도 예산안 조정과정을 중심으로 살펴보기로 하자.

국회에 제출할 1997년도 정부예산의 최종안은 1996년 9월 말경 확정되었

다. 최종안에 따르면 1997년도 예산은 일반회계 67조 7,800억 원, 재정투융자 특별회계를 합하여 71조 6,020억 원으로서 각기 전년도 예산안 대비 12.8%, 13.7%의 증가율을 보였다. 그러나 여타의 특별회계들을 합하면(중복계산 제외) 총 98조 1,375억 원에 달하여 전년대비 15%의 증가율을 보임으로써 전년도의 13% 증가율을 상회한 것으로 나타난다(경향신문, 1996.9.25). 따라서 1997년도 예산안은 정부가 내세운 긴축의 명분을 특별회계를 통하여 우회하는 사실상의 팽창예산으로 귀결되었다.

　1997년도 사회복지예산안의 전모는 아직 밝혀지지 않았지만, 주무부서인 보건복지부의 예산은 전년대비 19.9% 증가되는 것으로 결정되었다. 보건복지부는 당초 61.9%라는 의욕적인 증액을 요구하였지만, '국방비 12% 증액'이라는 돌발변수에 따른 재조정 과정에서 대폭 삭감된 후 당정협의과정에서 19.9% 증액으로 최종 조정된 것으로 밝혀지고 있다([표 5-6] 참조). 이러한 증가율은 최근 몇 년간의 증가율보다 높고, 정부가 수차례 공언한 20% 증가율에 근접하는 것이지만, 학계나 시민·사회단체들의 주장에는 훨씬 못 미치는 수치이다.

[표 5-6] 1997년도 보건복지예산안 현황

(단위: 억 원)

구　분	1996년 예산	1997년 요구액	1997년 조정안	증감(%)
사회분야	7,471	12,775	9,227	23.5
생활보호	3,606	5,108	4,247	17.8
복지서비스	3,698	6,865	4,782	29.3
국민연금	167	802	198	18.6
보건의료	2,068	5,004	2,197	6.2
보건	1,103	1,879	1,032	-6.4
의정	581	1,025	575	-1.0
식품, 약품	83	136	23	-72.3
안전본부,지방청	39	1,125	151	287.2
보건의료기술	262	839	416	58.8
의료보장	12,929	19,133	15,134	17.1
의료보험	9,500	13,136	10,658	12.2
의료보호	3,429	5,997	4,476	30.5
계	22,468	36,912	26,558	18.2

자료: 1997 보건복지예산요구안 및 당정협의 자료(한겨레신문 1996. 9. 15)

예산 재조정과정에서 그간 정부가 공약하였던 의료보험의 급여확대, 노인치매센터 건립, 소년소녀가장 그룹홈, 무갹출 노령연금 등이 무산되는 등 복지개혁의 분위기가 전반적으로 좌절되는 결과를 가져왔다. 국회의 심의과정을 남겨둔 예산안이기는 하지만, 보통 큰 수정없이 정부예산안이 통과되어온 그 동안의 관례를 고려하면 의미있는 변화를 기대하기는 어려운 실정이다.

결국 1997년도 복지예산 정책결정과정은 그간의 화려한 공약에도 불구하고 사회복지에 대한 정부의 실제 입장은 매우 소극적인 상태를 그대로 유지하고 있음을 보여주는 한편, 예산결정과정에서의 정치적 요인의 강력한 영향력과 정책과정의 비합리성 또한 잘 보여주고 있다. 즉 1997년도 복지예산 확충을 좌절시킨 '국방비 12% 증액'이라는 돌발변수의 경우, 이에 대한 합리적인 설명이 결여된 채, 그 동안의 모든 계획과 구상들을 한 번에 뒤엎는 결정적 변수로 작용하였다. 이는 우리나라의 정책과정이 아직도 비합리성과 예측불가능성에 지배되고 있음을 보여주는 좋은 실례라고 할 것이다.

복지개혁은 국민의 신뢰에 바탕을 두고 합리적으로 진행되어야 한다. 국민의 신뢰는 국민의 여론을 민주적으로 수렴하고 이를 성실히 이행할 때 얻어질 수 있다. 그러나 현정부의 복지구상들은 일방적으로 결정된 화려한 구호를 의미없이 반복하는 경우가 다반사였다. 결국 국민적 합의를 민주적이고 합리적으로 수렴하는 구조의 형성이 무엇보다도 절실한 과제일 것이다.

5. 결론

최근 사회복지와 삶의 질에 대한 관심이 고조되면서 사회복지 재정을 확충하는 문제가 현안과제로 대두되고 있다. 이 장에서는 이러한 상황에 주목하면서 최근 정부 안팎에서 이루어진 복지개혁 논의들과 1997년도 사회복지 예산안 결정과정을 살펴보면서 이와 관련된 쟁점과 과제들을 정리하였다. 그 주요 내용은 다음과 같다.

첫째, 정부 안팎의 사회복지 개혁논의들을 살펴볼 때, 현재의 저급한 우리의 복지수준을 선진국 수준으로 향상시켜야 한다는 원칙적인 목표에 대해서는 폭넓은 공감대가 형성되어 있지만, 구체적인 예산목표나 재원조달 방법 등의 측면에서는 여러 가지 인식의 차이가 존재함을 볼 수 있다. 이러한 차이를 해소하고 국민적 합의를 형성하기 위해서는 복지의 사회적 순기능에 대한 인식과 시급한 복지욕구에 대한 정확한 파악이 선행되어야 할 것이다.

둘째, 복지개혁 논의의 출발점은 우리의 현실에 대한 정확한 인식이라고 할 수 있는데, 현재 우리나라의 복지재정에 대한 통계자료들은 매우 혼란스러운 상태이다. 국제적인 기준에 맞추어 사회복지의 개념과 범주를 정리하고 이에 따른 다양하고도 체계적인 자료를 산출하는 일 또한 시급한 과제이다.

셋째, 우리나라의 예산결정과정을 볼 때, 비합리성과 예측불가능성에 적지 않게 좌우되는 상황을 확인할 수 있다. 따라서 예산결정과정의 비합리성을 극복하고 국민적 합의를 민주적으로 수렴하는 구조의 형성이 긴요한 과제이다.

물론 이상과 같은 과제들은 2000년대 복지사회를 이룩하기 위한 출발점에 불과하다는 것을 명심할 필요가 있다.

참고문헌

국민복지기획단. 1995. "'삶의 질' 세계화를 위한 국민복지의 기본구상".

노인철 · 김수봉. 1996. "사회보장재정의 국제비교와 전망", 한국보건사회연구원.

대한민국정부. 1993. "경제시책 중점과제 보고서(사회복지증진 분야)".

문진영. 1996. "사회보장비의 수입과 지출에 관한 연구."(미발표원고).

박영희. 1994. "한국의 국가통합예산제도", 유훈 · 강신택 편, 『전환기의 정책과 재정관리』, 법문사

사회복지정책심의회. 1994. "사회복지정책 발전방향".

이영환. 1994. "문민정부하 사회복지정책과 복지예산", 『성공회대학논총』 7호.

이영환 · 이정운. 1995. "사회복지를 시민운동으로", 『상황과 복지』(창간호), 인간과복지.

재무부. 1994. "1994년도 통합재정수지 분석"(보도자료).

경향신문(1996. 9. 25)

한겨레신문(1996. 9. 15)

EU(유럽연합). *Eurostat*. 1993.

OECD. *Social Expenditure Statistics of OECD Members Countries*. 1996.

제6장

김대중 정부 사회복지정책의 평가:
탈빈곤과 재분배 관점에서*

1. 서론

1997년 말에 발발한 외환위기는 주지하듯이 대량실업과 대량빈곤을 야기하면서 우리사회에 실로 '빈곤의 재발견'이라는 상황을 초래하였다. 이러한 상황에 따라 1998년 2월에 출범한 김대중 정부의 일차적 임무는 외환위기 극복과 경제회복이 될 수밖에 없었고, 사회정책적 차원에서는 실업과 빈곤의 극복이 초미의 현안이었다. 이러한 상황에 따라 다양한 실업, 빈곤 대책이 전개되었고, 1999년도에는 '생산적 복지'라는 명제까지 등장하게 되었다. 물론 실질적인 복지제도도 상당히 확대되었다.

이러한 상황을 배경으로 본 연구는 김대중 정부 하에서 이루어진 복지발전을 빈곤해소와 소득재분배의 차원에서 평가하는 것을 목적으로 한다. 즉, 복지정책의 발전이 빈곤해소와 소득재분배의 측면에서 어느 정도의 성과를

---

* 이 글은 『경제와 사회』 55호(2002)에 기고한 글이다.

거두었는지, 혹은 적어도 빈곤을 해소하고 분배의 평등을 지향하는 것으로 평가할 수 있는지, 그리고 만약 소기의 성과를 거두지 못하였다면 그 근본적 원인은 무엇인지 분석적으로 고찰해 보고자 하는 것이다. 물론 정부의 임기가 채 끝나지도 않은 시점에서의 평가는 시기상조일 수 있지만, 남은 기간 동안 정책이 획기적으로 변화할 가능성은 크지 않다고 보아야 할 것이다.

김대중 정부의 복지정책을 빈곤해소와 재분배의 차원에서 평가하고자 하는 이유는 무엇보다도 최근 외환위기가 극복되고 경제회복이 이루어진 상황에서도 상당한 규모의 빈곤이 엄존하고 있을 뿐만 아니라, 소득분배 지표가 개선될 기미를 보이지 않고 있기 때문이다. 물론 빈곤이나 소득불평등의 문제는 일차적으로 시장의 힘에 좌우되는 것이고, 이는 자본주의 사회에서 어느 정도 당연한 일이기도 하다. 하지만 그렇기 때문에 빈곤과 불평등을 완화하는 것은 조세제도와 복지제도와 같은 사회정책이 감당해야 하는 가장 중요한 역할로 간주되며, 상당한 정도의 빈곤과 불평등이 존속할 경우, 사회정책의 결함에 그 책임을 묻게 되는 것이다. 본 연구도 이와 같은 논리에 입각하여 우리 사회의 빈곤과 불평등 문제와 관련하여 복지정책의 역할과 한계를 고찰하려 한다.

빈곤해소와 재분배가 복지제도의 가장 중요한 목표이라는 점을 감안할 때, 이러한 고찰은 우리나라 복지제도의 성격을 규명하는 기초적인 작업의 의미를 가질 수 있다. 그럼에도 불구하고 이와 관련된 포괄적인 연구를 찾아보기 어려운 것은 무엇보다도 근거 자료의 한계에 기인한다. 즉, 탈빈곤 및 재분배와 관련된 복지정책의 포괄적 효과를 계량적으로 분석하기 위해서는 전체 가구를 모집단으로 하는 신뢰할 만한 소득, 소비 자료가 연차적으로 조사되어 연구에 활용될 수 있어야 하지만, 아직 그러한 자료는 구비되지 않은 실정이다. 예를 들어, 통계청이 매월 조사하는 도시가계조사 자료는 빈곤이나 분배의 문제를 연구할 때 가장 널리 사용되는 중요한 자료이지만, 1인 가구와 비도시가구는 제외되어 있고, 비근로자가구의 경우에는 소득을 조사하지 않는다는 문제를 안고 있다.

이러한 사정을 감안하여 본 연구에서는 다음과 같은 고찰의 방법과 순서를 택하고자 한다. 그리고 각각의 고찰에서는 본 연구가 김대중 정부의 복지정책에 대한 평가를 목적으로 함을 감안하여 계량적 수치의 정확성보다는 변화추세에 주목하면서 그 지향을 평가할 것이다.

첫째, 최근의 몇몇 빈곤관련 연구들을 통해 김대중 정부 출범 이후의 빈곤과 소득분배 상황의 추이를 살펴보면서 그 특징을 탐색할 것이다. 물론 빈곤이나 분배와 관련된 결과지표에서 사회정책의 영향력을 정확히 분리하여 판단하기는 어렵지만, 시장의 힘에 대항하는 사회정책적 대항력의 결과적 성패를 확인하는 것은 가능하다.

둘째, 빈곤과 불평등을 심화하는 요인과 이에 대응하는 복지정책의 탈빈곤, 재분배 효과를 계량적으로 추정한 연구들을 검토한다. 드물지만 이러한 실증분석 자료들을 통해 복지정책의 역할과 한계를 어느 정도 판단하는 것은 가능하다. 하지만 첫 번째 단계와 마찬가지로 제한된 자료에 근거한 것이라는 한계와 더불어 복지정책의 여러 가지 급여형태(현금급여, 현물급여, 감면 등) 중에서 이전소득으로 환산될 수 있는 것만을 포함하는 한계 등이 있다.

셋째, 이러한 한계를 감안하여 현정부의 복지비 지출 추이를 살펴보는 것과 더불어 빈곤해소와 재분배에 비교적 큰 영향을 미칠 수 있는 주요 복지정책 프로그램들의 변화를 양적, 질적으로 평가하는 작업을 보완하여 종합적인 평가를 시도하고자 한다. 즉 주요 빈곤집단을 타깃으로 하는 복지정책과 실업정책의 발전 성과와 사각지대 등의 한계를 분석적으로 고찰할 것이다. 아울러 우리나라 사회정책이 가지고 있는 근본적인 한계와 이를 극복하기 위해 요청되는 전환의 과제를 탐구하고자 한다.

2. 빈곤과 소득분배의 추이와 전망

먼저 외환위기를 전후한 시기의 빈곤과 소득분배의 추이와 주요 특징들을 살펴보기로 하자. 서론에서 언급했듯이 빈곤과 불평등의 존재는 시장의 힘에 대항하는 사회정책적 대항력의 성패를 판단하는 결과지표로서의 의미를 갖는다. 주지하듯이 빈곤과 소득분배를 측정하는 방식은 측정의 목적이나, 사용자료, 측정과 분석의 기준, 빈곤선 설정방법 등에 따라 매우 다양하지만 본 연구에서는 개략적인 규모와 추이에 관심을 가지고 있으므로 빈곤율과 지니(Gini)계수와 같은 기본적인 지표를 중심으로 살펴보고자 한다.

다음 [표 6-1]은 빈곤율을 추정한 최근의 몇몇 연구들에서 발췌한 내용이다. 각 연구들은 공히 도시가계연보의 자료를 분석하여 보건사회연구원에서 계측한 최저생계비를 기준으로 빈곤율을 추정한 것이다.

[표 6-1] 외환위기 전후의 빈곤율 추이

(단위: %)

기준	연구자	1996	1997	1998	1999	2000
도시근로자 (소득기준)	박찬용 외	3.30	2.87	6.07	7.10[2]	
	박순일 외	2.2	2.9	6.2	5.83)	
	정진호 외			7.4[4]	10.5[4]	7.4[4]
도시전가구 (소비기준)	박찬용 외 (소득기준)	7.41	7.67	14.28	15.38[2]	
	박찬용 외	10.80	9.72	15.63	15.06[2]	
	박순일 외		11.4	20.2	17.5[3]	
	정진호 외[1]			12.2[4]	6.3[4]	10.2[4]

주: 1) 소비기준(월세, 전세 평가액 제외), 2) 3/4분기까지 평균, 3) 3/4분기, 4) 1/4분기.
출처: 박찬용 외(1999), 박순일 외(2000), 정진호 외(2002)에서 발췌.

각 연구들이 구체적인 수치에서는 차이를 보이지만, 전체적으로 빈곤율은 1998년에 대량실업과 경기침체로 인해 급증하였고 1999년에 정점에 다다른다. 하지만 경기회복의 영향으로 1999년의 빈곤증가율은 이미 대폭 저하되었고, 그로 인해 2000년에는 하락세로 반전하여 외환위기 직후인 1998년도 빈곤율의 수준을 회복한다. 그 이후의 전망은 실업과 경기회복 등 다양한 변수의 작용에 의존할 것이지만, 이와 관련하여 우리 사회 빈곤현상의 몇 가지 특징을 생각할 필요가 있다.

첫째, 이 연구들이 제시한 빈곤율은 실제보다 과소평가되었을 가능성이 많다는 점이다[1]. 왜냐하면, 이 연구들이 분석한 도시가계조사에는 비교적 빈곤율이 높은 1인가구나 비도시가구가 제외되어 있기 때문이다. 또한 이들이 제시하는 절대빈곤선에 근거한 빈곤율은 OECD 등에서 주로 사용하는 상대빈곤선에 근거한 빈곤율보다 낮게 나타나는 경향이 있음도 감안할 필요가 있다.

둘째, 외환위기 이전에도 상당한 정도의 빈곤이 존재했었다는 사실이다. 1996~1997년의 경우를 보면, 근로자 가구의 빈곤율은 그다지 높지 않지만, 비근로자가구를 포함한 도시전가구의 경우에는 7.4~11.4% 정도의 높은 수준을 보이고 있다. 이는 소비기준 빈곤율이 소득기준 빈곤율보다 높게 나타나는 경향을 감안하더라도, 비근로자가구의 빈곤율이 매우 높은 상황임을 보여주는 것이다. 따라서 빈곤문제는 외환위기에 따른 일시적인 현상이 아니라, 상당히 구조적인 요인을 갖는 문제로 보아야 할 것이다. 외환위기에 따른 빈곤의 급증이 일시적인 고실업의 영향이라고 본다면, 위기 이전부터 상존해 온 빈곤요인은 전통적 취약계층의 문제(노인, 장애인, 한부모가구 등)와 1990년대 중반 이후 꾸준히 증가해 온 불완전취업 계층의 문제라고 볼 수 있을 것이다. 이 같은 인구집단들의 동태가 향후 빈곤의 전망을 결정하는 중요한 요인으로 작용할 것이다. 그리고 뒤에서 살펴보겠지만, 이러한 계층들의 빈곤문제가 외환위기 이후 쉽게 해소되리라는 전망은 근거를 찾기 어렵다.

셋째, 빈곤선 위의 차상위계층이 광범위한 잠재빈곤계층을 형성하고 있다는 사실이다. 정진호 등(2002)은, 가구의 소비지출액이 전체 소비지출액의 하위 10%를 차지하는 상대적 빈곤가구의 경우, 1998~2000년 사이의 평균 빈

---

1) 최근의 빈곤율 추정연구들은 연구자에 따라 상당한 편차를 보이고 있다. 예를 들어 류정순 (2000)의 경우는 외환위기시 우리나라의 최대빈곤율을 25% 이상으로 추정하였고, 이에 따라 '빈곤인구 1,000만 명 시대'라는 충격을 야기하면서 보건복지부와 격렬한 논쟁을 벌인 바 있다.

곤율은 15.6%였지만, 그 기간 동안 1분기 이상 빈곤을 경험한 가구는 34.1%(빈곤 경험률)에 달하고, 반복빈곤을 경험한 가구의 비중도 19%에 달한다는 것을 발견하였다. 또한 이 기간 동안 빈곤가구의 빈곤탈출율이 30%에 근접할 정도로 활발하였고, 신규빈곤자도 빈곤가구 대비 27.1%에 달하는 등 상당히 활발한 진입과 탈출을 보이고 있는데, 이러한 이동가구의 2/3 정도는 빈곤선 바로 위(빈곤선의 100-150%)와 아래(빈곤선의 85-100%) 사이에서 유동하고 있음도 발견하였다. 이와 같은 상황은 광범위한 잠재빈곤층이 형성되어 있음을 보여주는 것이며, 이들 중 상당수는 특정시점에서는 빈곤에서 벗어나 있더라도 실질적인 장기빈곤, 즉 빈곤고착상황에 놓여있다고 볼 수 있다. 그리고 빈곤이동에는 취업가구원수의 변화가 가장 큰 변수임을 기존연구들은 보여주고 있는데, 이는 가구원의 취업과 실업이 반복되는 상황, 즉 불완전 취업이 곧 빈곤의 주요 원인이라는 것도 보여주는 것이다.

넷째, 소득분배의 악화상태가 쉽게 완화되지 않고 있는 상황을 지적할 수 있다. 소득분배와 빈곤은 상호작용의 관계에 있다. 즉 소득분배의 악화는 한편으로 빈곤의 증대에 그 원인이 있으면서, 다른 한편 빈곤을 증가시키거나 혹은 빈곤의 완화를 저해하는 요인으로 작용하는 것이다. 다음 [표 6-2]에서 보는 바와 같이 지니계수로 본 소득불평등도는 1990년대 초반(1990-1993)에 상당히 완화되어 1996년을 예외로 하면, 1997년까지 개선된 상태를 유지하였다. 하지만 외환위기와 더불어 급격히 악화되어 1999년에 정점에 다다른다. 또 다른 지표로서 [표 6-3]에서 소득5분위 배율(5분위계층의 평균소득/1분위계층의 평균소득)의 추이를 보면 외환위기 직후인 1998년에 상위 20% 가구의 소득이 하위 20% 가구소득의 5배를 초과하여 이듬해까지 계속 악화되었다. 이후 약간 완화되면서 계절적 편차를 보여주고 있지만, 2002년에 이르기까지 여전히 높은 수준을 유지하고 있다. 이와 같이 외환위기의 극복에도 불구하고 소득분배의 악화상황은 그다지 개선되지 않고 있다. 그리고 이 지표들이 도시 근로자가구의 소득만을 감안한 경우의 불평등이며, 1인 가구나 비도시가구가 제외되어 있고, 재산분배 요소도 제외되어 있음을 감안할 때, 실제 분배상태는 더욱 악화된 상황일 거라는 추정도 할 수 있다.

[표 6-2] 연도별 지니계수의 변화

1990	1991	1992	1993	1994	1995	1996	1997	1998	1999	2000
0.297	0.290	0.284	0.282	0.285	0.284	0.291	0.283	0.316	0.320	0.317

자료: 정진호 외(2002: 38), 통계청의 도시가계원시자료 분석.

[표 6-3] 소득5분위 배율 추이

년도	1997	1998	1999	2000	2001				2002
분기	1/4	1/4	1/4	1/4	1/4	2/4	3/4	4/4	1/4
배율	4.81	5.52	5.85	5.56	5.76	5.04	5.50	5.18	5.40

자료: 통계청, 『도시근로자가구의 가계수지동향』.

이상의 논의를 종합해 보면, 외환위기 이후의 대량빈곤 사태는 경기회복과 실업 감소에 따라 상당한 정도로 완화되고 있는 것이 사실이다. 하지만 소득분배구조가 악화된 상태로 계속 유지되고 있으며, 대규모의 빈곤취약계층 혹은 잠재빈곤층이 존재하고 있는 현실 등을 고려할 때, 외환위기 직후보다는 다소 완화되겠지만 상당한 규모의 대량빈곤이 존속할 가능성이 크다고 전망할 수 있다. 물론 이러한 전망은 다양한 변수의 작용에 좌우될 것이기 때문에 다음에서는 이를 좀 더 자세히 고찰하기로 한다.

3. 빈곤과 소득분배 결정요인

앞에서의 논의를 바탕으로 우리 사회에서 빈곤과 소득분배를 결정하는 주요 변인들을 다음과 같이 나누어 볼 수 있다. 첫째는 경기순환 등과 같은 경제변수의 영향력이고, 둘째는 빈곤위험에 취약한 인구집단들의 동태, 그리고 셋째는 빈곤과 불평등에 대항하는 사회정책의 역할이다. 이 중에서 경제 변수의 동향에 대해서는 본 연구의 목적상 자세한 고찰은 생략하고, 나머지 두 가지 변인의 동태에 대해 자세히 살펴보기로 한다.

1) 빈곤취약계층의 동태

빈곤가구의 특성과 관련하여 최근의 연구들이 공통적으로 제시하는 가구주의 특성은 대체로 노인, 여성, 장애인, 저학력, 한 부모, 실업 그리고 비관리·사무직 등 노동능력이 취약하거나 노동시장 자원이 부족한 경우들이다[2]. 이러한 특성에 바탕하여 빈곤을 구성하는 인구집단은 다음과 같이 나누어질 수 있다.

첫째, 노인, 여성, 장애인 가구주, 한부모가구 등 노동능력이 취약한 전통적 빈곤계층

둘째, 실업자

셋째, 불완전 취업자로서 1990년대 중반 이후 꾸준히 증가하고 있는 비정규직과 영세사업장 근로자 등 불안정 고용자와 영세자영업자 등.

---

2) 일례로 평균빈곤율을 상회하는 가구의 특성을 보여주는 다음 표를 참조할 수 있다. 통계청의 도시가계조사 원자료를 전체연결패널자료(1998-2000)로 재구성한 자료를 분석한 정진호 등(2002: 134)의 연구에서 발췌한 것으로 평균빈곤율 이상을 보이는 항목만 제시한 것임.

		빈곤율	빈곤 경험률
전 체		15.6	34.1
가구주 성	여성	25.1	47.3
가구주 연령	20세 이하	28.8	63.5
	30대	17.1	36.7
	60세 이상	22.5	42.0
가구주 고용상태	상시생산직	18.4	42.7
	일용생산직	33.5	60.2
	무직	26.6	44.0

이와 관련하여 과거(구빈곤)에는 근로능력이 없는 취약집단(노인가구주 가구와 한부모 가구 등)이 빈곤층의 주류를 이루었고, 경제위기시에는 실업 문제가 부각되었지만, 경제위기를 전후하여 근로능력이 있는 빈곤층 (working poor)이 다수를 이루는 신빈곤현상이 나타나고 있으며, 이러한 신빈곤이 빈곤정책의 새로운 중심을 형성하고 있다고 평가할 수 있다(구인회, 2001). 그러나 구빈곤의 문제 역시 사라진 문제는 아니라는 점을 명심해야 할 것이다. 그리고 이상과 같은 빈곤인구의 범주는 곧 우리사회의 빈곤 창출 구조를 의미한다고도 볼 수 있는데, 대량빈곤의 구조화와 같은 빈곤문제의 전망 또한 이러한 구성요소들의 추이에 의존할 것이다.

(1) 전통적 취약계층

우리나라의 경우 노인가구, 한부모가정, 장애인가구 등 전통적 취약계층 의 빈곤율이 높게 나타나고 있어 노동빈민과 같은 신빈곤의 문제만 강조할 수 없는 상황이다(구인회, 2001; 안종범, 2001). 노동능력이 없거나 극히 취약하여 국가의 보호를 필요로 하는 이들의 빈곤 현상은 결국 우리나라 사회보장제도의 사각지대가 광범위하게 존재함을 역설하는 현상이기도 하다.

우선 노인인구의 빈곤문제는 급격한 고령화 현상과 함께 더욱 심화될 것으로 생각된다. 2000년 인구주택 총조사에 의하면 우리나라 65세 이상 인구는 339만 5,000명으로 전체인구 470만 8,000명의 7.2%에 달하고 있다. 장애인 인구는 정확한 규모를 파악하기 어렵지만, 선진국의 경우에도 전인구의 10% 이상을 장애인구로 추산하는 것을 감안할 때 우리나라도 이보다 적게 추산할 이유가 없을 것이다(참고로 2001년도 등록 장애인은 115만 6,000명이었다.). 또한 한부모가구 역시 40대 가장의 높은 사망률과 여성 재혼의 어려움, 그리고 이혼률의 급증에 따라 증가 일로에 있다고 볼 수 있다. 이와 같이 노인인구를 중심으로 한 취약계층은 큰 폭으로 증가하는 추세를 보여주고 있는데, 적절한 사회보장이 결여될 경우 이들이 빈곤계층에 합류할 개연성은 매우 높다고 보아야 할 것이다.

특히 최하층 빈곤집단의 빈곤고착화 양상을 보여주는 또 다른 사례들이
있다. 이를테면 공공부조 수급자 중 높은 비중을 차지하고 있는 노동무능력
인구층(2001년 총수급자 151만 명 중 77%인 116만 명, 복지부 자료)이나, 외
환위기 하의 빈곤이 극단적으로 표출된 노숙자(1999년 12월 현재 5,500명, 복
지부 조사)와 쪽방거주자 등 가족이 해체된 빈곤층의 존재를 들 수 있다. 또
한 전통적인 도시 무허가정착촌을 대체하여 대규모로 확산된 불량주거지(비
닐하우스, 움막, 판잣집, 임시가건물)의 경우 5년 이상 거주자가 74%에 달한
다는 조사결과(한국도시연구소, 2000)도 이러한 양상을 잘 보여주고 있다.

(2) 실업인구

우리나라에서 실업과 빈곤의 관계가 매우 깊게 나타날 수밖에 없는 것은
근로자 가구의 전체소득 중 약 80%가 근로소득(안종범 외, 2001)이며, 고용
보험 급여 등 실직자에 대한 사회보장 또한 미약하기 때문이다. 문제는 외환
위기 시에 경험한 고실업이 어느 정도 구조화될 것인지, 그리고 실업탈피의
어려움을 보여주는 장기실업의 정도 등이 관건이다.

[표 6-4] 연도별 성별 실업률

(단위: %)

시 점	계	남 자	여 자
1991	2.3	2.5	1.9
1992	2.4	2.6	2.1
1993	2.8	3.2	2.2
1994	2.4	2.7	1.9
1995	2	2.2	1.7
1996	2	2.3	1.6
1997	2.6	2.8	2.3
1998	6.8	7.6	5.6
1999	6.3	7.1	5.1
2000	4.1	4.6	3.3
2001	3.7	4.2	3
2002 1/4	3.6	3.9	3.2

자료: 통계청

[표 6-4]에서 보는 바와 같이 1997년 외환위기를 넘기면서 우리나라의 공식 실업률은 급속하게 감소하여 2000년 이후에는 거의 외환위기 이전 수준을 회복한 것으로 나타나고 있다. 그러나 이와 같은 표면적인 실업률 하락을 낙관적으로 수용하기 어려운 이유는 여러 가지로 볼 수 있다. 첫째, 실망실업자의 비경제활동인구화(주부, 학생 등)로 경제활동인구 자체가 감소한 사실, 둘째 실업률을 파악하는 기준의 엄격성으로 인한 과소추정 경향, 셋째, 공공근로사업으로 인한 외형적 실업률 하락효과 등을 들 수 있지만, 무엇보다도 고용증가의 대부분이 유동적인 비정규직의 증가(다음 [표 6-5] 참조)로 충당되었기 때문이다. 특히 여성의 실업률이 남성보다 낮게 나타나지만, 이는 여성노동력의 비경제활동인구화 및 비정규직화 등 주변화 경향이 매우 심함을 보여주는 것이다. 외환위기 이전 여성근로자 중 상용직 비율은 40%이었지만, 2000년에는 29.8%로 급락하였다(김진구, 2001). 비정규직은 경기가 악화될 경우 손쉽게 실업인구로 전화될 가능성이 높은 집단이다.

다음으로 장기실업의 문제는 평균 30-40%에 달하는 서구 경제협력개발기구(OECD) 국가들보다는 나은 형편이다. 김진구(2001)에 의하면 우리나라의 장기실업률은 6개월 이상 실업의 경우 1997년 15.6%, 1998년 19.3%, 1999년 20.5%로 상승하였다가 2000년에 15%로 하락하였고, 12개월 이상 실업의 경우 1997년 2.5%, 1998년 1.2%, 1999년 4.9%, 2000년 2.3%로 비교적 낮게 나타나고 있다. 하지만 외환위기 이후의 실업구조를 볼 때, 40대 이상 중년근로자의 분포가 증가하거나 25세 미만의 청년실업률이 20%를 상회하는 현상 등은 만성적 실업의 증가가 우려된다. 전자는 저학력, 저기술 등으로 재취업의 곤란성이 증가하는 계층이고, 후자는 학교 졸업후 직업경력을 전혀 쌓지 못함으로써 장기실업에 진입할 위험성이 높은 계층이기 때문이다.

(3) 불완전 취업인구

'불완전 취업자' 는 정확한 용어는 아니지만, 비정규직 근로자와 5인 미만 영세사업장 근로자를 포함하는 '불완전고용 근로자' (김연명, 2001a)와 영세자영업자 등을 포괄하는 의미로 사용하였다. 이들은 노동능력도 있고, 어느 정도 일자리를 가지고 있기도 하지만, 종사상 지위의 불안정 등으로 인해 쉽사리 실업과 빈곤 상황에 빠질 수 있는 집단으로서 비정규직 근로자의 경우가 대표적이다. 비정규직의 개념과 규모에 대해서는 논란의 여지가 있지만[3], [표 6-5]에서 보는 바와 같이 넓은 의미에서 비정규직은 90년대 중반부터 꾸준히 증가하여 1997년 경제위기를 계기로 임노동자의 50%를 넘어서서 완만하지만 지속적으로 확대되는 추세이다.

[표 6-5] 임금근로자 내부 구성의 추이 : 임시 · 일용직의 변화 추이

(단위: 천 명, %)

년도	상용(a)	임시(b)	일용(c)	임시+일용(b+c)	합계(a+b+c)
2002. 5	6,618(47.6)	4,809(34.6)	2,488(17.9)	7,297(52.5)	13,915(100.0)
2001	6,500(48.7)	4,601(34.5)	2,238(16.8)	6,839(51.3)	13,339(100.0)
2000	6,252(47.6)	4,511(34.3)	2,378(18.1)	6,889(52.4)	13,142(100.0)
1999	6,050(48.3)	4,183(33.4)	2,289(18.3)	6,472(51.7)	12,522(100.0)
1998	6,457(53.0)	3,998(32.8)	1,735(14.2)	5,733(47.0)	12,191(100.0)
1997	7,151(54.1)	4,182(31.6)	1,892(14.3)	6,074(45.1)	13,226(100.0)
1996	7,401(56.7)	3,860(29.5)	1,804(13.8)	5,664(43.3)	13,065(100.0)
1995	7,429(58.1)	3,545(27.7)	1,809(14.1)	5,354(42.0)	12,784(100.0)
1990	5,938(54.2)	3,171(29.0)	1,840(16.8)	5,011(45.8)	10,950(100.0)
1985	6,714(82.8)		1,390(17.2)	-	8,104(100.0)
1980	5,164(79.9)		1,300(20.1)	-	6,464(100.0)

자료 : 통계청, 『경제활동인구연보』.

이들 비정규직은 임금과 노동시간은 물론 사회보장 등의 근로조건에서 정규직에 비해서 매우 열악한 것으로 나타난다. 2001년도 통계청 조사에 의하면([표 6-6]), 사회보험 가입률은 정규직이 80-95%인 반면, 비정규직은 19-22%로 큰 격차가 있으며, 퇴직금과 시간외수당 및 상여금도 정규직 76-94%에 비

---

3) 비정규직의 규모에 대한 논쟁은 주로 임시직의 성격을 어떻게 볼 것인가가 중요한 변수이다. 이에 대해서는 정이환(2001) 등 참조.

해 비정규직은 10-14%로 유사한 상황이다. 또한 비정규직의 임금은 정규직의 53.7%(2000년)-52.6%(2001년)에 불과하며, 2001년의 임금인상률도 정규직 7.8%에 비해 비정규직은 5.6%로 낮아 임금격차가 심화되는 경향이다. 주당 노동시간은 비정규직 46.5시간, 정규직 45.9시간으로 비정규직이 약간 길다(김유선, 2001).

비정규직이 감수할 수밖에 없는 이와 같은 불이익은 곧바로 비정규직 근로자들의 빈곤을 야기함은 물론, 이와 같은 불이익에 대한 제도적 용인이 역으로 비정규직 증가의 유력한 동인으로 작용하게 된다(심상완, 1999). 즉 비정규직의 양적 확대와 근로조건 악화는 악순환의 관계를 가지고 있다는 것이다. 이러한 악순환에 사회보장제도가 일조하고 있다는 사실은 역설적으로 그 고리를 끊는 데에 사회보장제도가 기여할 수도 있음을 암시한다.

[표 6-6] 종사상 지위에 따른 사회보험 및 노동조건 적용률

	국민연금	건강보험	고용보험	퇴직금	상여금	시간외 수당
임금노동자	51.8	54.3	46.9	49.3	49.0	38.9
성규식	92.7	94.8	80.0	94.3	93.1	75.6
비정규직	19.3	22.2	20.7	13.6	14.0	9.7

주: 2001년 8월에 조사된 통계청의 경제활동인구조사 부가조사 자료를 분석.
자료: 김유선(2001)에서 발췌.

이상과 같이 빈곤을 구성하는 중요한 3요소, 즉 전통적 취약계층, 실업자, 비정규직의 현황과 추세를 볼 때, 잠재적 형태를 포함하여 대량빈곤의 문제가 지속될 가능성이 많고, 소득분배도 개선될 전망이 매우 낮다고 볼 수 있다. 이것은 전통적 취약계층인 노인인구와 장애인 및 한부모가정 등은 그 양적 규모가 지속적으로 증가하고 있으며, 실업자층은 표면적으로는 실업률이 급격히 저하되었지만 이를 완전히 신뢰하기 어려운 사정이고, 가장 비중이 큰 비정규직은 계속 증가 추세에 있기 때문이다.

2) 사회보장의 탈빈곤 · 재분배 효과

위에서 본 바와 같이 빈곤취약계층의 동태는 빈곤과 불평등을 유지 · 확대하는 양상을 보이고 있다. 그렇다면 이에 대응하는 국가의 사회정책은 어느 정도의 효과를 보이고 있는가?

오늘날 '사회복지정책=사회보장제도'는 빈곤의 예방과 치유를 위한 국가정책의 중심을 형성하고 있다고 해도 과언이 아닐 것이며, 따라서 사회보장의 결함에 빈곤문제의 중요한 책임이 돌려지는 것도 지나친 일은 아니다. 이론적으로 볼 때, 사회보장제도의 보편적 발전은 절대적 빈곤의 거의 완전한 해결을 담보할 수 있다고도 볼 수 있다. 역으로 사회보장제도의 미비점이나 취약성은 빈곤의 악화와 계층간 불평등의 심화와 같은 부작용을 낳을 수도 있다. 이와 관련된 현정부의 정책적 노력에 대해서는 뒤에서 자세히 살펴보기로 하고, 여기에서는 먼저 사회보장제도의 탈빈곤 · 재분배 효과에 대한 계량적 연구들을 검토한다.

(1) 사회보장의 탈빈곤 효과

먼저 사회보장제도의 탈빈곤 효과를 살펴보기로 하자. 서구의 경우에는 사회보장 이전지출이 빈곤율을 40%에서 17%로 감소시키고 있으며(EU, 1999), 70%-98%에 달할 수 있는 고령자 빈곤율을 0.1%-20% 정도로 완화하는 효과를 보이고 있다(권문일, 2000)고 주장된다. 그러나 우리나라의 경우는 여러 가지 제도적 한계로 인해 그러한 효과가 제대로 나타나지 않고 있다. 먼저 사회보장의 탈빈곤효과에 관한 최근의 연구들을 보면 그 효과가 아주 미미하거나 오히려 역기능적인 것을 볼 수 있다.

구인회(2001)는 노동패널자료를 이용하여 1998-1999년 사이의 빈곤탈출률을 분석하였는데, 1998년의 빈곤율 19.1% 중 빈곤탈출률은 8.2%포인트를 점하는 것으로 나타난다[4]. 하지만, 빈곤탈출을 설명하는 요인 중에서 이전소득(공적, 사적)의 증가로 인한 탈출은 3.6%에 불과하고 근로소득의 증가가

84.8%, 재산소득의 증가가 10.5%를 차지하고 있어 사회보장제도를 포함한 이전소득의 기여도는 미미한 것으로 보고하였다. 오히려 빈곤진입요인의 6.7%가 이전소득의 감소에 기인한 것으로 나타났다. 김태완(2000)의 연구도 도시근로자가구의 경우, 이전소득(공적, 사적)은 빈곤율을 약간 낮추지만, 이전지출과 조세부담이 이를 상쇄함으로써 원소득보다 최종소득(가처분소득)의 빈곤율이 약간이나마 확대되는 역설적 결과를 보여주고 있다고 분석하였다.

이와 같이 사적이전과 공적이전을 합해도 빈곤율 완화효과는 별로 크지 않지만, 그 중에서 사적이전의 규모가 조금 크고 빈곤율 완화에도 상대적으로 높게 기여하는 것으로 나타난다. 하지만, 사적이전은 경제위기시 그 기여도가 축소되는 불안정한 재원이라는 문제가 지적된다. 반면 공적이전의 규모와 빈곤완화 기여도는 경제위기시 미미하게 증가하였지만, 의미 있는 규모로 성장하였다고 보기는 어렵다(김태완, 2000; 손병돈, 2000).

(2) 사회보장의 재분배 효과

다음으로 사회보장제도의 재분배기능 역시 그 효과는 매우 미미한 것으로 나타난다. 정진호 등(2002: 57)의 연구에 의하면 조세와 사회보장 부담금으로 인한 지니계수 개선효과는 2.0%이고 사회보장급부에 의한 개선효과는 0.8%에 불과할 정도로 나타났다.

마찬가지로 도시근로자가구를 대상으로 외환위기 이후의 소득분배 상태를 분석한 김태완(2000)은 공·사이전소득과 조세가 원소득의 분배상태를 미약하게 개선하는 효과를 검증하였지만, 소득분배가 악화되는 전반적인 추세를 반전시키지는 못하고 있다고 결론지었다. 공적이전과 사적이전을 합한

---

4) 개인적 수준에서의 빈곤이동(빈곤진입이나 지속과 탈출)에 관한 연구는 그 동안 자료의 부족으로 제대로 연구가 되지 않았으나 최근 패널자료들이 부분적으로 확보됨에 따라 연구가 활발해지고 있다(박순일 외, 2000; 금재호, 김승택, 2001; 구인회, 2001; 정진호 외, 2002). 이들 연구들은 대체로 빈곤이동이 활발히 일어나는 것으로 진단하고 있지만, 연구결과가 상치되는 경우들도 있고, 비교적 최근(주로 1998-99년)의 짧은 기간만을 분석하고 있어 장기적이고 신뢰할 만한 추세를 보여주는 데에는 한계가 있다.

재분배 효과는 평균 1.65% 정도의 지니계수 감소율을 보여주며, 외환위기 이후에 개선효과가 약간 증가한 것으로 나타난다. 더욱이 공적이전에 비해 사적이전의 영향력이 지배적으로, 사적이전은 공적이전에 비해 외환위기 이전에는 6.5배, 이후에는 2.7배 정도의 개선효과를 보여주었다. 그리고 소득재분배에는 조세의 역할이 무엇보다 중요한 것으로 나타나고 있어, 조세제도의 전향적 개혁이 중요한 과제인 것으로 지적되었다.

(3) 탈빈곤, 재분배 효과를 규정하는 제도적 한계

이와 같이 사회보장제도의 탈빈곤, 재분배 효과가 매우 미약한 것은 우리나라 사회보장의 지출규모와 제도의 적용범위(즉, 사각지대 문제) 및 급여수준 그리고 재분배 지향의 정도 등이 충분치 않기 때문이다.

예를 들어 사회보장제도 중에서 이론적으로 재분배효과가 가장 큰 것은 공공부조이지만, 이는 최저소득층에 국한되어 있는 한계가 있다. 사회보장의 사각지대를 연구한 박순일 등(2001: 18)에 의하면 도시빈곤가구 중 공공부조 수급자는 31.1%에 불과한 것으로 나타난다.

그리고 사회보험제도는 좀 더 광범위한 근로계층에게 빈곤예방과 재분배 차원의 영향을 미치는 제도이다. 하지만, 우리나라의 사회보험제도들은 시간적 제약으로 인해 제도적 성숙이 충분치 않고 넓은 사각지대를 가지고 있어 빈곤예방기능이 제한적이다. 또한 재분배 효과와 관련해서도, 기여와 함께 급여산정도 소득에 비례하는 구조로 되어 있어 재분배 효과가 제한되며, 광범위한 취약계층들이 적용대상에서 배제되는 등의 제약조건을 가지고 있다.

우리나라 사회보장제도들이 가지고 있는 이러한 한계들이 김대중 정부하에서 어떤 변화를 겪었는지가 우리의 관심사이다.

4. 김대중 정부 복지정책의 평가

주지하듯이 현정부는 외환위기에 따른 대량실업과 대량빈곤의 발생과 더불어 출범하였기 때문에 이에 대응하는 다양한 실업 및 빈곤대책을 추진하였다. 집권 1년차(1998)에는 "민주주의와 시장경제의 병행발전"을 정책기조로 정하고 경제구조조정에 역점을 두면서 신자유주의적 정책을 수용하는 한편, 복지정책과 관련해서는 실업대책의 확대를 초점으로 고용보험 확대, 공공근로, 한시적 생활보호 프로그램 등을 시행하였다. 집권 2년차(1999)에는 경제상황의 외형적 호전에도 불구하고 신자유주의적인 노동유연화 정책 등으로 인해 실업문제는 여전하였고, 중산층의 붕괴와 서민층이 궁핍심화 등 사회상황의 악화로 정권의 지지기반 붕괴라는 정치적 위기의식이 야기되었다. 이에 정부는 서민과 중산층 보호로 정책기조를 수정하면서 '민주주의와 시장경제, 생산적 복지의 병행발전'을 모토로 삼고, 청와대에 '삶의 질 기획단'을 발족(6월)하여, 국민기초생활보장제도 등을 수립, 시행하게 되었다. 이후 소득분배의 악화현상이 계속됨에 따라 2000년에는 소득분배의 개선이 중요한 정책과제로 등장하였지만[5], 의료보험의 통합과 의약분업(2000. 7) 시행에 따른 사회적 갈등의 심화 등으로 인해 복지정책의 개혁은 뚜렷한 방향성을 가지지 못하는 상황이 전개되었다. 이와 같은 과정에서 실시된 복지정책들 중 고용보험의 적용확대(1999), 국민연금의 도시지역 확대(1999), 국민기초생활보장법의 제정(1999, 실시는 2000. 10), 의료보험 통합과 건강보험 발족(2000. 7) 등은 적극적인 제도적 개혁의 사례로 볼 수 있다.

이와 같이 현정부의 복지정책은 한편으로 적극적인 제도적 개혁들을 포함하고 있기는 하지만, 앞에서 본 바와 같이 빈곤과 불평등의 문제가 분명하게 개선되고 있지 못한 현실은 그 결함을 보여주는 분명한 지표이다. 물론, 이러한 결과지표가 사회보장의 지향이나 효과를 그대로 반영하는 것은 아니다.

---

5) 2000년 4월 정부는 "소득분배현황과 향후 개선방향"이라는 보고서를 발간하면서 선진국 수준의 분배정의를 실현할 것을 공언한 바 있지만, 실효성 있는 대책이 뒤따르지 않았다.

왜냐하면 사회보장이 평등지향적이더라도 불평등을 야기하는 시장의 힘을 극복하지 못하는 상황도 있기 때문이다. 이를 감안하여 사회보장제도의 지향과 효과를 좀 더 구체적으로 평가하고, 그 한계에 대해 고찰하고자 한다.

고찰의 순서는 총량적인 차원에서 현 정부의 복지비지출 추이를 살펴본 후 빈곤과 실업에 대응하는 주요 정책프로그램들을 평가한다. 후자의 경우 실업대책과 함께 사회보장기본법에 명시된 사회보장의 정의에 따라 공공부조, 사회복지서비스, 사회보험 및 관련복지제도(보건, 주거, 교육, 고용관련 복지정책)를 대상으로 한다.

1) 사회복지관련 예산의 규모와 추이

우리나라 사회복지제도의 탈빈곤 · 재분배 효과가 미미한 것은 일차적으로 사회복지비 지출의 낮은 수준에 기인한다고 볼 수 있다. 예를 들어, 유럽연합(EU) 15개국의 사회보호비용(social protection expenditure: 질병/건강보호, 장애, 노령, 유족, 가족/아동, 실업, 주택, 사회적 배제와 관련된 비용-소득보조, 재활 등)은 1990년대 후반에 평균적으로 27%를 상회하는 수준이다(Abramovici, 2002). 반면 이에 상응하는 우리나라의 법정 사회복지지출(정부의 일반예산에서 지출하는 공공부조와 사회복지서비스 비용, 그리고 주로 민간의 갹출로 충당하는 사회보험급여, 그리고 퇴직금 등 법정민간급여를 합한 비용)의 GDP 대비 비중은 1996년 5.29%, 1997년 6.46% 정도에 불과하였다. 1998년에는 경제위기에 따른 급여지출의 일시적 증가를 반영하여 10.86%에 이르렀고, 1999년에는 9.77%로 다소 감소하였다(고경환, 2002). 이와 같이 우리나라의 사회복지비는 서구에 비해 1/3수준에 불과하지만, 경제위기 이전에 비해서는 뚜렷이 증가되고 있음을 알 수 있다.

[표 6-7] 연도별 사회보장관련 예산의 추이

(단위: 10억 원, %)

구 분		1997	1998	1999	2000	2001	2002
국내총생산(A)		453,276.4	449,508.8	482,744	517,096	561,050	594,765
세출 예산	일반회계예산(B)	67,579	75,583	83,685	88,736	99,118	105,877
	사회개발예산(C)	5,997	6,906	9,243	10,550	13,511	13,901
	사회보장예산(D)	4,207	4,576	6,105	8,074	10,746	10,677
	보건복지부예산(E)	2,851	3,113	4,160	5,310	7,458	7,749
GDP 대비 비율	일반회계예산(B/A)	14.91	16.81	17.3	17.2	17.7	17.8
	사회개발예산(C/A)	1.32	1.54	1.91	2.04	2.41	2.33
	사회보장예산(D/A)	0.93	1.01	1.26	1.56	1.92	1.80
	보건복지부예산(E/A)	0.63	0.69	0.86	1.03	1.33	1.30
일반회계 대비비율	사회개발예산(C/B)	8.87	9.14	11.04	11.89	13.63	13.1
	사회보장예산(D/B)	6.23	6.05	7.30	9.10	10.84	10.1
	보건복지부예산(E/B)	4.22	4.12	4.97	5.98	7.52	7.2

자료 : 보건복지부 기획예산담당관실; 기획예산처, 『2002 예산개요』 (2001, 2002년도 국내총생산은 예측치).

　　다음으로 정부의 일반회계로 지출되는 사회보장관련 예산의 추이를 살펴보면 [표 6-7]과 같이 볼 수 있다. 여기에서 사회보장예산의 GDP 대비 비중은 2001-2002년도에 이르러서도 2%에 미달하는 빈약한 수준이다. 하지만, 1998년 이후 그 절대액은 높은 수준의 증가율을 보이고 2002년도에 와서 약간 감소하는 상황이다. 이에 따라 사회보장예산의 GDP 대비 비율도 1997년 1.01%에서 2001년 1.92%에 이르기까지 지속적으로 증가하지만, 2002년도에는 1.80%로 감소하였다. 복지예산의 일반회계 내 비중도 유사한 추세를 보이고 있고, 보건복지부 소관 예산도 사회보장예산과 추세가 유사하다. 이와 같은 추세는 현정부 출범 이후 상당히 적극적인 복지정책의 확대가 추진되어 왔다는 점을 보여주는 것이다. 다만, 외환위기 대응과 관련되어 팽창된 부분은 어느 정도 축소될 전망이며, 2002년도의 성장률 하락과 비중 감소는 이를 보여주는 지표이다.

　이상과 같은 복지비 지출의 추이는, 현정부의 사회보장제도가 미약하지만 나름대로 탈빈곤과 재분배를 개선하는 방향으로 진행되어 왔음을 보여주는 것이다.

2) 영역별 주요 복지프로그램 평가

(1) 실업대책

　정부의 실업대책은 한시적 생활보호제도 실시, 창업 및 벤처기업 지원 등 다양한 노력을 포괄하는 것이지만, 여기에서는 공공근로사업 등과 같은 긴급실업대책과 고용보험사업을 중심으로 살펴보기로 한다. [표 6-8]과 같이 정부의 긴급실업대책사업은 공공근로사업 등의 단기일자리 창출, 직업훈련과 취업알선, 고용안정, 실업자생활지원 등의 항목으로 구성되며, 고용보험에 의한 고용안정, 실업급여, 직업훈련사업은 별도로 시행된다.

　표에서 보는 바와 같이 공공근로사업은 고용보험을 제외한 실업대책 사업의 중심이다. 1998년에 이미 1조 원을 상회하는 예산이 배정되었고, 이듬해에는 2조 5천억 원에 육박하였다. 이러한 예산규모는 우리나라의 저열한 복지예산규모에 비하면 획기적인 액수이다. 그만큼 외환위기 이후의 실업과 빈곤상황이 급박하였던 점을 이해할 수 있다. 그러나 공공근로사업은 실직자가 계속해서 소득을 얻을 수 있는 안정된 일자리가 아니었고, 1회에 3개월로 제한되는 한계가 있다. 그리고 해가 감에 따라 그 규모가 현저하게 축소되고 있다. 이러한 현상은 실업률의 감소에 따른 자연스런 추세로 이해할 수도 있지만, 앞에서 본 바와 같은 수많은 현재적, 잠재적 실직·빈곤계층이 존재하는 현실을 감안할 때, 제도화된 사회적 일자리로 발전되지 못하고 있는 한계를 지적할 수 있다[6].

---

6) 공공근로와 유사한 기능을 수행하고 있는 국민기초생활보장법 상의 자활근로사업은 원칙적으로 기초보장수급자만을 대상으로 하고 있기 때문에, 일반적인 실직·빈곤계층을 위한 제도화된 사회적 일자리의 창출이 요청된다.

고용보험사업의 경우는 실업급여가 가장 큰 몫을 차지하면서 1999년에 고비에 달하였으며, 이후에는 1998년의 경우를 약간 상회하는 안정적인 급여 추세를 유지하고 있다. 1998년의 위기시 고용보험은 성숙기에 이르지 않아 그 혜택이 널리 미치지 못하였지만, 위기를 통해 획기적인 제도적 발전을 이룩한 것으로 평가되고 있다.

[표 6-8] 연도별 실업대책예산

(단위: 억 원)

구분	1998	1999	2000	2001	2002	비고
단기일자리창출	10,444	24,926	13,207	6,750	5,819	지방비 포함
직업훈련	3,464	2,134	1,023	819	695	
실업자 생활안정	2,470	625	87	404	147	
고용안정, 취업알선 등	615	2,225	796	790	658	
소계: 예산사업	16,993	29,910	15,113	10,949	9,452	
고용보험기금사업[1]	14,476	23,645	16,258	14,900	15,143	
총 계[2]	37,510	65,325	34,702	30,866	26,971	

주: 1) 고용보험기금사업은 고용안정사업, 실업급여사업, 직업훈련사업으로 구성되며, 실업급여가 가장 큰 몫을 차지한다.
　　2) 총계는 예산사업과 고용보험기금사업 외에 임금채권보장기금, 근로복지진흥기금, 장애인고용촉진기금, 기타 기금이 포함된 것임.
자료: 기획예산처, 『2002 예산개요』에서 발췌.

(2) 공공부조제도

공공부조제도는 기존의 생활보호제도가 국민기초생활보장제도(2000. 10)로 바뀌면서 현정부 하에서 가장 가시적인 개혁이 발생한 분야로 부각되었다. 기초보장제도는 공식적인 최저생계비에 입각한 법적인 권리로서의 수급권을 보장하며, 근로능력자를 포함한 전체수급자를 생계보호대상자로 하는 등 획기적인 변화를 가져왔다. 다음 [표 6-9]는 기초보장제도(생활보호)의 발전과정을 보여주는데, 생계보호 대상자의 확대와 더불어 예산액과 1인당 급여 등이 개선되었고, 주거급여가 신설되는 등 급여체계도 개선되었으며, 전문요원과 자활후견기관 등의 인프라 구축이 크게 진전되었다.

[표 6-9] 기초생활보장 관련 지표 추이

구 분	연 도	1997년	1998년	1999년	2000년	2001년	2002년 (안)
예산(억 원)	전체 (국고기준)	9,008	10,901	18,479	23,321	27,923	33,834
	자활예산	-	-	-	779	924	1,476
수급자(만 명)	전체 수급자	141	147	192	154	155	155
	생계급여 수급자	37	44	54	154	155	155
	자활사업 참가자	-	-	-	3.3	8.3	11
1인당 기초생활보장예산(만 원) ※지방비 포함		82	96	124	195	232	281
현금급여기준 (무소득 2인가구, 단위 : 만 원)		195	243	267	433	482	미정
인프라 구축	사회복지 전담공무원	3,000	3,000	4,200	4,800	5,500	(7,200)
	복지행정전산망	-	-	-	복지행정 시스템	복지 D/B	연계망 확대
	자활후견기관	10	17	20	70	200	(242)

주: 급여예산에는 의료급여(각 년도 4,777 5,462 10,323 15,897 16,904억 원) 포함.
자료: 보건복지부(보도자료), 2001, 『국민기초생활보장제도시행 1년 성과와 향후과제』.

이와 같이 기초보장제도는 이론적으로 전국민의 빈곤을 해소할 수 있고, 재분배효과도 큰 획기적인 제도이지만, 현실적으로 탈빈곤과 소득분배 문제에 크게 기여하고 있다고 평가하기는 어려운데 그 이유는 다음과 같이 요약해볼 수 있다.

첫째, 지나치게 까다로운 선정기준으로 인해 대상자가 제한되고 탈락자가 많다는 점이다. 1999년의 경우에는 한시적 생활보호제도로 인해 일시적으로 대상자가 늘어났지만, 기초보장제도 실시 이후 수급자 수는 과거와 거의 비숫하게 전인구의 3.1% 수준이다(허선, 2001). 이는, 수급자 선정기준인 최저생계비가 과거보다 높은 수준임에도 불구하고 재산기준이나 부양의무자 기준 등을 까다롭게 적용한 결과이다. 이와 같은 낮은 보호율은 외국의 경우에 비해서나 앞서 살펴본 대량빈곤의 규모와 비교할 때 지나치게 제한적이라고 볼 수밖에 없으며, 탈빈곤과 재분배효과를 제약하는 기본조건이 되고 있다.

둘째, 급여에 있어서도 그 기준은 최저생계비이지만 보충급여, 즉 최저생계비와 소득의 차액만을 급여하는 방식으로 운영되며, 사실여부와 관계없이 일정한 정도의 사적이전소득과 근로소득이 발생하는 것으로 인정하고, 소득 발생시 일정 정도의 비용을 인정해 주는 소득공제제도도 결여되어, 현금급여 기준으로는 항상 최저생계에 미달할 수밖에 없다. 이러한 급여구조는 근로능력이 있는 수급자의 근로의욕을 상실케 하고, 나아가 수급자들이 최저생계비 이상의 소득을 확보하여 빈곤에서 탈출할 수 있는 가능성을 원천적으로 제약한다.

셋째, 생계급여를 포함한 교육, 의료, 주거급여 등의 각종 부가급여가 수급자에게는 모두 주어지지만, 차상위빈곤층에게는 하나도 주어지지 않는 전부-전무(all or nothing) 방식으로 운영되고 있기 때문에 수급자의 탈빈곤 의욕을 억제하는 한편, 차상위빈곤층의 빈곤진입위험을 방지해 주는 장치가 부재하다.

넷째, 기초보장제도는 최저생계비를 기준으로 한 절대빈곤 개념에 입각해 있어 근본적으로 적극적인 재분배를 목표로 하고 있지 않다는 한계가 있다. 물론 조세를 재원으로 저소득층을 대상으로 급여하는 구조이기 때문에 나름대로 재분배효과는 크지만, 서구에서 주로 사용하는 상대빈곤 개념이나 일본의 격차축소 방식의 공공부조에 비하면 재분배의 지향이 근본적으로 소극적이라는 것이다.

이상과 같이 기초보장제도는 여러 가지 제도설계와 운영상의 한계를 가지고 있지만, 빈곤층의 최저생활을 보장하고 나아가 탈빈곤을 도모할 수 있는 제도적 장치로서의 가능성을 확보하는 중요한 발전을 이룩하였다고 평가할 수 있다.

(3) 사회복지서비스

사회복지서비스는 노인, 아동, 장애인, 여성 등 주요 인구계층별로 고유하면서도 개인적으로 개별적인 욕구들—예를 들어 심리적 욕구를 포함하여 아동 및 노인 보호, 보건, 고용, 교통(이동), 교육, 여가 등의 욕구—의 충족을 목표로 한다. 특히 여러 가지 중첩된 문제를 가지고 있는 빈곤가구나 실업가구 등이 당면하고 있는 심리, 사회적인 제문제의 해결을 원조함으로써 빈곤을 예방하거나 치유하는 데 필수적인 자원으로 인식된다. 하지만 우리나라의 사회복지서비스는 포괄적·보편적 서비스로 발전되지 못하고, 최하소득층을 위한 공공부조제도를 극히 부분적으로 보완하는 역할에 머물고 있다. 사회복지서비스에 사용되는 총 예산이 2002년도 보건복지부 사업비 중 불과 13.6%라는 사실이 이를 단적으로 보여주고 있다[7]. 그러나 예산규모는 작지만 현정부 하에서 꾸준히 증가되어 온 것은 사실이다. 사회복지서비스 예산은 1988년 4,966억 원, 1999년 5,629억 원, 2000년 7,347억 원, 2001년 8,547억 원, 2002년 10,332억 원으로 2002년도 예산은 1998년도의 2.1배에 해당한다(동기간 일반회계 전체 예산은 1.4배 증가).

이와 같은 예산의 증가에 따라 그 내용별 구성은 뚜렷이 변화하고 있는데, 구체적으로 과거와 달리 소득지원예산이 주류를 차지하고 되었고, 과거 주류였던 시설보호예산의 비중이 축소되는 현상을 볼 수 있다. 2002년도 예산을 볼 때(2002년 보건복지 세입세출예산안), 우선 노인보건복지 부문에서는 경로연금이 63.1%를 차지하고 있고, 시설지원비(복지+보건)는 24.8%로 축소되고 있다. 하지만 재가복지(복지+보건) 예산은 9.2%에 불과하다. 보육예산에서도 인건비 지원비와 저소득층 보육료지원비가 전체예산을 양분하고

---

7) 보건복지부의 2002년도 총 사업비 예산 7조 6,242억 1,200만 원은 기초보장 44.6%, 사회복지서비스 13.6%, 보건의료 4.7%, 사회보험지원비 37.1%(이 중 지역건강보험지원비가 91.0%)로 구성되어 있다(보건복지부, 2002년도 보건복지부소관 세입·세출예산 개요, 2002. 1).

있다. 여성복지예산에서는 저소득편부모가정 지원비가 42.6%를 차지하고 있다. 장애인복지 부문에서는 아직도 생활시설지원비의 비중이 높지만 39.8%로 하락세를 보이고 있고, 반면 장애수당 등은 26.1%, 이용시설지원비는 24.7%로 확대되는 추세를 보인다.

이와 같이 부문별 편차는 있지만 시설보호의 비중이 약화되고 수당제도가 가장 중요한 항목으로 확대되는 현상을 볼 수 있다. 문제는 이러한 수당제도가 해당 가구의 탈빈곤과 소득재분배에 중요한 역할을 하기는 어렵다는 점이다. 이 역시 다음에서 보는 바와 같이 협소한 적용범위와 낮은 급여수준의 문제에 기인한다(보건복지부의 각 년도 『보건복지백서』와 부문별 사업안내 등 참조).

먼저 경로연금은 1991년부터 지급되는 노령수당을 대신하여 1998년 7월부터 생활보호노인 및 저소득노인에게 지급되기 시작되었는데, 대상자와 급여액이 극히 낮은 수준에서 점증적으로 확대되는 상황이다(1998년 65만 8천 명, 1인당 월 2-5만 원에서 2002년 80만 명, 월 3-5만 원). 장애수당은 1990년에 시작되어 저소득 중증, 중복장애인에게 월2만씩 지급되었지만, 이후 생활보호대상 1, 2급 장애인 및 정신지체인 3급 중복장애인으로 대상자를 확대하여 1999년에 61,000명, 월 45,000원에서 2000년에는 77,000명, 2001년에는 92,000명, 2002년에는 11만 명으로 확대하면서 지급액도 5만 원으로 인상하였다. 그리고 2001년에 장애아동부양수당 신설하여 국민기초생활보장법상의 수급자로서 18세 미만의 1급 재가장애아동 보호자에게 1인당 월 45,000원을 지급하기 시작하였다. 보육사업의 경우는 1999년 9월에야 농어촌지역의 저소득층 만 5세 아동에 대한 무상보육이 실시되었고, 이후 2002년에 전국의 저소득층 만 5세 아동으로 확대되었다.

이상과 같이 사회복지서비스 예산은 전체적으로 저열하지만, 현정부 하에서 꾸준히 증가하였다. 그러나 아직도 전체적으로 공공부조의 보완적인 성격을 벗어나지 못하고 있다. 이러한 상황의 극복은 수당제도의 보편적 확대와 더불어 미미하게 성장하고 있는 재가서비스가 얼마나 확충되느냐에 달려 있다고 볼 수 있다.

(4) 사회보험

사회보험제도는 현정부하에서 급속도로 제도적 발전이 이루어진 영역이다. 1998년의 고용보험 적용범위의 획기적 확대, 1999년 4월 국민연금의 도시지역 확대 그리고 2000년 7월 통합 건강보험의 출범 등이 그 예이다. 산재보험도 2000년 7월에 1인 이상 사업장으로 확대되었다. 하지만 사회보험이 빈곤해소와 재분배 문제에서 중심적인 역할을 하기 위해서는 제도의 적용범위를 최대한 확대하여 사각지대를 최소화하는 것이 아직도 중요한 과제이다. 왜냐하면, 우리나라의 사회보험은 대기업의 정규직 노동자를 우선적인 대상으로 실시해 왔기 때문에 현실적으로 광범위한 인구층, 특히 욕구가 크고 빈곤의 위험이 높은 취약계층을 배제하는 기형적인 모습으로 성장하였기 때문이다. 이러한 사회보험의 배제적 성격이 비정규직의 증가에 일조하는 악순환에 대해서는 앞에서 언급하였다. 사회보험의 적용범위 확대를 위해서는 가입대상자를 확대하는 제도적 개혁과 더불어, 영세사업장근로자와 비정규직 등에 대한 적용과 징수를 위한 행정효율성을 증대시키는 노력이 필요하다. 후자의 경우와 관련하여 4대 사회보험 통합과 기여-징수 업무의 국세청 이관 등이 주장되고 있다.

아울러 기여와 급여에 있어 형평성을 제고하는 일도 중요한 과제이다. 그동안 사회보험의 기형적인 발전과정과 배제적 성격 그리고 조합주의적인 분립체계 하에서 기여와 급여의 형평성이 심각하게 훼손되어 왔기 때문이다. 형평성 회복을 위한 방법으로는 영세사업장 근로자나 임시 일용직 근로자의 사업장 가입자화, 4대 사회보험의 통합에 의한 기여-급여기준의 단일화, 자영자소득파악 강화 등이 주장되고 있다.

이와 같은 과제 중에서 가장 가시적인 성과가 있는 부분은 앞서 언급했듯이 적용대상의 획기적 확대와 이에 따른 급여의 확대이다. [표 6-10]에서 보듯이 고용보험은 1998년의 적용확대를 통해, 그리고 국민연금은 1999년의 도시지역 확대를 계기로 가입자수가 대폭 증가하였다. 수급자수나 급여액은 공히 외환위기를 계기로 대폭 증가하였는데, 1999년을 고비로 하향추세를 보이고 있다.

[표 6-10] 국민연금, 고용보험의 가입자와 급여 추이

(단위: 명, 백만 원)

		1997	1998	1999	2000	2001	2002(3월)
국민연금	가입자	7,835,878	7,126,307	16,234,853	16,209,581	16,277,826	16,290,155
	수급자	983,386	1,263,593	1,249,257	927,545		
	급여액	1,485,530	2,439,729	3,871,969	1,607,035		
고용보험	가입자	4,280,430	5,267,658	6,054,479	6,747,263	6,908,888	6,985,008
	실업급여 수급자	49,117	411,686	484,772	332,692		
	실업급여액	78,737	799,416	936,163	470,793		

자료: 국민연금관리공단; 보건사회연구원, 『한국의 보건복지지표』, 2001.

　또한 영세사업장 근로자와 비정규직 등의 사회보험 확대와 사업장 근로자 전환의 문제도 [표 6-11]에서 보는 바와 같이 상당한 진전을 보이고 있다. 국민연금과 건강보험은 원칙적으로 전국민보험이 실현되어 있으므로, 적용확대의 문제가 아니라 사업장 가입자로의 전환이 관건이다. 제도적으로 볼 때, 1-4인 규모 영세사업장 근로자에게 보험을 확대적용하거나 사업장 가입자로 전환하는 문제는 거의 달성된 상황이며, 비정규직의 경우도 1개월 미만 고용 근로자나 계절적, 임시적 근로자 그리고 월 80시간 미만의 시간제 근로자의 문제가 과제로 남아있는 상황이다.

[표 6-11] 비정규직 등의 사회보험 적용확대와 사업장가입자화 추이

구분	임시·일용직	시간제 근로자	5인 미만 사업장근로자
국민연금	1999. 4 지역가입자로 적용 2001 1개월 이상 근로자 사업장가입자 전환	1999. 4 지역가입자로 적용 2001 월80시간(주18시간)이상 근로자 사업장가입자전환	1999. 4 지역가입자로 적용 2002. 7 사업장가입자전환
건강보험	2000. 7 1개월 미만 근로자, 계절적, 임시적사업장은 사업장가입자에서 제외.	2000. 7 비상근, 시간제근로자는 사업장가입자에서 제외	2000. 7 1인 이상 사업장 사업장 가입자 전환
고용보험 (실업급여)	1998. 10 1개월 이상 근로자 2003. 7(확대계획)	1998. 10 월 80시간(주 18시간)이상근로자. 2003. 7(확대 계획)	1998. 3 5인 이상 사업장 1998. 10 1인 이상 사업장
산재보험	적용	적용	1976 5인 이상 사업장으로 확대시작(업종별로) 2000. 7 1인 이상 사업장(일부업종 제외)

주: 의료보험과 국민연금은 사업장 가입자에서 제외될 경우 지역가입자로 당연 적용됨.

하지만 이러한 제도상의 발전에도 불구하고 제도나 행정의 허점으로 인해 실제로는 광범위한 규모의 비정규직 근로자 등이 사회보험의 사각지대를 형성하고 있는 것이 현실이다(앞의 [표 6-6] 참조). 그리고 앞서 제시한 개혁방안 중에서 4대보험 통합문제는 1989년 9월 사회보장심의위원회에서 4대 사회보험통합추진기획단을 구성하고 시안을 작성케 하였지만 결국 무산되었고, 자영자 소득파악이나 기여-징수업무의 국세청 이관 문제도 1999년 4월의 국민연금 도시지역 확대를 계기로 중요한 현안으로 부각되었지만, 실효성 있는 방안이 추진되지 않은 한계를 안고 있다.

(5) 관련 복지제도

이상에서 실업대책과 주요 사회보장제도의 전개과정과 현황을 살펴보았는데, 여기에서 한 가지 주목할 사실은 최근 사회보장제도의 빠른 발전이 대부분 좁은 의미의 소득보장제도 중심의 발전이었고, 사회복지서비스나 집합적 소비수단과 관련된 관련 복지제도(주거, 보건의료, 교육, 고용정책 등)의

발전은 미흡하였다는 점이다. 이러한 상황이 빈곤의 유지와 확대에 적지 않은 영향을 미치는 것은 무엇보다도 공공부조와 사회보험으로 이루어지는 협소한 소득보장제도의 한계에 기인한다. 공공부조와 사회보험이 사회보장제도의 중심을 이루는 것은 분명한 사실이지만, 이것만 가지고는 빈곤문제의 완전한 해결에 역부족이라는 것은 제2차 세계대전 이후 서구 복지국가의 역사가 증명하는 것이다. 그 이유는 수급범위의 제한성, 급여의 충분성 부족, 급여인상이 물가상승에 못 미치는 경향성 등 다양할 수 있다. 무엇보다도 전통적인 소득보장제도는 완전고용상태를 전제로 하고 있는데, 고실업과 비정규직이 보편화되고, 광범한 취약계층이 존재하는 신빈곤적 상황에는 효과적으로 대응하기 어렵다(홍경준, 2001; 김진구, 2001)는 것이 치명적인 약점이다.

더욱이 오늘날의 빈곤은 단순히 경제적 결핍의 문제로만 인식되지 않고 다양한 차원을 갖는 현상으로 이해되고 있다. 이와 관련하여 프랑스를 위시한 유럽연합에서는 전통적인 빈곤개념보다는 '사회적 배제(social exclusion)'의 관점으로 접근하고 있다. 즉 사회적 배제를 상호연결된 다차원적 현상으로 이해하면서, 저소득과 고용상 지위, 재산, 생활수준과 삶의 질에 관한 인식과 만족도 등을 종합하여 측정하는 노력을 기울이고 있다(Mejer, 2000; 박병현·최선미, 2001; 심창학, 2001). 이러한 접근은 빈곤의 원인과 양상, 나아가 그 해결책에 있어서의 다면성을 이해하고 접근하고자 하는 노력이다. 과거에도 열악한 주거상황이나 보건의료, 저학력 등이 빈곤문제와 깊은 상관관계를 가지고 있음은 익히 알려져 왔지만, 이를 종합적으로 이해하고 접근하려는 노력이 본격화되는 것으로 볼 수 있다. 이와 같이 다면적 성격을 갖는 빈곤문제에 대응하기 위해서는 사회복지서비스와 관련 복지제도의 동반 활성화가 필수적이다. 최근 유럽연합이나 OECD 차원에서 빈곤문제에 대한 대응을 최우선적인 정책과제로 설정하면서, 빈곤원인의 다차원성과 함께 통합적인 접근방법, 즉 소득보장과 함께 건강, 주택, 고용, 교육, 사회적 보호 그리고 정책수립과정에의 이해관계집단 참여 등을 권고하는 것도 이러한 맥락을 가지는 것이다(OECD, 2000; EU, 1999).

하지만 우리의 경우, 이러한 포괄적 사회정책의 발전이 대단히 지체되고 있는데, 그 결과는 이러한 영역에서의 공공성 결핍으로 단적으로 나타난다. 예를 들어 공공임대주택의 경우 2001년 현재 753,512호로서 총재고주택 11,578천호의 6.5%에 불과하며, 그중에서 영구임대주택 약 25%(190,077호)와 50년 임대주택 10%를 제외하면 공공성이 취약한 5년 임대 후 분양주택과 근로자주택 등이 각각 50%와 나머지 15%를 차지한다(건설교통부, 2002). 그리고 보건의료에 있어서도 공공부문은 2000년 현재 의료기관 수의 6.7%, 병상 수의 11.8%에 불과한 실정으로(국민건강보험공단의 자료) 거의 전적으로 시장방임적인 상황이다[8].

이러한 상황에도 불구하고 현정부는 이를 개선하려는 적극적인 노력을 보이지 않았다. 다음 [표 6-12]에서 보는 바와 같이 공공주택건설계획은 현정부 초기 과거보다 축소된 규모로 미온적으로 진행되었으며, 후반기에 이르러서야 서민주택난 해결을 명분으로 건설계획을 확대하였지만, 그나마 실현여부는 미지수라고 할 수 있다. 보건의료 부문은 더욱 소극적이다. 보건복지부의 보건의료예산은 1998년의 2,270억 원에서 2002년에 3,589억 원으로 절대액으로는 약간 증대되었지만, 보건복지부 예산내의 비중은 7.5%에서 4.7%로 저하되는 양상을 보일 따름이다(박인화, 2002).

[표 6-12] 연도별 공공부문주택건설계획과 재정지원예산안

(단위: 만 호, 억 원)

	1997	1998	1999	2000	2001	2002
공공부문주택건설	21.9	13.1	15.2	14.0	25.0	20.0
재정지원	7,348	6,305	8,860	5,700	5,823	8,137

자료: 기획예산처, 예산개요 (각 년도).

---

8) 사실상 이러한 공공성의 결핍은 공공부조나 연금의 영역에서도 예외는 아니다. 앞에서도 언급되었지만, 우리나라의 빈민들이 최종적으로 의존하고 있는 것은 공적이전이 아니라 사적

5. 결론

현 정부는 외환위기와 함께 출범하면서 빈곤과 실업의 문제에 대응하는 다양한 복지정책을 시행하였다. 본 연구의 목적은 이러한 정책들의 성과와 한계를 빈곤해소와 재분배라는 관점에서 평가하는 것이다.

이를 위하여 먼저 빈곤과 소득분배의 상황을 검토하였는데, 외환위기 이후 대량빈곤의 양상을 보였던 빈곤상황은 외환위기가 해소되면서 이전의 상태를 회복하는 단계에 이르렀지만, 상당한 규모의 현재적, 잠재적 빈곤이 온존하고 있음을 확인하였다. 그리고 악화되어 있는 소득분배의 문제는 쉽사리 완화되기 어려운 조건을 가지고 있음도 확인하였다.

이러한 조건을 규정하는 중요한 요인 중의 하나는 빈곤을 구성하는 3요소, 즉 전통적 취약계층과 실업자 그리고 불완전취업층의 속성과 추세라고 볼 수 있다. 또한 빈곤과 불평등을 조장하는 이와 같은 시장적 힘에 대항하는 복지정책의 탈빈곤 · 재분배효과가 매우 미미하다는 점을 들 수 있다. 복지정책의 이러한 취약성은 복지비지출의 낮은 수준, 그리고 적용범위와 급여수준 등 제도적 약점에 기인하는 것으로 볼 수 있다.

이와 같이 우리나라의 복지제도는 빈곤과 불평등의 문제를 극복하지 못하는 기본적 한계를 가지고 있지만, 현 정부 하에서 어떠한 발전이 이루어졌는지를 고찰하는 것이 본 연구의 중요한 관심사이다. 즉, 현 정부 하에서의 성취와 한계는 무엇이었나 하는 점이다.

먼저 총량적 지표의 차원에서 복지비 지출은 기본적으로 저열한 수준을 벗어나지 못하고 있지만, 현정부하에서 비교적 높은 증가율을 보인 것으로

이전이 압도적이다. 연금의 경우에도 공적연금의 발전이 지체된 사이 생명보험과 같은 사적연금이 압도적인 우위를 점하고 있는 것이 현실이다. 우리 나라 국민들의 생명보험 계약 보유건수는 1995년 3,032만 건에서 1999년 4,486만 건 그리고 2000년에는 5,057만 건으로 크게 늘어났다. 생명보험사의 연간 수입보험료도 1997년 약 49조 원에서 2000년에는 57조 원으로 늘어나 사회보장지출 총액의 2배를 넘고 있으며, GDP에 대한 생명보험 보유계약고의 비율은 1997년의 166%에서 2000년에는 215%로 늘어났다(조영훈, 2001).

평가할 수 있다. 다만, 외환위기와 관련된 임시적 지출 부분은 감소되고 있는 것으로 관찰된다.

각 분야별 복지정책들은 다양한 측면의 제도적 발전을 목격할 수 있지만, 아직도 발전 과제는 많은 것으로 나타난다. 즉, 실업대책은 외환위기시에 상당한 정도의 지출이 이루어졌지만, 고용보험을 제외하면 제도적 확장으로 이어지지 못하고 임시대책에 머무르면서 계속 축소되고 있다. 공공부조 부문에서 국민기초보장제도의 성립은 높은 평가를 받을 수 있다. 이로 인해 최소한 이론적으로 절대빈곤을 완전히 해소할 수 있는 가능성을 확립한 것이다. 다만, 지나치게 제한적인 선정기준과 자립을 저해하는 급여체계, 그리고 절대빈곤 개념에서 벗어나고 있지 못한 점 등이 과제로 지적될 수 있다.

사회보험제도 역시 고용보험과 국민연금 등의 획기적 확대를 위시하여 상당한 정도의 양적 발전을 이룩하였고, 기여와 급여의 형평성 회복을 위한 노력도 진행되고 있음을 볼 수 있다. 그러나 아직은 비정규직 배제 등의 문제를 안고 있으며, 4대 사회보험의 통합과 자영자 소득파악 강화, 기여-징수업무의 국세청이관 등 적용범위 확대와 형평성 회복을 위한 굵직한 과제들이 미해결인 채로 남아있다.

이와 같이 협소한 의미의 소득보장정책은 나름대로 발전하고 있지만, 비정규직의 증가 등 사회적 상황의 변화는 이러한 발전을 근본적으로 무력화시키는 경향성을 가지고 있다. 이러한 상황에서 좀 더 유연하고 효과적인 복지정책의 발전을 위해서 중요한 역할을 담당해야 할 사회복지서비스와 주거, 교육, 보건의료, 고용 등의 관련 복지제도의 발전은 매우 미미한 것이 중요한 한계로 지적될 수 있다. 전자의 경우 공공부조를 보완하는 수준의 잔여적 성격을 벗어나지 못하고 있으며, 후자의 경우는 공공부문의 규모와 역할이 매우 취약한 상황이다. 이러한 영역에서는 복지비 지출 수준도 열악하고, 현 정부 하에서의 발전도 미미하였다.

이상과 같이 현 정부의 복지정책은 복지비 지출과 제도 확대에 있어 어느 정도의 성취는 이룩하였고, 특히 출범 초기에 적극적인 모습을 보여주었다.

그러나 이러한 성취가 빈곤과 불평등을 심화하는 시장적 힘을 제어할 정도
로는 발전하지 못하였는데, 이는 실업과 빈곤 등 당면한 문제의 해결에 급급
하면서 복지제도의 기본 지향에 대한 고민이 결여되었기 때문으로 이해할
수 있다.

참고문헌

고경환. 2002. "한국의 사회복지지출 추계: 1990-1999. 순사회복지지출을 중심으로", 한국보건사회연
구원.

구인회. 2001. "빈곤층의 사회경제적 특성과 빈곤이행: 경제위기 이후의 시기를 중심으로", 제3회 노동
패널 심포지움 자료집, 한국노동연구원.

권문일. 2000. "국민연금제도의 빈곤완화 효과", 한국사회복지학회 발표 자료집.

기획예산처. 2002. "세입세출 예산개요".

김연명. 2001a. " '비정규 근로자' 에 대한 사회보험 확대: 쟁점과 정책", 『한국사회복지학』 45호(2001
여름), 한국사회복지학회편, 나남.

김연명. 2001b. "DJ 정부의 사회복지정책: 신자유주의를 넘어서?", 한국사회복지학회 자료집.

김유선. 2001. "비정규직 규모와 실태", 『노동사회』 59호(11월호), 한국노동사회연구소.

김진구, 2001. "외환위기 이후 한국 노동시장의 변화와 사회보장", 한국비판사회복지학회, 『상황과 복
지』 10호, 인간과복지.

김진구. 1999. "한국노동복지제도의 분배효과", 서울대 박사학위논문.

김태완. 2000. "조세 및 소득이전이 분배 및 빈곤률에 미치는 영향", 『보건복지포럼』 45호, 한국보건사
회연구원.

류정순. 2000. "빈곤의 규모 추정과 빈곤가구의 생활실태", 김동춘 외, 『IMF 이후 한국의 빈곤』. 나남.

박병현·최선미. 2001. "사회적 배제와 하층계급의 개념 고찰과 이들 개념들의 한국빈곤정책에의 함
의", 『한국사회복지학』 45호(2001년 여름호).

박순일·최현수·강성호. 2000. "빈부격차 확대요인의 분석과 빈곤·서민생활 대책", 한국보건사회
연구원.

박순일·황덕순·최현수. 2001. "공적소득보장제도 사각지대의 빈곤층의 소득보장연구", 한국보건사
회연구원.

박인화, 2002. "2002년도 보건복지예산 국회심의와 과제", 『보건복지포럼』 63호.

박찬용·김연명·김태완. 2000. "사회안전망 확충을 위한 소득보장체계 개편방안", 한국보건사회연
구원.

보건복지부. 2002. "보건복지부세입세출예산개요"

보건복지부, 보건복지백서, 각 년도.

손병돈. 2000. "비공식 복지의 빈곤완화 효과와 그 한계", 김동춘 외, 『IMF 이후 한국의 빈곤』, 나남.

심상완. 1999. "비정규 고용의 확대와 노동복지", 『산업노동연구』 5권 2호, 한국산업노동학회.

심창학. 2001. "사회적 배제 개념의 의미와 정책적 함의", 『한국사회복지학』 44호(2001년 봄호).

안종범·김철희·전승훈. 2001. "빈곤과 실업의 원인과 복지정책의 효과", 제3회 노동패널 심포지움
자료집, 한국노동연구원.

이영환. 2001. "삶의 질과 사회복지: 한국사회보장제도의 성취와 한계", 『성공회대학논총』 16호.

정이환. 2001. "비정규직의 규모를 어떻게 볼 것인가: 비정규노동의 규모를 둘러싼 논쟁과 관련하여",
『노동사회』 56호. 한국노동사회연구소.

정진호 · 황덕순 · 이병희 · 최강식. 2002. "소득불평등 및 빈곤의 실태와 정책과제", 한국노동연구원.

조영훈. 2001. "현 정부 복지정책의 성격: 신자유주의를 넘었나?", 『사회복지와 노동』 제3호.

한국도시연구소. 2000. "주거빈곤가구의 실태와 최저주거기준 달성 방안", 대한주택공사.

허선. 2001. "기초생활보장제도의 성과와 과제", 『국민기초생활보장법 시행 1년, 성과와 과제』, 세미나 자료집, 최저생계보장과 복지기본권확보를 위한 공동캠페인단.

홍경준. 2001. "빈곤에 대한 또 다른 탐색: 사회적 자본을 중심으로", 한국사회복지학연구회편, 『상황과 복지』 제9호, 인간과복지.

Abramovici, Gerard, 2002, "Social Protection in Europe", EU (http://europa.eu.int/comm/eurostat/).

EU, 1999, *A Concerted Strategy for Modernising Social Protection*.

Mejer, Lene, 2000, "Social Exclusion in the EU Member States", EU (http://europa.eu.int/comm/eurostat/).

OECD, 2000, "Ministers' conference on "Best Practices in Tackling Poverty and Social Exclusion" (http://www1.oecd.org/subject/poverty/).

제7장
사회복지운동 15년사: 1987-2002*

1. 서론

　사회복지운동은 사회복지의 발전을 목적으로 하는 민간차원의 조직화된 사회운동이라고 정의할 수 있는데, 그 영역과 범주는 매우 광범위하다. 우선 운동의 주체를 중심으로 살펴보면 시민운동, 노동운동, 주민운동뿐만 아니라 사회복지종사자 운동이나 복지당사자(장애인, 노인, 아동, 여성 등) 운동을 포괄한다. 운동의 대상영역인 복지제도나 프로그램별로도 사회보험, 공공부조, 사회복지서비스 등 다양한 영역이 포함될 수 있을 것이다. 다른 한편 사회복지운동은 사회복지 공급주체들의 역할을 극대화하는 노력이라고 볼 수 있는데, 운동의 대상이 되는 사회복지 공급주체도 국가와 기업, 민간 등 다양하다. 물론 국가가 가장 중요한 운동대상이 되지만, 민간의 자조역량을 강화하는 노력(empowerment)도 중요하고, 피용자들에게는 기업의 부가급여(기업복지)도 중요한 복지자원이다.

---

*이영환, 2004, "사회복지운동의 성과와 과제", 편찬위원회 편, 『한국시민사회운동 15년사 1987-2002』, 시민의신문사.

여기에서 중요한 것은 사회복지운동이 '사회운동적' 속성을 가진다는 것인데, 그러한 속성들은 '조직적이고 지속적이며 집단적인 노력', '공익지향성', '체계화된 전략과 전술의 활용', '정부로부터 독립된 민간주체성', '구조적이고 제도적인 개혁지향성' 등이다. 따라서 단순한 서비스 활동이나 자선사업, 관변단체의 활동 등은 사회복지운동에 포함하기 어렵다.

이런 의미의 사회복지운동이 우리 사회에서 본격화한 것은 1980년대 말 사회 전체의 민주화 과정과 맥을 같이 하는데, 이는 무엇보다도 정치적 민주화로 인해 사회운동이 활성화될 수 있는 비교적 자유로운 공간이 창출되었기 때문이다. 이와 더불어 사회복지운동 태동의 배경으로 볼 수 있는 요인들은 다음과 같다.

먼저 1980년대 이전 우리나라의 사회복지제도의 특징은 '시간적 지체성'과 '소극적 재정지출' 그리고 그로 인한 '제도의 왜곡저열한 수준, 형평성 결여 등' 이었다. 1980년대를 지나면서 복지제도는 어느 정도 구색을 갖추는 정도로 발전하였지만, 역으로 그러한 발전만큼 시민들의 생활에 미치는 영향력이 증대되면서 제도의 한계가 가지고 있는 역기능에 대한 인식도 증대되고, 결국 이를 개혁하기 위한 사회운동적 노력이 촉발된 것으로 볼 수 있다. 1988년에 불붙었던 농어촌의료보험 시정운동이 대표적인 예가 될 것이다. 여기에서 간과할 수 없는 것은 그 동안 여러 분야에서 성장해 온 민중지향적 사회운동들노동, 농민, 빈민운동 등이 사회복지운동의 태동과 불가분의 관계에 있다는 점이다. 사회운동들은 정치적 · 이념적 이슈에 집중하던 과거와는 달리 정치적 민주화가 어느 정도 진전되면서 시민들의 생활상의 욕구문제에 관심을 돌리기 시작하였고, 이것이 사회복지운동의 태동과 연결되었던 것이다.

이렇게 태동한 사회복지운동은 1990년대에도 지속적으로 확대되는 양상을 보여주었다. 그 중요한 배경은 무엇보다도 1980년대 후반부터 본격화된 세계화 현상(지구적 차원의 경쟁 심화)으로 인해 경제적 불안정이 심화되고, 비정규직이 급증하는 등 불평등 사회로 진전함에 따라 이에 대항하는 사회운동적 노력의 필요성이 커졌기 때문으로 볼 수 있다. 대표적으로 1997년 말에 발발한 외환위기는 대량실업과 대량빈곤을 급격히 발생시키면서 복지수요의 팽창과 함께 복지운동의 팽창 또한 야기하였다. 당시 사회복지단체들은 물론, 수많은 시민사회운동단체들이 실업극복운동이나 민간사회안전망운동 등에 참여하였다. 이러한 경험은 사회운동과 사회복지전문성의 본격적인 결합을 의미하는 것으로도 볼 수 있다.

이 장의 목적은 이렇게 전개되어 온 사회복지운동의 발전과정과 특징을 고찰하면서 그 성과와 과제를 평가하는 것이다. 이를 위해 첫째, 시기구분은 정권의 변화를 기준으로 하며, 이는 15년이라는 짧은 기간을 대상으로 하는 서술과 분석의 편의성을 도모하는 것이기도 하지만 1980년대 후반 이후 각 정권은 사회경제적 조건은 물론 이념적 성향이나 복지정책의 지향성 등에 있어 상당한 차별성을 보이기 때문이다.

둘째, 앞에서 언급한 대로 사회복지운동의 범주를 획정하는 방법은 여러 가지지만, 이 논문에서는 일차적으로 운동주체를 중심으로 시민사회운동에서의 복지운동, 종사자와 전문가들의 복지운동, 복지당사자들의 운동으로 구분할 것이다[1]. 이를 좀 더 자세히 살펴보자.

먼저, 시민운동이나 사회운동 영역에서 전개된 사회복지운동은 그 동안 가장 많이 부각되었던 운동이다. 먼저 전통적인 사회운동 영역에서 발전한 복지운동으로서 노동운동(민주노총, 한국노총), 여성운동(여성단체연합), 농민운동(전농), 빈민운동(전민련, 주거연합 등) 등의 역할을 들 수 있다. 이러한 운동들은 사회운동 지향성이 강한 대신, 사회복지 정체성은 약한 편으로 나타나고, 구성원의 이해관계를 대변하는 경향에서 자유롭지 못할 수 있다. 하지만, 그 반대급부로 진보적 명분을 중시하기 때문에 사회복지의 보편적 발전을 추구하는 성격을 가질 수 있다. 서구의 경우에는 특히 노동운동이 복지발전에서 핵심적인 역할을 담당했지만, 우리나라의 경우는 그 동안의 권

---

1) 이 장에서는 빈민운동, 주거운동, 보건의료 운동, 모금운동 등은 본격적으로 다루지 않을 것인데, 원칙적으로 이를 사회복지운동의 영역에서 배제하는 것은 아니다.

위주의적인 억압 상황 하에서 그러한 역할을 담당하기 어려웠고, 1990년대 이후 조금씩 역할을 확대하는 중이다.

반면 1980년대 후반에 본격적으로 출범한 시민운동의 경우는 사회운동지향성과 사회복지정체성이 적당히 결합되어 있고, 구성원의 이해관계에서 비교적 자유로울 수 있는 특징을 가지고 있다. 실제 현재까지 가장 활발한 활동을 보인 부문으로 인정하는 것이 가능하다. 시민운동은 전국차원의 운동과 지역차원의 운동(지역운동, 주민운동)으로 재분류가 가능하다. 또한 경실련이나 참여연대와 같은 종합적 시민운동에 포함된 운동단위도 있고, 사회복지만을 주제로 하는 운동단위들도 있다. 참여연대와 같은 전국차원의 운동은 복지전문가들이 중심을 형성함으로써 사회복지운동에서 두뇌집단(think tank)의 역할을 감당하고 있다.

다음으로 사회복지 당사자들의 운동은 대표적으로 장애인복지와 노인복지 영역의 예를 들 수 있다. 우리나라의 경우는 최근 장애인들의 이동권 확보를 위한 투쟁의 사례에서 보듯이 노인복지운동보다는 장애인복지운동이 좀 더 활발하고 적극적으로 전개되었다. 당사자 운동은 대체로 사회적 변혁보다는 사회복지 정체성이 강한 편이다. 그리고 이익집단 운동의 성격도 강하지만, 사회적 약자의 권리 회복이 곧 사회의 진보적 발전에 기여한다는 측면에서 매우 중요한 공익적 운동으로 간주할 수 있다.

마지막으로 사회복지 부문에 종사하는 종사자들이나 전문가들의 복지운동이다. 사회복지 종사자들도 그 구성이 다양한데, 일반적인 피고용인으로서의 종사자, 노동자, 사회복지사(전문가), 공무원(사회복지전담) 등이다. 이러한 신분적 정체성에 따라 이들의 운동도 종사자운동, 노동조합운동, 사회복지사운동, 공무원운동 등으로 분화되고 있다. 운동의 내용도 스스로 권익옹호부터 클라이언트를 옹호하고 대변하는 일까지 다양하다. 이들 외에 학자, 연구자들 같은 전문가들도 사회복지학회, 사회복지대학협의회, 사회복지협의회, 사회복지사협회 등과 같은 기존의 단체들을 통해서 혹은 시민사회운동의 경로를 통해 운동에 참여할 수 있다.

　물론 이상의 3주체는 개별적으로 활동하기도 하지만, 상호영향을 주고받으며, 필요할 경우 사안별 연대 등 공통의 운동 추진도 가능하다. 또한 경계가 모호한 운동들도 탄생 가능하다. 이와 같은 운동주체별, 시기별 분석을 종합하여 사회복지운동 15년의 전개과정을 살펴보고 그 성과와 과제를 평가하는 것이 이 장의 목적이다.

2. 사회복지운동의 전개과정

1) 1987년 이전의 사회복지운동

　1948년 정부수립 이후 1987년의 민주화 과정에 이르기까지 한국사회는 억압적인 국가주도형 자본주의체제를 확립하는 데 매진하였다. 이러한 상황에서 사회운동은 한편으로는 비합법적인 반독재 반체제 민중운동, 그리고 다른 편으로는 관변 어용운동을 양 극으로 하면서 YMCA, 홍사단 등 대부분의 합법적 시민사회단체들은 비정치화된 활동의 수준에 머무를 것을 강요당하였다. 이 기간에는 사회복지제도의 수립도 최소한에 머물렀다. 1960년대 초와 1980년대 초에는 취약한 정권의 정통성을 보완하기 위해 몇몇 복지법령이 입법되었지만, 실효성은 극히 낮은 것이었다. 하지만 사회복지 발전을 요구하는 적극적인 운동은 조직화되기 어려웠다.

　서구의 역사에서 사회복지정책의 발전은 대체로 노동운동과 같은 사회운동이 주도한 것이었다. 하지만 이러한 발전양식이 우리나라에는 거의 해당되지 않는다. 왜냐하면 노동운동이 복지발전을 추동할 조직화된 능력을 거의 갖지 못하였고, 노동자계급을 대변하는 노동자정당도 최근에 이르기까지 실체를 갖추지 못하였기 때문이다. 따라서 적어도 1980년대 후반에 이르기까지 한국사회의 복지발전과정에는 노동운동의 정치적 영향력이 거의 없었다고 볼 수 있다(감정기, 1994). 노동운동이 아닌 여타의 진보적 사회운동들도 마찬가지였다.

[표 7-1] 1987년 이전의 사회복지

주요입법 이슈	·주요 입법: 공무원연금법(1960), 생활보호법(1961), 산재보험법(1963), 사회복지사업법 (1970), 직장의료보험제도(1977), 노인복지법,아동복지법,심신장애자복지법(1981)
시민운동	·비정치적 활동에 제한됨(흥사단, YMCA, YWCA 등)
노동운동	·기업별노조 형태, 비정치적 노조활동, 일부 민주노조- 전투적 노조운동 존재.
여성운동 (보육)	·주요단체: YWCA, 여성단체협의회, 가정법률상담소 ·가족법개정운동(1953년-), 소비자보호운동(서울YWCA, 1955년-), ·탁아운동: 1970년대 말 빈민지역탁아운동시작, 1985년 지역사회아동교사회 ·1980년대: 25세여성정년철폐운동(1985), 1986년 여성대회-여성생존권대책위, 1985년 나 이로비3차여성대회(UN)-성주류화개념
장애인 운동	·영역별 조직: 한국장애인재활협회(1954), 맹인복지연합회(1957), 한국소아마비협회 (1975), 한국뇌성마비협회(1977), 한국신체장애인복지회(1981), 한국장애인부모회(1985), 지체장애인협회(1986) ·개인적 차별 대응-입학거부, 공무원채용과 법관임용 차별 등 ·입법 등-심신장애자복지법(1981.6), 재활의날 제정(1972) ·사회운동적 조직화– 한국장애인연맹(DPI, 1986), 장애인문제연구회 울림터(1986)
종사자, 전문가	·한국사회복지사협회 창립(1967)– 윤리강령제정(1982)
기타 (빈민,노 인,아동)	[빈민] 1970-80대 기독교 도시선교활동(빈민운동), 철거반대투쟁, 보육운동(1970년 말) [아동] 아동복리법(1961), 아동복지법(1981) [청소년] 청소년단체협의회(청협 1965년 창립) [노인] 대한노인회(1969), 한국노인문제연구소(1975) 등

물론 노동운동 등 사회운동의 영향력과 관련된 단초를 찾아볼 수 없는 것은 아니다. 1977년의 의료보험제도 실시와 1986년에 선언된 3대 보편적 복지제도(국민연금, 의료보험 농어촌확대, 최저임금제)의 도입에서는 전투적 노동운동을 위시한 사회운동의 영향력을 분명히 감지할 수 있다(이영환·김영순, 2001). 이러한 상황을 명시적이고 본격적인 복지운동으로 보기는 어렵지만, 맹아적 형태의 운동으로 보는 것은 가능할 것이다. 즉, 운동의 조직화수준, 사회적 영향력, 사회복지에 대한 인식의 정도 등에 있어 본격적인 복지운

동으로 이어질 수 있는 잠재력이 성장하고 있었던 것으로 볼 수 있다. 이러한 맹아적 형태의 복지운동은 다른 영역들에서도 찾아볼 수 있다. 몇 가지 예를 들어보자.

첫째는 무허가 정착지 주민들의 철거반대투쟁이다. 1945년 해방에 따른 전재민 귀환, 1950년대 한국전쟁 이후의 피난민촌 확대, 그리고 1960년대 이후 대규모 이농에 따른 산동네 판자집 형성 등은 무허가정착지 확대의 중요 계기였다. 이들 지역은 곧 도시빈민밀집지역으로 빈곤의 상징이 되었고, 1970년대 이후에는 철거와 재개발을 둘러싼 생존권 수호투쟁의 중심 현장이 되었다. 기독교계의 도시선교활동과 결합되어 있던 철거반대투쟁은 1980년 대를 거치면서 조직화된 빈민운동으로 발전하였다.

둘째, 사회복지 당사자 운동 중 장애인운동의 경우는 운동의 발전이 빨랐던 부문이다[2]. 일찍이 한국장애인재활협회(1954), 한국소아마비협회(1975), 한국뇌성마비협회(1977) 등과 같은 자생조직들이 나타났지만, 사회운동적 성격이 부각되지는 않았다. 그리고 1980년대 이전에는 조직적 운동보다는 장애인들에 대한 대학입학거부와 같은 차별을 계기로 사회적 동정여론이 야기되었기 때문에 희생자들이 개별적으로 구제되는 사건들이 다수 발생하였다. 형식적인 심신장애자복지법(1981. 6)의 입법으로 시작된 1980년대의 장애인운동은 좀 더 적극적인 모습이었다. 계속된 입학거부 사건에 대해 소송을 제기하여 승소함으로써 이러한 관행에 종지부를 찍었고(1980년 영남대 약대, 1981년 2월 소송제기), 1982년 법관임용탈락사건에 대해서는 공대위를 구성하여 조직적으로 대응하였다. 한국신체장애인복지회(1981), 한국장애인부모회(1985), 지체장애인협회(1986)와 같은 장애영역별 조직화도 계속 진전되었고, 한국장애인연맹(DPI, 1986), 장애인문제연구회 울림터(장애청년 변혁운동, 1986. 9)와 같은 사회운동 지향적 조직도 태동하였다(신용호, 2002). 하지

---

2) 장애인운동에 대해서는 권선진(1999), 조문순(2001), 신용호(2002), 김용득(2003), 시민의신문사(2003) 등을 주로 참조하였다.

만 사회복지 문제는 아직 장애인운동의 핵심주제로 부각되지는 못하였다.

셋째, 여성운동 역시 일찍이 1950년대부터 YWCA, 여성단체협의회, 가정법률상담소 등을 중심으로 가족법개정운동이나 소비자보호운동을 전개해왔다[3]. 핵심적인 이슈는 여성지위문제였고, 복지이슈는 아직 등장하지 않았다. 사회권적 이슈에 대한 관심이 분명해진 것은 1980년대였다. 1970년대 후반에 학생운동 출신들에 의해 시작된 빈민지역 탁아운동이 1985년 지역사회아동교사회 결성으로 발전하였고, 1986년 여성대회에서는 여성생존권대책위원회가 조직되기도 하였다. 1985년 법원에서 여성정년을 25세로 판결하자 이를 철폐하는 운동이 적극적으로 전개되었다. 특기할 점은 1985년 나이로비 3차 UN여성대회에 등장한 성주류화 개념이 이후의 여성운동에서 중심적인 역할을 하고 있다는 점이다. 성주류화 개념은 기존의 발전주의 틀 내에서 남녀평등과 여성의 몫을 요구하는 자원재분배적 발상을 넘어, 여성의 세력화와 정책결정과정의 탈가부장주의를 요구함으로써 특히 사회정책 영역의 패러다임적 전환을 예고하였다(강남식, 2001). 그러나 복지운동을 공식적으로 표방하는 단계는 아직 아니었다.

2) 민주화대투쟁과 제6공화국 시기: 1987-1992년

이 시기는 1987년 6월 민주항쟁, 노동자대투쟁, 직선제 대통령선거, 그리고 1988년 총선거를 통한 여소야대 국회성립 등을 계기로 한 민주화 이행, 그리고 1990년 초 3당합당(보수대연합)에 의한 보수회귀 등이 이루어진 시기이다. 이 시기에 한국의 정치체제는 권위주의체제에서 민주주의체제로 점진적 이행을 시작하였으며, 경제적 측면에서도 노동계급에 대한 억압과 배제를 통한 축적체제에서 '동의에 의한 축적체제'로 변화되는 양상을 보여주었

---

3) 여성복지운동에 대해서는 남인순(1999), 강남식(2001), 시민의 신문사(2003) 등을 주로 참조
   하였다.

다(성경륭, 1991). 사회복지의 발전에 있어서도 1986년에 공약된 3대 복지제도—국민연금, 농어촌의료보험, 최저임금제—가 예정대로 실시되면서, 보편주의적 사회보험제도를 중심으로 하는 복지국가의 외양이 갖추어지기 시작하는 시기였다.

시민사회운동은 이 시기에 주목할 만한 발전을 이룩하였다. 1989년 경제정의실천시민연합(경실련)의 창립 등 시민운동이 본격화되고, 노동운동과 농민운동, 통일운동 등 전투적 민중운동이 대중적으로 발전하였으며, 이와 연대하는 지역운동과 환경운동 등도 전국적인 조직으로 성장하였다[4]. 또한 1992년 리우에서 UN이 주최한 세계환경회의를 계기로 세계적 차원의 시민사회운동에 대한 관심이 촉발되기도 하였다. 그러나 3당 합당 이후 노태우 정권은 합법적이고 온건 개혁적 노선의 시민운동에 대해서는 묵인과 수용의 태도를 보인 반면 급진적 노동운동에 대해서는 억압적 태도를 견지하는 등 선택적 대응을 보였다(정태석, 2000).

서론에서 언급한 대로 사회복지운동이 본격적으로 출발한 것도 이 시기에 이루어진 일이다. 먼저 시민운동 차원에서의 사회복지운동은 경실련 산하 정책위원회에 사회복지분과가 조직되어 활동이 전개되었지만 그리 활발한 운동으로 발전하지는 못하였다. 하지만 경실련 운동은 집(주택)과 땅(토지) 문제를 사회문제화하고 정책의제화하는 운동을 비교적 성공적으로 전개한 것으로 평가할 수 있다.

다음으로 노동운동의 경우를 살펴보자. 1987년 노동자대투쟁기 노동운동의 주요 요구는 작업장내 인권보장과 단결권 그리고 임금인상에 대한 요구

---

4) 노동운동의 경우 1987년 7-9월 노동자대투쟁을 기점으로 민주노조운동이 폭발적으로 확산되면서 노동조합조직률이 급증하였고, 상급조직으로 1988년에 지역별·업종별 노조협의회, 1989년 전국노동조합협의회가 결성되었다(1995년 민주노동조합총연맹으로 발전). 또한 1987년에 결성된 전국교사협의회는 1989년 5월 전국교직원노동조합을 법외노조로 결성하였다. 농민조직의 경우도 1987년 전국농민협회, 1989년 전국농민운동연합을 거쳐 1990. 4. 26 전국농민회총연맹(전농)으로 조직화되었다. 그 외 전국빈민연합(1989. 11), 전국민족민주운동연합(1989) 등도 이 시기에 전국적 조직을 확립하였다.

가 주류였고(기독교사회문제연구원, 1987), 따라서 복지분야에서 노동운동의 역할은 크게 드러나지 않았다. 그러나 1986년에 공약되고 법개정이 이루어졌지만, 시행이 불확실했던 3대 복지제도의 시행령 준비 등이 큰 차질없이 진행되어 1988년 초에 예정대로 시행된 사실은 노동운동의 활성화로 인한 개혁분위기 조성에 힘입은 바 컸다는 해석은 가능하다.

이러한 노동운동의 상황에 비해 이 시기 본격적인 복지운동의 시발로 볼 수 있는 것은 의료보험과 관련된 농민운동 및 보건의료단체들의 활동이다. 이들은 1988년 농어촌의료보험이 실시되자마자 불합리한 보험료산정 체계에 항의하는 대중행동을 전개하여, 농어촌의료보험에 대한 국고지원을 쟁취하였지만, 문제의 근본적 해결을 위하여 조합주의적으로 분산되어 있던 의료보험제도를 통합일원화하는 운동을 적극적으로 전개하였다. 이러한 운동의 성과로 1989년 3월 통합법안인 국민의료보험법안이 여야 만장일치로 국회에서 통과되었지만, 대통령의 거부권 행사로 실시되지는 못하였다(김연명, 1989). 노동운동은 이 시점까지는 이 운동에 참여하지 않았다. 하지만 이후 전개된 의료보험 통합운동에 부분적으로 그리고 1994년부터는 본격적으로 참여하였다. 예를 들어 1989년 5월 결성된 전국지역의료보험노동조합총연합은 11월 24일 의료보험통합일원화 등 슬로건을 내걸고 파업에 돌입하였다(김유선, 2000).

노동운동이 전국적 조직 차원에서 사회복지 이슈를 주장하기 시작한 것은 1990년대에 들어서 나타나는 현상이다. 우선 1990년 1월에 결성된 전노협(전국노동조합협의회)은 '고용안정보장제도, 공공임대주택, 무상의무교육, 의료보장제도, 복지재정지출확대 등 제도적, 정책적 개선을 쟁취한다'는 사회보장 요구를 강령 차원에서 수용하였다. 한국노총 역시 1991년 2월 대의원대회에서 '노동운동의 이념으로 민주복지사회 실현을 위한 노동조합주의를 채택하고, 사회복지를 포함한 생활영역에서의 투쟁의 중요성을 강조'하는 양상을 보여주었다(김유선, 2000). 이같이 변화된 노동운동의 양상은 당시 심각하게 대두된 주택문제와 같은 민생문제의 중요성을 반영한 것이었다.

[표 7-2] 민주화이행 및 6공화국 시기의 사회복지(1987-92)

주요이슈입법	· 6월 민주항쟁, 노동자대투쟁(1987) · 88 올림픽, 장애자올림픽(1988) · 3대복지제도 시행(1988) · 의료보험시정운동(1988) → 의료보험통합운동(의료보장쟁취공동위원회) · 리우 세계환경회의(1992)
시민운동	· 경실련창립(1989)
노동운동	· 노동자대투쟁(1987) · 전국노동조합협의회창립, 사회보장강령 수용(1990. 1)
여성운동(보육)	· 조직: 전국여성단체연합(여연, 1987), 지역사회탁아소연합(1987), 여성노동자회(1987 → 1992, 여성노동자협의회), 한살림소비자협동조합운동(1988), 여성정치문화연구회(1989), 정신대문제대책협의회(1990) · 입법: 남녀고용평등법(1987), 영유아보육법제정(1991), 졸속입법-개정운동 촉발 · 성폭력대응운동: 김부남사건(1991) 김보은 · 김진관 사건(1992), 성폭력상담소개소(1991), 성폭력특별법제정운동(상담소, 여성의 전화)
장애인 운동	· 서울올림픽거부 및 생존권확보운동(1988) · 입법운동(공대위): 장애인고용촉진법, 장애인복지법 제정(1989) · 조직건설: 장애우권익문제연구소(1987. 12), 전국장애인한가족협회(1992) · 시설건립주민반대 대응운동: 천안인애학교(1991) · 시설민주화운동(정립회관, 1990-91), 전국맹학교(1993) · 장애인교육권확보운동(1992-)
종사자, 전문가 운동	[사회복지전문요원] 별정7급 채용 시작(1987), 전국사회복지전문요원동우회 창설(1989), 사회복지직렬 도입(1992). 전문요원 → 전담공무원 [노조운동] 기업별노조 출범(1988 이후, 홀트, 남부장애인 등), 사회복지단체노조협의회(1990) [종사자운동] 시설확보투쟁(1991, 시설직원연합회) 등 [전문가] 사회복지예산확보운동(1992, 사회복지학회, 사회복지사협회 등)
기타 (빈민,노인,아동 등)	[빈민] 서울시철거민협의회(1997. 7), 도시노점상연합(1987. 6), 전국빈민연합(1989. 11), 주거연합(1990), 빈민지역자활협동조합운동-두레협업사(1990-92), 마포건설(1990), 일꾼두레(1991-94), 해남여성회공동부업(1989-95), 실과바늘(1992-94) [아동] 1991 영유아보육법, UN아동권리협약가입 [청소년] 청소년기본법(1990, 수련원, 지도사, 기본계획), 청소년기본계획(1991-2000)

전노협과 한국노총은 전자가 국가복지를 강조한 반면 후자는 정부에서 추진하는 기업복지적 성격이 짙은 근로자복지제도를 선호하는 차이를 보이기도 하였는데(이영환, 1995), 이러한 차이는 이후에도 꾸준히 나타났다. 그러나

국가복지를 강조하는 전노협 등 민주노조운동은 민주노조결성과 사수, 임금인상, 단체협약갱신, 노동법개정투쟁을 당면과제로 삼을 수밖에 없었기 때문에, 사회개혁운동은 개별노조 혹은 연맹의 부분적 대응수준에 머무르는 한계를 노정하였고, 그 결과 사회적으로 부각된 복지운동을 창출하지는 못하였다(김유선, 2000).

여성운동에 있어서도 이 시기는 극적인 변화의 시기였다. 무엇보다도 진보적 여성운동의 연합체인 전국여성단체연합(여연)이 1987년에 창립됨으로써, 기존의 보수적인 여성단체협의회(여협)과 쌍벽을 이루는 양상이 이루어졌다. 그 외에도 사회권 및 복지문제와 관련된 여성운동이 확대됨에 따라 다양한 측면에서 조직화가 진전되었다. 지역사회아동교사회는 지역사회탁아소연합(1987)으로 확대개편되었고, 여성노동자회(1987), 한살림소비자협동조합(1988), 여성정치문화연구회(1989, 여성정치세력화운동), 정신대문제대책협의회(1990) 등이 창립되었다. 그리고 김부남 사건(1991), 김보은·김진관 사건(1992) 등을 계기로 성폭력 대응운동도 활성화되어 1991년에는 성폭력상담소가 개소되었다. 또한 이 시기에 여성운동은 남녀고용평등법(1987)과 영유아보육법(1991) 등 중요한 여성관련 입법을 쟁취했지만, 졸속입법으로 인해 입법과 동시에 개정운동을 벌여야하는 상황이 전개되었다.

빈민운동의 경우 전국적 조직화가 이루어진 외에 생산자협동조합운동이 태동된 것이 주목된다. 이는 지역공동체 건설과 자활을 목적으로, 의식화된 노동자들이 협력하여 공동체적 방식으로 생산조직을 운영하는 것인데, 주로 봉제생산직과 건축일용직 중심으로 실험이 진행되었다. 대부분의 조합들은 빈민운동이나 공부방 사업을 오랫동안 해왔던 시민단체나 빈민운동단체들이 주축이 되었고, 경영능력의 부족과 외부의 지원 부족 등의 조건하에서 단명하는 경우가 많았다(이소정, 2000: 29). 이 시기에 이루어진 조합들로는 두레협업사(1990-92), 마포건설(1990), 일꾼두레(1991-94), 해남여성회공동부업(1989-95), 실과바늘(1992-94) 등을 들 수 있다(한국도시연구소, 1996: 246).

장애인운동 분야에서는 88장애인올림픽이 중요한 계기가 되었고, 조직건설, 집단행동 전개, 입법활동 등 사회운동적 방식의 장애인운동이 본격화되었다. 우선 장애인들은 최소한의 장애인복지제도도 갖추어지지 않은 상황에서 장애자올림픽을 개최하는 것은 기만이라고 주장하며, '올림픽거부 및 장애자생존권보장운동'을 전개하였다. 장애인들은 올림픽조직위와 정당당사를 점거하고, 결의대회와 서명, 시위 등 집단행동도 활발하게 전개하였다. 이와 더불어 제도개선운동의 일환으로 입법 및 법개정운동이 활발하게 진행되어, 그 결과 형식적인 심신장애자복지법(1981년 제정)이 장애인복지법(1989. 12. 30)으로 전면 개정되고, 장애인고용촉진법(1990. 1)이 제정되는 성과를 거두었다. 운동조직과 관련하여 특기할 사항은 장애우권익문제연구소(1987. 12. 2)가 창립되어 이러한 운동에서 중요한 역할을 담당하였다는 점이다[5].

1990년대 초반에는 그동안 빈발했던 장애인학교 및 시설 건립에 대한 주민반대문제에 적극 대응하여 성공 사례(천안인애학교, 1991)를 만들어냈다. 아울러 정립회관(1990-91) 등 파행적으로 운영되어 온 일부 장애인시설에 대한 민주화운동이 전개되기 시작하였는데, 특히 장애인청년운동에 많은 관심을 기울였다. 1992년부터 장애인교육권확보운동도 전개되기 시작하였다.

이 시기는 또한 사회복지 분야에 종사하는 종사자와 전문가들의 운동이 태동하는 중요한 시기였다. 먼저 1987년에 생활보호사업 수행을 위해 사회복지전문요원이 별정7급 공무원으로 채용되기 시작하였는데, 이들은 공무

---

5) 장애우권익문제연구소는 1987년 장애우에 대한 제반 문제를 연구하고 장애우 복지 증진과 권리 향상에 이바지함으로서 장애우의 완전한 사회참여와 평등한 삶의 실현을 지원하기 위하여 설립되었다. 장애우를 차별하는 법과 제도 및 정책을 조사·연구하여 올바르게 제·개정하고, 장애인문제의 현황 조사 분석과 장애우 복지정책 개발, 장애우 인권 차별 대응, 국내외 장애인 관련 자료 수집 분석, 장애 관련 교육 및 세미나 개최, 장애 관련 전문 서적의 출판 사업, 월간 『함께걸음』 발간 등의 활동을 해 오고 있다. 장애우인권센터, 장애우가족지원센터, 장애우직업센터, 장애우문화센터, 장애우의료센터, 영3어린이집, 월간 『함께걸음』 등의 부설기관과 전국 4개의 지소를 가지고 있다(『2003 시민사회연감』(시민의신문사, 2003) 사회복지 부문 참조).

원들의 조직화가 금지되어 있던 당시에 전문요원동우회(1989)를 조직하여 전문성 제고, 권익옹호, 제도개선활동 등의 운동을 전개하였다. 1992년에는 사회복지직렬도입에 성공하였고, 명칭도 전문요원에서 전담공무원으로 변화되는 성과를 올렸다(전국사회복지행정연구회, 2002; www.ksswa.or.kr).

다음으로 특기할 사항은 민간 복지기관에서 사회복지 노조운동이 시작되었다는 점이다. 1988년 이후 홀트아동복지회, 남부장애인복지관 등에 기업별 노조가 설립되고, 1990년에는 사회복지단체노조협의회까지 결성하였지만, 사용자의 조직적 탄압과 사업장 규모의 영세성 그리고 노동자의식 부족 등으로 인해 활발한 활동은 어려웠다. 이로 인해 많은 노조들이 와해되기도 하였지만, 이후에도 끊임없이 운동의 맥은 이어졌다[6].

이 시기 사회복지전문가들이 참여한 운동으로 사회복지예산확보운동을 들 수 있다. 1991년 후반 정부의 사회복지전문요원 예산삭감 계획에 대한 항의로 촉발된 운동인데, 한국사회복지대학협의회, 한국사회복지학회, 한국사회복지사협회 등이 연합 공청회를 개최하였고, 사회복지학과 학생들 또한 공동대책위원회를 결성하고 시위 등 활동을 전개하였다. 1992년 9월에는 지역의료보험노동조합 등 8개 복지단체가 '사회복지예산확보를 위한 공동대책위원회'를 결성하여 활동을 전개하기도 하였다(이영환 · 이정운, 1996). 이 운동은 그리 크게 전개되지는 못했지만, 사회복지계의 정치적 대응력을 고양하는 계기가 되었고, 이후에도 사회복지계의 지속적인 운동주제가 되었다.

3) 문민정부 시기: 1993-1997

이 시기에는 문민정부의 수립과 함께 형식적 민주화가 더욱 진전되고, 시민운동이 주창한 금융실명제와 토지공개념 등의 개혁정책이 제한적으로나

---

6) 사회복지노동조합운동에 대해서는 채구묵(2002), 심재호(2002), 강병로(2002), 김지현(2003) 등을 참조할 수 있다.

마 성취됨으로써 시민사회의 자율성이 더욱 증대되었다. 1995년부터 실시된 지방자치제 또한 지역운동 태동의 환경을 조성하였지만, 세계적 차원의 경쟁이 본격화되면서 개혁보다는 성장에 비중을 두게 되었고, 이에 따라 사회복지 발전은 기대보다 훨씬 미약했으며 정부의 복지예산도 정체상태를 크게 벗어나지 못했다. 역설적으로 이러한 상황은 사회복지운동의 본격화를 위한 조건이 되기도 하였다. 이 시기에 UN의 주최로 열린 일련의 사회권 관련 세계회의들—1994년 코펜하겐 사회개발정상회의, 1995년 북경 여성대회, 1996년 이스탄불 주거회의—이 국내의 사회운동 발전에 큰 자극제가 되었다.

시민운동의 경우 이 시기에 여성, 소비자, 교육, 생활문화운동들과 같은 다양한 시민운동들이 발전하였다. 하지만, 경실련을 위시한 온건시민운동의 주요 지도자들 다수가 정부 및 정치권으로 진출하는 등 유착관계를 형성함으로써 정부-시민운동 관계에 대한 깊은 성찰의 필요성을 제기하기도 하였다. 이와 같은 상황은 시민운동의 양적 팽창과 더불어 시민운동내의 내적 분화와 이념적 다양화를 촉진하였다. 시민운동의 분화는 경실련으로 대표되는 보수적 시민운동에 대한 반작용으로 친노동운동적, 친민중운동적 성향을 표방하면서 진보적 시민운동의 기치를 내건 참여민주사회시민연대(후에 참여연대로 개칭)의 창립(1994년 9월)이 상징적인 사건이었다. 1993년 4월 공해추방운동연합은 환경운동연합으로 확대 개편되었다.

이 당시 사회복지운동과 관련하여 특기할 사항은 1994년 9월 참여연대 창립시 산하에 사회복지위원회(당시에는 특별위원회)가 설립되어 사회복지제도 개혁을 위한 적극적인 활동을 전개함으로써 사회복지운동의 발전에 획기적인 전기를 제공하였다는 점이다. 사회복지학 교수와 전문가, 변호사 등이 중심이 된 참여연대 사회복지위원회는 이후 사회복지운동 전반의 두뇌집단 역할(think tank)을 하면서 복지운동 전반을 견인하였다(이영환·이정운, 1996; 조흥식, 1999; 윤찬영, 1999). 이 위원회가 초기에 제기한 개혁과제는 국민생활최저선 확보를 위한 제도개혁이었고, 이를 위한 운동 전략은 공익소송과 입법청원이 골간을 형성하였다. 공익소송의 경우는 1994년 2월 사회정책학회의 주도로 생활보호대상자 노인부부가 생계보호의 수준이 헌법상 인간다운 생활을 할 권리를 침해하는지 여부를 확인해 달라는 헌법소원을 제기한 것이 효시였지만, 운동적 차원에서 지속되지 못하였는데(윤찬영, 1999), 참여연대 사회복지위원회는 1994년 12월, 다음과 같은 4건의 소송과 고발을 제기하면서 공익소송을 복지운동의 중요한 전략으로 발전시켰다.

· 국민연금기금관련 손해배상청구 소송: 재판과정에서 여유자금의 강제 예탁을 규정한 공공자금관리기금법에 대한 위헌법률심판제청이 이루어 졌고, 이후 연금제도의 합리적 개혁을 위한 계기로 작용하였다.
· 의료보험적립금 관리에 대한 보건사회부장관 직권남용죄 고발 건: 의료 보험 적립금을 병원시설확충을 위한 대여금으로 활용하려던 보건사회 부의 방침 변경을 견인하였다.
· 지역의료보험료 부과처분 취소청구소송: 지역가입자의 과잉 부담을 이 슈화시키면서 의료보험 통합운동에 기여하였다.
· 노령수당지급대상자 선정제외처분 취소청구소송: 대법원의 위법판결로 승소하여 지급대상이 65-70세 노인까지 확대되었고, 1997년 노인복지법 개정으로 노령수당 폐지와 경로연금 도입의 계기로 작용하였다.

참여연대의 또 다른 역점사업은 입법운동으로서 1995년 노인복지법과 생활보호법개정을 연대운동으로 전개하여 개정안을 마련하여 입법을 청원하였다. 이 청원은 받아들여지지 않았지만, 이후 노인복지법 개정과 국민기초생활보장법 제정에 내용적으로 기여한 것으로 판단된다. 이외에도 정체상태에 있던 복지예산 확대운동도 참여연대를 중심으로 연대사업 형식으로 지속되었다.

다음으로 노동운동은 이 시기에 중요한 변화를 보였다. 1987년 이후 성장한 독립적이고 진보적인 민주노조들은 전국노동자협의회(1990. 1)와 전국노조대표자회의(1993. 6), 민주노총준비위원회(1994. 11) 등을 거치면서 전국적 조직건설을 모색했고, 마침내 1995년 11월 제2의 전국노조조직인 민주노동조합총연맹을 출범시켰다. 사회복지와 관련해서 특기할 사항은 전국적 조직화를 달성한 민주노동운동 진영이 사회복지요구투쟁을 공식적인 의제로 채택하고 대중동원 등의 방법으로 적극 개입하기 시작하였다는 점이다. 물론 노동운동 차원에서 좀 더 긴급한 과제는 여전히 노동법 개정으로 법적·제도적 걸림돌을 제거함으로써 합법적이고 유의미한 정치세력이 되는 것이었다. 따라서 노동운동의 복지투쟁은 결과적으로 큰 성과를 산출하는 데는 성공적이지 못했지만, 복지문제를 노동운동의 중심과제로 수용한 것은 우리나라 사회복지역사상 중대한 의미를 갖는 사건임에 틀림없다(김유선, 2000; 백승호, 2000)[7].

구체적으로 민주노총은 1995년 11월 창립대회에서 의료보험 통합과 같은 사회보장 개혁안을 강령과 기본과제로 채택하였다(우승명, 1999).

"우리는 독점자본에 대한 규제를 강화하고 중소기업과 농업을 보호하며, 사회보장, 주택, 교육, 의료, 세제, 재정, 물가, 금융, 토지, 환경, 교통 등과 관련한 정책과 제도를 개혁한다"(강령 중에서)

"우리는 사회보장제도와 주택, 교육, 의료제도를 개혁하여 전국민의 인간다운 삶을 쟁취한다"(기본과제 중에서)

이와 같이 민주노총을 중심으로 한 민주노동운동 진영은 사회복지제도 개선 등 사회개혁투쟁을 노동법 개정과 함께 중심적인 운동과제로 채택하는 획기적인 모습을 보여주었으며, 이러한 노선은 현재까지도 지속되고 있다. 1996년에는 '96 사회개혁과제 실현을 위한 노동, 시민, 사회단체 공동선언'(1996. 2)이 채택되는 등 사회적 쟁점화에도 어느 정도 성공하였고, 단체협약

---

7) 한국노총의 경우도 1991년 대의원대회에서 사회복지문제를 중요한 과제로 채택하는 등 복지문제에 대한 개입을 확대하였고, 복지정책과 관련된 각종 정부위원회에 민주노총과 동반 참여하였지만, 민주노총만큼 적극적이지 못하였다.

[표 7-3] 문민정부 시기의 사회복지 (1993-97)

주요이슈 입법	· 의보통합운동- 연대회의발족(94. 4), 국민의료보험법 제정(1단계 통합; 97. 11) · 세계대회- 코펜하겐 사회개발정상회의(94), 북경여성대회(95), 이스탄불주거회의(96) · 법, 계획- 사회보장기본법 제정(95), 삶의질 세계화를 위한 복지구상
시민운동	· 참여연대 사회복지위원회 발족(94): 국민복지기본선운동, 복지예산확보운동 등. · 공익소송(94)- 생활보호수준 위헌소송, 국민연금기금운용관련 손해배상소송, 의료보 험적립금 관리 관련 보건사회부장관 직권남용 고발, 지역의료보험료부과처분 취소청 구소송, 노령수당관련소송 · 입법청원- 노인복지법·생활보호법개정청원(95), 사회복지사업법 개정청원(97, 에바 다사건 관련) · 지역복지운동 발전: 우리복지시민연합(대구)(94), 관악사회복지(95), 부산참여자치연 대 사회복지특별위원회(96), 구로시민센타사회복지위원회(97)
노동운동	· 민주노동조합총연맹 출범(95. 11)-사회개혁운동 시작 · 노사관계개혁위원회(97)
여성운동 (보육)	· 입법: 성폭력특별법 입법(93), 일제하 일본군위안부생활안정지원법(93), 가정폭력관계 법제정운동(여성의전화, 여연, 97년 2개법 입법)(94), 여성발전기본법(성주류화 개념, 여성정책기본계획 수립)(95) · 북경여성대회(성주류화 행동강령)(95) · 한국보육교사회(구 지탁연)(97)
장애인 운동	· 상시연대형성: 공대협(94), 장대협(95), 한국장애인단체 총연합회(96) · 운동다각화: 장애인교육권확보운동(92-), 특수교육진흥법개정(93), 시설비리대응(에바 다비리재단 퇴진운동 시작)(96. 11), 국제연대 활발(장애우연구소, 한국DPI 등) · 편의시설촉진운동: 편의연대(97), 편의증진법(97)
종사자,전 문가	[사회복지사협회] 전문직 확립운동- 임상사회복지사시험(96), 정신보건사회복지사시험(96)
빈민, 아동 등	[빈민]생산자협동조합운동: 나섬건설(93-94), 솔샘일터(93), 나레건설(94-95), 명례방협동 　　조합(93), 금호행당하왕기획단(95) → 자활지원센타 시범운영(96) [아동]복지부 아동복지제도 개혁과제 소위원회

시 요구사항 관철에서도 성과가 있었던 것으로 평가되지만, 1996년 이후 노동법개정과 임단투, 그리고 선거투쟁(총선, 대선)의 시급성에 밀려 큰 성과를 보기는 어려웠다(김유선, 2000). 그러나 이러한 운동이 1996년 출범한 노사관계개혁위원회와 1998년 노사정위원회를 통해 어느 정도 실질적인 성과가 나타나는 데 밑거름이 되었다는 점은 분명하다.

노사관계 개혁위원회는 1997년에 ① 사회보험 관리운영체계 개선, ② 산재보험운영체계 개선의 기본방향, ③ 산재보험 적용확대 등을 논의하고 합의를 도출하였는데, 이러한 과정에서 산재보험민영화론을 봉쇄하고, 의료보험통합과 각종 사회보험관련 위원회의 민주적 운영을 위한 기반을 마련하는 성과를 올림으로써 1998년 노사정 합의의 배경으로 작용하였다(김유선, 2000).

결국 이 당시 민주노동운동은 전국적 조직의 건설을 바탕으로 사회복지요구투쟁을 자신의 중요한 사명으로 공식의제화하는 역사적 전환을 이루었고, 대중적 동원과 노사정 협의기구를 통해 제한적이지만 가시적인 성과를 산출하는 데 성공하였다.

시민운동과 노동운동이 중심이 된 개혁운동의 대표적 사례는 1980년대 후반의 1단계 경험을 기반으로 2단계에 진입한 의료보험 통합운동이었다. 새롭게 확대 발족한 '의료보험통합과 보험적용확대를 위한 범국민연대회의(이하 의보통합연대회의, 발족일 1994. 4. 11)'는 이전의 실패를 거울삼아 좀 더 대중적인 운동을 지향하면서 과거 농민운동과 보건의료인 중심의 운동에서 벗어나 노동, 농민, 시민사회단체의 참여에 역점을 두었다. 이러한 방침에 기반하여 1998년경 의보연대회의는 노동, 농민, 여성, 시민사회단체 등 77개 단체와 6개 지역연대회의를 망라하는 대규모 조직으로 발전하였다(의보통합연대회의, 1999). 민주노총과 참여연대를 중심으로 지속적으로 전개된 운동의 결과 통합의 1단계로 지역과 공교의보를 통합하는 국민의료보험법이 1997년 11월 18일 국회를 통과하여 12월 31일 공포되었다(1998년 10월 시행).

한편 이 시기의 시민사회운동에서 주목할 또 다른 사항은 전국적 차원에서 활동하는 참여연대, 경실련 등과 달리 지역차원의 복지운동들이 본격화되었다는 것이다. 지역운동단체들은 운동범위에 있어서는 광역차원의 단체들과 기초단위의 단체들로 구분될 수 있다. 또 조직의 성격에 있어서는 복지운동 단위를 내부에 설치한 종합운동단체와 복지운동만을 목적으로 조직된 단체, 그리고 상설적 연대조직체(예: 성동지역복지연대)로 구분할 수 있다. 지역복지운동의 발전은 1995년부터 실시된 지방자치제도에 힘입은 바 크며, 2002년 5월 현재 시민사회영역에서 활동이 두드러진 지역복지운동단체들은 다음과 같이 18개 정도로 조사되었다(김성기, 2002).

1994 우리사회복지회(대구, 현재 우리복지시민연합)

1995 관악사회복지

1996 부산참여자치연대 사회복지특별위원회

1997 구로시민센타 사회복지위원회

1998 성동희망나눔, 대전참여자치연대 복지포럼, 복지세상을 열어가는 시민모임(천안), 대구참여자치시민연대 사회복지센타

1999 성북복지연대, 경기복지시민연대, 충북참여자치시민연대 사회복지위원회, 마창진참여자치시민연대 사회복지위원회

2000 울산참여연대 사회복지센타

2001 광진주민연대 사회복지분과, 성동지역복지연대, 의정부참여연대 사회복지위원회

2002 위례시민연대 건강복지센타(준), 인천참여자치연대 사회복지위원회

이들 지역복지운동단체들의 주요 활동은 다음과 같이 볼 수 있다(이인재, 2003; 김성기, 2002). 첫째, 가장 두드러진 활동은 직접적인 서비스 제공으로서 전국적 단체들과 가장 다른 점이다. 주민들에게 직접 서비스 혹은 각종 교육훈련 프로그램을 제공하는 활동 등이 이 범주에 속한다. 둘째, 지역사회복지에 대한 관심을 제고하기 위한 이벤트사업이다. 예를 들어 수원에서는 1996년 이래 매년 한 차례 노인복지주간 사업이 전개되고 있다. 셋째, 지역의 사회복지실천가나 주민을 대상으로 한 다양한 사회복지교육이다. 중앙에서는 장애우권익문제연구소의 장애우대학(1991. 9)과 1995년 참여연대의 사회복지학교 등이 실시되었고, 지방에서는 1994년 9월 대구에서 우리사회복지회(현재는 우리복지시민연합) 주최로 참여사회복지학교가 개최되었다. 이어서 수원(1996), 전주(1997), 안산(1997), 천안(1998) 등지에도 확산되었다. 넷째, 옹호 및 대변활동 또한 지역복지운동단체들이 전개하고 있는 대표적인 활동의 한 영역이다. 지역내 사회운동을 위한 타 단체들과의 연대활동과 지방자치단체/지방의회 감시활동 및 조례 제·개정 운동 등을 들 수 있다.

다섯째, 당사자 동원/주민조직화 사업을 들 수 있는데, 대부분의 주민조직이 자원봉사조직인 것이 취약점이다. 우리복지시민연합의 경우 대학생자원모임과 사회복지학과 학생모임을, 관악사회복지의 경우 여성, 청소년, 직장인, 가족 모임 등을 두고 있다. 여섯째, 조사연구사업은 지역 실태조사가 대부분이며, 복지 인식 및 욕구를 주로 조사하고 있다. 지역복지 정책개발사업은 지방선거에 대비하여 지역차원의 복지공약을 개발하는 과제와 연결되고 있다. 최근에는 거의 모든 지역에서 지방선거에 대응하여 공약안 개발, 후보자초청토론회 등의 활동을 전개하고 있다.

문민정부 시기 장애인복지운동의 양상은 다음과 같이 볼 수 있다. 첫째, 이미 다각화된 운동이 더욱 다양하게 발전하였다. 시설민주화운동, 제도개선운동, 행정감시운동, 장애인교육권 확보운동(1993년 특수교육진흥법 개정) 등이 계속 전개되었다. 특히 1996년 11월에 촉발된 에바다 비리재단 퇴진운동은 사건의 심각성은 물론, 여론과 정치권의 관심, 지속적이고 치열한 운동에도 불구하고 오랜 기간 해결의 기미조차 보이지 않음으로써 시설비리의 심각성과 개혁운동의 지난함을 웅변하는 대표적인 사례로 부각되었다. 장애우연구소, 한국DPI같은 단체들은 일본 등 외국 장애단체와 국제적인 연대활동을 전개하였다.

둘째, 운동조직들간의 상시적 연대체를 형성하는 노력을 전개하였다. 1994년 장애인복지공동대책협의회(공대협)에 이어 1995년 한국장애인복지공동대책협의회(장대협)가 결성되어, 연대사업을 총괄하고 여타 시민사회운동과의 연대를 활성화하였다. 1996년에는 지체, 농아, 맹인, 정신지체 4개 유형별 장애단체로 구성되는 한국장애인단체총연합회를 구성하였다.

셋째, 편의시설확충운동이 활발해졌다. 1997년에 장애인편의시설촉진시민연대(편의연대)가 결성되어 활동을 개시하였고, 장애인노인임산부등의편의증진촉진법(1997)이 제정되었다.

문민정부 시기에 사회복지 종사자와 전문가 운동은 대외적인 이슈로 부각되지는 않았고, 내적 발전을 추구하는 양상으로 전개되었다. 구체적으로 사회복지사협회 등은 사회복지사의 전문직 위상 확립을 위해 노력의 일환으로 1996년부터 임상사회복지사 시험을 자체적으로 실시하였다. 이 경험은 이후 2003년부터 실시되는 사회복지사 1급 국가시험을 위탁운영하는 근거로 작용하였다.

빈민운동의 경우는 1990년대 초반에 태동한 생산자 협동조합운동 실험이 계속되는 가운데, 이를 통한 자활의 가능성에 주목하고 정부차원의 지원이 결합되는 양상이 전개되었다. 구체적으로 1996년에 4개의 자활지원센타가 시범적으로 운영되었고, 점진적으로 확장되었다. 2000년 10월 국민기초생활보장제도 실시 이후에는 자활후견기관으로 편입되어 빠른 속도로 확장된다. 이 기간에 생겨나거나 활동한 생산자협동조합은 나섬건설(1993-94), 솔샘일터(1993), 나레건설(1994-95), 명례방협동조합(1993), 금호행당하왕기획단(1995) 등이다(한국도시연구소, 1996: 246).

4) 경제위기와 국민의 정부 시기: 1998-2002

1997년 12월 외환위기의 발발로 IMF에 구제금융을 신청한 직후 건국 이후 최초의 수평적 정권교체로 집권한 김대중 정부는 IMF의 권고에 따른 구조조정과 일련의 사회개혁을 동시에 추진하였다. 정부는 우선 단기적 실업대책 예산을 1997년 6천억 원에서 10조 원으로 늘렸다. 그리고 이 예산으로 대규모의 공공근로사업과 직업훈련 및 실업자대부사업을 추진했다. 고용보험의 실업급여 역시 크게 개선하였다. 30인 이상 사업장으로 제한되었던 실업급여의 적용대상은 1998년 1월에는 10인 이상 사업장으로, 3월에는 5인 이상 사업장으로, 마침내 10월에는 시간제 및 임시직까지 확대되었다. 최빈층을 위한 사회적 안전망인 생활보호 프로그램의 수급자도 한시적대상자를 포함하여 1997년 150만 명에서 1999년 2백만 명으로 늘어났다(한국노동연구원, 1998).

나아가 김대중 정부는 사회보장제도의 전반적 정비에 나섰다. 국민연금이

1999년 도시지역 자영업자들에게로 확대되어 마침내 보편적 프로그램이 되었다. 의료보험은 1차적으로 1998년 10월 지역과 공교조합의 통합이 이루어졌으며, 1999년 1월 국민건강보험법이 제정됨으로서 직장조합까지의 통합이 이루어졌고(2000년 7월 시행), 보험급여 범위도 단계적으로 확대하기로 결정되었다. 산재보험 역시 7월부터 모든 사업장으로 확대되었다. 또한 모든 국민의 최저생활을 국가가 보장하는 국민기초생활보장법이 1999년 8월에 제정되어, 2000년 10월부터 시행되었다[8].

이러한 성과는 참여연대와 민주노총을 중심으로 하는 시민운동과 노동운동의 협력과 연대에 힘입은 바 컸다고 평가할 수 있는데, 이는 노동운동과 시민운동이 동반 활성화된 상황을 반영한다. 국민기초생활보장법이 이러한 상황의 대표적인 성취물이다. 1998년 초 경제위기가 야기한 대량실업과 대량 빈곤 상황에서 획기적인 빈곤대책이 절실하다는 인식이 확산되면서 참여연대 등 시민사회단체들은 공동으로 기존의 생활보호법을 대체하는 새로운 법률의 입법을 청원하였고, 새로운 법안은 여러 가지 노력을 거쳐 12월 말에 보건복지위원회 법안심사소위를 통과하였다. 그러나 입법이 계속 지연되자 전국 50여 개의 시민, 사회, 노동, 빈민, 종교단체들이 대거 참여하는 '연대회의'를 구성하여 적극적인 노력을 경주하였고, 결국 1999년 8월 법제정의 결실을 거두었다(국민기초생활보장법 제정추진 연대회의, 1999).

노동운동과 관련해서는 민주노총의 합법화와 노사정 위원회의 설립이 대표적인 사건이었다. 정부는 1998년 초 민주노총의 제안을 수용하여 한국적

---

8) 이전의 공공부조제도인 생활보호제도는 18세 이하, 65세 이상의 노동무능력자에게만 시혜적 차원에서 생계비를 지급했다. 그러나 새 기초생활보장법은 취업여부와 나이를 불문하고 생계급여를 지급하도록 규정하고 있어 한국 복지 역사상 가장 큰 전환점으로 평가받았다. 이는 공공부조수급이 시혜가 아닌 권리이며 빈곤에 대해 국가가 책임을 져야한다는 사고를 반영하고 있기 때문이다. 그러나 이에 대한 반대급부로 재산기준이나 부양의무자 기준 등을 지나치게 엄격하게 적용하여 기존의 생활보호대상자마저 탈락의 위험에 처하는 등 실제 시행과정에서 제기된 문제들은 이런 사고가 한국의 복지원칙으로 정착하기가 얼마나 어려운 지를 보여주었다.

조합주의의 실험이라고 할 수 있는 노사정위원회를 설립하여 노사의 합의를 통한 개혁을 꾀하였다. 노사정위원회 진행과정상의 곡절은 많았지만 노조 쪽은 노조의 정치활동에 대한 법적 승인, 공무원 및 교원의 노조조직화 권리 인정, 그리고 실업자들의 노조 결성 및 가입권 등 노동운동의 오랜 염원이었던 과제들을 성취했다. 또한 애초의 의도에 훨씬 못 미치는 것이긴 했지만, 정리해고의 요건을 까다롭게 함으로써 고용을 보호하는 데도 일정한 역할을 했다.

복지개혁 쪽에서 이루어진 성과는 훨씬 큰 것이었다. 사실상 경제위기 발생 이후 노동자들이 국가로부터 가장 큰 양보를 받아낸 영역이 바로 복지였다. 민주노총은 한국노총과 연대하여 고용보험의 개혁, 실업자와 빈곤층을 위한 사회적 안전망의 확대, 국민연금 등 사회보장 프로그램의 포괄적 개혁 등을 요구했고, 위에 기술한 바와 같이 정부는 이 요구들 중 상당 부분을 받아들였다. 노사정위 초기에 체결된 '경제위기극복을 위한 사회협약 1998.2.9' 중 사회보장 관련 부분은 아래와 같이 볼 수 있는데, 합의사항은 상당 부분 이행되었다(김유선, 2000; 노사정위원회 자료). 의료보험통합일원화와 국민연금기금운용 문제, 국민기초생활보장법 제정 등 우리나라 사회복지발달을 위한 숙원사업들이 다수 포함되는 성과라고 볼 수 있다.

(51-61) 사회보장 확충

(51) 정부는 재정여건의 허용범위 내에서 사회복지관련 예산의 비중을 단계적으로 확대한다.

(52) 정부는 사회보험제도의 관리운영체계 개선을 위하여 우선적으로 고용보험과 산재보험, 국민연금과 의료보험의 보험료를 통합징수하는 방안을 강구한다.

(53) 정부는 근로복지 기능을 제고하기 위해 4대 보험과 노동복지정책의 연계성을 강화한다.

(54) 정부는 4대보험제도 관계법령을 개정하여 실질적으로 의사결정 및 감시

의 기능이 확보될 수 있도록 사회보험관련 각종 위원회에 노사 및 기타 관계자 대표의 참여를 확대한다.

(55) 정부는 의료보험 통합·일원화 및 적용확대를 위하여 1998년 중 관계법령 개정을 추진한다.

(56) 정부는 공공자금관리기금법 제5조 삭제를 위한 입법을 1998년 중 추진한다.

'경제위기극복을 위한 사회협약(1998. 2. 9)' 중에서

하지만 노동자들의 입장에서 볼 때 이와 같은 복지개혁을 승리로 간주하기는 어려울 것이다[9]. 국가는 고용안정이라는 노동 측의 가장 절박하고 긴급한 요구를 무시하면서 노동자들의 분노를 잠재우는 수단으로 복지개혁을 택했다고 볼 수 있다. 즉, 노동측의 1차적인 요구인 정리해고 법제화 반대와 프랑스식의 일자리나누기(work sharing) 정책의 도입을 외면한 대신, 복지예산을 대폭 늘리면서 실업관련 프로그램을 비롯한 사회보장체계 전반의 정비에 나섰던 것이다. 이는 최근의 복지개혁이 또 다른 형태의 수동혁명임을 의미하는 것으로 노동자계급의 힘의 한계를 보여주는 것으로도 볼 수 있다. 그럼에도 불구하고 이 시기에 이루어진 복지개혁은 외환위기라는 상황적 요인과 정부의 복지지향성 못지않게 노동운동과 시민운동의 연대라는 운동적 요인의 성과임을 부정하기는 어려울 것이다.

시민운동은 이 시기에 지속적으로 양적, 질적 성장을 이루었고, 경실련을 비롯하여 참여연대와 환경운동연합 그리고 여성단체연합이 전통적인 YMCA/YWCA와 함께 대표적인 시민운동단체로 부상하였다. 시민운동은

---

9) 김대중 정부 복지개혁의 공과에 대해서는 여러 가지 평가가 가능하며, 이를 객관적으로 평가하기는 아직 시기상조일 것이다. 예를 들어 김연명의 경우는 문민정부의 복지개혁으로 인해 우리나라 국가복지의 성격이 자유주의나 분리적 조합주의의 틀을 벗어나 복지국가주의적 방향으로 진행되고 있다고 평가하는 반면, 김영범은 노동시장의 유연화나 소득보장제도의 가입자 부담 증대와 같은 변화는 보수주의 유형에 근접한다고 하였다(김연명, 2003). 양자 모두 Esping-Andersen(1990)의 복지국가체제 유형론에 근거하고 있는데, 우리나라의 경우는 어느 한 유형의 성격을 뚜렷이 가지기보다 혼합적인 양상을 보인다고 관찰하고 있다.

2000년 국회의원 총선거에서 부적합 후보에 대한 낙천, 낙선운동을 전개함으로써 대중적 지지와 함께 상당한 반향을 얻는 데 성공하였고, 이러한 정치개혁운동의 경험을 지속적인 사회개혁운동으로 연결하기 위해 상설연대조직(사회개혁시민연대)을 2001년에 결성하였다.

사회복지 영역에서 참여연대 등 시민운동은 앞서 기술한 대로 국민기초생활보장법 제정운동에서 중심적인 역할을 하였다. 또 2000년 8월 9일 송파구의 비닐하우스 촌 개미마을과 화훼마을 주민들은 위례시민연대, 주거연합, 참여연대와 함께 주소지 찾기 행정소송을 제기했고, 2001년 1월 18일 서울행정법원이 '전입신고를 받아주지 않은 것은 부당하다'는 판결을 내림으로써 이들 주민들에게 주소지가 부여되는 성과를 가져왔다. 이는 한 동안 소강상태였던 공익소송 분야의 새로운 성과라는 의미가 있다.

여성운동은 이 시기에 무엇보다도 정부 내의 위상확립에 큰 진전을 이루었다. 1998년에 여성특별위원회 설치, 여성정책담당관 제도 실시와 함께 1차 여성정책기본계획(1998-2002)이 수립되었고, 2001년에는 여성특별위원회가 여성부로 승격되었다. 2000년 기초생활보장제도가 실시되는 것을 계기로 여성노동자회 등은 여성자활사업에 적극 참여하였고, 군산대명동 화재참사를 계기로 한 성매매방지법 제정운동(2004년 3월에 입법)과 보육사업(공공성 제고, 무상보육확대), 비정규직 모성보호사업 등이 주요 관심사로 전개되었다.

이 시기 장애인복지 운동에도 중요한 변화와 발전이 있었다. 첫째, 장애인연합조직이 이원화되고 갈등이 심화되었다는 것이다. 1998년 한국장애인단체총연맹(한국장총)이 결성되는 과정에서 지장협과 한국DPI 등이 독자노선을 선택하며 갈등이 야기되었는데, 이후 장애인고용촉진법 개정 문제 등을 계기로 갈등이 강화되었다(조문순, 2001). 지장협과 한국DPI는 2003년 한국장애인단체총연합회(장총련)를 별도로 구성하게 되는데, 이러한 갈등해결이 앞으로 중요한 과제가 될 것이다.

2000년대 들어 새롭게 전개된 대표적인 장애인복지운동으로는 이동권 운동과 자립생활운동을 들 수 있다. 먼저 이동권 운동은 2001년 1월 오이도역

[표 7-4] 외환위기와 국민의 정부 시기 사회복지운동(1998-2002)

주요이슈 입법	· 시민사회운동 활성화: 의료보험통합운동(1999, 국민건강보험법), 국민기초생활보장제도 (추진연대회의 결성, 1999 입법, 2000 실시) 등 결실. 의약분업파동(2000). 총선 낙선낙천 운동(2000) · 적극적 복지정책: 실업대책(1998), 국민연금지역확대(1999), 생산적복지이념(1999)
시민운동	· 참여연대- 각종 연대운동, 제도개혁운동 견인, (공익소송) 비닐하우스촌 주소지찾기 승 소(2000), 월간 『복지동향』 발간(1998년 이후) · 지역운동조직확산: 성동지역, 대전, 천안, 대구(1998), 성북지역, 경기지역, 충북, 마창진 (1999), 울산(2000), 광진구, 성동지역, 의정부(2001), 위례시민연대, 인천 등(2002).
노동운동	· 민주노총합법화(1998) · 경제위기극복을 위한 사회협약(1998. 2. 9). 노사정 위원회 출범(1998).
여성운동 (보육)	· 정부내 위상확립: 여성특위(1998), 여성정책담당관제도, 1차여성정책기본계획(1998-2002), 여성부 출범(2001). · 자활사업 참여: 기초보장제도(2000), 여성노동자협의회 등 7개 후견기관 운영. · 성매매방지법제정운동(2000, 군산대명동 화재참사 계기, 여연, 새움터, 한소리회 등 참 여, 2004년 3월 입법) · 보육의 공공성 제고, 무상보육확대, 비정규직 모성보호운동 등.
장애인 운동	· 연합단체 이원화: 한국장애인단체총연맹 결성(1998, 지장협은 독자노선) · 이동권 운동: 오이도역 수직리프트 추락참사(2001. 1), 4월 장애인이동권연대결성. · 자립생활운동(2001년 이후): 중증장애인독립생활연대(2001. 2), 한국자립생활네트워크 (2001. 8), 자립생활센타 확장. · 선거대응(2002): 장애인대선연대-후보초청토론회, 공약집, 지방정책과제집 발간. · 공익소송:(2000) 서승연씨 등 2층 투표소 건 국가상대 손해배상소송(2001 승소) · 생활시설보육사2교내투쟁(2000), 장애인차별금지법 추진운동(2001), 통합교육운동, 사 회권규약반박보고서 등 연대활동, 여성장애인연합 창립(1999) 등
종사자, 전문가 운동	· 사회복지사협회: 법정단체화(1998, 사회복지사업법 개정), 사회복지사자격증교부업무 위탁(1999), 대선후보초청토론회(2002) · 전담공무원: 일반직 전환(1999), 기초보장법 입법운동 참여, 전국사회복지행정연구회로 개칭(2000년), 강등자 직위회복운동, 사회복지사무소 설치 운동. · 노조운동: 사회복지노조준비위(산별노조지향): 사이버시위 등 대정부 투쟁(2001. 8), 전 국사회복지노동조합대표자회의(2002), 서울경인사회복지노조(2003. 1, 산별-민주노총, 홀트, 남부, 안양, 정립 노조 통합) · 종사자: 장애인생활시설보육사 2교대 쟁취(2000), 서울시복지관 평가반대운동(2001)
기타 (빈민, 노인, 아동 등)	· 실업: 실업극복국민운동(1998)- 전국실업극복단체연대회의 결성 · 빈민: 자활지원본격화(2000, 후견기관 증설)- 2002년 172개 기관 · 아동: 아동복지법 개정운동(1998, 1999년에 전면개정, 현 재개정운동 중), 공약채택운동 (2002, 아동복지학회), 보육법개정운동(여연, 보육교사회), 한국아동단체협의회 창립 · 청소년: 온라인권리찾기운동, 선거연령낮추기운동, 알바 운동(참여연대, 2002) · 노인: 밝은노후, 노권당 등. 정년없는사회, 연령차별철폐, 정책수립참여운동 등.

장애인수직리프트 추락참사 및 이와 유사한 몇 가지 사건을 계기로 본격화
되었다. 4월에 결성된 장애인이동권쟁취를위한연대회의(장애인이동권연대)
에는 65개 단체가 참여하여(2003년 5월경) 격렬한 운동을 전개하였다. 자립
생활운동은 장애인들의 독립적 생활과 이를 지원하는 복지시스템을 추구하
는 운동으로서 국내에서는 2001년 이후 본격화되어 중증장애인독립생활연
대(2001. 2), 한국자립생활네트워크(2001. 8)가 결성되었고, 자립생활센타도
확장되었다. 이동권운동과 자립생활운동은 장애인복지에서 무엇보다도 당
사자 운동의 성격이 강화되는 경향을 의미하는 것이다.

더불어 2000년 이후에는 장애인차별금지법 추진운동(2001년 이후), 통합
교육을 위한 보조인력 시민연대운동(2002), 사회권규약 반박보고서 시민연
대, 아동협약 반박보고서 시민연대, 사회보호법 폐지를 위한 공동대책위원
회, 양심적 병역거부운동, 선거법 개정운동, 소파 개정운동 등 연대운동을 통
하여 사회 제반분야에 장애인 운동단체들이 활발하게 활동했던 한 해이기도
하였다.

2002년 대통령선거 시에는 200여 개의 장애관련단체로 구성된 대선 공동
대책위원회가 구성되어 대선 후보자 초청토론회 개최, 공약집 발간사업 등
다양한 활동을 하였다(시민의신문사, 2003). 2002년 대선에서 장애계는 장애
연금제도 도입의 가능성을 높였고, 장애차별금지법 제정 공약을 받아냈고,
정보접근권확대, 장애인편의시설 대폭 확대, 장애아 통합교육기회의 실질적
확대, 장애인 보건의료 보장, 장애인의 이동권 확대, 장애인 고용확대 등 실
질적인 약속을 받아내는 성과를 올렸다. 그리고 2002년 지방자치선거에도
전국의 장애단체들이 활발하게 참여하였다.

이 시기에 장애인과 관련된 공익소송의 성과들도 있었는데, 대표적인 예
로 1급 지체장애인인 서승연씨 등 장애인 8명은 2000년 4.13 총선일에 선관
위 직원들의 비협조로 2층에 설치된 투표소에 접근할 수 없어 투표를 포기하
게 되었고, 이에 대해 시민단체들과 함께 국가를 상대로 손해배상 청구소송
을 내서 2001년 3월 원고승소판결을 받았다(시민의신문사, 2003).

사회복지 종사자와 전문가 운동도 이 시기에 활발하게 진행되었다. 먼저 사회복지사협회는 1998년 법정단체로 변화되면서 사회복지사자격증교부업무를 위탁(1999) 받아 안정적 기반을 확보하였고, 2002년에는 대선후보초청 토론회도 개최하였다. 사회복지 전담공무원들은 1999년 숙원이던 일반직 전환을 쟁취하였고, 기초보장법 제정운동에도 적극 참여하였다. 2000년 전문요원동우회는 전국사회복지행정연구회로 개칭하였다. 2002년 현재 16개 시도 지부, 234개 시군구 지회에 회원수가 약 7,200명에 달하고 있으며, 당면한 운동과제로 일반직 전환시 직위강등자들의 원직위 회복을 지원하는 운동과 사회복지 전달체계 개선을 위한 사회복지사무소 설치 운동을 적극 추진하고 있다.

1980년대 후반에 태동하여 난관 속에서도 꾸준히 단위조직을 확장시켜 온 사회복지노동조합들은 이 시기에 와서 운동성 회복을 위한 산별조직화를 지향하였다. 2001년 경 활동중인 노조 수는 35개 단위사업장에 조합원 수 759명(남 278, 여 481) 정도로 상당히 미약한 상태였다. 이러한 상황을 타개하기 위하여 이들은 2001년 8월 사회복지노조준비위를 결성하여 사이버시위 등 대정부투쟁을 수행하면서 2002년에는 전국사회복지노동조합대표자회의를 거쳐, 마침내 2003년 1월 서울경인사회복지노조를 민주노총 산하의 산별조직으로 만들었다(강병로, 2002)[10].

이러한 노동조합운동과 별도로 2000년에는 장애인생활시설 보육사들이 근무조건개선운동을 주체적으로 전개하면서 장애인, 노인, 아동시설의 보육사 2교대 제도를 쟁취하는 성과를 올리기도 하였다. 또한 2001년 서울시의 복지관 평가를 계기로 복지관운영비의 충분한 지원을 요구하는 운동도 강력하게 전개되었다.

이 시기의 사회복지운동 중에서 실업극복운동은 특별한 관심의 대상이 될

---

10) 조직화 과정에서 단위조합이었던 홀트, 남부, 안양, 정립 노조는 경인노조에 통합하기로 결정하였다.

것이다. 이 운동은 전국 차원의 실업극복국민운동과 현장단위의 실업극복단체 운동의 2가지 차원으로 진행되었다. 먼저 국민운동위원회는 IMF 외환위기 이후 시민단체, 종교단체, 노동단체, 언론, 학계 등의 힘을 모아 사각지대의 실업자와 가족을 지원하는 운동으로 1998년에 결성되었고, 소요재원은 국민의 성금으로 마련되었다. 국민운동의 총 모금액은 2002년 9월 30일 현재 1,142억 1,300만 원이었고, 이자수입 151억 100만 원을 합하여 총 수입은 1,293억 1,400만 원에 달하였다. 위원회는 이 기금을 재원으로 제안공모사업과 자체기획사업을 시행하면서 총 291만 명에 달하는 수혜자를 대상으로 다양한 실업극복사업을 시행하였다(실업극복국민운동위원회, 2003).

국민운동의 가장 큰 성과 중의 하나는 각 지역에서 자발적으로 창설된 실업극복운동단체들을 제안사업과 기획사업을 통해 지원함으로써 민간실업운동의 인프라 구축에 기여한 점이라 할 수 있다. 이들 단체들 중에는 전통적인 사회복지기관들도 있었지만, 지역운동과 여성운동, 노동운동 등 시민사회단체들이 상당수 참여하였다. 이들은 취업알선과 상담사업을 중심으로 각종 실업자지원활동, 실업자조직화사업, 사회적일자리창출사업(공공근로위탁사업 등과 연계, 음식물재활용, 폐컴퓨터재활용, 무료간병인, 숲가꾸기 사업 등) 등을 전개하였으며, 전국실업극복단체연대회의를 결성함으로써 민간네트워크를 형성하고 국민운동의 파트너로 활동하였다. 이들 단체들은 한때 100여 개에 달하는 실업극복지원센타와 30여 개의 건설무료취업알선센타(민주노총 주관)를 포괄할 정도로 확대되기도 하였다. 현재 이들 단체들의 일부는 실업극복사업을 청산하였고, 일부는 보건복지부 지정 자활후견기관으로 이전하면서 현재는 40여 개 단체만이 명맥을 유지하고 있다(김경희, 2002). 하지만, 전통적 사회복지기관이 아닌 시민사회단체들이 실업극복과 도시빈민 자활운동에 참여함으로써 획득하게 된 사회복지운동의 경험은 앞으로 사회복지운동의 전개에 있어 작지 않은 변수로 작용할 것으로 보인다. 자활후견기관은 2002년 현재 172개 기관으로 확대되었고, 빈민들의 자활과 운동에 적지 않은 변수로 작용하고 있다.

3. 결론: 사회복지운동의 성과와 과제

먼저 이상에서 기술한 사회복지운동의 전개과정에서 나타난 주요 특징을 살펴보기로 하자.

첫째, 우리나라의 사회복지운동은 1980년대 후반 정치적 민주화와 함께 발전하기 시작하였으며, 1990년대의 지구화 진전 및 그로 인한 제반 사회적 모순들—비정규직과 신빈곤 등—의 증가와 더불어 성장하였다. 그 중에서도 1997년 말의 외환위기 발발은 복지운동의 증폭에도 중요한 계기로 작용하였다.

둘째, 전개과정에서 나타나는 중요한 특징 중의 하나는 사회복지운동의 주체가 다양하게 발전하였다는 점이다. 이 장에서는 이러한 운동 주체를 시민사회운동, 당사자운동, 종사자 및 전문가운동으로 나누고, 이를 중심으로 전체적인 발전과정을 고찰하였다. 주된 양상은 다음과 같이 볼 수 있다.

먼저 농민운동은 1980년대 후반 의료보험시정운동을 통해 사회복지운동을 촉발하는 데 기여하였고, 민주노총을 중심으로 하는 노동운동은 조금 늦게 참여하기는 하였지만, 1990년대를 지나면서 운동의 주력으로 부각되었다. 시민운동은 1990년대 중반 이후 중요한 역할을 담당하게 되었다. 참여연대와 같은 전국적 차원의 시민운동은 공공부조나 사회보험(국민연금, 의료보험) 등 전국적 차원의 제도개혁 이슈들을 다루는 데 있어 중심적인 역할을 하였고, 지역운동 차원의 복지운동들도 활발하게 전개되고 있다. 1990년대 중반 이후 본격화된 시민운동과 노동운동의 결합은 사회복지전문성과 대중적 운동역량의 결합을 통해 복지운동의 핵심 동력을 형성한 것으로 평가할 수 있다.

장애인운동, 빈민운동, 여성운동 등은 자신들의 고유 과제를 중심으로 하면서 관련된 복지이슈에 적극적으로 대응하는 양상을 보여주었다. 이들은 노동운동이나 시민운동에 훨씬 앞서 여러 가지 조직적 발전을 이루었고, 사회복지와 관련된 맹아적 운동의 양상도 보여주었다. 사회복지당사자 운동 중에서 상대적으로 노인, 청소년, 아동복지 분야의 운동적 흐름이 약하게 나타나는데, 이는 곧 운동 주체의 형성이 지연되고 있기 때문으로 볼 수 있다.

열악한 상황에서 일하는 사회복지종사자와 전문가 운동도 점진적으로 발전하였다. 1980년대 후반 사회복지 전담공무원들이 먼저 조직화되어 권익옹호와 사회복지전달체계 개선 등의 활동을 전개하여 많은 성과를 거두면서 잠재력을 보여주었다. 사회복지사들의 노동조합운동은 1980년대 후반 한 차례 좌절을 겪으면서도 맥을 이어갔고, 2000년대 초반에는 산별노조 건설에 매진하고 있다. 협회, 학회 등의 전문가들은 제도개선운동에 참여하거나 혹은 사회복지사들을 위한 전문직 확립을 위해 노력하였다.

셋째, 사회복지 분야별로 전개된 운동에 대해서는 본 고에서 충분히 다루지 못하였다. 명확히 구분되는 것은 아니지만, 사회보험과 같은 전국적 차원의 제도들은 시민운동이나 노동운동이 주로 담당하였고, 사회복지서비스는 지역운동이나 여성운동, 장애인 운동 등이 많은 관심을 기울였다. 앞서 언급한 대로 노인이나 아동, 청소년 분야는 운동흐름이 약했던 반면, 기초생활보장법 제정운동과 같은 공공부조 분야는 빈민운동 등 각 부문운동들이 공히 관심을 기울인 영역으로 볼 수 있다.

넷째, 운동의 전략과 전술 역시 다양하게 전개되었지만, 아직 발전의 여지는 많다고 볼 수 있다. 제도개선을 위한 청원과 로비, 그리고 집회, 시위, 서명 등의 집단행동 등이 일반적으로 활용되었다. 특기할 점은 공익소송과 같은 사법적 영역에서의 운동이 전개되기 시작한 점이다. 이는 피해자 옹호, 제도 개혁 등을 위해 고발과 소송제기 등 상당히 도발적인 방법을 사용하는 것인데, 사법과정을 통해 행정부와 입법부를 견제하는 효과를 의도한다. 이론적으로 볼 때, 판결 상의 승리를 기대하기는 쉽지 않고 또 승리할 경우에도 그 성과가 크지 않을 수 있지만, 그 동안의 경험을 보면 실제 소송의 과정에서 여러 경로로 상당한 성과를 거둔 것으로 나타난다. 하지만, 소송당사자(원고) 발굴의 어려움, 미약한 기대이익, 시간과 비용문제 등으로 인해 본격적 발전이 이루어지지 않고 있어 상황돌파를 위해 많은 노력이 필요한 상황이다.

운동전략과 관련된 또 다른 발전은 선거국면을 활용하는 방식이 보편화되었다는 점이다. 2000년 총선시민연대의 낙천낙선운동 성공 이후 사회복지영역에서도 각 지역 및 분야별로 총선과 대선 그리고 지방선거 등의 기회에 후보자 초청토론회, 공약 발굴 및 채택운동 등이 조직적으로 전개되고 있다.

다섯째, 사회복지운동단체들이 정부와의 관계를 형성하는 방식도 다양하게 전개되었다. 노동운동과 일부 시민운동은 대결과 견제 그리고 협상 전략을 견지하고 있는데, 정부의 각종 위원회에 참여하는 등 협력관계는 유지하고 있지만, 좀 더 대등한 협상창구 개발은 과제이다. 이에 비해, 좀 더 많은 단체들은 정부의 지원을 받거나 기관위탁에 참여하는 등 의존성이 강한 관계를 형성하고 있다. 직접적 서비스의 비중이 큰 사회복지 분야의 특성을 인정한다 하더라도, 바람직한 관계 모델을 형성하는 것이 과제라 볼 수 있다.

여섯째, 운동단체들이 힘을 결집하기 위해 연대운동을 전개하는 것이 일반화되어 있다. 연대운동을 통해 사회적 공신력이 배가되는 등 여러 가지 효과를 기대할 수 있지만, 실제 수많은 단체들을 연결하고 효과적으로 동원하는 일은 쉬운 일이 아니어서 형식적인 연대운동으로 전락하는 경우도 적지 않다.

일곱째, 그 동안 복지운동의 주류를 형성한 것은 사회복지제도 도입 및 도입된 제도의 개혁을 위한 운동들이다. 이는 실용적 성격이 강한 사회복지분야의 운동에서 불가피한 현상이지만, 그 반대급부로 이념지향적 운동이 빈곤하였다는 점을 지적하지 않을 수 없다. 즉, 사회복지운동이 어떠한 사회체제, 어떠한 복지모형을 추구해야 하는 것인지를 고민하기보다는 당면한 제도적 문제의 해결에 급급해 왔다는 것이다. 최근 학계 일부에서 시작된 한국 복지국가 성격논쟁(김연명 편, 2003)은 좀 더 근본적인 고민이 본격화되어야 한다는 신호탄으로 볼 수 있다.

이와 같이 그 동안의 사회복지운동은 다양하게 발전하면서 적지 않은 성과를 거두었고, 또 나름대로 많은 한계를 안고 있다고 볼 수 있다. 마지막으로 앞으로의 발전과제를 살펴보고자 하는데, 이와 관련하여 우리나라 사회복지가 당면한 상황을 일별할 필요가 있다.

우리나라의 사회복지제도는 1980년대 이후 빠른 속도로 제도도입과 적용범위 확대가 이루어졌지만, 아직도 많은 문제를 안고 있고, 더욱이 1990년대를 경과하면서 제도 자체의 위기가 심화된 측면도 있다. 예를 들어 최근 피용자의 절반을 상회하게 된 비정규직의 대부분이 사회보장의 사각지대에 놓임으로써 사회보장제도의 존재의의와 존재기반을 훼손하는 상황이 전개되고 있다. 즉, 정규직을 중심으로 설계된 사회보장제도의 기본 골격이 위기에 처하게 된 것이다.

이러한 구조적 취약성에 더하여 우리나라의 사회복지는 신자유주의적인 복지축소 공세에 직면하고 있다. 신자유주의적 공세는 복지제도와 재정지출의 축소를 목표로 하고 있으며, 그 유력한 수단으로 사회보장제도의 민영화를 강조한다. 이러한 민영화 요구의 실현과 복지지출 삭감은 가뜩이나 취약한 사회보장제도의 실효성과 존재의미를 심각하게 훼손할 것이다.

또 하나의 위협요인은 최근 강력하게 대두되고 있는 이익집단과 기득권 세력의 요구이다. 사회보장영역에서 이해집단간 그리고 이해집단과 국가간 갈등이 본격화된 것은 1990년대 초부터였는데, 한의사와 약사의 갈등을 시작으로 의약분업을 둘러싼 의사, 약사 그리고 국가간의 갈등, 연금보험이나 건강보험과 관련된 직장가입자와 지역가입자의 갈등, 유아교육법을 둘러싼 유아교육과 보육계의 대립 등 갈등의 폭과 깊이가 날로 확대되는 추세를 보여 왔다. 이러한 갈등은 근본적으로 사회보장의 발전이 지체되는 과정에서 형성된 비대한 민간영리부문이 사회보장의 뒤늦은 발전에 시장논리로 개입하는 과정에서 빚어지고 있다. 문제는 갈등의 존재 자체가 아니라, 이를 통제할만한 적절한 사회적 합의 및 조정구조가 결여되면서, 기득권적 요구가 심각한 제도적 왜곡을 야기하고 있다는 점이다.

이상과 같은 상황은 사회보장제도의 개혁을 방해하면서, 한편으로는 정치적 지지와 재정적 기반의 상실로 인한 제도자체의 지속가능성의 위기, 다른 한편으로 '두 개의 국민'이라는 사회해체적 위기를 초래할 위험이 다분하

다. 이와 같은 사회보장의 형해화는 이제까지 인류가 창안해낸 가장 유력한
빈곤대책이 아무 대안없이 괴멸되면서, 가난한 민중들에게서 최소한의 사회
안전망마저 박탈하는 의미를 갖게 될 것이다.

　따라서 이러한 위기에 대응하여 사회보장을 수호하고 재정립하는 것이 사
회복지운동의 핵심적인 과제로 등장한다. 즉, 변화된 상황에 창조적으로 대
응하면서 제도의 결함을 개혁하고, 공격을 방어하며, 궁극적으로 실효성있
고, 평등 지향적이며 지속가능한 사회보장체계를 구현하는 일이다. 이를 위
하여 우선적으로 요청되는 것은 이제까지 사회복지운동이 추구했던 제도개
혁운동을 지속하고 확장하는 일이다. 구체적으로 다음과 같은 과제들을 들
수 있다.

- 공공부조와 사회복지서비스의 선별적이고 잔여주의적인 성격 극복: 좀
  더 넓은 계층을 포괄하는 보편적인 제도로의 발전.
- 사회보험에 있어서의 배제와 차별의 극복: 비정규직에 대한 차별의 철
  폐, 현세대 노인에 대한 무기여 연금의 지급 등.
- 집합적 소비정책의 발전: 보육과 교육의 공공성 강화, 공공임대주택의 확
  대와 주거비보조제도의 본격화 등 주거정책의 발전, 적극적 노동시장정
  책과 개별화된 고용서비스, 보건의료 정책의 공공성 강화를 위한 개혁 등.

　이러한 목표를 달성하기 위해 사회복지운동은 적극적 사회복지의 실현을
추구하는 실천적 운동의 건설과 그를 위한 이념적 기반의 정립을 위해 노력
하여야 한다. 적극적 사회복지의 이념정립은 현실적으로 신자유주의적인 성
장지상주의를 극복하는 일에서 시작되어야 할 것이며, 실천적 복지운동의 건
설은 사회권운동의 적극적 연대를 지향하여야 할 것이다. 특히 사회권 운동
의 적극적 연대가 필요한 것은, 빈곤문제 등 오늘날의 사회문제들의 성격이
총체적 접근이 요구되고, 무엇보다도 기득권 세력과 신자유주의 등 반복지세
력의 파상적인 공세를 부분적 운동으로 방어하는 것이 역부족이기 때문이다.

참고문헌

감정기. 1994. "한국노총 정치참여의 특성과 그 영향요인에 관한 연구: 제3공화국-제6공화국 기간의 노동복지정책을 중심으로", 서울대 사회복지학과 박사학위논문.

강남식. 2001. "성주류와 정책과 생산적 복지", 『여성과사회』 12호, 창작과비평사, 209-232쪽

강병로. 2002. "사회복지종사자의 노동조합 참여요인과 정치적 행동의 관계", 가톨릭대 석사학위논문.

국민기초생활보장법제정추진연대회의. 1999. 국민기초생활보장법 제정추진 연대활동 자료집.

권선진. 1999. "장애인복지-변화와 도전", 참여연대사회복지위원회, 『복지동향』 15호, 나남.

기독교사회문제연구원. 1987. "7-9월 노동자대투쟁",

김경희. 2002. "실업운동의 현황과 과제". 2차 전국수련회 자료집, 전국실업극복단체연대회의.

김성기. 2003. "1990년대 이후 지역복지운동단체의 성격 연구", 성공회대 석사학위논문.

김연명 편. 2003. "한국복지국가 성격논쟁", 인간과복지.

김연명. 1989. "국민의료보험법 입법과정에서의 쟁점에 관한 일고찰", 보건과 사회연구회, 『한국의료보장연구』, 청년세대.

김용득. 2003. "한국장애인 복지의 전개와 장애담론의 변천", 이영환 편, 『통합과 배제의 사회정책과 담론』, 함께읽는책.

김유선. 2000. "노동운동과 사회복지"(미발표 원고).

김지현. 2003. "사회복지노동조합의 현황과 전망에 대하여", 『사회복지와 노동』 통권 7호, 도서출판 현장에서 미래를.

남인순. 1999. "가정과 여성복지- 주요 흐름과 향후 과제" 참여연대사회복지위원회. 『복지동향』 15호. 나남.

백승호. 2000. "의료보험 통합일원화 정책결정과정 분석: 민주노총의 역할을 중심으로", 서울대 사회복지학과 석사학위논문.

성경륭. 1991. "한국의 정치체제변동과 사회정책의 변화: 정치사회학적 분석", 『사회복지연구』 제3호, 한국사회복지연구회.

시민의신문사. 2003. 『2003 시민사회연감』.

신용호. 2002. "장애인 운동", 『장애우복지 개론』, 나눔의집.

실업극복국민운동위원회. 2003. 『실업극복국민운동 백서』.

심재호. 2002. "사회복지노동조합에 대한 연구- 현실과 전망", 『사회복지정책』 15호.

우승명. 1999. "노동조합과 '사회적' 운동: 민주노총의 사회개혁투쟁을 중심으로", 한신대 석사학위논문.

윤찬영. 1999. "사회복지운동의 새로운 지평- 공익소송과 입법청원", 참여연대사회복지위원회, 『복지동향』 15호, 나남.

의보통합연대회의(의료보험통합일원화와 보험적용확대를 위한 범국민연대회의). 1999. 『의보연대회의 활동보고서- 의보통합 10년 투쟁사(상, 하)』.

이소정. 2000. "제3섹터형 고용창출 방식의 특성분석에 관한 연구- 우리나라와 유럽사례를 중심으로", 서울대 석사학위논문.

이영환. 1995. "영구임대주택의 정책결정과정", 서울대 박사학위논문.

이영환·김영순. 2001. "한국사회복지 발달에 대한 계급정치적 고찰", 한국사회복지학연구회편, 『상황과복지』 9호, 인간과복지.

이영환·이정운. 1996. "사회복지를 시민운동으로- 참여연대의 국민생활최저선 확보운동을 중심으로", 한국사회복지학연구회편, 『상황과 복지』(창간호), 인간과복지.

이인재. 2003. "지역복지운동의 의의와 지역복지운동단체의 역할", 지역복지운동활동가대회 발표문.

전국사회복지행정연구회. 2002. 『사회복지전담공무원 15년사: 1987-2002』

정태석. 2000. "6월 항쟁 이후 시민사회의 변화와 사회운동론의 이데올로기", 비판사회회 발표문.

조문순. 2001. "장애인직업정책 결정과정의 참여자 갈등에 관한 연구- '장애인고용촉진 및 직업재활법' 개정과정을 중심으로", 성공회대 석사학위논문.

조흥식. 1999. "사회복지운동을 한 단계 끌어올린 참여연대 사회복지특별위원회의 출범", 참여연대사회복지위원회, 『복지동향』 15호, 나남.

채구묵. 2002. "사회복지노동조합 결성의 필요성, 방향 및 전략", 『사회복지정책』 14호.

한국노동연구원. 1998. 『고실업사회의 실업대책』, 서울: 노동연구원.

한국도시연구소. 1996. 『도시서민의 삶과 주민운동』, 발언.

Esping-Andersen, G. 1990. *The Three Worlds of Welfare Capitalism*. Cambridge: Polity Press.

제 2 부

이 슈

제8장
차별과 배제의 복지정책과 담론*

1. 서론

이 논문의 목적은 차별과 배제를 주요 특징으로 하여 전개되어온 해방 50
년의 우리나라 복지정책체계를 정당화해온 지배담론의 실체와 성격 및 역사
적 변천과정을 고찰하는 것이다. 이러한 연구목적은 다음과 같은 두 가지 초
점을 통해 설명될 수 있다.

첫째, 우리나라의 복지체제를 차별과 배제의 관점에서 재조명하는 것이
다. 주지하듯이 우리나라 복지정책 발전과정의 전반적 특징은 시간적 지체
성과 소극성으로 대표될 수 있다. 즉, 복지정책의 발전이 사회경제적 발전정
도에 비추어 시간적으로 지체되고, 복지비 지출 등에 있어 소극적인 양상을
보였으며, 이에 따라 현재에 이르러서도 정책의 포괄성이나 복지급여의 수
준 등에서 많은 결함을 가지고 있다(이영환 · 김영순, 2001). 이러한 결함들
중 이 글에서 특히 중시하는 측면은 정책발전의 역사적 과정에서 노정된 차

---

*이 글은 다음 책에 같은 제목으로 실린 글이다.: 이영환 편, 『통합과 배제의 사회정책과 담
론』, 서울: 함께읽는책, 2003.

별과 배제의 문제이다. 이를테면 중심적 사회보장제도인 사회보험에 있어서 비정규직 등 불완전 취업계층이 다수 소외되는 현상이나, 최소주의적 접근으로 일관해온 공공부조와 사회복지서비스 제도에서 다수의 실질적인 빈곤층이 소외되는 현상, 그리고 노인과 장애인 등 취약계층들이 교육과 고용 등 사회통합적 정책에서 방치되어 있는 현상들이 그 예가 될 것이다. 이러한 차별과 배제는 복지정책의 궁극적 목적인 사회통합의 정신을 전면으로 훼손하는 것이기 때문에 특별히 중시되어야 한다.

이러한 차별과 배제의 양상은 우리나라의 복지정책이, 급격한 자본주의 산업화과정에서 계획적, 합리적으로 발전되지 못하고, 이러저러한 정치적 계기와 점진적 발전에 의해 제한적·선택적 보상체계를 형성해온 과정에 기인한다. 그리고 이러한 과정에서 복지정책 대상자의 확대는 일부 수혜자에 대한 선택적 포섭과 그 외 인구집단에 대한 차별과 배제의 과정이었다고 볼 수 있다. 물론 점진적 발전과정에 의해 선택/배제된 인구집단의 비중은 변화되어 왔다.

둘째, 이와 같은 정책체제를 정당화해온 지배적 복지담론에 대한 분석적 고찰이다. 일반적으로 정책은 담론을 통한 이데올로기적 정당화를 수반하기 때문에 담론에 대한 연구는 정책형성의 논리를 밝히는 중요한 요소로 간주된다. 담론은 과거와 현재의 정책의 모습을 결정하는 데 기여해왔을 뿐만 아니라 미래의 방향성을 결정하는 데에도 중요한 영향을 미친다. 나아가 지배담론은 정치적 동의의 획득과 대중동원 등을 통해 지배체제를 재생산하는 중요한 자원으로 작용한다. 따라서 미래지향적 변혁을 위해서는 담론적 차원의 투쟁 또한 불가피하다.

그러므로 복지담론에 대한 연구는 차별과 배제를 주요 특징으로 하는 우리나라의 복지정책체계가 어떻게 민중적 동의를 획득했는지 혹은 묵종을 강요해 왔는지, 또한 민중적 관점에서 이러한 체제가 어떻게 수용되었는지를 밝히는 중요한 단서를 제공할 수 있을 것이다.

이와 같은 담론연구의 중요성에도 불구하고, 그 동안 우리나라 복지정책의 발전 혹은 미발전과 관련하여 정당화 기능을 수행한 담론적 기제에 대해서는 거의 관심을 가지지 않았다. 아마도 진술분석방법을 사용하여 우리나라의 복지이념의 지평을 평가한 김상균 등(1999)의 연구가 거의 유일한 것으로 보인다. 이러한 무관심은 담론을 확인할 수 있는 진술자료의 부족에 기인하는 바가 크겠지만, 앞으로 여건은 많이 개선될 것으로 기대할 수 있다.

본 연구의 과제는 사회복지정책의 선택적 포섭/차별과 배제 양상 그리고 이와 관련된 지배적 복지담론을 확인하는 일인데, 이를 위하여 다음과 같은 측면들이 고려되어야 할 것이다.

첫째, 담론이란 무엇이며 누구의 담론을 의미하는가이다. 본 연구에서는 담론을 간단하게 '조직화된 말'이라고 정의한다. 여기에서 '조직화'란 어떤 목적을 가지고, 나름대로 논거를 가지고 무엇인가를 주장한다는 의미이다. 좀 더 중요한 것은 누구의 담론인가 하는 문제이다. 기존의 유사한 연구들에서는 주로 최고정책결정자(집권자)의 권한과 역할을 강조하는 경향을 보였고, 아직도 우리 사회에서 이들의 영향력은 막강하다. 하지만 이미 정책논의에서 국회와 정당 등의 정치세력이나 시민사회세력의 영향력이 크게 증대된 상황을 인정하여야 할 것이며, 따라서 담론의 내용 못지않게 담론의 담지자가 어떻게 변화되어 왔는지에 관심을 기울여야 할 것이다.

둘째, 담론의 배경에 대한 분석이다. 일반적으로 지배담론의 목표는 지배 체제에 대한 동의와 정당성을 확보하는 것이며, 이를 위해서는 담론적 실천과 더불어 물리적 강제를 통한 순응과 묵인, 그리고 다른 한편 경제적, 정치적 양보라는 요소가 수반되어야 한다. 따라서 담론분석은 텍스트 분석과 더불어 정치적, 사회적, 경제적 조건의 변화에 대한 분석을 수반해야 한다. 하지만 본 연구에는 지면의 제약으로 자세한 분석은 생략할 것이다.

셋째, 주류 지배담론과의 관계이다. 정치경제학적 입장에서 자본주의사회의 복지정책 발전은 축적과 정당화를 위한 체제의 기능적 필요성과 계급투쟁(사회운동) 요인으로 설명된다. 따라서 한국 사회에서 복지발전이 지체된 것은 그러한 기능적 필요성과 사회운동의 지체와 결여로 설명할 수 있다. 즉,

과대성장한 국가에 의한 지속적 억압(계급운동과 사회운동에 대한)과 이를 통한 '보상 없는 축적체제'의 형성이 그 주요 맥락이라고 할 수 있는데, 이러한 체제를 뒷받침하고 정당화한 주류 이데올로기는 선성장후분배의 발전주의 이데올로기와 반공냉전 이데올로기, 그리고 국가주의와 가족주의 이데올로기 등으로 볼 수 있다. 이제까지의 역사적 과정은 이러한 주류 지배 이데올로기를 통한 헤게모니 전략과 강한 국가의 억압정책이 결합한 결과인 것이다. 그리고 본 연구에서 관심을 갖는 복지부문의 정당화 담론 역시 이러한 주류 이데올로기와 결합된 형태로 나타날 것이기 때문에 그 관계에 대한 관심이 필수적일 것이다.

넷째, 지배적 복지담론에 대한 대항담론, 혹은 대안담론의 존재와 그 관계에 대한 고찰이 필요하다. 대항담론과 지배담론의 관계에 대한 고찰은 복지정책에 있어서의 쟁점이나 선택과 배제의 논리를 명확히 하는 중요한 작업이며, 미래지향적인 대안담론의 전망을 가늠하는 데에도 기여할 수 있다.

이상과 같은 관점을 가지고 복지정책의 선택적 포섭/차별과 배제의 실상을 고찰하고, 이러한 복지정책체제의 정당화에 기여해온 지배적 복지담론의 실체와 역사적 변천과정을 대항담론과의 관계 속에서 파악하며, 그 성격과 쟁점 및 미래지향적 과제를 평가하는 것이 본 연구의 목적이다.

2. 차별과 배제의 복지정책

사회복지정책에 있어 선택과 배제의 양상은 다양한 측면으로 나타날 수 있다. 무엇보다도 정책대상자(coverage)의 규정에서 직접적으로 표출될 수 있고, 그 외 정책의 목적이나 지향하는 가치, 급여의 내용이나 수준, 그리고 전달체계와 재원조달 방식 등에 있어 사회통합적 고려의 정도에 따라 드러나기도 한다. 따라서 정책대상자의 선택과 배제를 중심으로 다른 요소들을 적절히 고려해볼 때, 우리나라 복지정책의 역사에서 나타나는 두드러진 선택과 배제의 양상은 다음과 같이 요약해 볼 수 있다.

> 첫째, 특수직역집단에 대한 우선적인 복지제도: 경찰, 군인, 공무원, 교원
>   에 대한 원호 및 보험제도.
> 둘째, 노동자 집단에 대한 선택적인 사회보험과 기업복지제도.
> 셋째, 빈민에 대한 최소주의적 공공부조정책과 취약집단에 대한 저열한
>   수준의 사회복지사업 등.

1) 특수직역집단에 대한 우선적인 복지제도 실시

우리나라에서 가장 먼저 이루어진 복지입법은 군인, 경찰과 같은 정권유지기반을 형성하는 집단과 그 가족에 대한 원호사업이었다고 할 수 있다. 군사원호법(1950)과 경찰원호법(1951. 4)은 상병(傷病)군인, 상병경찰 및 그 유족에 대한 생계부조, 직업보호, 수용보호 등을 규정하였고, 전몰군경유족과 상이군경연금법(1952. 9)으로 발전하였다.

이러한 입법은 1960년대 초반, 특히 군사정부 시절에 좀 더 적극적으로 발전하였다. 1961년에는 군사원호보상법, 군사원호대상자고용법, 군사원호대상자임용법, 군사원호대상자정착대부법, 군사원호대상자자녀교육보호법, 1962년에는 국가유공자및월남귀순자특별원호법, 군사원호보상급여금법(1962. 4), 군인보험법(1962. 3)이 제정되었고, 1963년 12월 정부조직법 개정으로 원호처가 신설되었다.

사회보험에 있어서도 공무원연금법(1960), 군인연금법(1963)에 이어 1970년대에는 사립학교교원연금법(1973)이 제정되어 경찰, 군인, 공무원, 교원 등 특수직역집단에 대한 연금체계가 일반국민연금체계보다 훨씬 일찍 정립된다.

이러한 상황은 국가형성기 정권유지의 물리적 기반을 담당하는 집단(경찰, 군인)과 또 다른 기반인 공무원, 교원 등을 순차적으로 포섭한 결과로서 이는 곧 일반국민을 복지대상에서 배제하는 전략으로 해석할 수 있다. 현재

까지 존속하고 있는 특수직역연금(공무원, 교원, 군인연금)은 국민연금과 달리 직업복지적 성격이 부가되어 더 많은 급여혜택을 누리는 차별적인 제도이다. 나아가 군인연금과 공무원연금은 이미 재정이 고갈되어 부족분을 국고부담으로 메우는 상황이기도 하다.

2) 차별적인 사회보험제도

노동자 등 일반 국민을 위한 사회보험은 '경제에 종속된 복지'의 성격을 갖는 발전주의적 접근이 뚜렷한 부분이다. 1963년 산재보험법으로부터 시작된 사회보험제도의 점진적 발전과정은 대기업노동자를 우선적인 적용대상으로 하면서 핵심노동자층 포섭전략의 양상을 보여주었고, 국가부담최소화와 행정편의를 위한 조합주의적 접근, 기업부담 최소화 전략을 견지하였다. 그 결과 사회보험제도는, 1980년대 후반 이후 빠른 속도로 적용범위를 확대해오고 있지만, 아직도 사회적 취약계층(비정규직, 여성, 실직자, 노인, 노숙자 등)을 중심으로 한 사각지대는 광범위하게 존속하고 있다. 사회보험제도의 주요 발전과정은 다음과 같다.

먼저 1963년 산재보험법과 의료보험법이 입법되었지만, 산재보험만 1964년에 실시하고 의료보험은 임의가입제도를 선택함으로써 제대로 실시되지 않았다. 실질적인 의료보험은 1977년(500인 이상 사업장), 국민연금은 1988년, 고용보험은 1995년에 각각 실시되는 등 시간적 지체성을 뚜렷이 보여주었다.

각 사회보험의 적용대상 확대과정은 대체로 핵심노동자 → 중소기업노동자 → 농민 → 도시자영자 → 임시, 일용직, 5인 미만 사업장(적용확대 혹은 사업장 가입자화)의 순서로 나타나고 있다.

· 의료보험: 500인 이상(1977) → 중소기업 → 농어민(1988) → 지역자영자(1989) → 임시, 일용직, 5인 미만 사업장(사업장 가입자화)

· 국민연금: 대기업 · 중소기업(1988) → 농어민(1995) → 지역자영자 (1999) → 임시, 일용직, 5인 미만 사업장(사업장 가입자화)[1]

· 산재보험: 500인 이상 대기업(1964) → 중소기업 → 임시, 일용직, 5인 미 만 사업장(적용확대, 사업장 가입자화)

· 고용보험: 대기업, 중소기업(1995) → 임시, 일용직, 1인 이상 사업장(사 업장 가입자화)(1998)

1990년대 이후 비정규직 등 불완전취업 노동자층과 여성 등의 소외가 부 각되었고 특히 1997년 말 외환위기 이후 문제의 심각성이 인식되면서 이들 에 대한 적용확대와 사업장가입자화 등이 점진적으로 진행되었다. 영세사업 장 근로자와 비정규직 등의 사회보험확대와 사업장근로자 전환의 문제는 다

[표 8-1] 비정규직 등의 사회보험 적용확대와 사업장가입자화 추이

구 분	임시 · 일용직	시간제 근로자	5인 미만 사업장 근로자
국민연금	· 1999. 4: 지역가입자로 적용 · 2001: 1개월 이상 근로자 사업장가입자 전환	· 1999. 4: 지역가입자로 적용 · 2001: 월 80시간(주 18시간) 이상 근로자 사업장 가입자전환	· 1999. 4: 지역가입자로 적용 · 2002. 7: 사업장가입자 전환
건강보험	· 2000. 7: 1개월 미만 근로자(계절적, 임시적 사업장은 사업장가입자에서 제외)	· 2000. 7: 사업장가입자화(비상근, 시간제근로자 제외)	· 2000. 7: 1인 이상 사업장 사업장 가입자 전환
고용보험 (실업급여)	· 1998. 10: 1개월 이상 근로자 · 2003. 7: 확대 계획	· 1998. 10: 월 80시간(주 18시간) 이상 근로자. · 2003. 7: 확대 계획	· 1998. 3: 5인 이상 사업장 · 1998. 10: 1인 이상 사업장
산재보험	적 용	적 용	· 1976: 5인 이상 사업장 · 2000. 7: 1인 이상 사업장

주: 의료보험과 국민연금은 사업장가입자에서 제외될 경우 지역가입자로 당연 적용됨.
자료: 이영환(2002)

---

1) 그 외에도 현세대 노인의 배제, 여성의 연금권, 대규모 적용 제외자 등의 문제가 남아 있다.

음 [표 8-1]에서 보는 바와 같이 상당한 진전을 보이고 있다. 국민연금과 건강보험은 원칙적으로 전국민보험이 실시되고 있으므로, 적용확대의 문제가 아니라 사업장 가입자로의 전환이 관건이다. 제도적으로 볼 때, 1-4인 규모 영세사업장 근로자에게 보험을 확대적용하거나 사업장가입자로 전환하는 문제는 거의 달성된 상황이다. 비정규직의 경우도 많이 개선되어, 1개월 미만 고용근로자나 계절적, 임시적 근로자 그리고 월 80시간 미만의 시간제근로자의 문제가 과제로 남아 있는 정도이다. 그럼에도 불구하고, 적용제외자 혹은 행정미비로 인한 사각지대는 여전히 광범위하게 존속하고 있다.

3) 최소주의적 공공부조와 사회복지서비스

공공부조는 체제에 대한 동의와 정당성 확보를 위한 일차적 정책수단이지만, 국민기초생활보장법 제정(1999년 8월) 이전의 생활보호제도는 대상선정과 급여수준에 있어 최소주의로 일관한 결과 실질적인 빈곤계층의 다수가 소외되는 결과를 초래하였다. 기초보장법 제정 이후에도 가족주의(부양의무자 문제)와 차상위계층 배제 문제는 여전히 존재하고 있다.

먼저 1961년에 제정된 생활보호법은 조선구호령(1944)의 내용을 극히 일부만 수정하였다. 저소득 노동무능력자 중심의 거택구호와 시설보호를 규정함으로써 소위 '가치있는 빈민(deserving poor)'에 국한된 최소주의적 빈곤정책의 패러다임을 고착시키면서 노동능력자에 대한 구호를 배제하였으며, 폭넓은 부양의무자 기준을 채택함으로써 가족책임우선주의를 강제하였다. 이후 1968년의 자활지도사업에 관한 임시조치법과 1977년의 의료보호제도 실시 , 1982년 생활보호법의 전면개정으로 일부가 개선되었지만, 기본적인 패러다임이 변화한 것은 아니었다.

1999년 IMF 경제위기 하에서 국민기초생활보장법이 제정됨으로써 수급권 개념이 도입되고 노동능력자에게도 생계보호가 시행되는 등 근본적인 변화가 발생했다. 그리고 최저생계비 기준 채택으로 생계보호 대상자가 전 국민

의 3% 정도로 확대되었지만, 총 보호대상자 수에는 큰 변화가 없었다. 현재
의 기초보장제도가 가지고 있는 문제점은 다음과 같이 요약할 수 있다.

- 엄격한 선별주의에 의한 배제 : 부양의무자기준 존속과 강화된 선정기
  준으로 인해 실질적인 빈곤자들이 다수 배제되고 있다.
- 조건부수급 규정에 의해 자활사업이 본격화되었지만, 노동강제적 요소
  (workfare)와 자활사업의 실효성이 문제로 등장하였다.
- 차상위빈곤층에 대해서 전혀 급여가 주어지지 않는 배제적 체계(all or
  nothing system)를 채택함으로써 차상위계층의 빈곤화 위험과 수급자의
  자활의지 억제라는 문제를 노정하고 있다.

사회복지서비스는 취약계층은 물론 중산층에 이르기까지 특수한 욕구를
갖는 인구집단에 대한 물질적, 비물질적 서비스로서 광범위한 영역에 걸친
서비스이지만, 우리나라의 경우 취약계층(노인, 장애인, 여성, 아동 등)에 대
한 공공부조사업을 보완하는 경제적 지원의 범주를 크게 벗어나지 못하고
있다. 사회복지서비스 관련법들은 1960년대 초반에 제정되기 시작하였지만
실효성이 극히 약했고, 1980년대 초의 대량입법 시기를 거쳐 1980년대 후반
이후 내용적 개선이 본격적으로 진행되고 있다.

사회복지서비스 발전과정은 분야별로 다양하지만, 초기(1960-70년대)에는
주로 시설보호에 국한되었다. 1970년대 후반 이후 교육과 재활 등(1977년 특
수교육진흥법, 1982년 유아교육진흥법, 1981년 심신장애자복지법 등) 재가
복지서비스가 도입되고, 경제적 지원정책(1980년대 후반 이후, 경로수당, 장
애수당, 영구임대주택 등)을 거쳐, 사회적 지원체계(고용, 교육, 가정폭력방
지, 이동권, 자립생활 등)의 정립을 지향하고 있다.

그러나 아직도 사회복지서비스의 급여대상 범위와 급여수준은 매우 낮아
서 공공부조를 보완하는 성격을 크게 벗어나지 못하고 있다. 정부의 복지예
산에서 차지하는 비중도 매우 미약하다. 제한적 공공부조와 더불어 사회복

지서비스의 수준이 약한 것은 한편으로 국가책임을 최소화하고, 다른 한편 가족책임을 최대화하는 이념적 지향의 산물로 볼 수 있는데, 이에 따라 일반 시민은 물론 기초보장수급자를 제외한 차상위빈곤층도 거의 배제되고 있어, 사회통합적 복지서비스에는 크게 미치지 못하고 있다.

3. 시기별 복지정책과 담론

차별과 배제의 복지정책 그리고 이와 관련된 복지담론을 시대별로 고찰하고자 한다. 각 시기별로 먼저 복지정책의 전반적 성격과 지배적인 복지인식을 간략히 살펴본 후, 특정한 정책사례를 중심으로 차별과 배제의 복지담론을 고찰하려 한다. 정책사례는 가급적 긴 기간을 관통할 수 있는 주제영역으로 의료보험의 사례를 다룬다. 1, 2공화국을 제외할 때, 의료보험은 최근에 이르기까지 중요한 논쟁의 대상이 되었기 때문에 담론분석을 위한 풍부한 자료를 제공해줄 것이다. 1공화국의 경우는 대신 공무원연금법의 사례로 대체한다.

시기구분은 우리 사회의 정치·경제적 변화를 고려하여 ① 전(前)산업화 시기(1945-1960, 미군정, 1, 2공화국), ② 권위주의적 발전국가 시기(1961-1987, 군사정부와 3, 4, 5공화국), ③ 민주화 이행과 경제의 세계화 진행시기 (1988년 이후, 6공화국, 문민정부, 국민의 정부 시기)로 크게 3분할 수 있는데, 편의상 정권변화에 따라 세분하여 고찰한다.

1) 산업화 이전 단계 (1945-1960, 미군정, 1, 2공화국)

(1) 복지정책의 성격과 지배적 복지인식

이 시기는 해방과 미군정 그리고 정부수립에 이어 3년간에 걸친 한국전쟁과 전후 복구기를 거쳐 4.19 혁명과 제2공화국에 이르는 시기로서 남북분단과 냉전체제의 고착이라는 민족사적 질곡이 형성된 시기다. 또한 국가형성이 진행되는 시기로서 본격적인 산업화가 추진되지 않아 자본주의적 사회정책이 발전될 수 있는 조건이 성숙하지 않은 시기이지만, 광범위한 빈곤에 대한 대응은 물론 국가형성과 한국전쟁 이후의 재건 과정에서 체계적인 사회정책의 출범이 요구되는 시기이기도 하였다. 실제 미군정시대에는 좌파 세력의 이념적 주도 하에 사회보장에 대한 요구가 좌우 정파를 막론하고 보편화되었다(김연명, 1993). 하지만, 한국전쟁을 거치면서 극우반공 이데올로기의 전일적 지배하에서 이러한 진보적 요구는 잠복할 수밖에 없었다.

따라서 사회적 요구와는 달리 이 시기에는 적극적 복지정책이 전혀 추진되지 않았다. 즉, 경찰, 군인 등에 대한 원호사업과 1960년의 공무원연금법(1960. 1. 1, 내용상 군인연금 포함) 외에 일반국민을 위한 복지입법은 전혀 추진되지 않았고, 조선구호령과 같은 일제 법령의 정비도 이루어지지 않았다. 즉, 적극적 복지정책은 결여되었지만, 원호사업 등을 통한 선택적 포섭이 출발한 시기였다.

이와 같은 소극적 복지정책은 제1공화국의 집권세력이 가진 소극적 복지관을 반영한 것이었다. 다음에서 보는 바와 같이 당시 사회복지제도에 대한 광범위한 사회적 요구에도 불구하고 이에 응답하는 적극적 인식은 찾아보기 어려웠다.

첫째, 제헌 헌법(1948. 7. 17)에 사회복지에 관해서는 "대한민국은 [……] 공공복리의 향상을 위하여 이를 보호하고 조정하는 의무를 진다"는 포괄적 규정(5조)과 "노령, 질병 기타 근로능력의 상실로 인하여 생활유지의 능력이 없는 자는 법률이 정하는 바에 의하여 국가의 보호를 받는다"(19조)는 각론적 규정이 있을 뿐이었다. 즉, 현행 헌법에서 규정하고 있는 바, '모든 국민이 인간으로서의 존엄성을 갖는다'는 규정이나, '인간다운 생활을 할 권리'와 '사회복지증진을 위한 국가의 의무' 같은 사회권적 규정들을 결여하고 있었는데, 이 같은 규정들은 제6차 개정(1962. 12. 26)에 와서야 포함되었다.

둘째, 대통령 취임사(초대 1948. 7. 24, 2대 1952. 8. 15 등)에서도 사회복지에 관한 적극적인 언급을 찾아볼 수 없었다.

셋째, 초대 사회부장관 전진한의 경우, 당시 새 정부가 '이재동포 구제에 거족적 열성을 경주' 하고 있으며, "500만 이재민에 대한 구제정책이 당시로는 가장 중대한 정부의 관심사"라고 피력하였다[2]. 결국 1공화국의 집권세력은 사회복지를 긴급구호 정도로 파악하는 인식의 한계를 가지고 있었는데, 복지정책의 소극적 전개과정을 볼 때, 이러한 한계는 1공화국이 종식되는 순간까지 바뀌지 않았던 것으로 볼 수 있다.

(2) 차별과 배제의 복지담론: 공무원연금법 제정(1960)의 사례

1공화국의 복지정책에서 차별과 배제 혹은 선택적 포섭의 양상을 가장 잘 보여주는 것은 원호사업과 공무원연금법이다. 여기에서는 공무원연금법을 둘러싼 국회 공방을 통해서 차별과 배제의 복지담론을 확인하고자 한다.

공무원연금법은 1960년 1월 1일 국회를 통과하였다. 당시 국회 본회의 최종 심의에서는 법안 통과가 당연시되는 상황에서 주로 야당의원들의 비판과 재무부장관의 답변이 이어졌다(제4대 국회 33-27차 본회의 회의록, 1959. 12. 30). 야당의원들은 수많은 빈곤동포들(실업, 빈곤, 질병자, 무의탁 노인, 고아 등)에 대한 생활보호제도도 제대로 없는 상황에서, 그나마 형편이 나은 공무원들에게 또 다른 혜택을 주려는 것은 형평에 맞지 않으므로, 일반 국민에게 시급한 생활보호나 실업보험 등 사회보장제도를 먼저 수립한 후에 공무원연금을 도입해야 한다고 비판하였다. 또한 군경연금(원호사업)의 낮은 수준에 비해서도 형평에 맞지 않을 뿐 아니라, 선거를 앞두고 무리하게 새로운 제도를 시행하는 것은 선거에 악용하려는 의도라고 공격하였다.

이에 대해 재무부장관(송인상)은 제안 설명과 답변을 통해, 보편적인 실업보험이나 연금제도도 필요하지만 공무원연금을 먼저 실시하는 것은, 보험제도가 성공하기 힘든 경제적 여건에서 공무원연금을 시범사업 삼아 실시해서

---

2) 공보부, 『시정월보』 1호(1949. 1), 손준규(1983: 27)에서 재인용.

경험을 쌓자는 의도가 있고, 아울러 경제발전을 위한 투자자본을 조달하는 자본시장이 결여된 상황에서 정부의 융·투자가 중요하지만 예산규모가 너무 적은 상황이므로, 후진국으로서 유일한 자본조달 방법인 연금제도를 통한 자본조달을 꾀하는 것이라고 해명하였다. 아울러 공무원과 군인에 대한 제도를 먼저 실시하는 것은 공무원법에 이미 규정되어 있는 것을 실행하는 것이고, 점차 정부직할 기업체로 확대할 예정이며, 실업보험을 연구하기 위한 예산도 책정되어 있다고 답변하였다.

이와 같이 공무원연금에 대한 야당의원들의 반대는 신랄했고, 이에 따라 사회보장제도에 관한 논쟁도 상당한 수준으로 이루어졌다. 이러한 반대에도 불구하고 자유당이 공무원연금의 입법강행을 정당화한 담론은 '경제적 여건을 고려한 단계적 시범사업', '경제발전을 위한 투자재원의 조달' 등 경제논리였다. 하지만 왜 하필 공무원, 군인이 우선적 대상이 되어야 하는지는 납득하기 어렵다. 따라서 야당의 지적과 같이, 다가오는 대통령선거를 의식한 선심공세 혹은 집권기반의 확충이라는 정치적 논리가 좀 더 설득력 있는 해석일 것이다.

2) 군사정부와 제3공화국(1960-1972)

(1) 복지정책의 성격과 지배적 복지인식

5.16 이후 1963년의 민정이양에 이르는 군사정부 시기에는 정치적 정당성을 획득하는 것이 중요한 과제가 되었으며, 선거를 통해 합법적으로 집권한 제3공화국 시기에는 경제성장이 최대의 과제로 등장하였다. 군사정부는 '빈곤퇴치', '조국근대화', '반공' 등과 같은 혁명공약을 명분으로 삼았으며, 이는 발전주의 이념으로 수렴되었다.

정통성 확보의 과제를 가지고 있었던 군사정부 시기는 우리 역사상 최초로 복지관련 법령들이 대량으로 입법된 시기였다. 1961년 생활보호법과 1963년도의 산재보험법 그리고 의료보험법의 제정이 대표적이다. 그러나 이러한 법령들을 통해 차별과 배제를 주요한 특징으로 하는 복지정책의 원형이 형성된 시기이기도 하였다. 그 외의 다수 입법들은 실효성 있는 내용을 가지지 못한 경우가 많았다. 그나마 이와 같은 복지입법은 군사정부 시기에 집중되었고, 정통성의 문제가 약화된 제3공화국 시기에는 눈에 띄는 복지입법이 거의 이루어지지 않았다.

제1공화국 시기의 소극적 복지담론에 비해 군사정부 시절에는 복지담론도 상당히 활성화되었다. 하지만 이 당시의 복지담론은 다음과 같은 한계를 가진다.

첫째, 시기적으로 볼 때, 군사정권이 사회복지에 대한 관심을 가지고 이를 공식적으로 표명한 것은 1962년도에 들어오면서였다(권문일, 1989: 78). 즉, 1961년 혁명공약에서는 '시급한 민생고의 해결' 정도를 내세웠지만, 1962년도 최고회의 기본정책방향에서는 "의료 균점을 수립하고 부조와 보험을 기간으로 하는 사회보장제도의 기틀을 마련하여 국민생활향상과 사회복지를 건설한다"는 구체적 선언이 이루어졌고, 이는 1963년도에도 유사하였다. 또한 박정희 의장은 내각수반에게 '사회보장제도 확립'이라는 지시각서(1962. 7. 28)를 내리기도 했다. 하지만 이러한 태도는 선거 등 민정이양을 위한 사전 포석으로 볼 수 있다. 왜냐하면 민정이양을 위한 대통령 선거에서 어렵게 승리하고 비교적 안정된 지지를 확보하게 된 이후에는 대통령 연두교서 등에서 복지담론은 거의 찾아보기 어렵게 되었기 때문이다(권문일, 1989: 75-76). 이와 관련하여 대통령의 담화를 텍스트로 분석한 결과, 군사정부를 포함한 3공화국의 정책주제가 경제발전 50%, 국가안보 15%, 교육 및 사회복지 12%의 양적 분포를 보인다는 김석준의 연구도 참고할 수 있다(박정호, 1996: 45 재인용).

둘째, 비교적 활발한 복지담론이 개진된 상황에서도 담론의 내용은 소극적이었다. '사회보장제도 확립'이라는 박정희 의장의 지시각서(1962. 7. 28)는, "[……] 이미 생활보호법을 공포하여 [……] 실시하고 있지만, 국민생활을 보장하는 항구적인 사회보장제도가 경제개발계획과 병행하여 추진되어야

한다. [······] 사회보장제도의 중요한 부문인 사회보험 중에서 실시에 비교적
용이한 보험을 선택하여 착수하고, 이 시범사업을 통하여 우리나라에 적합
한 제도를 확립토록 조치할 것(손준규, 1983: 80)"이라고 그 한계를 적시하고
있다. 이와 유사한 문건으로 손창규 최고회의 문교사회위원장은 "국가재건
을 위한 전제와 사회문화정책의 방향"(국가재건최고회의, 1961, 창간호)이라
는 글에서 "[······] 보건사회정책의 목표는 산업화 추진이라는 대전제에 상치
되지 않는 범위 내에서 추진되어야 한다[······]"고 언명한 바 있다(권문일,
1989: 73).

즉, 박정희와 혁명주체세력들의 사회복지에 대한 인식은 기본적으로 경제
성장을 저해하지 않는 범위 내의 복지라는 틀을 전혀 벗어나지 않았던 것이
다. 이러한 인식의 한계는 의료보험제도의 사례에서도 분명하게 나타나고
있다.

(2) 차별과 배제의 복지담론: 의료보험법 입법(1963)의 사례

1963년 말에 제정된 의료보험법은 그 직전에 제정된 산재보험법이나 공무
원연금법(1960), 군인연금법(1963) 등과 달리 전국민을 대상으로 하는 최초
의 사회보험입법이라는 의의를 가진다. 그러나 강제가입 대신 임의가입을
채택함으로써 실효성은 거의 없었다[3]. 또한 극히 제한적인 적용대상 설정으
로 우리나라 사회보험제도에 '차별과 배제, 선택적 포섭'이라는 중요한 특
징이 본격화되는 계기가 되었다.

무엇보다도 의료보험법(1963)은 입법의 목적(1조)을 '근로자와 그 부양가
족'만을 위한 것으로 제한하였다. 이에 따라 적용대상은(물론 임의가입이지
만) 임금근로자에 국한되었고, 임금근로자 중에서도 임시직(2개월 미만 고
용)과 일용노동자(3개월 미만 고용) 및 계절적 업무종사자(6개월 미만 고용)

---

3) 1970년에 1차 개정으로 강제적용(공무원, 군인, 근로자)과 임의적용(자영자)을 병행하는 법
   개정이 이루어졌으나, 시행령이 제정되지 않는 등 시행에 이르지 못하였으며, 1976년의 2차
   개정에서야 강제적용이 실현되었다.

는 제외되었다. 부양가족의 경우도 피보험자의 직계존속(남자 60세 이상, 여자 55세 이상)과 배우자, 미성년 자녀 등 노동능력 취약자만을 대상으로 하는 제한성을 보여주었다. 관리운영체계에 있어서도 일본의 건강보험조합을 모방하여 조합방식을 채택하였고, 그나마 조합결성을 상시 300인 이상을 사용하는 사업장에서 300인 이상의 동의가 있어야 가능한 것으로 제한함으로써, 법률의 실효성은 극히 낮아질 수밖에 없었다[4]. 이러한 제도 설계는 바로 직전에 입법된 산재보험과 더불어[5], 농어민과 자영자를 소외시키거나 최소한 후순위로 하면서 대기업 피용자를 우선적용 대상으로 하는 우리나라 사회보험제도의 차별적 선택구조의 원형이 형성된 것이라 할 수 있다. 이와 맞물리는 조합주의적 관리운영방식의 채택 또한 1980년대 이후 치열하게 전개된 조합주의-통합주의 논쟁에서 확인된 것처럼, 차별적 보험제도의 진원지라 할 수 있다. 즉, 우리나라 사회보험이 가지고 있는 고질적인 차별적 구조가 바로 이 시기에 배태되었던 것이다.

이와 같이 선택적이고 역진적인(박정호, 1996: 51), 그리고 강제성이 결여된 의료보험법이 제정된 원인에 대해서는 대체로 대상국민을 집단별로 조직하여 자율적으로 보험을 운영하게 함으로써 정부의 재정부담을 기피하거나 최소화하려는 의도였으며, 이에 더하여 적용대상의 단계적 확충을 용이하게 하기 위해 일본식의 건강보험 조합제도를 모방한 것이라는 견해로 모아진다(최천송, 1991; 손준규, 1983; 박정호, 1996; 김연명, 1989a; 차홍봉, 1992 등). 손준규(1983: 69)에 의하면, 당시 최고회의에서 "의료보험은 시기상조라는 분위기였으며 [……] 정부 원안대로 강제규정을 둘 경우 [……] 기업체의 부담이 늘 것이고, 정부는 또한 보험경영사무비를 부담해야 하므로 임의가입으

---

4) 정부원안은 500인 이상 사업장 강제적용(시행은 5년간 유보)이었다. 당시 경제기획원의 광공업센서스에 의하면 1963년도에 5인 이상 사업장은 19,550개소, 종업원 수는 462,068명이었음에 반해, 근로자 500인 이상 사업장은 광업, 제조업 포함하여 93개소, 근로자 수는 116,740명에 불과하였다(박정호, 1996: 47-49).

5) 산재보험도 1964년 광업, 제조업 중 500인 이상 사업장을 대상으로 출발하였으며, 1967년에 100인 이상, 1971년 50인 이상 사업장 등의 순서로 적용대상을 확대하였다.

로 해야 한다는 의견이 지배적"이었다.

이와 같이 차별과 배제의 성격을 가진 의료보험제도의 도입을 정당화한 담론의 확인은 쉽지 않다. 당시 의료보험에 대해 사회세력(자본이나 노동 등)의 요구는 전혀 드러나지 않는 상황이었기 때문이다. 따라서 당시 사회보장심의위원회에서 기초한 법안이 거의 전적으로 국가재건최고회의 내부의 심의만으로 통과되었으므로 박정희 의장을 비롯한 혁명주체세력들의 인식이 어떠하였는지가 중요할 것이다.

앞서 언급한 바와 같이 혁명주체들은 1962-63년도에 사회보장제도에 대해 비교적 적극적인 담론을 전개하였다. 하지만, 박정희 등 주요 인사들의 의료보험에 대한 인식은 구체적 담론의 형태로 나타나지 않았다. 즉, 의료보험법 입법 다음 날에 있은 대통령 취임사(1963. 12. 17)에서는 물론이고[6], 1964년도 신년사(1964. 1. 1)에도 의료보험에 대한 언급은 없었다. 연두기자회견(1964)에서도 의료보험에 대한 언급은 없었고(산재보험도 마찬가지), 단지 "의료의 질적 향상 등 [……] 국민의료균점에 노력할 것"이라는 정도의 언급만 존재하였다(대통령공보비서관실, 1964). 이와 같은 적극적 혹은 구체적 담론의 결여는 앞서 언급한 박정희 등 혁명주체세력들의 소극적 복지관을 반영하는 것으로 볼 수도 있고, 다른 한편(혹은 이와 더불어), 선거가 종료됨에 따라 사회보장제도에 대한 정치적 필요성이 소멸된 상황적 변화를 반영하는 것으로 이해할 수도 있다. 집권세력의 의료보험에 대한 관심의 회복은 1970년대 후반에 이르기까지 이루어지지 않았다.

여기에서 한 가지 의문은, 의료보험에서의 차별과 배제는 일차적으로 의료보장을 위한 방법으로 보험방식을 선택했기 때문에 발생한 것인데, 왜 이러한 선택이 이루어졌는가 하는 점이다. 선택가능한 의료보장의 방식은 보험뿐만 아니라, 영국의 NHS와 같은 국영서비스 방식도 있었다. 전자의 경우는 국민소득과 산업발전 수준이 낮은 상황에서 전국민적 적용이 곤란하고,

---

6) 의료보험법이 제정된 날(1963. 12. 16.)은 이미 민정이양을 위한 대통령선거가 끝나고, 박정희의 대통령 취임(1963. 12. 17.)을 하루 앞둔, 최고회의 마지막 날이었다.

후자의 경우는 정부의 재정부담이 난관이었다. 당시 사회보장심의위원회의 연구위원들은 영국의 NHS 제도에 대해서는 이를 대안으로 전혀 고려하지 않았고 단지 의료수가책정 문제에 국한해서 참조하였을 뿐이다(최천송, 1991). 즉, 정부의 재정부담을 증대시키는 대신 차별적인 보험제도를 선택한 것인데, 이러한 선택이 강제에 의해 이루어졌다는 증거도 없다. 따라서 그 이유는 당시 연구위원들이 군사정부의 발전주의 담론에 압도되어 정부와 기업의 경제적 부담을 증가시키는 다른 선택은 엄두를 내지 못했던 때문이라고 해석할 수도 있을 것이다.

이상과 같이 군사정부하에서 실효성을 상실한 채 입법된 의료보험제도는 우리나라 사회보험의 차별과 배제의 모태가 되었다. 그리고 이미 안정된 권력을 확보한 최고권력자는 이 제도에 직접적 관심을 두지 않았다. 또한 혁명주체들과 고위경제관료들의 발전주의 담론이 압도하는 분위기에서 좀 더 진보적이고 평등지향적인 정책대안의 모색도 이루어질 수가 없었다.

3) 제4공화국(1972-1979)

(1) 복지정책의 성격과 지배적 복지인식

박정희 정권 2기는 유신선포(1972) 이후 1979년의 대통령 암살에 이르는 극도의 권위주의시기였다. 3선 개헌 이후 정당성에 대한 부담을 안게 된 박정희 정권은, 1970년의 광주대단지 폭동과 전태일 분신사건을 상징으로 하는 빈곤한 민중의 저항을 강권으로 억압하면서 중화학 공업화를 추진하였다. 그러나 이 시기의 복지정책은 후반기의 의료보험제도를 제외하면 거의 추진되지 않았다. 1973년에 중화학공업 투자재원 마련을 목적으로 제정된 국민복지연금법은 경제적 사정의 변화에 따라 실시되지 않았다.

1970년대 중·후반기에는 그 동안의 고도경제성장의 후유증으로 빈부격차 등 사회문제가 심화됨에 따라 경제발전과 더불어 사회개발이 강조되는 분위기였고 이에 따라 경제개발 5개년 계획의 명칭도 1977년부터 '경제사회

발전 5개년 계획(제4차)'으로 변경되었다. 이러한 분위기에도 불구하고 이 시기 집권자의 의식은 과거와 별로 달라진 것이 없었고, 철저히 발전주의 담론의 한계 내에 있었다.

예를 들어, 1976년 2월 10일 대통령 연두순시 때 당시 신현확 보사부장관이 의료보험 시행을 건의하자, "영국병같이 될까 걱정이다"고 응답하였고, 이에 장관이 영국과 같이 세금으로 운영하는 형식이 아니라 노사가 1/2씩 부담한다고 설득하였다는 에피소드를 들 수 있다(손준규, 1983: 141). 또한 1977년도 연두기자회견에서 박 대통령은 사회개발, 사회복지정책과 관련하여 의료보험보다는 의료보호에 좀 더 큰 관심을 보였다[7]. "정부는 앞으로 우리 실정에 알맞도록 성장을 위축시키지 않는 범위 내에서 연차적으로, 특히 저소득층에 속하는 국민들에게 우선적으로 혜택이 돌아갈 수 있는 분야부터 [……] 추진해 나갈 계획 [……] 금년 연초부터 실시하는 저소득층에 대한 의료보호제도도 바로 이러한 시책의 하나 [……] 일반 국민들을 위한 의료보험제도는 금년 7월부터 단계적으로 추진해 나갈 계획 [……]"(대통령비서실, 1977: 30-32).

이와 같이 박 대통령의 복지의식은 철저히 발전주의적 한계 내에 머무는 것이었으며, 의료보장과 관련해서도 저소득층을 위한 의료보호제도에 비해 의료보험의 의의나 한계에 대해서는 별 관심을 보이지 않는 온정주의적 태도를 보여주었다.

(2) 차별과 배제의 복지담론: 직장의료보험제도 도입(1977)의 사례

1977년 7월부터 500인 이상 고용 사업장에 의료보험이 강제 적용되고, 1978년 1월에는 의료보호제도, 그리고 1979년에는 공무원및교직원의료보험이 실시되었다. 직장의료보험은 이후 빠른 속도로 적용범위를 확대하였지

---

7) 저소득층 의료보호정책을 강조했던 박정희 대통령의 언술에 대해서는 박정호(1996: 72-73) 참조.

만, 기본적으로 조합주의적이고 배제적인 성격을 내포하고 있었다.

1976년 2차 개정된 의료보험법(1976. 12. 22 법률 제2942호, 1977. 7. 1 시행)은 당연적용원칙의 채택으로 실질적인 의료보험 시행을 가능케 했다. 개정 의료보험법은 1963년의 법에 비해서 여러 가지로 개선된 것이었다. 당연적용 조항은 물론이며, 적용대상도 원칙적으로 모든 국민(5조)으로 확대되었으며, 피부양자도 배우자와 직계존비속(3조)으로 약간 확대되었다. 그러나 당연적용은 500인 이상 고용 사업장 근로자(1종 피보험자)만을 대상으로 하였으며, 기타 사업장 근로자(1종)와 지역주민(2종 피보험자)은 임의적용대상으로 하였다. 관리운영방식도 1963년 법과 마찬가지로 조합주의 방식을 채택하였다. 차별과 배제 및 선택적 포섭의 양상은 그대로 유지되었던 것이다.

그렇다면 이와 같이 차별적이고 배제적인 제도의 선택을 정당화한 담론은 무엇인가? 사실상 이 당시 개정 법률의 내용은 1963년도 의료보험법의 초안, 나아가 사회보장심의위원회의 제1차 의료보험법안 요강(1962. 9. 20)과 거의 유사하였다(최천송, 1991: 62). 즉, 적용대상의 우선순위나 조합주의방식 등이 그대로 이어졌는데, 이는 선성장후분배 요구 등 별로 달라진 것이 없는 이념적 상황에서 일종의 점증주의적 정책결정 행태를 보인 것으로 해석할 수 있을 것이다. 따라서 차별적이고 배제적인 정책이 새롭게 수립되었다는 것이 문제가 아니라, 기존의 차별적이고 배제적인 정책내용을 시정하려는 노력이 이루어지지 않았던 것이 문제였던 것이다.

당시 노동과 자본 등 의료보험실시에 관한 관련 집단들의 요구는 거의 없었으며, 법개정에서는 보사부 장관(신현확)과 관료들이 적극적 역할을 담당하였다(김연명, 1989b; 박정호, 1996: 76). 그리고 국회 보건사회위원회 위원들의 지원이 있었으며, 전경련이나 대한상공회의소 등도 대체로 찬성하는 분위기였다(손준규, 1983: 143). 정책결정과정에서 1963년도와 마찬가지로 집권자의 관심은 두드러지지 않았으며, 국회에서 약간의 공방이 오가는 정도였다.

우선 박 대통령은 의료보험에 대해서는 큰 관심을 기울이지 않은 것으로 보인다. 1978년도 연두기자회견에서 "작년 7월 1일부터 실시된 의료보험제도 […] 그 동안 이 제도는 공업단지 근로자와 500인 이상의 사업장 근로자 및 그들의 가족을 포함해서 314만 명이 혜택을 받을 수 있었고 […] 금년에는 이것을 점차 정착화시켜 […] 상병수당 등을 […] 보완할 것이고, 내년부터는 공무원과 교육공무원, 교직원에 대한 의료보험제도를 실시하기 위하여 금년 중에 그 준비를 완료할 것"(대통령비서실, 1978: 32-33) 이라고 언급하였는데, 단계적 확대방침을 확인한 것 외에 전국민적인 사회보장제도의 첫출발에 대한 의미부여는 거의 드러나지 않는다.

이와 달리 의료보험법 개정안에 대한 국회의 심의과정은 차별과 배제의 문제를 시정할 수 없었던 사정을 비교적 분명하게 보여주고 있다(9대 국회 보건사회상임위원회 96-15차 회의록, 1976. 11. 8; 96-16차 회의록, 1976. 11. 9).

먼저 전문위원은 개정안에 대한 검토의견을 통해, 선진국의 국가관리모형은 비용과중으로 부담이 되며, 또한 단계적 확대시행을 위해서도 보험조합주의를 채택한 것은 타당하다고 주장하였다. 법개정을 주도했던 신현확 보사부장관은 야당의원들의 질의에 대한 답변을 통해 의료보험에 대한 정부의 입장을 분명히 밝혔다: 첫째, 과거에 보험사무비를 국고에서 부담키로 하던 것을 '일부 국고부담'으로 축소한 것은 개악이라고 볼 수도 있지만, 그 동안 의료보험이 시행되지 않았던 것이 바로 국고부담 때문이었고, 국고부담을 늘리면 지금도 시행할 수 없으므로, 예산의 범위 내에서만 보조하겠다는 방침임, 둘째, 보험료율을 높게 책정한 것도 국고부담을 줄이기 위해서이며, 사실상 우리나라 의료보험은 100% 민간주도형(조합자율주의)이지만, 다만 근로자를 보호하기 위해 강제적용을 채택한 것임, 셋째, 보험자(조합)가 요양기관을 지정하는 것은 과잉요양욕구를 억제하기 위해서 필요한 것임, 넷째, 소규모 사업장의 의료보험 욕구가 더 클 수 있지만, 경제적 능력의 부족을 감안해서 단계적으로 시행할 계획임, 다섯째, 공무원, 군인, 교사 등을 제외시킨 것은 현행 연금법으로도 어느 정도 포괄되고, 앞으로 연금법을 의료보험을 포함한 종합보험제도로 발전시키는 것이 합리적이라는 생각임.

이와 같이 '국고부담최소화'와 '조합자율주의' 그리고 '단계적 시행' 담론은 불가침의 성역으로 인정되었고, 결국 1976년도의 의료보험법 개정안은 기술적이고 부분적인 수정만을 거친 채 통과되었다. 정부는 일부 대기업 근로자에 대한 강제적용의 채택 외에는 국고부담을 최소화하면서 선별적인 적용대상과 조합주의적 관리운영방식을 그대로 유지하게 된 것이다.

4) 제5공화국(1980-1987)

(1) 복지정책의 성격과 지배적 복지인식

박정희 사후 만개한 서울의 봄을 짓밟고 등장한 제5공화국은 또 다시 정치적 정당성 확보의 과제를 안게 되었다. 이를 위하여 선진조국 창조라는 국가지표와 복지국가건설, 정의사회구현 등 명목상 진보적인 세부 지표를 내세웠지만, 실질적으로는 압도적인 억압과 강권에 의해 지배체제를 유지하였다. 이 시기 담론의 형식은 민주, 복지, 정의 등이었지만, 실질적 내용은 반공, 발전주의, 국가주의(강한 국가) 이념이었으며, 이러한 실질적 이념들이 강권적 억압을 뒷받침하는 이데올로기로 동원되었다고 평가된다(박상훈, 1995).

신군부가 내세운 '복지국가건설' 담론 역시 아래에서 보는 대로 실질적 내용은 경제발전을 의미하였고, 이에 따라 적극적 복지정책의 입안이나 복지예산의 증가가 거의 이루어지지 않았다.

"복지사회의 기반조성을 위해서는 자유경제체제에 바탕을 두고 지속적인 경제발전을 이룩해 나가는 것이 절대 필요합니다. 경제발전은 사회복지의 기본전제가 되기 때문입니다. [……] 정부가 추구하는 사회복지정책은 고용기회의 확대에 중점을 두어 모든 국민이 각자 자기의 능력에 따라 경제 활동에 참여하는 것 [……]"(제11대 전두환대통령 취임사, 1980. 9. 1).

하지만 정통성 위기에 직면한 5공화국 초기에 복지정책은 최소한 양적으로는 다시 한 번 팽창의 기회를 맞았다. 이에 따라 아동복지법, 심신장애자복지법, 노인복지법 등이 제정(1981)되고, 생활보호법도 전면 개정(1982)되었다. 그러나 이러한 입법들은 '복지국가건설'이라는 국정지표에 힘입은 바도 있겠지만, 산업화의 진전에 따른 복지욕구의 증대에 기인한 것으로도 볼 수 있다. 무엇보다도 발전담론의 압도적 지배 하에서 그 내용은 속 빈 강정이 될 수밖에 없었다. 다만 집권후반기 민주화운동이 치열해지는 1986년의 상황에서 도입을 약속한 3대 복지입법(국민연금, 농어촌의보, 최저임금제)은 1988년에 예정대로 실시됨으로써 우리나라 복지정책의 역사에서 의미있는 변화를 가져왔다.

(2) 차별과 배제의 복지담론: 제1차 의보통합 논쟁(1980-83)의 사례

의료보험제도와 관련하여 볼 때, 이 시기는 의료보험 적용대상이 단계적으로 확대되면서 관리운영체계의 통합문제가 본격적으로 제기되어 정책 아젠다로 다루어진 시기였다. 이 시기를 전후하여 이루어진 의료보험의 단계적 확대과정은 다음과 같이 볼 수 있다.

1977. 7. 1 500인 이상 사업장 근로자 강제적용: 직장조합 213개, 임의지역조합
           8개, 의료보호 등 전국민의 14.5% 포괄
1979. 1. 1 공무원, 사립학교교직원 의료보험, 300인 이상 사업장 근로자(79. 7.
           1. 전국민 26.4%)
1981. 1. 1 100인 이상 사업장 당연적용
1981. 7. 1 지역의보 1차 시범사업 실시(홍천, 옥구, 군위)
1982. 7. 1 지역의보 2차 시범사업 실시(강화, 보은, 목포)
1982   16인 이상 사업장 근로자
1988. 1. 1 농어민, 농어촌 주민, 5인 이상 사업장 근로자
1989. 7. 1 도시지역 주민(전국민 의료보장)

이와 같이 1977년 실시된 직장의료보험의 대상자가 단계별로 확대되고, 1979년 공교의보의 실시 그리고 지역의료보험을 위한 시범사업이 준비되는 과정에서 분립(특수직역, 일반직역, 일반지역)된 조합방식 관리운영체계의 문제점이 금방 대두되었다. 당시 보건사회부에서 파악한 조합방식의 문제점은 소규모 조합의 재정불안정, 사업장의 도산 등 경기변동에 따른 불안정, 소득재분배 기능 및 위험분산기능의 제약 등이었고[8], 그 대응책으로 보사부는 소규모 조합의 통폐합을 추진하였다.

사실 이러한 문제점들은 의료보장체계 전반과 관련된 문제이지만, 현실에서는 주로 관리운영체계의 문제로 축소되어, 조합주의를 대체하는 통합일원화 방안을 둘러싼 논쟁으로 진행되었다. 통합 논쟁은 크게 보아 3단계로 진행된 것으로 평가되는데, 논자에 따라 그 시점은 조금씩 다르다. 1단계는 1980-83년의 시기로 보건사회부의 통합일원화 방안을 둘러싼 논쟁, 2단계는 1988-89년 농어촌지역의료보험의 실시와 의료보험시정운동 그리고 국민의료보험법안을 둘러싼 논쟁의 시기, 그리고 3단계는 1994년 통합일원화운동의 재개부터 1999년 통합법안(국민건강보험법안)의 제정에 이르는 시기이다(김연명, 1996; 김상균 외, 1999).

5공화국에서 벌어진 의료보험 통합논쟁 1단계(1980-83)는 1980년 5월 취임한 보건사회부 천명기 장관이 의료보험관리체계 일원화 방안을 강력히 추진하면서 출발하였다. 천장관이 대통령에게 공개 보고한 '의료보험관리체계 일원화 방안구상(1980. 10. 15)'은 국회와 행정부, 청와대 및 사회단체들 사이의 장기간 논의와 공방을 야기하였지만, 결국 대통령의 동의를 얻지 못한 채 1982년 12월 정기국회의 종료와 함께 종결되었다[9]. 이러한 과정에서 의료보험문제는 과거와 달리 다양한 참여자들의 관심과 참여를 유발하였다. 통합여부는 아직도 대통령의 판단에 전적으로 좌우되는 것으로 나타났지만,

---

8) 보건사회부 사회보험국, 의료보험 조합 통폐합 추진계획, 1980.2.20. 차흥봉(1992: 319)에서 재인용.

9) 1단계 논쟁의 자세한 경과에 대해서는 윤혜미(1984), 김연명(1989b), 차흥봉(1992) 등을 참조.

다양한 세력들의 주장이 표면적으로 드러났고, 대통령이 이러한 주장의 어느 한쪽을 선택하는 양상으로 나타났다.

당시 관리운영체계의 통합일원화 방안을 주도했던 것은 보사부장관과 담당 관료였고, 여당인 민정당과 야당 그리고 국회 보사위원회의 위원들이 가세하였다. 반면 통합 반대론을 관철시킨 주도세력은 청와대비서실이었고 의보연합회(보험자단체), 경영자협회, 상공회의소, 전경련, 무역협회, 한국노총(후기에는 일원화 찬성) 그리고 보사부 내 일부 공무원과 경향신문을 제외한 일간신문들 등이 가세하였다[10]. 이와 같이 1단계 논쟁에서 노동과 자본 같은 사회세력의 참여는 부수적이었고, 통합론과 반대론의 주도세력 모두 권력체계 내에 존재함에 따라 결과적으로 체제 내 주도권 다툼의 양상을 보였다[11]. 당시 보건사회부 측이 주도한 통합일원화의 논거는 앞서 언급한 조합방식의 문제점과 더불어 "조합방식으로는 전국민 의료보험확대가 어렵고, 확대된다 하더라도 조합 간의 재정격차로 적자조합이 발생하며, 조합 간에 의료혜택의 차등화를 초래할 우려가 있다는 점"이 강조되었다[12]. 이에 반해 청와대 비서실이 작성한 통합반대론은 다음과 같은 내용을 골자로 하였다[13].

· 우리나라 의료보험제도는 사회보험방식의 조합자치주의를 근간으로 한다.
· 의료보험을 통합일원화하면 정부재정투입이 불가피하여 재정파탄을 가

---

10) 의보통합문제에 관여한 각 집단들의 이해관계에 대해서는 김연명(1996) 참조.

11) 이러한 체제 내 주도권 다툼의 양상을 분명하게 보여주는 사건은, 통합논쟁이 현상유지로 결론이 난 이후인 1983년 2월에 보사부의 의료보험업무 담당 공무원들(통합론자들)이 모두 사직당국에 붙들려가서 조사받은 후 파면 등의 징계를 받았다는 사실이다. 이후 통합일원화 논의는 수년 동안 침묵을 강요당하게 되었다. 이 사건은 사회정책에 관한 논쟁이 정치적 사건으로 비화한 보기 드문 사례인데, 이는 의보통합 문제가 단순한 효율성의 문제가 아니라 정권과 자본의 이해관계가 걸린 좀 더 심각한 문제라는 점을 암시하는 대목이다.

12) 보건사회부사회보험국, "의료보험 관리일원화의 타당성 논거", 1980, 차흥봉(1992: 322)에서 재인용.

13) 청와대비서실, "의료보험 제도 일원화 문제 검토", 1982, 차흥봉(1992: 329-330)에서 재인용.

져온다.

· 통합일원화를 추진하면 기업의 부담을 가중시키고 근로자의 부담도 늘어나 이들 기업과 근로자가 반발하게 되고 노사협조 분위기를 저해한다.
· 통합일원화는 관리운영체계의 경직화를 초래한다.
· 의료에 대한 모든 책임이 정부로 직결되어 선진국형 복지병을 유발하고, 보험료 부담과 급여수준의 결정을 둘러싸고 정부와 국민 간의 직접 대립을 초래하여 통치부담이 가중된다.
· 따라서 의료보험의 일원화 논의는 불가하며, 조합자치주의를 근간으로 하는 현행 관리운영체계를 유지하여야 한다.

이와 같은 반통합 논리 즉 정부재정부담, 기업과 근로자의 부담 가중, 선진국형 복지병 유발, 국민의 기대수준 상승 등 통치부담가중은 진보적 복지정책에 대한 기왕의 반대와 우려를 집대성한 논리로서 이후에도 통합을 반대하는 논리로 계속 활용된다. 특히 '정부재정 부담'과 '통치부담의 가중' 논리에 대해 대통령이 손을 들어줌으로써 기존 체제는 그대로 유지되었고, 1988년의 농어촌의보에도 적용되었다. 당시 '기업과 근로자의 부담가중' 문제는 그리 크게 부각되지 않았는데, 이는 당시 논쟁의 주도권이 체제 내에 있었기 때문으로 볼 수 있다.

이상과 같이 1단계 논쟁은 의료보험 이슈의 중요성을 크게 제고하였지만, 논쟁의 주도권은 체제 내 세력들이 차지하였고, 의료보장의 문제가 관리운영체계의 문제로 위축되는 계기가 되었던 것으로 평가할 수 있다. 통합론은 '의료보험 적용확대'와 '조합 간 격차 해소'를 주요 명분으로 하였던 반면, 통합을 저지한 반대론의 주요 담론은 '정부재정부담', '통치부담가중' 이었다.

5) 제6공화국(1988-1992)

(1) 복지정책의 성격과 지배적 복지인식

1987년의 민주화운동과 노동자대투쟁은 우리 역사를 민주화 이행 국면으로 전환시켰다. 동시에 경제적 세계화 역시 급속하게 진행되었다. 이에 따라 민주화의 정착과 경제적 경쟁력 확보라는 양면의 과제를 가지게 된 6공화국은 초기에는 여소야대 상황의 압박하에서 민주화 과정에 순응하는 모습을 보였지만, 1989년 4월 이후의 공안정국과 1990년 1월의 보수대연합(3당 합당)을 거치면서 권위주의 체제로 회귀하였다.

이 당시 복지정책은 1988년 3대 복지입법의 실시 이후 여소야대 상황과 경제적 호황에 힘입어 비교적 적극적인 양상으로 전개되었다. 1989년 7월에는 도시지역의료보험이 실시됨으로써 전국민 의료보장시대를 개막하였고, 영구임대주택도 건설되기 시작하였다(1989). 장애인복지법(1989)과 장애인고용촉진법(1989), 모자복지법(1989), 고령자고용촉진법(1991) 등이 제정되었고, 이에 따라 복지예산도 전례없이 급증하였지만, 3당 합당 이후에는 정체상태로 돌아섰다. 반면에 활성화된 노동운동의 요구를 기업복지에 전가함으로써 대기업 중심적이고 역진적 성격을 갖는 기업복지가 급격히 확대되는 양상도 보여주었다(이영환·김영순, 1991).

이 당시 복지정책의 양적 팽창과, '복지정부', '집대통령' 등의 선전효과에 대한 노대통령의 개인적 선호(이영환, 1995: 80)에도 불구하고 정권차원의 적극적 복지담론은 산출되지 않았다. 그와 반대로 노태우 대통령은, 전직 전두환 대통령과 유사하게 성장우선주의와 복지병을 우려하는 발언 그리고 복지책임을 국가보다는 기업에 전가하는 발언을 함으로로써(김상균 외, 1999: 22) 복지인식의 한계를 드러내었다고 평가된다.

⑵ 차별과 배제의 복지담론: 의보통합 2단계 논쟁과 국민의료보험법안에
    대한 거부권 행사(1989)의 사례

의료보험 2단계 통합논쟁은 1988년의 농어촌의료보험 확대를 계기로 벌
어졌다. 민주화 국면에서 벌어진 2단계 논쟁의 두드러진 특징은 의료보험의
문제가 민중운동의 중요한 아젠다로 부상하면서 농민운동 등 사회세력의 정
책논쟁 참여가 시작되었다는 점이다. 또한 학계, 언론, 정당 등이 통합파와
조합파로 분열되는 양상을 보인 것도 중요한 특징이다.

2단계 논쟁의 직접적인 계기가 된 것은 1988년 초의 농어촌의료보험제도
실시였다. 1986년에 개정된 의료보험법은, 1988년 농어촌지역 의보와 1989
년 도시지역 의보실시 그리고 5인 이상 사업장 근로자를 직장 조합으로 포괄
하는 계획을 담고 있었다. 물론 조합방식의 유지를 주요 내용으로 하였다.

1988년 초부터 시작된 농민과 보건의료인 등의 의료보험시정운동(1988.
1-4월)은 농어민에게 부과되는 과다한 보험료와 불리한 보험료 산정방식 그
리고 진료권제한 설정(1, 2, 3차 전달체계를 농어촌에만 실시)의 문제를 중점
적으로 다뤘으며, 군중집회와 함께 보험증 반납 등의 방법을 동원하였다. 이
에 대해 정부는 4월 3일 "보험료에 대한 정부지원을 현행 35.1%에서 50%로
확대하고, 의료전달체계를 조정"하는 등의 대응책을 발표하였다. 그러나 시
정운동 측은 6월 28일 전국의료보험대책위원회를 발족시키면서 의료보험조
합 해체와 통합일원화, 소득중심의 누진적 부과체계 등을 주장하였다(조홍
준, 1999: 947-951). 통합추진세력은 농민과 보건의료단체를 주축으로 하는
전국의료보험대책위원회와 병원노련 및 지역의보노조 등이었다. 이후 운동
의 요구는 조합방식 거부와 통합일원화에서 건강권확보 및 의료상품화 배격
등으로 발전하였으며, 누진적 보험료제와 본인부담금 인하, 진료일수 제한
폐지, 의료보호와 보험의 통합 등도 추가적으로 요구하였지만, 실질적으로
운동의 핵심 타겟은 조합주의 철폐와 통합일원화 추구로 집중될 수밖에 없
었다.

의보통합운동은 당시 국회의석의 다수를 점하고 있던 야3당을 움직여

1989년 3월 9일 관리체계의 통합일원화를 중심으로 하는 국민의료보험법안을 만장일치로 통과시키는 성과를 산출하였다. 국민의료보험법안의 주요 내용과 의미는 다음과 같이 요약된다(이경기, 1990: 62-64).

· 통합일원화 방식 채택: 소득재분배, 위험분산 효과 증대
· 비용부담의 사회화 진전: 누진적 보험료율, 노사 간 혹은 피보험자와 국가 간 50%씩 부담 · 의료보험수가조정위원회 설치: 갈등해결의 절충적 형태
· 급여확충: 급여기간 210일로, 현행 180일보다 30일 연장

반면에 의료보험의 통합을 반대하는 운동은 국민의료보험법안의 국회통과를 전후하여 활발하게 움직였다. 반대세력은 의료보험조합 간부들과 의료보험연합회, 그리고 전경련과 경총 등의 사용자 단체들과 여당인 민정당이었고, 보사부도 대체로 반대측 입장이었던 것으로 평가된다.

특이한 사항은 당시 보사부의 김종대 공보관이 3월 7일 사적으로 공표한 보도자료('국민의료보험법 시행시 예상되는 문제')를 통해, 의료보험이 통합되면 재정이 급팽창한다고 주장하였던 점이다. 즉, 통합되면 건강진단실시(2년 1회), 요양급여기간 연장(180-210일), 상병수당 지급, 본인부담률 인하 등 급여확대로 연간 1조 1,828억 원의 보험재정 팽창이 예상된다고 주장하였다(의보연대회의, 1999: 10-15). 이와 같은 공무원의 사적인 자료배포가 묵인되면서 이를 근거로 당시 언론들은 '통합시 직장근로자 보험료 2.8배 증가' 등의 반대론을 보도하였다. 의료보험조합 대표이사들도 언론 광고와 의료보험연합회 주도의 관제 집회 참석 등을 통해 반대운동을 전개하였다. 당시 의료보험연합회가 1988년 10월 경 개진한 반대의견은, '통합하면 의료비 증가, 거대기구의 비능률성, 피용자의 부담증가, 근로자로부터 자영자로 소득의 역진현상, 적립금처리에 대한 직장조합의 반발예상, 의료보호 통합시의 번잡성, 민주화와 지방자치 및 자율 추세에 역행' 등이었다(이경기, 1990:

93; 김연명, 1989a). 법안 통과 후 의보연합회는 '통합법안은 모든 임금노동자의 부담을 가중시키고, 농어민에게도 불이익이 된다. 의료의 발전을 저해한다, 비민주적인 관리방식이다' 는 주장을 강조하였다.

이와 같이 통합반대운동의 논리는 반대운동 주도자들의 이해관계가 은폐된 채, '자영자의 소득은폐로 인한 임금노동자의 희생' 에 초점을 맞추는 방향으로 전개되었다. 통합법안 통과 후 조선일보와 중앙일보 등은 보사부와 의보연합회 등의 편파적인 자료를 근거로 사설을 통해 이러한 입장을 지지하였다(이경기, 1990: 75).

· 조선일보: "소득이 노출되는 봉급생활자와 농어민이 소득이 은닉되어 있는 자영자보다 더 많은 부담을 하게 되는 불공정한 현상 발생, 피용자와 자영자를 통합관리하는 것은 세계적으로 사례가 없음"
· 중앙일보: "소득파악이 가능한 근로자의 부담 가중"

결국 통합의료보험법(국민의료보험법안)은 1989년 3월 16일 노태우 대통령의 거부권 행사로 빛을 보지 못하게 되었다. 노 대통령이 밝힌 재의요구 이유는, "기존 조합의 재산을 청산하지 않고 새로이 형성되는 공단에 이관하는 것은 국민(조합원)의 기본권인 재산권에 대한 헌법의 규정에 배치될 소지가 있다(국민의료보험법안 재의요구서)" 는 것을 중심으로 하고 있다. 이에 대해 통합운동측 대책위원회와 야당은 '사유재산과 공공재산의 혼동', '법안의 골자와 관계없는 사소한 사항들' 이라고 강력하게 반발하였지만, 이에 대한 정부의 해명이나 추가적인 논의는 없었다. 나아가 이러한 논리는 1990년대 후반 3단계 논쟁에서도 끈질기게 통합의 발목을 잡는 명분으로 작용하였다. 이후 대책위원회는 거부권 행사에 반발하여 의료보장쟁취 공동위원회(의보공위, 1989. 4. 6.)를 결성하였고, 11월에는 지역의보노조의 파업투쟁 등이 있었지만, 공안정국과 보수대연합을 거치면서 전체적으로 반대운동은 소강상태로 접어들 수밖에 없었다.

2단계 논쟁의 중요한 특징으로 다음 몇 가지 사항을 들 수 있다.

첫째는 정책논쟁에 사회세력들의 참여가 본격화되기 시작했다는 점이다. 먼저 농민, 보건의료인, 야당 등은 통합론으로, 의보조합간부 등 조합주의자체에 이해관계를 갖는 이해관계자들과 사용자단체, 여당, 보수언론 등은 반대론으로 분화되었다. 그러나 최대의 사회세력인 노동운동의 참여가 뚜렷하지 않는 등 사회세력의 참여는 한계가 있었다. 그리고 의료자본과 전문인들의 경우는 주로 자신의 이해와 직접적으로 연결된 요양취급기관계약제 문제와 의료보험수가 심의위원회의 결정권 문제에 관한 요구사항으로만 일관하였다(이경기: 100).

둘째, 사회세력의 참여가 활발해지는 것과 반대로 집권세력의 담론은 적극성을 상실해가는 양상이었다. 당시 대통령은 재의요구서에서 보듯이 애매한 이유로 통합반대운동의 손을 들어줌으로써, 당시 동아일보의 지적대로 "여당도 찬성한 법안을 거부하는 이상한 행태"를 보였던 것이다.

셋째, 통합론의 주요 논거는 '보험료부담의 형평성과 재분배, 국민건강권' 등 명분론이 우세하였고, 반대론의 골자는 '공평성, 임금노동자 부담증가' 등 이해관계 담론이 강화되는 경향을 보여주었다. '보험조합의 재산권 이관은 위헌의 소지가 있다'는 대통령의 거부권행사 이유도 같은 맥락에 있다고 볼 수 있다.

넷째, 통합운동은 조합주의 문제를 넘어 국민건강권의 확립 등 좀 더 진보적인 주장을 포함하고 있었지만, 운동의 주요 타겟으로 조합주의 철폐와 통합일원화가 강조됨에 따라, 의료보장에 있어서의 차별과 배제의 문제가 조합주의 관리운영체계의 문제로 왜소화되는 경향이 심화되었다고 볼 수 있다. 이와 관련하여, 통합운동진영의 정책구상에 있어, 국민건강을 보장하는 좀 더 근본적인 개혁안에 대한 고민이 현실론에 흡수되는 양상을 목격할 수 있다. 예를 들어, 1989년 8, 9월경 통합일원화 운동의 일각에서, 관리운영체계의 통합이 저소득층의 의료보장 문제를 해결하는 데 있어서 갖는 한계를 고민하면서 조세방식의 대안을 제시하였지만, 기존의 주장을 바꾸는 것이 어렵다는 운동단체 실무진들의 현실론을 수용한 사례가 있다(이경기, 1990: 73-74). 당시 현실론을 수용하는 대신 보험료 징수의 누진률 확보와 국가부조 50% 이상 확대, 의료보호 흡수를 위한 면세조항 신설 등 조세방식의 장점을 수용하기로 하였지만, 이러한 구상은 당시에는 물론 1990년대 말의 통합단계에서도 거의 실현되지 않았다. 결국 이러한 양상은, 과거 체제 내의 정책구상이 일정한 한계 내에서 진행된 것과 마찬가지로, 개혁운동 진영 내의 정책구상도 유사한 한계를 공유할 수밖에 없음을 보여주는 사례라고 할 것이다.

6) 문민정부 시대(1993-1997)

(1) 복지정책의 성격과 지배적 복지인식

문민정부는 부정부패척결과 토지공개념, 금융실명제 등과 같은 사회적 개혁의 과제와 동시에 글로벌 경제시대에 대응하는 경제적 경쟁력 확보의 과제를 가지고 있었다. 초기에는 몇몇 개혁의 성과가 이루어졌지만, 1993년 중반 이후부터는 경제력 담론이 압도하면서 경제활성화와 노동의욕 회복이 중요 정책과제가 되었다(박상훈, 1995). 후반기에는 경제위기와 권력형 부정부패 사건으로 인해 무기력한 상황에 직면하였다.

이 시기에는 기대와는 달리 복지정책의 발전이나 복지예산의 증가가 거의 이루어지지 않았는데, 이는 과거 정통성이 문제시되는 시기에 복지정책이 적극적으로 추진된 것과 뚜렷이 대비되는 현상이었다. 예외적으로 추진된 복지정책은 세계적 경쟁상황에서 노동유연화정책을 뒷받침하는 고용보험제도(1995)와 우루과이 라운드와 관련하여 농촌문제 대응을 위한 농어촌연금제도(1995), 그리고 경제성장에 도움이 되는 '생산적 복지'를 위한 일부 정책들(여성노동력 확보를 위한 보육정책 등)이었다.

복지담론과 관련하여 특기할 점은 세계화 담론을 바탕으로 처음으로 체계적인 복지담론의 형성이 시도되었다는 것이다. 김영삼 대통령은 '삶의 질 세계화를 위한 대통령의 복지구상'(1995. 3. 23)에서, "세계화시대에는 국가안

보 못지않게 인간 안보가 중요"하고, 또 "삶의 질이 국가경쟁력의 중요한 요
소가 되기 때문"에 "국민의 복지와 삶의 질에 대한 국가의 관심과 의무를 더
이상 미룰 수 없다"고 강조하였다. 그러나 삶의 질 세계화를 위한 전략(원칙)
으로 제시된 '최저수준보장의 원칙, 생산적 복지의 원칙, 공동체적 복지의
원칙(민관, 민민의 협력, 가족-이웃-지역-국가로 이어지는 연대의식), 정보화
와 효율화의 원칙, 안전중시의 원칙' 등에서 보듯이 '삶의 질 세계화'라는
모호한 슬로건의 실질적인 내용은 최소주의와 효율성의 강조, 국가책임의
회피 등이었다. 이에 따라 정책의 질을 좌우하는 복지예산은 정체상태에 머
물렀고, 결국 이 시기 '생산적 복지론'은 '경제성장에 장애를 주지 않는 복
지'로 인식될 수밖에 없었다.

⑵ 차별과 배제의 복지담론: 통합운동의 재개와 1단계 통합의 성취

김영삼 대통령의 문민정부와 함께 의료보험통합운동은 노동운동의 가세
로 매우 활발하게 전개되었고, 이것이 곧 3단계 통합논쟁의 출발이었다. 통
합운동측은 1994년 4월 11일 '의료보험통합일원화와 보험적용확대를 위한
범국민연대회의'(이하 의보통합연대회의)를 결성하였다. 의보통합연대회의
의 조직은 노동, 농민, 빈민, 시민운동, 보건의료운동 진영을 망라하였고[14],
그 명칭에서 볼 수 있듯이 단순히 의료보험의 관리운영체계를 통합하는 것
이 목표가 아니라 '보험적용확대'라는 명분을 뚜렷하게 내세웠다. 특히 민
주노총은 1994년 이후 의료보험통합을 위시한 사회개혁과제를 중요한 사명
으로 채택하고, 연대회의에서 중심적인 역할을 수행함으로써 의보통합의 견
인차 역할을 하였다(백승호, 2000).

이와 같은 활발한 통합운동에도 불구하고 실제 의료보험통합문제는 지지
부진하게 진행되었는데, 이는 정부와 여당의 소극적인 태도에 기인한다고

---

14) 의보통합연대회의를 구성하는 주요단체는 1998년 현재, 민주노총, 전국농민회총연맹, 한
　국농업경영인중앙연합회, 전국노점상연합, 전국철거민연합, 경실련, 여연, 전국연합, 참여
　연대, YMCA, 인의협, 건약, 건치 등 77개 단체에 이른다.

볼 수 있다. 즉, 문민정부의 말기인 1997년 말에 여당이 발의한 1단계 통합법안인 국민의료보험법안이 통과되기는 하였지만, 다음과 같은 사례를 볼 때 그 이전까지 정부와 여당은 통합에 반대하거나 적어도 주저하였던 것이 분명하다.

첫째, 보건사회부가 1994년에 구성한 의료보장개혁위원회에서 제안한 개선방안은 관리운영체계의 통합보다는 현행 조합의 규모를 적정화하여 관리효율성과 자율성을 제고하고, 재정공동사업의 활성화로 조합 간 위험분산 및 재정조정기능을 확대할 것을 권고하였다. 더불어 농어촌지역조합에 대한 국고지원을 확대하고, 급여의 확대도 권고하였다. 이에 대해 연대회의는 '현행 다수조합 분립체계를 그대로 유지, 고수하기 위한 미봉책'으로서 개혁방안으로 보기 어렵다고 비판하면서, '조합 통폐합은 관리운영체계 개편과는 무관하며', 재정조정사업의 효과도 미미하다고 주장하였다[15]. 둘째, 삶의 질 세계화를 위한 국민복지기획단의 보고서에서도 기존 조합방식의 존속을 주장한 점을 들 수 있다(국민복지기획단, 1995: 82). 보고서는, "현행 관리운영체계는 조합방식을 근간으로 통합방식의 장점을 수용하여 꾸준한 정착과정에 있다. 관리운영체계 논쟁에 있어서는 통합방식으로의 전환이 명백한 우월성을 입증하지 않는 한 기존의 관리방식을 계속 발전시켜나가야 할 것이다"고 밝히고 있다. 즉, 통합방식은 조합 간 재정격차 문제가 해소되고 관리운영비를 줄일 수 있으나, 의료이용과 보험료 부담이 연계되지 않아 비용의식 약화로 보험급여비가 팽창할 우려가 있으며, 보험료가 공공요금화되어 물가당국의 통제로 보험급여비 조달에 문제가 발생할 소지도 있고, 거대공단하에서 보험료 징수노력의 둔화로 징수율 하락의 위험(국세징수율 90.7%, 보험료징수율 98.1%인 상황에 비추어 볼 때)도 있어서, 결국 만성적 재정적자와 국고지원 대폭 증대가 우려된다는 문제점을 제시하였다. 그리고 그 대안으로 의료보장개혁위원회와 유사하게 재정조정사업 확대, 지역조합에 대한 국고 차

---

15) 의보통합연대회의, "의료보험 통합일원화 및 보험적용 확대를 위한 방안"(1994. 5. 21), 의보통합연대회의(1999)에서 재인용.

등지원강화, 조합규모 적정화, 조합 간 전산망 구축 등을 제안하였다.

결국 정부와 여당은 조합주의에 대한 현상유지를 완강하게 고집하였던 것이다. 이와 같이 여러 가지 문제점에도 불구하고 조합주의가 유지될 수 있었던 것은, 조합주의가 보험자 및 관리자에게 유리한 방식이며, 자본과 노동의 특별한 요구가 없을 경우에도 의료보험의 외연확대를 가능케 하고, 재정부담의 최소화와 더불어 자본(조합)의 재정통제권이 보장되기 때문이라고(백승호, 2000: 27) 해석할 수 있다.

어쨌든 통합운동의 성과로 1996년 11월말 야당(국민회의와 자민련) 공동으로 통합법안인 국민건강보험법안(이성재 의원 외)이 발의되었지만, 이 법안에 대한 심의과정에서도 여당의원들은 대체로 우려하는 분위기였다. 통합의 명분은 수긍하지만 반대단체들을 의식할 필요가 있고, 조합 직원들의 고용승계 문제, 거대기구화로 인한 관료화, 누진적 보험료제의 불합리성 등 부작용을 우려할 필요가 있다는 것이었다(181회 국회 보건복지위 11차 회의록, 1996. 12. 10). 이에 따라 이 법안의 처리는 1년 정도 유예되면서 상황의 변화를 기다려야 했다. 결국 의보통합 문제는 문민정부를 거치는 동안 거의 진척을 보이지 않았던 것이다.

그러나 1997년 12월의 대통령선거는 유력한 후보들이 모두 통합 방향으로 공약을 채택함으로써 의보통합이 대세가 되는 중요한 전기가 되었다. 그 결과 여당인 신한국당도 단계적 통합법안인 국민의료보험법안을 제출하게 되었다(1997. 10). 이 법안과 이미 제출되어 있던 국민회의와 자민련의 국민건강보험법안은 보건복지위원회 대안으로 절충되면서 국민의료보험법이 제정되었다(1997. 12. 31 제정, 시행은 1998. 10). 이에 따라 227개 지역의료보험과 공교의료보험이 통합되어 국민의료보험관리공단이 탄생하고 직원의 고용은 승계되었지만, 재정은 구분계리하는 것으로 절충이 이루어졌다. 이 당시 통합법안은 다음과 같이 '관리체계의 통합을 통한 위험분산과 소득재분배 기능의 회복'을 대표적인 명분으로 하고 있었다:

"직장의보는 96년도 말 현재 약 3조 2천억 누적적립금을 보유하고 있는 반

면, 저소득 국민 대부분이 포함된 지역의보는 만성적인 적자구조로 인해 약 1
조 원(1998년도 예산)의 국고보조로 현상 유지하고 있음. 이런 현상은 현행 의
보가 조합별 독립채산제로 운영됨에 따라 사회보험의 두 기능인 위험분산과
소득재분배 기능이 제대로 발휘되지 못한 데 기인된 것임. 따라서 현행 의료
보험의 문제점을 해결하기 위해서는 […] 모든 의료보험을 통합하여여 함.
그 첫 단계로서 신설공단이 현행의 공무원및사립학교교직원의료보험관리공
단과 지역의료보험조합업무를 포괄하여 수행하도록 함으로써 일시적 통합으
로 인한 집단 간의 갈등을 최소화하면서 점진적으로 통합운영 방식의 의료보
험제도를 도입하려는 것임" (185회 국회 16차 본회의 1997. 11. 18 부록).

당시 국민의료보험법의 통과가 가능했던 또 다른 이유는 1999년 4월로 예
정된 국민연금의 도시자영자 확대시에 의보통합으로 인한 잉여인력을 흡수
할 수 있다는 기대였다. 그리고 당시 보건복지부와 의료보험연합회 그리고
직장의보노조 등이 통합반대 입장을 견지했지만, 완전통합이 아닌 2자 통합
상황이었기 때문에 반대론이 많이 약화되었던 것도 유리하게 작용하였다.
한국노총은 당시 소극적이지만 통합에 찬성하는 입장이었다. 복지부의 경우
는 통합에 반대하면서 조합의 재산권문제에 더하여 거대의보가 성립될 경우
보험료 인상이 어려워 국가비용 상승과 거대조직의 경직성 등이 우려된다고
주장하였지만 대세를 거슬리기는 어려웠다.

국민의료보험법의 국회 토론과정에서 가장 문제가 된 부분은 지역조합 재
산의 법적 성격, 즉 적립금 등을 통합 공단으로 이관하는 것이 사유재산권을
침해하는 것이 아니냐는 문제였고, 1989년 노태우 대통령의 거부권행사의
전례에 비추어 신중하게 처리되어야 한다는 주장이 많았다(185회 국회 보건
복지상임위 9차 회의록, 1997. 11. 10; 10차 회의록, 1997. 11. 14; 법제사법위
8차 회의록, 1997. 11. 17; 9차 회의록, 1997. 11. 18; 16차 본회의 회의록,
1997. 11. 18). 1989년 노태우 대통령의 거부권 행사에 대해 사법적 판단 등
추가적인 논의가 진행되지 않았기 때문에, 이 시기에 와서 통합반대의 가장
중요한 명분으로 작용할 수 있었던 것이다. 그러나 이 문제에 대해 법제사법

위원회는 법안심사소위의 심사결과를 수용하면서 위헌의 소지가 없다고 다음과 같이 결론지었다.

> "제기된 위헌 소지에 관하여는 조합의 가입이 강제되고 국가에서 조합운영비를 보조하는 등 지역의료보험조합의 재산이 일반적인 민법상의 사유재산이기보다는 공적인 기금성격이 강하며 조합의 재산이 공단에 이관되더라도 그 회계가 구분계리되는 등 위헌소지가 없다고 보아 원안 의결하도록 하였습니다"(법제사법위원회 9차 회의록, 1997. 11. 18).

이상과 같이 1단계 통합법안 제정 국면에서 주요 반대담론은 여전히 '사유재산권 침해'와 '국가비용 상승' 등이었다. 반면 의원들이 주도한 통합법안의 제안사유에서는 '위험분산과 소득재분배' 등 사회보험의 기능 회복을 부각시키고 있는데, 이는 그 동안 통합운동이 추구해 온 의료보장개혁의 틀에 비해서는 다소 협소한 명분이라고 볼 수 있다.

7) 국민의 정부 (1998-2002)

(1) 복지정책의 성격과 지배적 복지인식

IMF 경제위기와 함께 시작된 국민의 정부는 경제재건의 과제와 함께 미증유의 빈곤과 실업문제에 대응하는 과제에 직면하였다. 정부는 노사정위원회를 통해 협력적 노사관계를 형성함으로써 난국을 타개하려 하였으나, 신자유주의적 구조조정정책의 수용에 대한 노동계의 반발로 어려움에 직면하였다. 후반에 들어 경제위기는 거의 타개되었지만, 경제 불안요인 존속과 기업 체질개선 실패 등의 과제들이 남았고, 정권 후반기에 권력 주변의 연이은 부정부패 노출 등으로 무기력 상태에 빠져들었다.

국민의 정부 하에서 이루어진 복지정책은 상당하였다고 평가할 수 있다 (이영환, 2002). 경제위기에 대한 초기대응에서는 공공근로와 같은 응급대응과 더불어 고용보험의 적용범위와 급여수준을 급속히 확대하였다(1998). 아울러 국민연금의 지역자영자 확대(1999. 4), 국민기초생활보장법 제정(1999. 8)과 실시(2000. 10), 의료보험의 완전통합(2000), 의약분업실시(2000) 등과 같은 제도적 개혁이 이루어졌다. 아울러 복지제도운영의 민주화도 상당히 진척되었고, 복지예산도 꾸준히 증가하였다. 그러나 자영자소득파악문제나 사회보험통합논의 등 굵직한 개혁과제들이 무산되었고, 의약분업이 첨예한 이익집단 갈등으로 왜곡되면서 2000년 중반 이후에는 개혁이 좌절되는 분위기로 반전되었다. 경제위기 해소 이후에도 광범한 빈곤과 빈부격차의 심화현상은 그대로 존속하고 있다.

이념적으로 국민의 정부는 '민주주의와 시장경제'의 병행발전을 모토로 삼았고, 2차년도에는 '생산적 복지'를 추가함으로써 전통적인 '발전주의' 이념을 극복하려는 노력을 보여주었다. 이 '생산적 복지론'은 우리나라 정부가 역사상 처음으로 체계적인 모습을 갖추어 생산한 복지담론이며, 이러한 복지담론이 국정의 중심목표가 된 것도 처음 있는 일이다. 그러나 '생산적 복지론'은 다음에서 보는 바와 같이 그 개념이 모호하고, '생산'과 '복지' 중 강조점이 어디에 있느냐에 따라 '근로강제복지'의 위험성도 안고 있다고 평가된다.

"생산적 복지는 모든 국민이 인간적 존엄성과 자긍심을 유지할 수 있도록 기초적인 생활을 보장함과 동시에 자립적이고 주체적으로 경제, 사회활동에 참여할 수 있는 기회를 확대하고 분배의 형평성을 제고함으로써 삶의 질을 향상시키고 사회발전을 추구하는 국정이념이다 [……] 생산적 복지를 구성하는 세 가지 축은 시장을 통해 공정하게 이루어지는 일차적인 분배, 국가를 통한 재분배, 국가와 시장의 상호중첩영역에서 이루어지는 취약계층의 자활을 위한 사회적 투자 [……]" (대통령비서실 삶의 질 향상 기획단, 1999: 33).

(2) 차별과 배제의 복지담론: 2단계 의보통합 성취(1999)의 사례

국민의 정부 시기는 2단계 의보통합이 마무리된 시기였다. 97년 말의 1단계 통합의 성공으로 의보통합은 이미 대세가 되었으며, IMF 외환위기 극복을 위한 노사정위원회의 합의(1998. 2. 6)로 1998년 말까지 법제화 약속도 이루어졌다.

이에 보건복지부는 12월 3일 2단계 통합법안인 국민건강보험법안을 국회에 상정하였는데, 황성균 의원 등도 유사한 내용을 담은 국민의료보험법개정안을 국회에 제출하였다. 양 법안을 심사한 보건복지위원회가 12월 23일 위원회 대안으로 국민건강보험법안을 제안하였고, 1999년 1월 6일 통과되어 2월 8일 발효되었다. 새 법의 주요 내용은 직장조합과 국민의료보험관리공단을 국민건강보험공단으로 통합하여 보험자를 단일화하며, 진료비청구를 심의하는 심사평가원을 독립기관으로 설치하고, 시행은 2000년 1월, 재정통합은 2002년 1월까지 2년 이내 유예 등이었다. 국민건강보험법안(대안)의 제안 이유는 다음과 같이 형평성과 효율성 외에 서비스 확충을 목표로 하였다:

"현재 다보험자 방식으로 운영되는 의료보험관리체계를 단일보험자로 통합운영함으로써 운영의 효율성과 보험료부담의 형평성을 높이고 질병의 치료 외에 예방, 건강증진 등을 포함하는 포괄적인 의료서비스를 제공하여 국민건강의 향상을 도모하고자 하는 것"(199회 국회 법제사법위원회 3차 회의록, 1998. 12. 29).

이 시기 의보통합 이슈의 전개과정에서 특기할 만한 사항은 노동운동의 양대 계파가 통합운동과 반대운동의 중심으로 부각되었다는 점이다. 즉, 의보통합운동은 앞 시기와 마찬가지로 민주노총 중심의 의보통합연대회의가 중심이 되었던 반면, 반대운동은 전국직장의보노조가 중심이 되고, 한국노총이 그동안의 유보 자세를 버리고 반대의 입장을 분명히 하게 되었다. 양대 노총의 격렬한 선전전을 둘러싸고, 각종 시민사회단체와 학자들 및 언론 등이 가세하는 양상도 전개되었다.

통합운동측은 "통합일원화는 조합 간의 벽을 허물어 근원적으로 재정불균

형 문제를 해소할 뿐 아니라 부담의 형평성을 확보하고, 급여를 확대할 수 있는 제도적 틀을 만들 수 있을 뿐만 아니라 관리운영비 절감과 국민의 보험이용 편의를 도모할 수 있을 것"이라고 통합의 목적을 천명하였다[16]. 반면 1999년 5월 범국민대책회의를 결성한 반대운동측(경총, 직장의보노조, 한국노총 중심)은 "통합시 근로자 부담증가, 근로자는 봉이다" 등의 구호를 앞세워 통합에 반대하였으며, 통합법안이 통과된 이후에도 도시자영자 소득파악률이 80%에 이를 때까지 재정 분리운영, 지역의보 재정 50% 국고지원 등을 계속 주장하였다(김상균 외, 1999: 31). 여기에서 '지역조합 재정지원 강화'는 원래 통합론의 기원이 되었던 주장인데, 이를 통합반대론자들이 주장하는 아이러니한 현상을 보이기도 하였는데, 이는 통합시 직장조합의 적립금이 지역조합의 적자를 보전하는 데에 쓰이는 것을 막기 위한 것이었다. 이러한 반대운동은 통합 자체를 저지하지는 못하였지만, 2000년 1월에서 7월로 통합시기를 연기시키고, 나아가 2년 한도로 유예된 재정통합을 무산시키려는 노력 또한 계속 경주하였다.

국회 상임위에서의 통합반대론은, 통합이 대세라는 분위기를 전제하면서도 현재의 소득파악수준(도시자영자 소득포착률 25% 정도로 근로자의 1/3 미만)에서 통합은 결국 근로자의 부담만 가중시킨다는 논리가 중심이었다. 같은 맥락에서 직장조합 적립금 2조 5천억 원의 용도도 의구심의 대상이었다.

이와 같이 사회세력 간 본격적 대결의 양상으로 전개된 의보통합의 마지막 국면에서 핵심이슈는 통합의 부담이 누구에게 귀결되느냐 하는 것으로 수렴되었다. 즉, 최종단계에서 부각된 것은 경제적 이해관계였고, 논쟁의 주역도 이해관계 당사자들이 중심적인 역할을 담당하였던 것이다. 물론 이러한 이해관계의 문제는, 사회보험제도에 대한 기본적인 인식의 차이, 즉 사회보험의 운영원리(위험분산과 소득재분배)나 가치(평등, 공평, 효율성, 자치원리 등)에 대한 인식의 차이에 기인하는 것(김상균 외, 1999)으로도 볼 수 있다.

---

16) 의보통합연대회의, "신정부에 바라는 의료보장 개혁방안"(1998.1.22), 의보통합연대회의 (1999: 228)에서 재인용.

결국 20여 년에 걸친 의료보험통합 논쟁은 통합일원화로 귀결되었지만, 재정통합이 일정기간 유예되고 사회세력 간의 갈등이 격화되는 후유증을 남겼다. 나아가 사회세력 간의 논쟁이 격화되는 과정에서 관리체계의 문제를 넘어서는 의료보호제도의 통합이나 조세방식, 급여확충 등 좀 더 진보적인 대안들은 희생될 수밖에 없었다. 또한 비정규직이나 영세사업장 근로자들의 직장가입자 전환의 문제나 광범위한 사각지대 해소의 과제들도 뒤로 미루어질 수밖에 없었다.

4. 결론

본 연구는 우리나라 복지정책의 역사를 차별과 배제의 관점에서 고찰하고, 그러한 체계를 둘러싼 담론적 상황, 즉 지배담론과 대항담론의 존재와 작용 등을 확인하는 것을 주목적으로 하였다. 이를 위한 예비적 작업으로 우리나라 복지정책이 가지고 있는 차별과 배제의 양상을 제도적 차원에서 제시한 후, 각 시기별 복지정책의 성격과 지배적 복지인식을 개괄하였다. 그 다음으로 전체 시기를 관통하는 차별과 배제의 복지담론을 확인하기 위해 의료보험제도의 사례를 고찰하였다(단 1공화국의 경우는 공무원연금법 사례로 대신함). 본 연구의 결과는 다음과 같이 요약할 수 있다([표 8-2] 참조)

첫째, 각 시기별로 볼 때 지배세력의 일반적인 복지인식은 마지막의 국민의 정부를 제외하면 소극성을 탈피한 적이 없었다. 물론 시간의 경과에 따라 소극성이 약화되긴 하지만, 김대중 정부의 '생산적 복지론'과 같은 체계적인 복지담론을 산출하려는 노력이 그 전에는 없었다. 본 연구에서는 이러한 소극성이 주로 발전주의 담론과 연결되어 있음을 확인하였다. 본 연구에서 검토한 국회회의록 등을 보면 복지제도의 필요성은 본격적인 산업화가 시작되기 이전인 제1공화국이나 5.16 군사정권의 경우에도 정확하게 이해되고 있었음을 알 수 있다. 따라서 문제는 복지발전이 경제성장을 저해하거나 혹

[표 8-2] 시기별 고찰 요약

시기구분	정권	지배적 복지인식	정책정당화 담론의 사례: 의료보험 중심으로
전산업화시기	1공화국	긴급구호 개념의 소극적 복지인식	-공무원연금법(1960. 1. 1) 입법 · 선택적 포섭의 원형: 공무원과 군인 · 정책주도자: 재무부장관 등 정부 · '경제여건 고려한 단계론', '경제발전 위한 투자재원조달방법'
권위주의적 발전국가 시기	군사정부·3공	발전주의에 압도된 소극적 복지관(성장을 저해 않는 복지)	-의료보험법(1963. 12)의 제정 · 근로자 국한, 임의가입, 대기업 중심의 조합주의 · 정책주도자: 사보심 위원들, 최고회의 위원 · '재정부담 최소화', '단계적 확대론' · 진보적 대안 거론되지 못함
	4공화국	사회개발론에도 불구하고 발전주의적 한계, 온정주의적 복지관(보험보다는 보호에 관심)	-의료보험법 개정(1976)으로 강제보험 도입 · 대기업근로자 대상의 조합주의 방식 · 정책주도자: 보사부장관과 관료들 · '국고부담 늘리면 시행불가─부담 최소화론', '단계적 확대', '조합자율주의' · 1963년 법과 유사한 점증적 정책결정
	5공화국	허구적인 '복지국가 건설' 담론: 발전담론의 압도적 지배	-의료보험통합일원화 1단계 논쟁(1980-83): 체제 내 경쟁, 대통령 결심으로 분리론 승리, 통합론자 탄압 · 통합론: 보사부, 국회(여,야)─'의보적용확대', '조합 간 격차해소' · 분리론: 청와대비서실, 의보연합회, 경영자단체, 보수언론 '정부재정부담', '통치부담가중', '선진국형 복지병 유발' 등 · 의료보장의 문제가 관리운영체계 문제로 왜소화 경향
민주화이행과 경제의 세계화진행 시기	6공화국	민주화 국면에서의 복지팽창: 정권차원의 복지담론 결여	-의보통합 2단계논쟁: 사회세력의 참여 시작, 통합법안인 국민의료보험법(1989)에 대한 대통령의 거부권 행사 · 통합론: 농민, 보건의료단체 등 시민사회단체-'보험료 부담의 형평성과 재분배, 국민건강권 요구' 등 · 분리론: 의보조합간부, 보수정당, 보수언론, 복지부관료-'공평성, 임금노동자부담 증가' 등 이해관계담론강화 · 거부권행사: '조합재산권 이관은 위헌의 소지' · 통합운동 내 진보적 개혁안: 현실론에 흡수되는 한계
	문민정부	"삶의 질 세계화": 경쟁담론에 압도된 생산적 복지론, 최소주의와 효율성, 국가책임 회피	-의보통합 3단계논쟁: 통합운동의 재건과 1단계 통합 성취(국민의료보험법 제정 1997) · 통합론: 민주노총 중심 연대회의-적용확대 등 의보개혁(의원입법: '위험분산과 소득재분배 개선'으로 왜소화 경향) · 반대론: 복지부, 의보연합회, 직장의보노조─'사유재산권 침해, 국가비용 상승우려'
	국민의정부	'생산적 복지론': 최초의 체계화된 담론, 발전주의 극복 노력	-2단계 의보통합 성취: 국민건강보험법 제정(1999), · 통합론: 민주노총 중심 연대회의─'재정불균형해소, 부담의 형평성확보, 급여확대, 국민건강향상' · 반대론: 한국노총 중심 범국민대책회의(직장의보노조, 경총 등)─'통합시 근로자부담 증가, 근로자는 봉이다' · 재정통합유예, 의료보호통합무산, 사각지대, 비정규직문제 등 잔존

은 우선되어서는 안 된다는 발전주의 패러다임이었다. 경제성장을 저해할 우려가 있는 정책과 제도는 현실화가 거의 불가능했는데, 이를 막는 중층의 견제장치(정책설계자에서부터 경제관료, 의회 등을 거쳐 대통령에 이르기까지)를 통과해야 하는 어려움 때문이다. 이러한 발전주의 패러다임이 변화를 보이는 시점은 1990년대 이후이다. 문민정부는 '복지는 성장의 바탕'이라는 인식을, 그리고 국민의 정부는 '복지는 성장을 위한 투자'라는 인식을 통해 불완전하지만 탈발전주의적 인식의 가능성을 보여주었다.

다른 각도에서 보면 우리나라 복지정책의 역사에서는 발전주의적 사고방식의 지배가 오히려 정상적인 정책결정 상황이었다고 보아야 할 것이다. 이것은 제1공화국에서도 마찬가지이다. 당시 재무부 장관은 공무원(군인 포함)에 대한 우선적인 사회보장제도의 수립에 대해 '경제적 여건을 고려한 시범사업의 의미'와 '경제발전을 위한 투자재원의 조달'을 명분으로 제시하였다(그럼에도 불구하고 왜 군인과 공무원이 먼저여야 하는가는 충분히 해명되지 못하였지만). 이렇게 볼 때, 우리나라에서 복지정책의 적극적 발전은 정권의 정치적 정당성이 위기에 처한 것과 같은 예외적 시기에 가능한 일이었고, 그 외의 경우는 점증주의적 발전과정을 겪을 수밖에 없었다. 문제는 이러한 과정에서 체계적이고 계획적인 복지발전이 이루어지지 못하면서 차별과 배제의 속성을 지닌 왜곡된 복지제도가 도입되고 또 이를 시정하는 일이 계속 지체되어 왔다는 점이다.

둘째, 의료보험정책의 사례를 살펴본 것은 차별과 배제의 현상을 유지시켜온 지배담론을 확인하고자 하는 것인데, 이 경우에도 넓은 의미에서의 발전주의 담론의 영향력이 가장 컸다고 볼 수 있다. 구체적으로 의료보험정책의 사례에서 정책담론의 담지자와 그 내용은 다음과 같은 변화를 보였다.

초기에 해당하는 1960-70년대에는 대기업근로자를 우선적용대상으로[17] 하는 조합주의적 체계가 수립되었는데, 정부의 재정부담을 최소화하면서 능

---

17) 공무원과 군인 등이 우선적용대상에서 제외되었던 것은 기존의 연금제도가 어느 정도 의료보험의 역할을 감당했기 때문이었다.

력있는 집단부터 적용을 확대해 나간다는 단계론에 대해 이의제기가 불가능한 분위기였다. 이 당시 정책주도자들은 고위 관료들과 정부 내 정책연구자들이었다.

1980-90년대에는 이미 조합주의 방식을 근간으로 분립체계를 형성하고 있던 의료보험제도를 통합일원화하는 운동과 관련된 논쟁이 3단계에 걸쳐 전개되었다. 먼저 논쟁의 주역을 보면, 1단계(1980년대 초)에서는 복지부 대 청와대비서실을 양 축으로 체제 내 경쟁의 양상으로 전개되었다. 2단계(1980년대 말)에서는 농민운동과 보건의료단체들이 통합운동의 주역으로 등장하였던 반면 통합반대론은 복지부관료들과 의료보험연합회 등이 주축이 되었다. 이처럼 2단계에서는 시민사회운동이 정책논쟁의 주역으로 참여하는 상황이 시작되었다. 1990년대 중·후반의 3단계에서는 이러한 추세가 강화되어 민주노총의 사회개혁운동이 통합운동을 주도하게 되었고, 후반에 한국노총이 반대론의 선봉이 되면서 양대노총이 양 진영을 대변하는 양상이 전개되었다. 이와 같은 사회운동세력의 주도는 사회운동의 이념적 분화와 함께 이해당사자들의 영향력이 강화되는 경향성을 보여주는 것이었다.

이와 같은 논쟁주역(담론담지자)들의 변화는 담론 자체의 변화를 수반하고 있다. 우선 차별과 배제의 현상유지적 지배담론의 경우, 1960-70년대와 5공화국에 있어서는 주로 국가의 재정적 부담과 이로 인한 통치권 차원의 부담 증대를 회피하는 것이 중요한 명분이었다. 반면 6공화국 이후에 주로 부각된 담론은 공평성, 즉 의료보험 통합이 임금근로자에게 불리할 것이라는 등의 이해관계 담론이었다. 최종 국면까지 통합의 발목을 잡았던 '조합적립금에 대한 사유재산권 침해론'도 마찬가지 맥락에 있었다고 볼 수 있다. 이러한 상황에서 의료보험통합 반대론자들은 원래 통합론의 발단이 되었던 지역의보에 대한 재정지원 증가, 즉 국고부담 증대를 통합의 조건으로 내세우는 아이러니를 보여주었는데, 이는 직장조합적립금의 손실을 방지하자는 의도였다.

이와 같이 의보통합 반대론은 넓은 의미에서는 발전주의 패러다임에 의존하고 있지만, 기업이나 경제에 미치는 영향보다는 국가재정부담 문제에 예민하게 반응하는 국가주의적 성격이 강하였다. '복지병'이나 '기업의 부담증가' 등이 때때로 언급되었지만 중요한 담론으로 부각되지는 않았다. 그나마 후기에 가서는 국가주의적 성격도 희석되면서 공평성과 이해관계 담론에 압도되는 상황이 전개되었다. 의료보험 논쟁에서 이같이 이해관계 담론이 적극적으로 표출되었던 것은, 그 이후 벌어진 의약분업 파동 등 사회정책 이슈에서 이익집단의 비중이 극적으로 증대되는 현상의 전조였다고도 볼 수 있다. 이와 같은 발전주의와 국가주의 담론 외에 반공, 안보담론이나 가족주의 담론 등 여타의 주류 담론들은 복지정책 이슈와 관련해서 공식적으로 강조되지는 않았다. 그렇다고 잠복된 이들 담론의 이데올로기적 영향력을 과소평가해서는 안 될 것이다.

다른 한편, 의료보험 통합운동을 중심으로 한 개혁적 대항담론의 경우를 살펴보자. 개혁담론은 '통합일원화를 통한 위험분산과 소득재분배 등 사회보험기능의 회복'은 물론 보험료부담의 형평성, 보험급여확대, 적용확대와 사각지대해소 그리고 궁극적으로 이러한 개혁을 통한 국민건강권 확보 등 적극적 개혁을 지속적으로 요구하였다. 그러나 이러한 개혁들은 사실상 의료보장체계 전반의 개혁을 의미하는 것이지만, 운동의 진행과정에서 현실론의 수용으로 '의료보험 관리운영체계의 개선'으로 왜소화되는 경향을 보여준 것이 사실이다. 구체적으로 의료보호와 보험의 통합, 보험방식에서 조세방식으로의 전환 등 좀 더 진보적인 대안이 끊임없이 모색될 필요가 있었지만, 현실적인 한계 속에서 이를 '선택 가능한 대안'으로 부각시키는 데 실패했던 것이다. 이러한 현상은 개혁담론의 경우도 지배적 패러다임의 틀을 넘어서기가 매우 어렵다는 점을 보여준다.

이러한 한계에 대한 인식은 앞으로 개혁운동의 과제가 '현실적인 정책대안'의 모색을 넘어 '지배적 패러다임의 틀을 넘는 대안'의 모색임과 동시에 이를 위한 담론투쟁의 중요성을 의미하는 것이다.

참고문헌

국민복지기획단. 1995. 『삶의 질 세계화를 위한 국민복지의 기본구상』.

권문일. 1989. "사회보험입법의 형성에 관한 연구-산업재해보상보험제도와 의료보험을 중심으로", 서울대 석사학위논문.

김상균 외. 1999. "한국사회복지의 이념적 지평과 지향", 한국사회복지학회 추계학술대회 자료집.

김연명. 1989a. "국민의료보험법 입법과정에서의 쟁점에 대한 일고찰", 보건과사회연구회, 『한국의료보장연구』, 청년세대.

김연명. 1989b. "한국 의료보험제도의 발달 및 형태규정요인에 관한 연구", 보건과사회연구회, 『한국의료보장연구』, 청년세대.

김연명. 1993. "한반도의 냉전체제가 남북한 사회복지에 미친 영향", 중앙대 박사학위논문.

김연명. 1996. "의료보험 관리운영체계와 관련집단의 이해관계-의료보험 통합에 대한 찬반집단의 이해관계 분석", 『사회복지정책연구』 제3집.

대통령공보비서관실. 1964. 『박정희대통령연설문집』 제1집.

대통령비서실 삶의 질 향상 기획단. 1999. 『새천년을 향한 생산적 복지의 길』.

대통령비서실. 1977. 『박정희대통령연설문집』 제14집.

대통령비서실. 1978. 『박정희대통령연설문집』 제15집.

대통령비서실. 1995. 『삶의 질 세계화를 위한 대통령의 복지구상』.

박상훈. 1995. "'뭉쳐야 산다'에서 '세계화'까지-지배담론을 통해서 본 해방 50년의 한국정치", 한국정치연구회. 한정연 학술토론회 자료집.

박정호. 1996. "한국 의료보험 정책과정에서의 정부역할", 서울대 박사학위논문.

백승호. 2000. "의료보험 통합일원화 정책결정과정 분석-민주노총의 역할을 중심으로", 서울대 석사학위논문.

손준규. 1983. 『사회보장·사회개발론』, 집문당.

윤혜미. 1984. "의료보험 일원화의 정책논의과정에 관한 연구-이익집단이론을 중심으로", 서울대 석사학위논문.

의보통합연대회의(의료보험통합일원화와 보험적용확대를 위한 범국민연대회의). 1999. 『의보연대회의 활동보고서- 의보통합 10년 투쟁사(상, 하)』.

의보통합연대회의. 1999. "의료보험 통합일원화 및 보험적용 확대를 위한 방안", 의보통합연대회의, 『의보연대회의 활동보고서- 의보통합 10년 투쟁사』.

이경기. 1991. "국민의료보험법의 형성과정과 성격에 관한 연구", 중앙대 석사학위논문.

이영환. 1995. "영구임대주택의 정책결정과정", 서울대 박사학위논문.

이영환. 2002. "DJ 정부 사회복지정책의 평가: 탈빈곤과 재분배의 관점에서", 『경제와 사회』, 가을호, 한울.

이영환·심상완·김동춘. 2001. "한국의 사회변동, 사회문제와 사회정책: 1945-1999", 이영환 편, 『한국시민사회의 변동과 사회문제』, 나눔의집.

이영환·김영순. 2001. "한국사회복지발달에 대한 계급정치적 고찰", 『상황과복지』 9호, 인간과복지.

이혜경. 1992. "권위주의적 자본주의 사회에서의 복지국가의 발달: 한국의 경험", 한국사회복지학회 편, 『복지국가의 현재와 미래』, 사회복지국제학술대회 자료집.

정무권. 2002. "김대중 정부의 복지개혁 성격의 이해", 『상황과 복지』 11호, 나눔의집.

조홍준. 1999. "88-93년간 의료보험통합투쟁보고", 의보통합연대회의, 『의보연대회의 활동보고서- 의보통합 10년 투쟁사』, 947- 951쪽.

차흥봉. 1992. "한국의료보장제도의 전개과정", 이두호 외 편, 『국민의료보장론』, 나남.

최천송. 1991. 『한국사회보장연구사』, 한국사회보장문제연구소.

편집부편. 1988. 『강령 · 정책- 한국의 주요정당 · 사회단체』, 시인사.

황정미. 2001. "1960-70년대 여성정책 연구", 서울대 박사학위논문.

제9장
정책결정과정: 영구임대주택의 사례*

1. 서론

우리나라 최초의 본격적인 사회주택이라 할 수 있는 영구임대주택은 1989년 2월 24일 노태우 대통령이 25만 호 건설계획을 전격적으로 발표함으로써 건설작업이 급속하게 추진되었으나[1], 이후 1991년에 7차 5개년 계획 수립과정에서 19만호 건설로 축소·종료되는 것으로 정책이 변화되었다.

이 장은 왜 그 때 그러한 결정이 이루어졌는지에 관심을 가지면서 영구임대주택의 정책결정과정에 대한 심층적 고찰을 통해 정책의 형성과 변화를 설명하는 것을 목적으로 한다. 이 장은 기본적으로 획기적인 정책변화의 성격을 갖는 영구임대주택의 도입이 어떻게 가능하였는가에 초점을 두었다.

---

*필자의 서울대학교 사회복지학과 박사학위논문을 요약한 것임; "영구임대주택의 정책결정과정", 『주택연구』 4호, 1996.

1) 1989년 5월 이후 일부 도시재개발지역과 주거환경개선지구에서도 영구임대주택이 공급되었지만, 본 연구에서는 이를 제외하고 1989년 2월 24일 발표된 25만 호 계획만을 연구대상으로 한다.

우리나라의 공공임대주택 정책은 1980년대 이래 주택문제의 심화과정에서 무주택, 저소득 계층을 위한 중요한 정책대안으로 부각되어 왔지만, 사회복지적 의미를 갖는 임대주택은 영구임대주택이 최초였다. 그 이전의 공공임대주택들은 대부분 1년 내지 5년 후에 분양되는 것을 전제로 공급됨으로써 진정한 의미의 임대주택이라기보다는 변형된 분양주택에 불과하였다. 반면, 1989년에 도입된 영구임대주택은 임대만을 목적으로 하는 최초의 공공주택이었다. 또한 입주대상자를 법정영세민으로 제한하여 파격적인 조건으로 공급된 점[2], 아울러 이를 위한 재정투자가 획기적으로 증대된 점 등에서 사회복지적 의미가 매우 컸다[3]. 특히 사회복지적 의미를 갖는 임대주택 정책의 중요성을 확립한 점에서 그 의의가 컸다. 영구임대주택을 계기로 재개발지역 영구임대주택(1989. 5)과 근로자주택 중 사원임대주택(1990)의 공급이 이루어졌으며, 비록 다소 위축된 형태이기는 하지만 7차 5개년 계획에서도 '공공임대주택' 제도(1992)가 이어졌던 것이다. 영구임대주택 정책은 이러한 파격성에도 불구하고 대통령의 공식 발표 이전에 공개적으로 논의된 적이 없기 때문에 결정과정이나 제반 관련요인들이 거의 알려져 있지 않다.

영구임대주택 정책에 관심을 갖는 또 다른 이유는 정책의 한계와 관련된다. 즉 이와 같은 파격성에도 불구하고 영구임대주택 정책은 우리나라 주택정책을 본질적으로 변화시키는 계기가 되지는 못하였던 것이다. 영구임대주택 정책은 그 내용과 집행과정상의 여러 가지 문제점 이외에도 독립된 입법을 통한 법적 제도화가 이루어지지 않았으며, 결국 원래의 목표를 달성하지

---

2) 영구임대주택 정책은 7-12평에 방 1-2개, 부엌, 화장실을 구비한 확장형 주택을, 임대보증금은 100-200만 원, 월세 3-4만 원 선으로 도시 영세서민의 현 보증금 및 주거비 수준 이하의 저렴한 조건으로 제공하는 계획이었다.

3) 영구임대주택 25만 호를 위한 총 투자액은 4조 1,400억 원으로 추정되었는데, 이 중 85%에 해당되는 3조 5,800억 원은 재정지원으로, 나머지 15%인 560억 원은 입주자들의 임대보증금으로 충당한다는 계획이었다(조덕규, 1989: 9). 그러나 실제 19만 호을 위한 재정지원금은 총 4조 496억 원으로서 1983-87년의 5년간 주택부문에 투입된 재정지원액 7,556억 원의 5.4배에 해당할 정도로 획기적인 것이었다(건설부, 1992. 10. 3).

못한 채 축소·종결되고 말았다. 이와 같은 귀결은 영구임대주택 정책이 사회복지적 목적에 의해서가 아니라 여타의 정치적 목적에 좌우되었을 개연성을 보여주는 것이다.

이와 같은 의문에 대한 기존의 설명으로는 복지논리에 근거한 합리주의적 설명과 계급투쟁론적 설명을 들 수 있다. 복지논리적 설명은 최저소득층의 주거안정이라는 복지적 목적에 의해 정책이 형성되었고 그 목적을 달성함에 따라 자연스럽게 종결되었다는 것인데, 영구임대주택의 정책대상자가 생활보호대상자를 중심으로 극히 배타적으로 설정되었던 점을 보거나, 정책결정과정이 최고위 정책결정권자를 중심으로 극히 짧은 기간 동안에 폐쇄적으로 진행됨으로써 폭넓은 여론 수렴과 합의형성과정이 결여되었던 점을 감안할 때 받아들이기 어려운 설명이다. 다음으로 계급투쟁론적 설명(박윤영, 1992)은 신마르크스주의(Neo-Marxist) 사회정책발달론의 관점에서 영구임대주택의 성립 요인을 도시빈민의 계급투쟁적인 요구에 대한 정부의 양보적 대응으로 설명하였다. 그러나 이러한 설명은 외부 체계의 요구 측면만 과도하게 강조하였고, 이에 대응하는 내부 체계의 논리나 메카니즘 및 계급투쟁 이외의 요인들에 대한 총체적인 해명을 결여하고 있는 한계가 있다.

이상과 같은 기존 논의들의 한계를 바탕으로 본 연구는 다음과 같은 3가지에 초점을 두고자 한다. 우선, 정책결정과정을 심층적으로 고찰하며 특히 핵심적으로 참여한 주요 행위자들의 역할에 초점을 둔다. 다음으로, 정책결정과정에서 핵심적인 역할을 수행한 주요 행위자들의 행위동기로서 복지 외적인 요소에 관심을 두며, 특히 정치적 이해관계를 중시한다. 구체적으로 영구임대주택 정책과 정치적 위기와의 관련성을 규명하고자 한다. 끝으로 주요 행위자들의 역할을 강조하면서도 사회환경적 요인의 중요성을 간과하지 않고 기본적으로 양 요인에 대한 고찰을 통합하는 입장을 견지한다. 이는 주요 행위자들은 정책결정과정에서 중요한 역할을 수행하지만 구체적인 선택은 외부의 상황적 요인에 의해 제약된다고 보기 때문이다.

이와 같은 정책결정과정에 관한 연구는 여러 가지 의의를 가지지만 특히 에드워즈(Edwards, 1981)가 지적한 바와 같이, 정책결정에 영향을 주거나 이를 결정하는 실질적인 권력의 소재 혹은 영향력을 확인할 수 있게 해준다. 또 현재 우리가 왜 이런 종류의 사회정책을 가지고 있는가를 설명해줌으로써 좀 더 효과적인 대안적 수단의 형성을 용이하게 해준다는 점을 중시한다.

연구범위와 관련하여서는, 정책결정과정에 관한 많은 연구들이 정책형성단계에만 논의를 국한하는 경향을 보여주고 있지만, 본 연구에서는 정책의 형성뿐만 아니라 변화단계까지 포괄함으로써 영구임대주택이라는 정책혁신의 사례를 전체적으로 조망하고자 하였다. 정책형성단계는 1988년 말에서 1989년 2월말까지, 정책변화단계는 영구임대주택 25만호 건설 계획의 축소·종결을 결정한 제7차 경제사회발전 5개년 계획 수립과정(대략 1990년 말에서 1991년 말까지)이 이에 해당된다.

본 연구는 주요 행위자들의 역할이 핵심적인 중요성을 가지고 있다고 보기 때문에 이들의 인식과 행동 및 역할의 의미를 심층적으로 이해하기 위하여 관련 자료들을 질적으로 비교 해석하는 방법을 사용하였다. 관련 자료는 공개, 비공개 문헌자료(건설부 및 주택건설기획단 문서철 등) 뿐만 아니라 핵심적인 정책참여자들과의 개별 면담 결과를 중요시하였다. 청와대 비서실을 중심으로 한 영구임대주택정책 준비팀(1989년 1-2월 활동), 주택건설기획단 단원(1989년 3월 - 1990년 초), 7차 5개년 계획 주택부문 위원회 위원(1990년 말 - 1991년 말), 건설부와 기획원 관료(1989-) 등이 주요 면담 대상자들이었다.

2. 설명의 틀과 연구문제

본 연구에서는 영구임대주택 정책의 형성과 변화를 설명하기 위하여 킹돈(Kingdon, 1984)의 정책흐름모형을 일부 수정하여 활용함으로써 연구의 설명틀을 구성하였다.

1) 킹돈의 정책흐름모형

킹돈의 정책흐름모형은 집단적 의사결정론의 하나인 '쓰레기통 모형 (garbage can model)' 을 일부 수정한 것이다. 킹돈은 아젠다짜임 과정과 대안의 구체화 과정에 초점을 두어, 쓰레기통 모형에서 제시된 설명요인들을 참여자(participants, actors)와 과정(process)이라는 두 가지 범주로 재구성하여 정책결정과정을 설명하였다. '과정' 은 다시 문제의 흐름, 정치의 흐름, 정책의 흐름이라는 3가지 요인의 흐름이 결합되는 것으로 상정되었다. 이러한 요인들은 아젠다짜임과 대안의 구체화 과정을 규정하면서 어떤 결정적 계기에 합치됨으로써 정책결정의 기회를 창출 또는 제한한다는 것이다.

킹돈의 연구는 정책과정을 중심으로 정책변동을 설명하는 이론으로서 특히 정책결정과정 및 참여자의 역할을 설명하는 데 유용하며(이병길, 1994: 609-18), 아젠다짜임 과정을 명백히 밝히는 데 이바지한 이론(송근원, 1991: 56)으로 평가되었다. 특히 이병길은 킹돈의 연구를 '정책흐름모형' 으로 명명하면서 그 유용성을 다음과 같이 요약하였다.

첫째, 과정 중심의 동태적 모형으로서 참여자의 유동성을 강조하며, 그 역할을 동태적으로 분석한다. 둘째, 비교적 중단기적 정책결정에 대한 적용이 용이하다. 셋째, 정책과정의 합리성의 전제를 배격하면서 정책결정의 비합리성, 비의도성 및 우연성을 강조함으로써 기존의 이론모형들보다 훨씬 강력한 현실감각을 획득하고 있다. 넷째, 가치나 신념의 혼란상태 또는 변동상황 하의 의사결정 분석에 유용하다.

그의 모형은 정책결정 연구의 두 가지 대표적인 모형인 합리주의 모형과 점증주의 모형의 약점을 극복하고 있다고 볼 수 있다. 즉 한편으로는 정책결정의 비합리성의 근원을 밝혀주면서, 다른 한편 점증주의 모형으로 파악하기 어려운 혁신적인 정책결정의 논리를 설명할 수 있는 장점을 가진다. 본 연구에서 킹돈의 모형을 선택한 것은 무엇보다도 정책결정과정에 영향을 미치는 사회환경적 요인들(문제, 정치, 정책)과 다양한 참여자의 역할을 결합하여 정책과정을 포괄적, 역동적으로 설명하는 모형이라고 보았기 때문이다.

2) 연구문제와 설명의 틀

본 연구에서는 다음과 같이 과정연구와 요인연구의 양 측면으로 나누어 연구문제를 설정하고 이를 통합적으로 고찰함으로써 연구목적을 달성하고자 한다.

첫째, 과정에 관한 연구는 구체적으로 어떠한 선택이 어떻게 일어났는가를 고찰하는 부분으로서, 정책결정의 구체적인 과정을 주요 행위자들의 역할을 중심으로 심층적으로 고찰하는 것이 우선적인 과제이다.

둘째, 요인에 관한 연구는 왜 그러한 선택이 일어났는가를 설명하는 부분으로서, 주요 행위자들의 동기와 목적에 대한 고찰을 통해 이를 설명하고자 하며, 특히 이들의 정치적 이해관계에 관심을 갖는다. 여기에서 초점이 되는 정치적 동기와 목적은 직접적으로 이해하기 곤란하기 때문에 주요 행위자들의 주관적 요소(문제인식, 정치적 이해관계, 선택의 기준- 선호)와 객관적 배경요인(문제, 정치, 대안의 흐름)을 통합적으로 비교 · 고찰함으로써 이를 해명하고자 한다.

셋째, 이러한 고찰을 통하여 결론적으로 배경적 요인들이 형성한 정치적 위기와 이해관계는 무엇이었으며, 이에 대응하는 주요 행위자들의 동기와 목적은 어떻게 관철되었는지를 해명하고자 한다.

이상과 같은 구체적인 연구 과제를 체계화하기 위하여 킹돈의 이론을 바탕으로 [그림 9-1]과 같은 설명모형을 구성하였다. 모형에 사용된 범주들의 구체적 내용은 다음과 같다.

먼저, 정책과정 참여자의 흐름은 정부 내외의 참여자, 또는 가시적 · 비가시적 참여자로 구분될 수 있으며, 이들의 흐름은 정책 단계에 따라 다양하지만, 본 연구에서 특히 관심을 갖는 것은 정책결정체제 내에서 공식적인 역할을 수행한 주요 행위자들의 정치적 동기와 목적이다. 또한 정책주도자(policy entrepreneur)[4]의 존재와 역할의 확인이 중요한 과제이다.

이들 주요 행위자들은 대통령과 참모(비서관), 장·차관 등 고급관료, 직업관료(주택정책의 주무부서인 건설부와 경제기획원의 중간 및 고위관료들), 국책연구기관의 전문연구자들(국토개발연구원, 주택공사 주택연구소 및 KDI 등), 민간 자문위원들(정책변화과정에서 보조적 역할자)이었다. 정책결정체제 외의 참여자(영향 집단)로는 도시빈민운동 등 주거권 운동과 학계 등 민간 전문가 그리고 정당, 언론 및 일반 국민들에 의해 형성되는 여론을 들 수 있는데, 이들은 문제의 흐름과 정치의 흐름 및 대안의 흐름을 결정함에 있어 다양한 정도로 참여하였다.

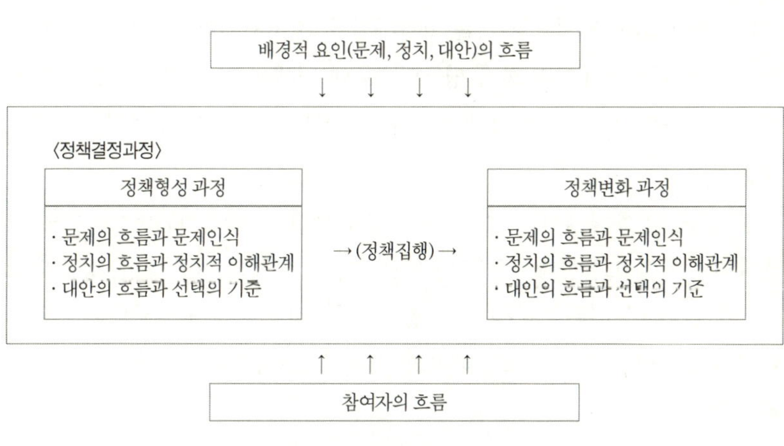

[그림 9-1] 정책결정과정 설명 모형

다음으로 문제의 흐름과 관련해서는 특정 문제가 관심의 대상으로 부각되는 데 작용하는 객관적 지표(예: 주택가격, 주거비, 계층간 차이 등)와 위기적

---

4) 정책주도자는 그들이 주도하는 미래의 정책에 대한 보답으로 자신이 가지고 있는 자원을 기꺼이 투자하는 사람들을 의미한다. 정책주도자는 정책결정과정의 유일한 행위자가 아니라 흐름의 결합에 있어 중심이 되는 인물이다. Kingdon은 이들의 동기를 이념적 지향(가치), 개인적 또는 집단적 이익, 참여의 즐거움 등이라고 하였다.

사건 및 문제의 심각성을 나타내는 여론의 동향, 특수한 문제로서의 재정문제(재정 여건과 그 영향) 등을 주로 고찰한다. 그리고 이에 대한 주요 행위자들의 문제인식의 변화와 그에 따른 정책목표(지향) 및 정책 내용의 변화 등을 고찰하면서 객관적인 문제의 흐름과 비교한다. 주요 행위자들의 문제인식은 주택문제의 범위를 넘어서 전반적인 정치, 경제적 상황에 대한 인식과 접맥되는데, 문제의 어떤 측면이 부각되고 문제의 성격이 어떻게 규정되는가 하는 점이 중요하다.

정치의 흐름은 본 연구에서 매우 중요한 부분으로 정치의 흐름에 따른 정치적 위기의 생성과 소멸 및 정치적 이해관계를 고찰한다. 정치적 사건의 흐름, 즉 선거와 그 결과, 정당정치의 변화 및 그 외의 정치적 사건 등에 의해 형성되고 해소되는 정치적 위기를 고찰하면서, 정치체제의 변화된 요구에 따른 정치적 이해관계의 변화가 영구임대주택 정책에 미친 영향을 분석한다. 이 부분은 영구임대주택의 정책결정과정을 설명하는 데 있어 핵심적인 중요성을 갖는다.

정책대안의 흐름에서는 정책문제와 관련하여 전문가 집단에서 이루어진 대안의 주류를 고찰한다. 국책연구기관이나 학계 등의 연구 동향, 정당 차원의 대안들이 이 흐름을 구성한다. 정책결정과정에서 나타난 선택의 기준은 이러한 대안의 흐름과 비교할 때 어떤 차이가 있었는가 하는 것이 주요 관심사이다.

3. 영구임대주택 정책결정과정 I : 정책형성과정

이 절은 크게 두 부분으로 나누어 고찰하고자 한다. 먼저 정책결정과정의 내용과 성격을 규명한 후, 정책결정의 배경요인을 문제의 흐름과 정치의 흐름 및 정책대안의 흐름으로 나누어 분석하면서 이를 주요 행위자들의 문제인식과 정치적 이해관계 및 정책적 선호(선택의 기준)와 비교함으로써 정책결정의 동기와 목적을 파악한다.

1) 정책결정과정의 이슈와 성격

(1) 정책결정과정과 주요 참여자

영구임대주택의 정책형성과정은 [표 9-1]과 같이 요약할 수 있다. 연구자는 정책결정과정에서 정책주도자의 강력한 추진력이 매우 중요했다는 사실을 확인할 수 있었는데, 관계자들의 증언을 종합할 때, 그러한 정책주도자는 당시 대통령 경제수석비서관이었다. 경제수석은 대통령의 동의를 받아 영구임대주택을 정책의제로 채택한 후 짧은 시간 내에 결정과정을 추진하였다. 뿐만 아니라 정책의 주요 내용도 결과적으로 그의 아이디어를 중심으로 형성되었다.

[표 9-1] 영구임대주택 정책형성과정

일 정	주요내용
1988년 12월 5일	문희갑 경제수석 취임 (정책의제 설정)
1989년 2월 초	1차 시안 작성 특별대책 준비팀 구성
2월 16일	2차 시안 작성
2월 23일	최종 보고안 작성
2월 24일	대통령의 발표(도시영세민 주거안정 특별대책)
2월 28일	차관회의(주택관련 관계부처회의)
3월 7일	당정 협의
3월 8일	서민주택건설기획단 창설(청와대)

경제기획원 차관이었던 경제수석이 1988년 12월 임명될 당시 주택문제는 최대의 사회문제로 부각되어 있었다. 올림픽을 계기로 아파트 가격은 폭등하였고 그에 따른 극심한 투기와 사회불안은 주택문제를 정책의 최대 현안으로 부각시켰다. 이러한 배경 하에 대통령과 경제수석은 사회안정 차원에서 주택문제, 특히 도시 저소득층의 주거안정 문제에 획기적으로 대처하기

로 결정하였다. 이후의 대안 모색 과정은 경제수석의 지휘 아래 경제비서실의 비서관과 주택공사의 기획본부장을 중심으로 진행되었다. 1988년 12월부터 시작된 작업은 1989년 1월말(구정 무렵), 정책 발표를 취임 1주년과 연계시키기로 하면서 급속도로 진행되었다. 여러 차례의 작업을 거쳐 2월 초순경 주공기획본부장에 의해 1차 시안의 작성이 완료되었다. 그에 의하면(면담: 1994. 11. 8), 1차 시안의 아이디어는 5만 호의 시범사업으로서 재정 90%, 국민주택기금 5-7%, 입주자 부담 2-3%(보증금 90-100만 원, 월임대료 2-3만 원 선)로 건설되어 영구히 임대하는 서민주택이었다고 한다.

경제수석은 1차 시안을 토대로 건설부에서 파견된 실무요원들로 준비팀을 구성하여 구체적인 정책의 내용을 다듬어 나가는 한편 국토개발연구원 등의 주택 전문가들의 자문을 받아 2차 시안(1989. 2. 16)을 작성하였다. 2차 시안의 주요 내용은[5] 대통령이 발표했던 최종 정책과 거의 유사하였으며, 몇 차례에 걸쳐 수정한 후 마침내 대통령의 결재를 받아 확정지었다. 영구임대 주택의 건설 규모는 6대 도시 생활보호 대상자 23만 가구를 감안하여 25만 가구로 결정되었다. 노태우 대통령은 이를 취임 1주년 전날, 민정당이 주최한 '보통사람들의 밤' 행사(1989. 2. 24)에서 '도시영세민 주거안정 특별대책'으로 발표하면서, 서민들의 주택문제를 근본적으로 해결하는 정책결단임을 강조하였다(대통령비서실, 1989). 이후 경제수석 주재의 주택관련 관계부처회의(차관회의, 1989. 2. 28)와 당정회의(1989. 3. 7)에서 이를 검토하였으나 원래의 안이 특별하게 수정되지는 않았다.

이상과 같은 정책결정과정의 기본적 특징은 하향성이라고 할 수 있는데, 최고 정책결정자인 대통령과 핵심 참모들이 처음부터 주도적인 역할을 하였다. 이들을 중심으로 정책의제 설정과 정책의 기본 방향이 결정된 후 비공개적으로 준비 과정이 진행되면서 대안의 탐색과 선택이 이루어졌다. 이에 따라 건설 행정의 주무 부처인 건설부를 중심으로 하는 통상적인 행정절차를

---

5) 청와대 경제비서실에서 작성한 "도시영세민 주거안정 특별대책 2차 시안(1989.2.16)" (자료 출처: 주택건설기획단 자료철).

거치지 않고 청와대 비서실 산하에 특별 준비팀을 구성하여 신속하게 작업을 진행하였다. 이러한 정책결정 전략은 준비과정을 단축하고 소모적인 논쟁을 지양하며, 무엇보다도 정책의 상징적 효과를 극대화할 필요성에 기인하였던 것으로 판단된다[6]. 준비팀은 영구임대주택 정책의 파격적 내용에도 불구하고 그에 걸맞는 법적인 뒷받침을 전혀 고려하지 않았으며, 타부처(특히 기획원)와의 사전 협의 과정도 거의 거치지 않았다. 결과적으로 정책에 대한 사회적 합의 과정이 결여되었음은 물론 입주자 자격기준과 선정방법 등 중요한 정책 내용의 결정이나 핵심적인 정책 수단인 예산확보 이전에 건설 작업이 먼저 시작되는 문제를 안게 되었다. 또한 경제수석의 지휘 아래 건설부와 연구기관 관계자들이 긴밀한 연계를 맺지 않고 분리된 작업을 진행함으로써 여러 가지 고려사항들에 대한 총체적인 접근이 결여되어 정책의 졸속성을 가져오기도 하였다. 연구자가 면담한 관계자들은 대부분 정책 개발을 위한 연구가 제대로 되어있지 않은 상태에서 가시적 효과를 의식하여 졸속으로 정책이 결정되었다는 견해를 피력하였다.

⑵ 주요 이슈

영구임대주택의 정책형성과정은 철저히 비공개로 진행되었기 때문에 외부로 표출된 이슈는 전혀 없었지만, 내부적으로 표출된 약간의 이견들에 대한 선택의 과정에서는 정치적 상징성이 중요한 선택기준으로 작용하였던 것으로 판단된다.

먼저, 계획 자체의 타당성 문제와 관련하여 파격적인 정책 수립에 대해 대체로 이의를 제기하는 분위기였지만 경제수석의 정치적 논리에 순응할 수밖에 없었다고 한다. 반대의 논리는 크게 보아 두 가지 부류인데, 먼저 경제기획원과 건설부의 관료들은 대체로 전폭적인 재정 지원의 타당성에 이의를 제기하면서 주택시장에 대한 국가의 적극적 개입을 반대하는 입장이었다.

---

6) 정책의 집행을 위하여 청와대 비서실에 (서민)주택건설기획단을 창설한 것도 마찬가지 논리에 의한 것이었다.

반면 전문연구자들은 저소득층을 위한 국가정책의 적극성에는 찬성하지만 구체적인 개입의 방법(혜택의 집중성, 대상자 설정, 임대방식 등)에 대해 이의를 제기하였다.

둘째, 재원조달 방법에 있어서는, 소요 재원을 국민주택기금에서 지원할 것인가, 정부재정에서 지원할 것인가 하는 등의 문제가 제기되었는데, 재정융자 또는 국민주택기금 채권에서 조달하면 이차보전(利差補塡)이 필수적이기 때문에 파격적인 공급조건의 실현이 곤란하다는 판단에 따라서 금리 부담이 없는 재정출자 내지 출연으로 지원하는 것으로 결정되었다.

셋째, 정책대상자 문제에 있어서는 당시 저소득층 주택문제의 상징이었던 철거세입자들이 배제되고 법정영세민으로 국한된 것이 주된 특징인데, 이에 관해 준비과정에서 논란이 있었던 것으로 보인다. 철거세입자들의 곤경은 당시 주택문제의 중심적 표현이었을 뿐만 아니라, 대부분의 정책 대안들도 이들의 문제 해결을 우선적인 관심사로 하고 있었다. 그럼에도 불구하고 영구임대주택의 입주 대상에서 철거세입자들이 배제되고 법정영세민이 선택된 것은 정책의 성격을 드러내는 중요한 측면이다. 이러한 선택의 배경에는 행정편의적 필요성 이외에 철거민에 대한 관료들의 부정적 인식이 작용하였으며, 특히 정치적 효과를 극대화하기 위한 필요성이 강하게 작용하였다. 즉 정책대상자를 '가장 못사는 사람'으로 강조함으로써 정책의 시혜적 성격을 극대화하고 복지정부라는 이미지를 제고하는 전략이었다고 볼 수 있다. 아울러 당시 철거민을 중심으로 활성화되고 있었던 도시빈민운동을 견제하는 '길들이기' 전략의 일환이었다는 해석도 가능하다.

넷째, 영구임대주택의 공급 물량은 계획 초기에는 5만 호 정도를 목표로 하였으나 25만 호로 확대되었다. 이와 같은 결정은 대도시 영세민의 주거문제를 일시에 해결한다는 의지를 보임으로써 정치적 효과를 극대화하기 위한 것으로 해석할 수 있다[7].

---

7) 1차 시안 작성자는, 처음에는 5만 호 계획이었는데 정치적 효과를 고려한 경제수석 등의 판단에 의해 10만 호, 15만 호 등으로 확대되다가 결국 25만 호 계획에 이르렀다고 증언하였다

이상과 같이 정책결정과정에 작용한 선택의 논리는 주로 정치적 효과(상
징성)를 극대화한다는 목적의식이 강하게 작용하였던 것으로 볼 수 있다.

(3) 정책결정과정의 성격

이상과 같은 과정과 이슈를 볼 때, 정책형성과정은 위기상황 하의 정책결
정의 특징과 부합된다고 볼 수 있다. 그린들과 토마스(Grindle & Thomas,
1989: 229)는 정상상황과 비교하여 위기상황하의 정책결정의 양상을, "개혁
에 대한 압력이 큰 상황에서 정책문제는 임의로 선택한 문제가 아니라 강요
된 문제로 나타나며, 정책엘리트의 관심과 이해관계가 높게 나타나고, 정책
결정자의 위치(지위)가 높고, 문제의 원인, 결과, 대책에 대한 인식이 정상상
황의 경우와 상이하며, 점증적인 정책결정보다 혁신(innovation)이 선택될
가능성이 높다. 그리고 시기(timing)를 조절하기 어렵다."고 설명하였다. 이
러한 기준에 비추어 볼 때, 영구임대주택 정책결정은 위기상황 하에서 이루
어졌거나 최소한 '긴급한' 정책문제에 대한 대응이었던 것으로 판단할 수
있다. 그렇다면 영구임대정책은 어떠한 위기상황에서 수립되었으며, 강요된
문제로서의 주택문제의 양상은 어떠했는가를 규명할 필요가 있다.

2) 배경적 요인의 흐름과 주요 행위자 요인

(1) 문제의 흐름과 문제인식

주택문제는 6공화국 초기 가장 중요한 사회문제로 부각되었다. 1987년 하
반기부터 앙등하기 시작한 주택가격은 88올림픽을 거치면서 극심한 부동산
투기를 유발하였고, 이에 따른 사회불안으로 인해 결국 주택문제는 초미의
국가 현안과제로 인식되었다(공보처, 1992: 392). 주택문제의 심각성은 당시
도시빈민운동의 활성화로도 확인할 수 있다. 세입자를 중심으로 지역별 철

(면담: 1994.11.8).

거반대투쟁을 전개하여 왔던 도시빈민운동은 1980년대 후반, 서울시철거민협의회(1987. 7)와 전국빈민연합(1989. 11)을 결성하는 등 매우 조직화된 모습을 갖추게 되었다[8]. 이와 같이 심각한 주택문제에 대한 6공화국 초기의 대응은 수요억제론과 공급확대론 사이의 각축으로 나타났지만, 결국 200만호 계획으로 상징되는 공급확대정책을 본격적으로 추진하게 되었으며(건설부, 1993: 195), 영구임대주택도 그 일환이었다.

그런데 당시의 주택문제 중 가장 심각했던 것은, 공급부족으로 인한 가격폭등과 투기의 만연 그리고 저소득층 문제의 두 가지로 집약될 수 있는데, 이와 관련하여 볼 때, 영구임대주택 정책에는 두 가지 의문이 제기될 수 있다. 먼저 가격폭등과 투기의 만연에 대해 6공 정부는 서울 강남지역의 중산층용 중대형 아파트의 공급부족을 주원인으로 인식하였으며, 이에 따라 근본적 해결책으로 강남지역의 수요를 충족시킬 수 있는 분당 신도시 개발(1989. 4. 발표)을 중시하였다. 영구임대주택이 계획될 때 이미 신도시개발 계획도 추진 중이었다[9]. 따라서 이러한 근본적 해결책이 추진 중이었음에도 불구하고 법정영세민을 위한 영구임대주택을 서둘러 발표하면서 막대한 재정지원을 집중키로 한 이유는 무엇이었을까 하는 점이 의문으로 제기된다. 다음으로 저소득층 문제와 관련해서는 특히 재개발지역 철거세입자의 문제가 현안으로 등장하였다. 그러나 영구임대주택 정책에서는 이러한 철거세입자들이 정책대상에서 배제되고, 그다지 관심의 대상이 되지 않았던 법정영세민들이 수혜대상으로 선택되었던 것이다.

이러한 의문들은 정책의 정치적 동기라는 측면에서 해명될 수밖에 없으며, 그 실마리는 6공 정부의 문제인식에서 찾아야 한다고 생각한다. 6공 정부

---

8) 이들의 요구는 점차 공공임대주택에 대한 요구로 수렴되는 경향을 보여주었는데, 그 내용은 기존의 장단기 임대주택이 아니라 사회주택적 성격을 갖는 공공임대주택이었다(박윤영, 1992: 32)

9) 문희갑(1993); 주택건설기획단이 작성한 비공개 자료 "서울지역 아파트 가격안정을 위한 신도시 개발 구상(1989. 4)"(자료출처: 주택건설기획단 자료철) 참조.

의 문제인식의 특징은, 다음에서 보는 바와 같이 주택문제를 최대의 사회문제일 뿐만 아니라 체제적 위기로까지 인식하고 있었다는 점이다.

> "6공화국 초기의 주택문제는 빈부간 갈등의 핵심문제로 대두되었을 뿐만 아니라 노사분규, 임금인상, 재테크, 물가불안 등 경제, 사회 전반에 걸쳐 갖가지 부작용의 원천이 되고 있었다. 이로 인해 심지어 일부에서는 우리 사회의 기본이 되는 자유민주주의 체제를 부정하는 목소리까지 나오고 있었다."(공보처, 1992: 393).

이러한 문제인식은 영구임대주택 정책의 배경설명에서도 그대로 나타나고 있다. 대통령의 발표에서는 언급되지 않았지만 영구임대주택 계획과 관련된 대부분의 문서들은 저소득층의 체제불신적 불만을 체제위기로 연결시키는 배경 설명을 강조하였던 것이다. 여기에서 이러한 위기의식이 실제의 위기 상황을 정확히 반영한 것인지의 여부는 그리 중요한 문제가 아니다. 좀더 중요한 것은 당시 주택문제의 체제 위기적 측면이 부각됨으로써 정치의 흐름과 결합하여 정책의제설정과 대안모색과정을 이끌어 나갔다는 점이다.

이러한 위기의식의 근원을 본 연구에서는 통치권 차원의 정치적 위기에서 찾고자 한다. 왜냐하면 체제위기와 같은 막연한 위기는 누구의 위기인가가 중요한 것이기 때문이다(김석준, 1991). 즉 체제위기 의식은 정권 차원의 정치적 위기의식과 무관할 수 없을 것으로 판단할 수 있다. 그러면 영구임대주택이라는 파격적 정책을 결과한 정치적 상황과 위기는 무엇이었나를 정치의 흐름을 통해 살펴보기로 하자.

(2) 정치의 흐름과 정치적 이해관계

먼저 6공 정권을 둘러싼 거시정치적 흐름은 다음과 같다. 6공 정부는 1987년 6월 민주항쟁과 6.29선언을 통해 탄생된 정권으로서 애당초 민주화에 대한 부담을 안고 출발하였으며, 7월 이후 노동자 대투쟁 과정에서 복지와 분배정의의 문제 역시 심각하게 부각되었다. 이러한 과제에 직면한 6공 정권의 대응은 적어도 초기에는 사회복지정책의 확대와 같은 통제전략을 중시했던 것으로 보인다. 이에 따라 6공 초기에 여러 가지 복지제도들이 신설되거나 확장되었는데, 대표적으로 국민연금(1988. 1), 농어촌 의료보험(1988. 1), 도시지역 의료보험(1989. 7), 최저임금제도(1988. 1) 등을 들 수 있으며, 200만호 주택건설과 영구임대주택 정책도 그 일환이었다.

다음으로는 6공화국 정권의 정치적 곤경은 1988년의 4.26 총선으로 빚어진 여소야대 정국에서 출발하였다. 야당이 주도하는 국회는 국정감사 부활과 청문회 도입을 통하여 5공비리 척결과 광주민주화운동에 대한 처리 등 5공청산 문제를 집요하게 추궁하였으며, 이에 따라 정부의 통치능력은 상당히 제약을 받게 되었다. 여기에 더하여 올림픽 직후부터는 중간평가 문제가 정치적인 핫이슈로 부각되기 시작하였다. 취임 1주년에 중간평가를 받겠다는 대통령의 선거공약 이행에 대해서 정부와 여당 내에서는 유보와 강행의 주장이 팽팽히 대립되었으며, 대통령은 두 입장 사이를 방황하였던 것으로 보인다(김대곤, 1993). 대통령은 1989년 1-2월경에는 중간평가를 반드시 받겠다는 의사를 여러 차례 밝혔지만, 3월에는 중간평가 유보를 발표함으로써 태도를 변화시켰으며, 결국 6월에는 "임기 중 중간평가를 받지 않겠다"는 거부 의사를 천명하였다.

이러한 상황에서 맞은 취임 1주년 기념식에서 전격적으로 발표된 것이 영구임대주택을 중심으로 하는 '도시영세민 주거안정 특별대책'이었음을 감안할 때, 영구임대주택 정책의 정치적 동기는 통치권 차원의 위기를 극복하고 중간평가에 대비하는 것이었다는 해석이 가능하다. 즉 영구임대주택 정책은 중간평가를 강행할 경우에 대비한 선심공약, 혹은 강행하지 않을 경우의 국면전환을 위한 포석 즉, 당시 가장 심각한 사회문제로 부각된 주택문제를 해결하겠다는—또는 할 수 있다는—강력한 의지를 표명함으로써 국민의 지지를 획득하려는 목적에서 선택적으로 채택된 것으로 볼 수 있다. 이러한 추론의 가능성은 영구임대주택이 취임 1주년을 맞이하여 국민에게 주는 거의 유일한 선물로서 채택되었다는 점에서 그 개연성을 볼 수 있으며, 앞에서 본 바와 같이 정책내용의 결정과정에서도 정치적 상징성이 주요한 선택 기준으로 작용한 것으로도 확인할 수 있다[10].

연구자가 면담한 정책과정 참여자들은 대체로, 영구임대주택 정책이 주택문제에 대한 근본 대책이라기보다는 정치적 논리에 의한 응급대책으로서 정치적 효과를 중시하고 있다는 점에는 동의했지만, 중간평가 대비와 같은 구체적인 정치적 동기에 대해서는 부정하는 태도를 보여주었다(특히 관료들의 경우). 정책주도자였던 경제수석도 유사한 입장을 밝혔지만, 그가 중간평가의 강행을 강력히 주장한 편에 속했었다는 사실은 상당한 의미를 갖는다[11].

이상과 같이 영구임대주택정책은 크게는 도시빈민들의 생존권 투쟁을 포함하여 민주화와 복지, 분배정의의 문제를 전면으로 부각시킨 정치사회적인 변화를 배경으로 등장하였으나, 좀 더 구체적으로는 여소야대 정국과 중간평가 국면에서 빚어진 통치권 차원의 위기를 극복하고 국민의 정치적 지지를 획득하여 정국의 주도권을 회복하고자 하는 정권적 필요성에서 고안되었던 것이다[12]. 그리고 1986년 이래의 재정흑자 상황이 이를 가능케 한 여건이 되었다.

(3) 대안의 흐름과 선택의 기준

다음으로는 당시의 주택문제, 특히 저소득층의 주거불안을 해소하기 위한

---

10) 영구임대주택이 중간평가에 대비한 선심공약이라는 것은 당시 언론의 추론과 국회에서의 야당의 추궁에서도 여러 차례 거론되었다.

11) 연구자는 노태우 전대통령의 견해를 직접 확인하기 위한 면담을 시도하였지만 성사되지 않았다.

12) 영구임대주택 정책의 발표가 중간평가 문제를 처리하는 데 어느 정도의 역할을 하였는지는 평가하기가 쉽지 않다. 왜냐하면 중간평가 유보가 발표(1989. 3. 20)된 직후 문익환 목사 등의 방북사건(1989. 3. 25)을 계기로 전개되기 시작한 공안정국이 정치적 상황을 급속도로 변화시켰기 때문이다. 공안정국의 와중에서 중간평가 문제는 크게 재론되지 않았으며, 이후 12월의 5공 청산 합의에 의해 중간평가 이슈는 완전히 사라졌다.

정책대안의 흐름과 영구임대주택과의 관계를 고찰하고자 한다. 주된 관심은 영구임대주택 정책이 일반적인 정책대안의 흐름과 달리 특별한 정치적 선호를 반영한 것이었는가 하는 문제로서, 이는 정책수립의 정치적 동기를 파악할 수 있는 중요한 단서를 제공한다.

6공 초기 주택문제의 심화과정은 생존권을 확보하려는 도시빈민들의 요구와 투쟁뿐만 아니라 정부 내외의 다양한 대안모색 작업을 촉진하였다. 그러한 대안들은 대체로 총량적인 차원에서 주택보급률을 높이기 위한 건설·공급의 확대와 함께 재개발제도의 개선 및 공공임대주택의 확대 주장으로 종합할 수 있다. 특히 저소득층 문제해결을 위해 공공임대주택을 확대공급하여야 한다는 주장이 매우 유력한 대안으로 부각되었음을 다음과 같은 사실들을 통해 확인할 수 있다.

첫째, 공공임대주택의 확충에 대한 제안이 매우 보편적으로 나타났다. 이러한 주장은 정도의 차이는 있지만, 학계 등 전문가들 사이에서 뿐 아니라 빈민운동과 일부 정당 및 정부 내(국책연구기관 포함[13])에서도 마찬가지로 강조되었던 정책 방향이었다. 둘째, 1989년 이전에는 영구임대주택이라는 용어가 일반화된 것이 전혀 아니었음에도 불구하고[14], 학자들의 논의 속에 '영구임대주택'이라는 용어가 여러 차례 등장하였다. 셋째, 공공임대주택과 관련된 정당 차원의 정책대안들이 법안의 형태로 구체화되었다. 민정당은 '도시저소득주민의 주거환경개선을 위한 임시조치법안(1988. 10. 24)'을 제안하였으며, 통일민주당은 대한주택공사법 개정안(1988. 11. 11)을 제출하였다. 이 법안들은 영구임대주택과 직결되지는 않지만, 재개발사업과 공공임대주택 사업의 질적 개선을 목적으로 한 것으로서 저소득층 주거문제 해결

---

13) 예를 들면, 김정호(1988. 7: 42), 고철 (1988) 등을 들 수 있다.

14) 일례로 건설부 주택국장이 국회에서, 외국의 사례를 거론하면서 '영구'라는 말은 쓰지 않는다고 답변한 기록(국회 건설위원회 속기록 145회-4차, 1989. 2. 23)이 있으며, 나아가 '공공주택건설 특별조치법안'의 발의자인 평민당 의원은 1989년에 자신이 '영구임대주택'이라는 용어를 처음 사용하였다고 주장하기도 하였다(국회 건설위원회 속기록 146회- 3차, 1989. 5. 18).

을 위한 대안적 노력의 일부였다고 할 수 있다.

영구임대주택과 가장 직결되는 법안은 평화민주당이 제안한 '공공주택건설 특별조치법안(1988. 12. 3)'이었다. 이 법안은 10년 간의 한시법으로서 공공임대주택 200만호 공급을 목적으로 하였다. 여기에서 공공임대주택은 '수명이 다할 때까지 분양하지 아니하는 영구임대주택을 의미한다'고 하였다. 그러나 이 법안은 재정부담 등을 이유로 한 여당의 반대로 국회를 통과하지 못한 채 계류 상태에 있다가 1992년 5월 29일 국회 임기만료로 자동 폐기되었다.

넷째, 정부에서도 1987년 '세계 무주택자의 해'를 계기로 임대주택 공급을 본격화하겠다는 의지를 표명하였으며, 영구임대주택이 발표되기까지 공공임대주택 확대계획을 여러 차례 발표하였다.

이상과 같이 1989년 이전에 공공임대주택 확대에 관한 주장은 상당히 보편화되어 있었으며, 영구임대주택 정책은 이러한 정책 대안의 흐름 속에서 구상된 것이 분명하다고 볼 수 있다. 그런데 영구임대주택 계획이 이와 같은 정책의 흐름과 상치되는 가장 중요한 부분은 파격적인 재정부담을 결정한 것과 함께, 특히 정책대상자를 최저 소득층인 생활보호대상자와 의료부조자라는 법정영세민으로 한정한 부분이었다. 당시 제시된 정책 대안들을 자세히 검토해 보면, 공공임대주택의 주요 대상은 주로 재개발지역 철거세입자나 저소득근로자 등으로 상정되었던 반면, 생활보호대상자와 같은 최저 소득층의 주거문제를 공공임대주택으로 해결하자는 주장은 찾아보기 어려웠다. 그 이유는 일정한 소득이 있어야만 공공임대주택에 입주할 수 있다는 인식 때문이었으며, 이에 따라 최저 소득층에 대해서는 별도의 대책이 제안되었다[15]. 즉, 논자에 따른 차이는 있지만 최저 소득층은 임대아파트보다는 현지개량 및 공적부조=주택수당(보조금) 지급을 통해 주거안정을 도모해야 한다는 것이 좀 더 보편적인 인식이었다.

---

[15] 앞서 언급한 김정호(1988. 7)와 사회주택제도의 확립을 주장한 고철(1989)의 경우도 마찬가지이다.

　이상과 같은 정책대안의 흐름과는 달리, 영구임대주택 정책은 최저 소득층(법정영세민)을 배타적인 정책대상으로 하고 전폭적인 재정지원을 제공하는 것으로 결정되었다. 결국 영구임대정책의 기본 아이디어는 당시의 일반적인 정책대안의 흐름과 대체로 합치되지만, 정책대상의 선택과 재정지원의 정도에 있어서는 파격적인 양상으로 나타났다. 또한 그 규모도 6대 도시 법정영세민 23만 가구의 주택문제를 일거에 해결할 수 있도록 25만 호로 결정되었다. 이러한 파격적 선택은 앞에서 언급한 대로 정책의 상징적 효과를 극대화하려는 것으로서, 그 정치적 의도는 당면한 정치적 위기의 해소를 목적으로 정부의 주택문제 해결의 의지와 능력을 상징적으로 과시하는 것이었다고 판단할 수 있다. 이러한 판단은 정책발표의 시기와 정책의 임기응변적 성격을 보거나 영구임대주택의 보편적 확대를 주장한 야당(평민당)의 법안이 국회에서 심의되고 있는 상황을 완전히 무시하였던 사실에서도 분명히 드러난다.

3) 소결론

　정책형성과정에 대한 이상의 논의는 다음 [표 9-2]와 같이 요약할 수 있다. 종합적으로 볼 때, 결국 영구임대주택 정책은 위기 상황에 대응하는 정치적 엘리트들의 정치적 이해관계에 의해 형성된 것으로 판단할 수 있다. 다시 말하면, 영구임대주택 정책은 당시의 정치, 사회적 지평의 변화에 따른 '민주화'와 '분배' 지향의 기본적인 정책 방향의 틀 안에서 형성되었고, 그 기본적인 아이디어도 광범한 정책대안의 흐름과 대체로 합치되고 있었지만, 구체적으로는 통치권 차원의 정치적 이해관계를 반영한 정치적 선택으로 나타났으며, 정책발표의 시기와 패턴 및 정책내용의 선택도 이에 따라 결정되었던 것이다.

[표 9-2] 영구임대주택 정책형성과정 요약

배경 요인의 흐름	정책결정과정과 주요 행위자
문제의 흐름: 주택문제- 최대 사회문제화, 재개발, 철거세입자 문제 재정, 경제: 여유 상황, 재분배 요구	특징: 위기 상황의 정책결정 주요 행위자: 대통령과 핵심참모 (정책 주도자) -문제인식: 체제위기 의식 -정치적 위기: 정당성 위기 -선택의 기준: 정치적 상징성
정치의 흐름: 여소야대, 5공 청산, 중간평가, 도시빈민운동 활성화	
대안의 흐름: 공공임대주택 개선·확충, 재개발제도개선, 세입자보호	

한편, 정책형성과정에서 정치체제 내부의 참여자들이 주도적인 역할을 수행하였던 반면, 외부 참여자들(전문가, 도시빈민, 야당 등)의 역할은 매우 제한되었던 것으로 나타났다. 특히 기존 연구에서 강조되었던 도시빈민들의 계급투쟁 요인은 주택문제의 심각성을 부각시킨 면에 있어서나 민주화와 분배를 지향하는 기본정책 방향의 규정에는 영향을 미쳤다고 볼 수 있지만, 투쟁의 중심이었던 철거세입자들이 정책의 수혜 대상에서 배제된 것을 볼 때, 직접적이고 비티적인 정책결정 요인으로 간주되기는 어려웠다. 정책이행 단계에서 철거세입자들은 투쟁을 통해 부분적으로 재개발지역의 세입자용 영구임대주택을 쟁취하는 성과를 올렸지만, 영구임대주택이 확산, 계승되지 못하고 축소, 소멸하는 과정에서 별다른 영향력을 행사하지 못한 점도 이러한 판단을 뒷받침하는 것이다.

4. 영구임대주택 정책결정과정 Ⅱ : 정책변화과정

정책변화과정에서는 7차 계획 수립과정에 대한 고찰을 중심으로 영구임대주택 정책의 변화과정을 고찰한다. 구체적 작업의 내용은 형성과정과 같기 때문에 그 결과만을 다음과 같이 요약한다.

영구임대주택을 25만 호 건설한 이후에도 이를 계속 확대할 것인가하는 문제에 관한 정부 차원의 계획은 처음부터 모호하고 일관성이 없었기 때문에, 7차 5개년 계획 수립과정(1990-1991)에서 이에 대한 논란이 전개되었다. 결과적으로 볼 때 정책변화과정의 가장 큰 줄기는, 영구임대주택 건설의 확대를 계획한 국토개발연구원과 건설부의 시안이 경제기획원 등의 반대에 부딪혀 좌절되었다는 사실이다. 이에 따라 애초의 25만 호 건설 목표는 달성되지 못한 채 19만 호로 축소, 종결되었으며, 그 대신 '공공주택(임대와 분양)' 25만 호 건설 계획이 확정되었다.

[표 9-3] 영구임대주택 정책변화과정 요약

배경 요인의 흐름	정책결정과정과 주요 행위자
문제의 흐름: 주택문제의 심각성 지속(일부 완화) 　　경제적 위기: 성장우기, 발전위기	특징: 정상 상황하의 정책결정 주요 행위자: 정책관료 　　　　　　(정책주도자 부재) -문제인식: 성장위기 의식과 주택투자의 　　　　　　비효율성 -정치적 위기의 해소 -선택의 기준: 경제적 효율성 　　　　　　성장 우선 투자
정치의 흐름: 3당 합당, 정권의 정치적 안정 　　주거권 운동 활성화	
대안의 흐름: 영구임대주택 확대 　　철거민 등 대상자 확대	

[표 9-3]에서 보는 바와 같이 영구임대주택 정책변화과정은 정책형성과정과는 매우 대비되는 양상으로 진행되었다. 먼저 정책변화과정은 특별한 정치적 계기에 정책결정의 기회가 부여된 것이 아니라, 정상적인 상황에서 일반적인 정책결정과정에 따라 진행되었으며, 주요 행위자도 정치적 엘리트가 아닌 행정관료들로 나타났다. 그리고 정치적 상징성이나 극적 효과에 대한 필요성이 거의 없었던 상황에서 정책선택은 주로 경제적 논리에 의해 좌우되었던 것으로 평가된다. 이는 당시 정치적으로는 1990년 초의 보수대연합 이후 어느 정도 안정기반이 구축되었던 반면, 경제적으로는 1989년 이래의 경제위기에 따라 성장론적 정책이 강조되던 상황을 반영한 것이었다.

이러한 상황에서 영구임대주택 정책은 19만호 건설로 축소·종결되었고, 그 대신 '공공주택' 25만호 건설 계획이 수립되었지만, 전반적으로 7차 5개년 계획에서 공공임대주택 정책은 크게 후퇴한 것으로 평가된다. 그리고 이와 같은 정책결정은 대체로 당시의 주택문제의 흐름이나, 요구운동 및 정책대안의 흐름과 상치되었던 것으로 나타난다.

먼저 당시 주택문제의 흐름은, 1990년 초 세입자들의 연쇄 자살을 야기할 만큼 심각성을 더해 갔다. 1991년 5월 이후 주택가격이 진정국면으로 접어드는 등 조금씩 완화되는 모습을 보여주었지만, 주택의 절대량 부족, 불균형 배분, 높은 주거비용, 재개발과 철거 문제 등 주택문제의 기본 골격은 거의 그대로 유지되었으며, 이러한 고통은 철거민을 위시한 저소득층에게 가장 심각하게 전가되었다. 이와 같은 주택문제에 대한 해결책으로 공공임대주택의 확대를 주장해 왔던 도시빈민운동은 영구임대주택 정책 발표 이후에는 '영구임대주택의 쟁취'를 운동의 통일적인 목표로 삼게 되었다. 그리고 1989년 이래 새롭게 주택문제를 주목하게 된 사회운동권과 노동운동권의 일각에서도 영구임대주택의 확대를 저소득층 및 노동자 주택문제의 근본적 해결을 위한 관건으로 인식하고 이를 강력히 요구하였다. 이러한 요구운동의 흐름뿐만 아니라 영구임대주택 정책 발표 이후의 수많은 정책대안 연구들도 영구임대주택의 확산을 요구하거나 또는 이를 전제로 논의를 전개하는 모습을 보여주었다.

이에 반하여 당시 영구임대주택의 축소·종결의 명분으로 부각되었던 것은 영구임대주택의 입주대상자와 입주희망자가 부족하다는 사실이었다. 실제 영구임대주택에는 처음부터 입주자 부족문제가 발생했다. 그러나 그 원인은 애당초 입주대상자가 극히 선별적으로 제한되었을 뿐만 아니라 입주조건이나 입지 등이 기대에 미치지 못하여 입주포기자가 속출하였기 때문이다. 더욱이 1990년 이후 의료부조의 폐지 등으로 생활보호대상자 수가 급격히 감소한 것도 한 요인이었다. 이러한 입주자 부족문제는 어느 정도 처음부터 예견된 문제였으며, 이에 대해 입주대상자를 근본적으로 확대하고 입주

조건이나 입지문제 등을 개선하여야 한다는 주장이 계속 제기되었지만, 정책의 축소·종료가 결정될 때까지 이에 관한 근본적인 변화가 발생하지 않았다. 따라서 입주자 부족 문제는 정책의 변화에 중요한 명분으로 작용한 것은 사실이지만, 이를 근본적인 원인으로 간주할 수는 없을 것이다.

결국 영구임대주택의 정책변화과정은 배경적 요인들의 흐름과는 달리, 약간의 타협적 요소를 가지기는 하였지만 공공임대주택 정책의 사회복지적 의미가 대폭 위축되는 것으로 나타났다. 그리고 이러한 과정에 작용한 선택의 기준은 경제적 효율성의 원칙으로서, 이는 경제성장을 위한 투자를 우선시하는 논리를 반영한 것이었다.

한편 정책변화과정이 관료적 정책결정의 틀 내에서 진행되면서 정치적 엘리트들의 관심은 특별히 부각되지 않았으며, 정책주도자 역시 나타나지 않았다. 따라서 영구임대주택이 축소, 종결된 것은 경제적 요인의 영향력이 강화된 반면, 정치적 요인의 영향력이 약화된 것에 그 근본 원인이 있었다고 할 것인데, 이는 통치권 차원의 긴박한 정치적 위기가 해소된 상황을 반증한 것이었다. 그러나 이러한 평가는 정치적 요인의 중요성을 간과하는 것이 아니라 오히려 역설적으로 정치적 관심의 결여가 정책의 축소·종결을 야기한 중요한 요인이 되었다는 점을 주목하는 것이다. 즉 영구임대주택이 정치적으로 지대한 관심 하에서 형성되었기 때문에 정책변화과정에서도 그러한 관심이 기대될 수 있었는데, 실제로 그러한 관심이 전혀 표출되지 않은 것은 정치적 상황의 변화로밖에 설명할 수 없는 것이다. 이와 같이 영구임대주택 정책의 변화과정은 형성과정과는 정반대의 양상으로 나타났지만, 전체적으로 볼 때, 정치적 엘리트를 중심으로 한 주요 정책행위자들의 정치적 이해관계가 정책결정의 핵심적인 규정 요인으로 작용하였다는 본 연구의 주장을 뒷받침한다고 평가할 수 있다.

정책변화과정에서 정부 외의 참여자들(주거권운동, 야당 및 전문연구자 등)은 정책형성과정에서와 마찬가지로 뚜렷한 영향을 미치지 못하였다. 특히 영구임대주택정책 발표 이후 도시빈민 등의 주거권 운동은 더욱 활성화되었지만, 구체적인 정책결정과정에는 큰 영향을 미치지 못하였다. 즉 영구임대주택이 축소, 종결되는 과정에서 자신의 반대 입장을 효과적으로 관철시키는 데 실패했던 것이다. 오히려 주거권 운동의 활성화는 영구임대주택이라는 혁신적인 제도의 출현을 매개로 활성화됨으로써, 정책이나 제도가 의식의 개혁을 선도하는 사례를 보여주었다고 할 수 있다. 그 외의 참여자들도 영구임대주택의 확대 발전을 지지하는 데 있어서 유사한 입장을 보여주었지만, 변화된 상황에서 자신의 입장을 관철시키는 성과를 보여주지는 못하였다.

5. 결론

본 연구의 결과를 간략히 정리하면서 이론적, 실천적 함의를 살펴보기로 한다. 먼저 연구의 결과는 다음과 같이 정리될 수 있다.

첫째, 본 연구의 기본 입장은, 정책의 변동을 해명하기 위해서는 정치체제 내의 주요 행위자들의 역할을 중시하여야 하며, 이를 정책결정과정에 대한 심층적인 고찰을 통해 해명할 필요가 있다는 것이었다. 이러한 관점에서 본 연구는, 정치적 위기에 대응하는 정치적 엘리트들의 정치적 이해관계가 핵심적인 요인으로 작용하였음을 확인하였다.

둘째, 정치적 요인의 작용은 정책형성과정과 변화과정에서 각기 상이한 양상으로 나타났다. 정책형성과정은 정치적 위기와 정치적 이해관계에 따른 정책결정의 양상을 뚜렷이 보여주었던 반면 정책변화과정에서는 정치적 관심의 결여가 정책의 축소ㆍ종결을 결과한 것으로 나타났다.

셋째, 정책결정과정에서 계급투쟁 또는 사회운동 요인의 중요성은 뚜렷이 나타나지 않았다. 계급투쟁과 사회운동 요인은 정치적 분위기의 변화와 문제의 심각성 인식에는 도움을 주었지만, 정책결과에 있어서의 성과는 거의 없었다.

넷째, 정당과 의회의 역할은 전반적으로 미약하였지만, 정책형성과정과 변화과정에서 각기 상이한 양상을 보여주었다. 즉, 정치적 민주화가 활발하게 진행되는 시점이었던 정책형성 단계에서는 법안 제출 등 정당과 국회의 역할이 다소 활성화되었던 것을 볼 수 있다.

다음으로 본 연구의 이론적 함의는 정책결정론과 관련된 함의와 사회주택발달론과 관련된 함의로 나누어 볼 수 있다.

정책결정론과 관련하여 본 연구는 정치적 흐름과 정치적 위기가 정책결정에 핵심적인 요인으로 작용하였음을 확인하였다. 이러한 결론은 사회정책발달에 관한 정치적 위기 가설의 적실성을 지지하는 것이다. 사회정책의 발달을 정치적 위기의 측면에서 설명하는 이론들은 매우 다양하지만, 본 연구는 정책의 형성과정뿐만 아니라 변화과정까지 분석에 포함함으로써 정치적 위기론의 주장을 좀 더 확장하였다. 또한 정치적 위기가 주요 행위자들의 정치적 이해관계와 주관적 인식에 매개되어 나타난다는 측면을 중시하고 이를 규명하였다. 그러나 본 연구는 정치적 위기와 정책행위자 요인의 중요성을 강조하면서도, 균형잡힌 분석을 위해서는 제반 배경요인들을 적절히 고찰해야 한다는 점을 중시하였다. 이는 곧 정치적 위기론과 엘리트 역할의 한계를 인식할 필요가 있음을 시사하는 것이다.

한편 영구임대주택 정책의 형성을 계급투쟁 요인으로 설명하는 기존 연구(박윤영, 1992)도 있었지만, 본 연구는 이러한 신마르크스주의 접근의 적용은 적실성이 약하다고 평가하였다. 이 같은 연구 결과는 민중적 요구운동의 성과가 크게 나타나기 어려운 반면 정책결정자의 자율성이 강력한 우리의 현실을 보여준 것이다. 이러한 결론은 민중운동의 발전을 위한 전략적 모색이 긴요하다는 점을 시사한다.

사회주택발달론과 관련하여 케메니(Kemeny, 1991)는 기존의 이론들이 대체로 사회중심적 요인들을 강조하고 있기 때문에, 사회주택의 발달을 해명하기 위해서는 포괄적이면서도 국가의 자율적 역할을 중시하는 연구가 필요하다고 주장하였다. 정치엘리트와 정책주도자의 역할을 강조하는 본 연구는 일면 이러한 주장과 같은 맥락에 있다고 할 수 있다.

사회주택의 기원과 발달의 동기는 매우 다양하며(Donnison and Ungerson, 1982; Harloe, 1988; Cole and Furbey, 1994), 특히 정치적, 이념적 논쟁이 중요한 역할을 하였다. 본 연구에서도 우리나라 최초의 사회주택인 영구임대주택의 정책결정과정에서 정치적 요인의 중요성이 두드러지게 나타났음을 확인할 수 있었다. 다만 이념적 논쟁에 있어서는 경제성장론과의 갈등이 단편적으로만 나타났다고 볼 수 있다. 우리나라의 경우 주택정책 발달에 관한 이론적 접근은 많지 않다. 1980년대에 구조주의 맑시스트 관점에서 자본의 논리로 국가정책을 설명한 일부 연구들과 영구임대주택과 근로자 주택 정책을 계급투쟁적 논리로 설명하는 시도가 있었을 뿐이다. 본 연구는 새로운 관점에서 우리나라 주택정책 발달론 연구의 단초를 제공하는 의미를 가질 수 있을 것이다.

마지막으로 본 연구의 실천적 함의는 다음과 같이 요약할 수 있다.

첫째, 과도한 일반화는 곤란하지만, 본 연구의 사례는 사회정책의 혁신뿐만 아니라 그것을 지속적으로 유지, 발전시키는 데 있어서 정치적 관심, 특히 통치권 차원의 정치적 관심을 지속시키는 것이 매우 중요함을 보여준 사례였다. 이러한 결론은 선출된 지도자가 아젠다짜임을 주도한다는 점에서 민주주의의 가능성을 보여주는 반면, 실제의 정책결정과정이 경직된 상의하달 모형에 가깝다는 한계를 동시에 가지고 있다(Kingdon, 1984; 208-9).

둘째, 정책결정과정의 성격에 대한 인식, 즉 정치적 위기에 대한 긴급 대응의 성격을 갖는 정책개혁의 한계를 인식할 필요가 있다는 점이다. 이와 관련하여 정책과정의 성격이 정책의 내용을 규정하는 측면을 중시하여야 한다는 뒤클로-윌리엄즈(Duclaud-Williams, 1978)의 지적을 참고할 수 있다. 영구임대주택과 관련하여 볼 때, 엘리트의 주도에 의해 정책의 혁신이 가능할 수는 있지만 그렇다고 해서 정책 내용의 건전성과 지속성까지 당연히 보장되는 것은 아니라는 교훈을 얻을 수 있다. 그러므로 정책의 건전한 발전을 위해서는 정책결정과정의 민주성 확보를 위한 법적 제도화와 함께, 이에 관한 논의를 정치화, 공론화하는 사회운동적인 노력이 필요하다.

셋째, 민중적 차원에서의 실천 전략의 발전이 필요하다는 점이다. 본 연구의 결과 우리나라의 민중적 요구운동은 현실적인 정책 대안을 개발하는 전문성과 사회적 분위기를 유리하게 유지하는 능력에 있어 많은 한계를 안고 있었다. 무엇보다도 민중적 요구를 정책결정 체제 속에서 구체적으로 관철시키는 전략적 메카니즘이 결여되었다. 이러한 한계의 극복이 요구운동의 당면 과제다.

참고문헌

건설부. 1992.. "영구임대주택사업 추진실태와 성과"(보도자료: 1992. 10. 3).

건설부. 1993. 『건설행정 백서 1988-1992』.

고철 · 염돈민 · 진정수 · 김석위.1988. "사회주택 정책에 관한 연구", 국토개발연구원.

고철. 1989. "임대주택의 공급 확대와 제도 개선", 주택 200만호 건설 촉진을 위한 정책 간담회 자료집, 국토개발연구원.

공보처. 1992., 자료-제6공화국.

국회 건설위원회, 속기록: 1989 - 1992 (145회 - 159회)

김대곤. 1993. "노태우 중간평가 유보 내막", 『신동아』, 동아일보사.

김석준. 1991. "국가위기이론의 적실성과 제6공화국 국가위기의 경험적 분석", 『한국정치학회보』 25 집 1호.

김정호. 1988. "도시 저소득층의 주거안정 대책", 도시 저소득층 대책에 관한 정책토론회 자료집(1988. 7. 25). 민주정의당.

대통령비서실. 1989. 『노태우 대통령 연설문집』 1권.

박윤영. 1992. "주택 200만호 건설 계획의 사회정책적 성격에 관한 일고찰", 중앙대 석사학위논문.

송근원. 1991. "아젠다짜임 이론과 사회복지", 『사회복지연구』 3호, 한국사회복지연구회.

이병길. 1994. "정책변동에 관한 지지연합모형과 정책흐름모형의 비교 분석", 유훈 · 강신택 편, 『전환 기의 정책과 재정관리』, 법문사.

조덕규. 1989. "무주택 서민의 주거안정 방안", 국토개발연구원, 대한주택공사, 무주택서민의 주거안 정대책을 위한 정책토론회-영구임대주택 건설을 중심으로, 정책토론회 자료집(1989. 3. 22).

Cole, I. and Furbey, R. 1994. "The Eclipse of Council Housing." London: Loutledge.

Donnison, D. and Ungerson, C. 1982, *Housing Policy*, N.Y.: Penguin Books.

Duclaud-Williams, R. 1978. "The Politics of Housing." *New Society*, 44, 819, June 15.

Edwards. 1981. "Subjective Approaches to the Study oj Social Policy Making." *Journal of Social Policy*, vol. 10, no. 3.

Grindle, M. J. & Thomas, J. W. 1989. "Policy Makers, Policy Choices and Policy Outcomes." *Policy Science* 22.

Harloe, M. 1988. "The Changing Role of Social Rented Housing." in Ball et al., *Housing and Social Change in Europe and the USA*, London & N.Y.: Routledge.

Kemeny, J. 1992. "Housing and Social Theory." London & N.Y.: Routledge.

Kingdon, J. W. 1984. "Agendas, Alternatives, and Public Policies." Boston: Little Brown and Company.

* 비공개 자료 출처: 기획안, 회의자료 등
(1) 주택건설기획단 자료철(청와대비서실) / (2) 건설부, 영구임대주택정책 자료철 / (3) 건설부, 7차 5 개년계획 자료철

제10장
정보복지 기본선 연구*

1. 서론: 정보화와 정보 불평등

정보화는 단지 정보의 중요성 증대나 정보량의 획기적 증대, 정보처리기술의 혁신, 컴퓨터통신의 일상화 등에 머무는 것이 아니라 정치, 경제, 사회, 문화 등 사회 전반에 변화를 가져온다. 이러한 변화의 결과가 긍정적일지 부정적일지는 논쟁의 대상이다.

예를 들어 다니엘 벨이나 앨빈 토플러는 탈산업화로 이행함에 따라 종래 산업사회를 특징짓던 계급갈등은 완화될 것으로 보았다(Bell, 1973; Toffler, 1990). 그러나 하버트 러는 정보화 과정은 공동체가 정보를 가진 자와 가지지 못한 자로 분리되는 과정이라고 규정한다(Shiller, 1990). 마누엘 카스텔 역시 정보사회에서 관리, 전문, 기술직과 같은 정보관련 직업이 증대하더라도 이 부문만이 일방적으로 증대하는 것이 아니라 미숙련 서비스 노동 역시 동시적으로 늘어나 사회구조가 양극화될 가능성이 있음을 지적한 바 있다

---

*이 글의 출처는 다음과 같다: 이영환, "정보복지 기본선 설정을 위한 서설적 연구", 한국사회복지학연구회편, 『상황과 복지』 7호, 서울: 인간과복지, 2000.

(Castells, 1989).

현실에서 진행되는 정보화의 구체적 양상을 살펴보면 정보화가 기존의 사회불평등 조건에 영향을 받고 있을 뿐 아니라, 정보화 자체가 역으로 사회불평등에 영향을 미칠 가능성이 있음을 보여주고 있다. 한국정보문화센타의 조사와 한국전산원의 국가정보화 백서에 의하면, 우리 사회의 정보통신이용에 있어 계층간 불평등은 점차 확대되고 있다. 예를 들어, 남성과 여성의 컴퓨터 이용률은 1997년 10월과 1999년 5월을 기준으로 비교했을 때, 1.47 : 1에서 1.59 : 1로 벌어졌다. 같은 기간 PC통신은 2.11 : 1에서 2.14 : 1로, 인터넷은 2.22 : 1에서 2.48 : 1로 악화되었다. 또 월소득 400만 원 이상 계층과 100만 원 이하 계층을 비교하면, 컴퓨터 이용률은 1.56 : 1에서 2.83 : 1로, PC통신은 3.03 : 1에서 3.36 : 1로, 그리고 인터넷은 3.45 : 1에서 4.11 : 1로 벌어졌다. 학력별 격차도 마찬가지로 확대된 것으로 나타났다(한겨레신문, 2000. 2. 7).

저학력, 저소득의 단순 비숙련 직종의 성인들은 컴퓨터를 보유하고 있더라도 그것을 제대로 활용하지 못하는 것이 일반적 상황이다. 이는 고학력, 전문직종의 사람들이 속한 사회적, 문화적 환경에서는 컴퓨터 이용이 상당한 정도로 생활화된 반면, 저학력, 비숙련 단순직종의 사람들에게는 컴퓨터를 쉽게 접근하기 어렵고 또 사용의 필요성도 그다지 느끼지 못하는 '경외의 대상' 일 뿐임을 말해준다.

그리고 정보기기 이용의 격차는 정보능력의 격차로 이어질 것이므로 학력별, 직종별 정보격차는 이미 존재하고 있는 이들 집단간의 불평등을 더욱 확대시킬 것이다[1].

그런데 정보화의 불평등 현상을 정보화 수단의 소유의 측면과 정보화 수단의 이용의 측면으로 나누어 보면 조금 양상이 달라질 수 있다. 이와 관련하여 정보화가 가장 급속도로 진행되고 있는 미국의 예를 다음 [표 10-1]과 [표 10-2]를 통하여 살펴보자.

---

1) 결과적으로 야기되는 불평등은 상당히 다양한 측면에 걸쳐 나타나겠지만 본 연구의 목적상 상세한 언급은 생략한다.

먼저 [표 10-1]에서 보는 바와 같이 컴퓨터의 보급은 소득계층별로 현저한 격차를 보이고 있다. 1989년의 상위 25% 소득계층의 컴퓨터 보급률이 35%인데 비해 하위 25% 소득계층은 5.7%에 불과하고 1993년에는 그 격차가 더욱 확대되고 있다. 이와 같이 정보화 수단의 소유의 격차는 정보화수단의 이용에 있어서의 격차로 이어진다. [표 10-2]는 그러한 상황의 한 단면을 보여준다.

[표 10-1] 미국의 소득수준별 컴퓨터 보유율 추이

(단위: %)

	1984년	1989년	1993년
컴퓨터보유 가구비율	8.2	15.0	22.8
하위 25% 소득가구	–	5.7	7.4
25-50% 소득가구	–	9.3	16.6
50-75% 소득가구	–	18.1	30.2
상위 25% 소득가구	–	35.0	54.8

자료: Education and Social Stratification Branch, Population Division, U.S. Bureau of Census, 1993.

[표 10-2] 미국 가정에서의 학력, 직종, 소득별 컴퓨터 이용률

(단위: %)

학력	컴퓨터 이용	컴퓨터 통신	직종	컴퓨터 이용	컴퓨터 통신	연간소득	컴퓨터 이용	컴퓨터 통신
중졸이하	10.0	20.4	경영,관리	72.3	49.0	2만불 이하	25.1	28.8
고졸	34.2	29.4	전문직	68.3	45.8	3만 4만불	45.7	35.7
전문대졸	58.2	39.7	서비스직	14.7	31.5	4만 5만불	51.9	37.3
대졸	68.8	45.1	노동자	14.9	18.3	7만5천불 이상	65.9	47.8

자료: U.S. Department of Commerce, Bureau of Census, Current Population Survey, October 1993.

그런데 여기에서 주목할 만한 점은 컴퓨터 이용자 중 컴퓨터 통신이용자의 계층별 격차는 소유의 격차에 비해 비교적 작다는 점이다. 즉, 어느 계급이나 계층에 속하더라도 컴퓨터를 일단 이용하게 된 후에는 컴퓨터 통신에 접근하고 그것을 이용하는 데 있어서의 격차는 훨씬 더 좁혀진다는 것인데,

이는 주목할 만한 의미를 갖는다. 왜냐하면 컴퓨터 통신은 전화선 등 공중통신망에 접속해서 전자우편, 전자게시판, 데이터 베이스 검색 등을 통해 각종 정보차원의 접근을 가능케 하고 나아가 정보자원의 생산, 유통에 참여하는 길을 열어준다는 점에서 다가오는 정보사회에서 결정적인 의미를 지니기 때문이다.

이러한 사실은 컴퓨터 단말기의 보급확대와 공공 이용시설의 증대 그리고 제도교육기관에서의 체계적인 정보화 교육을 통한 보편적 접근(universal access)/보편적 서비스(universal service)의 확대가 정보격차를 해소하는 데 기여할 수 있음을 말해준다. 이와 같은 인식에 바탕하여 오늘날 선진제국들은 정보화 사회가 진전됨에 따라 더욱 심화되는 정보불평등을 해소하기 위한 노력을 핵심적인 정책과제로 추구하는 모습을 보여준다. 그러한 노력들을 살펴보고 우리나라에 필요한 정책적 함의를 얻는 것이 본 연구의 중요한 목적이다[2].

본 연구의 또 하나의 목적은 정보불평등을 해소 내지 완화하기 위해 전국민이 기본적으로 누려야 할 보편적인 정보화 서비스의 수준을 설정하는 시론적 작업을 시도하는 것이다. 권리 개념에 입각한 이러한 지표를 필자는 정보복지 기본선이라 부르고자 한다[3]. 물론 정보통신기술의 급격한 변화와 발

---

2) 본 연구에서 자세히 다루지는 않지만, 정보불평등과 관련된 또 하나의 중요한 측면은 국가 간 불평등이다. 인터넷의 경우 이용인구의 확대와 더불어 국가별 격차도 더욱 심화될 것으로 전망된다. 인터넷 인구는 1999년 현재 세계적으로 총 1억 7천만 명으로 추산되는데, 이는 1년 동안 55%가 증가한 것이다. 그 중에서 미국은 1억 명 이상을 차지한다. 2002년에는 4억 9천만 명(인구 1,000명당 79.4명), 2005년에는 약 7억 6천 5백만 명(인구 1,000명 당 118명)으로 확대될 것으로 추정되는데, 2002년의 경우에도 미국이 전세계 이용자의 1/3을 차지할 것으로 전망된다. 한편 OECD는 'Human Development Report 1999'를 발표하면서, 인터넷이 세계 불평등의 주요인임을 역설하면서, 세계인구의 19%인 OECD 회원국이 인터넷 사용의 91%를 차지하고, 세계 웹사이트의 80%가 영어로 되어 있지만, 영어를 모국어로 쓰는 인구는 10%에 불과하다고 지적하였다(유석상, 1999).

3) 정보복지 기본선 개념은 국민복지기본선에 관한 사회복지학적 개념을 원용한 것으로(변재관 외, 1998) 뒤에서 다시 상술할 것이다. '정보복지'의 개념 역시 잠정적인 것이지만, '복지

전 및 표준 설정의 어려움을 감안할 때 이러한 수준의 설정은 대단히 어려운 과제이지만, 정보화의 역기능에 대응하는 국가적, 사회적 개입의 방향을 정립하기 위해서는 매우 유용한 작업일 것이다. 본 연구에서는 이러한 목적 하에 전통적인 보편적 서비스가 새로운 상황에서 어떻게 변화되고 있는지, 그리고 그러한 변화에 대해 정보화 선진국들이 어떻게 대응하고 있는지를 살펴보고, 이를 바탕으로 우리 나라의 대응 과제를 정보복지 기본선의 개념을 중심으로 고찰하고자 한다.

2. 보편적 서비스 정책과 변화

1) 전통적인 보편적 서비스 정책

정보복지와 관련된 전기통신분야의 전통적 개념은 전기통신의 '보편적 서비스'이다. 이는 기본적으로 전화서비스를 중심으로 하며 전력이나 방송과 같은 공익적인 전기통신서비스를 모든 국민에게 합리적인(또는 저렴한) 요금으로 공평하게 제공하는 것을 의미한다. 보편적 서비스 정책의 기원이라 할 수 있는 미국의 1934년도 연방통신법(Telecommunication Act of 1934)은 보편적 서비스의 목적을 "가능한 한 미국의 모든 사람들이 인종이나 종교, 성 등의 차별 없이 적절한 설비와 합리적인 요금으로 신속하고 효율적으로 전국적, 세계적인 유선·무선의 커뮤니케이션 서비스를 이용할 수 있도록(sec 1)" 하는 것으로 규정하고 있다.

여기에서 보는 바와 같이 보편적 서비스의 핵심적인 두 가지 요소는 보편적 접근(availability: 어느 장소에서도 이용 가능)과 비용의 저렴성(affordability)이라고 볼 수 있으며(나운환, 1998: 129), 이를 위한 수단으로는 전국적인 통

적 차원에서 제공되는 정보통신서비스'와 '정보화를 통한 복지향상, 궁극적으로 복지사회의 실현'을 내포하는 의미로 사용한다.

신망 구축, 전화가입 지원, 전국적인 균일 요금, 상대적으로 비싼 시외전화 요금과 상대적으로 저렴한 시내전화 요금체계를 통한 상호교차 지원방식(김병근, 1996) 등을 들 수 있다. 보편적 서비스 정책의 구성내용을 좀 더 살펴보자.

먼저 정책의 대상자 측면에서 보편적 서비스 정책은 모든 국민을 대상으로 하며, 특히 전국적인 전화망 구축을 통해 지리적인 장애를 극복하고 나아가 경제적 및 장애 관련 장벽을 극복하는 것을 주요 과제로 한다. 이는 사회정의와 복지 및 형평성의 개념에 입각한 것으로 볼 수 있다.

둘째, 서비스의 주요 내용에 있어서는 지역간, 이용자간 차별요금을 금지하며 전국적인 평균요금 정책을 지향한다. 서비스의 비용이 높은 고비용 지역일지라도 동등한 서비스에 대해 불리한 요금이 적용되어서는 안 된다. 이와 더불어 저소득층이나 장애인을 위한 지원제도가 별도로 존재하게 되며, 장애인을 위한 특별한 서비스[예를 들어, 음성과 문자를 교차 변환시키는 통신중계서비스(tele-communications relay service) 등]가 제공된다.

셋째, 서비스 공급주체와 재원조달의 측면은 상호 밀접한 관련이 있다. 보편적 서비스를 위한 재원조달은 대체로 서비스 기관의 부담으로 하는데, 그 이유는 전기통신사업 자체가 공익사업으로 인식되어 왔고, 서비스 공급주체도 공공기관이 독점사업자의 역할을 담당해왔기 때문이다. 결국 재원은 서비스 프로그램간의 상호보조(예를 들어, 시내전화와 시외전화간의 보조)를 통해 조달된다. 장애인이나 저소득층을 위해서는 요금감면이 적용되거나 별도의 공공재원에 의한 지원제도가 시행되기도 한다.

미국의 보편적 서비스 제도의 예를 들어 본다면, [표 10-3]에서 보는 바와 같이 고비용 지역의 통신비용을 보조하는 보편적 서비스 기금(universal service fund), 저소득층의 통신이용 편익을 제고하기 위한 Lifeline, Link-up America 제도, 청각장애인을 지원하는 TRS(Telecommunications relay service) 등을 명시적인 제도로 들 수 있다. Lifeline과 Link-up America 제도는 1984년 AT&T의 분할로 장거리전화와 시내전화의 상호보조가 불가능해지면서 저소득층의 통신서비스 이용을 보장하려는 취지에서 도입된 것이다(이상진, 1997).

[표 10-3] 미국의 보편적 서비스 제도

프로그램	내용	수혜대상	부담자와 규모	지원분야
보편적 서비스 (USF)	1984년 도입, 고비용지역의 NTS 비용 지원	고비용 지역 (시내) 전화회사	장거리통신사업자, 1995년 7억 5천만 달러	시내망 비용이 전국 평균의 15%를 초과하는 사업자
Life-line	1984년 도입, 노인 및 저소득층 요금 보조	노인 및 저소득세대	통신사업자 및 주정부, 1994년 1억 2,300만 달러	SLC의 전부 또는 일부로 회선당 월 3.5 달러
Link-up America	1987년 도입, 노인 및 저소득층 전화 가설료 보조	노인 및 저소득세대	시장점유율 0.5% 이상인 장거리 전화사업자, 1994년 1,900만 달러	설치비의 일부
TRS	1980년대 주정부시작 , 1990년 장애인법에 의무화	TRS 장비를 이용하는 청각장애인	2,850개의 주간(州間) 통신사업자	TRS 전액

자료: 이상진(1997)

이와 같은 보편적 서비스는 오늘날의 정보화 사회에서도 불평등의 심화에 대응하는 중요한 정책수단으로 적용될 수 있다. 다만 다음에서 자세히 보겠지만 오늘날의 변화된 환경을 감안할 때 전통적 개념은 정보화 사회 이전 단계, 즉 정보화의 사회적 중요성이 덜한 상황을 배경으로 하고 있으며, 이에 따라 서비스의 내용도 유선전화서비스를 주 대상으로 하면서 공공재원의 투자도 약하고, 시민적 권리의 개념도 결여되어 있는 한계를 지적할 수 있을 것이다.

2) 변화된 환경과 제기되는 이슈들

위에서 본 바와 같이 기존의 보편적 서비스는 전화서비스의 보편적 수요를 충족하기 위해 독점체제하의 상호보조정책을 통해 그 의무를 수행해 왔다. 그러나 정보화 사회의 진전은 보편적 서비스의 환경을 근본적으로 변화시켰으며, 이에 따라 보편적 서비스의 정신을 실현함에 있어 여러가지 이슈들이 제기되고 있다. 1990년대 이래 각국의 정보통신정책은 정보인프라(NII: National Information Infrastructure) 정비라는 기본 과제 이외에 이러한 상황에 대응하여 보편적 서비스의 정신을 새로운 상황에서 구현하는 것을 중요한 정책과제로 인식하고 있다.

먼저 정보통신 환경의 변화는 두 가지로 요약할 수 있다(김병근, 1997). 첫째, 통신기술의 혁신으로서 기존의 전화서비스를 뛰어넘는 통신영역의 확충이다. 인터넷과 대용량의 멀티미디어 디지털 통신의 발달로 대변되는 이러한 변화는 정보의 내용과 기술에 있어서의 발전과 더불어 수요의 다양화와 고도화를 반영하는 것이다. 둘째, 서비스 공급주체에 있어서 독점의 붕괴와 자유 경쟁체제의 도래이다. 이러한 추세는 1980년대 이래 진행된 범지구적 세계경제화와 자유경쟁을 신조로 하는 신자유주의의 규정력과 그에 따른 민영화 물결 등과 궤를 같이 하는 것이다.

이와 같은 변화는 한편으로 보편적 서비스 정책의 중요성을 더욱 부각시키고 있다. 왜냐하면 서론에서도 지적한 바와 같이 정보통신기술에 접근하고 이를 구사하는 능력이 사회적 불평등을 심화시키는 정도가 점점 강해지고 있기 때문이다. 그리고 정보통신 기술의 급격한 변동 속도가 그러한 차이를 극복 불가능한 차이로 만들어나갈 수 있기 때문이다.

다른 한편, 정보통신 환경의 변화는 보편적 서비스 정책의 실현에 상당한 곤란을 야기한다. 우선은 정보통신의 내용과 기술이 다양하게 발전하고 공급주체도 다원화됨에 따라 어떠한 내용과 기술을 보편적 서비스의 대상으로 할 것인지 선택하기 곤란하다는 점이다. 이는 곧 어떠한 서비스를 국민생활에 필수적인(essential) 서비스로 볼 것인가 하는 문제이다. 이에 따라 아직은 정보화 사회에서 보편적 서비스의 범주를 획정하기 어려울 뿐만 아니라 서둘러 획정하는 것 또한 바람직하지 않다는 견해도 있다(OECD, 1996; 1997a). 물론 이와 같은 견해는 보편적 서비스의 개념이 애초에 각 국가의 상황에 적응해야 하는 역동적인 개념이며, 이러한 역동성이 훨씬 고도화되고 있다는 상황인식에서 특정한 기술과 그에 기반한 특정한 서비스를 보편적 서비스의 대상으로 성급하게 규정해서는 안 된다는 것이지, 보편적 서비스의 확충을 위한 개념화와 범주화의 노력 자체를 경시하는 것은 아니다.

　다음으로 정보통신시장이 자유화됨에 따라 보편적 서비스의 비용을 어떻게 분담할 것인가 하는 문제이다. 다수의 사업자가 자유 경쟁하는 상황에서 독점사업자 중심의 전통적인 비용부담 방식은 곤란하기 때문이다. 이와 같은 이슈들에 대응하여 각 국가들은 나름대로의 상황에서 보편적 서비스의 정의와 범주를 확장하는 노력을 경주하고 있으며, 재원조달을 위해서도 접속료에 부과하는 방식, 보편적 서비스 기금을 창설하는 방식 등을 시험하고 있다.

3. 새로운 보편적 서비스를 위한 각국의 대응

　정보화 사회에 대응하는 각국의 노력은 1990년대에 본격화되었다. 대체로 국가정보기반을 구축하는 세계적인 경쟁에서 뒤쳐지지 않는 것을 기본 목표로 하고 있는데, 그 주요 내용은 초고속통신망과 같은 정보고속도로의 건설과 데이타베이스 등 내용물(contents) 구축, 그리고 그에 기반한 다양한 응용 서비스의 실현을 중심으로 하고 있다. 이와 더불어 다른 한편, 보편적 서비스의 실현도 핵심적인 과제로 등장하고 있는데, 이는 정보통신에의 의존도가 심화됨에 따라 예견되는 사회적 역기능도 심각할 것이므로 이를 예방하는 한편, 정보통신의 발달이 삶의 질을 향상시킬 수 있는 가능성도 확대되므로 이를 정보복지사회의 실현으로 연결시키려는 목적의식에 의한 것이다. 여기에서는 이와 같은 보편적 서비스 실현을 위한 각국의 노력을 살펴봄으로써, 우리에게 필요한 정책적 함의를 찾으려 한다.

1) 미국

미국에서 새로운 보편적 서비스에 관한 논의는 1993년의 NII(National Information Infrastructure: Agendas for Action) 논의에서 본격화되어 1996년 연방 통신법의 제정으로 결실을 맺는다.

NII Agenda for Action(1993)은 1934년 통신법에서 정의된 보편적 서비스의 개념을 21세기의 국민의 정보욕구에까지 확대하여, 국민들의 정보욕구에 근본적으로 공평하게 대응하며 국민이 정보와 통신의 가진 자(haves)와 못 가진 자(have-nots)로 양분되는 것을 방지하는 것을 주요 원칙과 목표의 하나로 설정하였다. 즉, 현대적인 보편적 서비스 개념을 정립함으로써 모든 미국 국민들이 소득과 장애와 지역에 상관없이 고도의 정보통신서비스에 쉽고 적절한 비용으로 접근할 수 있도록 보장해 주는 것이다. 이를 위하여 경쟁을 촉진하여 가격을 저렴화하고 서비스의 질을 높이는 것과 더불어, 불리한 처지에 있는 사용자 특히 고비용 지역이나 농촌지역에 대한 집중적인 지원을 주요 정책수단으로 채택할 것을 권고하였다.

NII Agenda는 공청회 등 여론 수렴과정을 통해 1996년 연방통신법의 개정으로 이어졌다. 1996년 2월에 발효된 연방통신법은 1934년의 통신법을 전면 개정한 것이며, 보편적 서비스 개념의 확대와 이를 유지, 발전시키기 위한 내용을 명시하고 있다. 그 주요 내용은 다음과 같다(Telecommunication Act of 1996, 섹션 254 보편적 서비스; 김병근, 1996)[4].

첫째, 보편적 서비스 정책의 목적은 적정한 요금으로 양질의 서비스를 광범위하게 제공하도록 촉진하고, 지방과 고비용 지역에서도 도시지역에서 제공되는 서비스 요금에 상응하는 합리적인 요금으로 고도의 전기통신서비스

---

4) 연방통신법 제정 이후의 후속작업은 1997년 5월 FCC 97-157 권고로 이어졌는데, 여기에서 보편적 서비스의 내용은 좀 더 구체화되고, 국가(연방과 주)의 재정적 기여가 증대되었다. 예를 들어 학교와 공공도서관은 20-90%의 할인율을 적용 받게 되었고, Lifeline과 Link-up 프로그램에 대한 연방과 주의 보조금이 상향 조정되었다(이상진, 1997).

와 정보서비스에 접속하는 것을 보장하고, 이를 초·중등학교와 건강관리
사업자 및 도서관에 이용될 수 있도록 보장하는 것이다.

둘째, 보편적 서비스의 원칙은 다음과 같이 규정되었다.

· 품질 및 요금: 좋은 품질의 서비스가 정당하고 적절하며, 저렴한 요금
  (just, reasonable and affordable rate) 수준으로 제공되어야 한다.
· 고도통신서비스에 대한 보편적 접근: 고도 전기통신 및 정보서비스가
  전국의 모든 지역에 제공되어야 한다.
· 동등한 질의 보장: 지방과 고비용지역(저소득자 포함)에서도 도시지역
  에서 제공되는 서비스와 동등한 내용과 요금으로 접근할 수 있어야 한
  다. 이런 지역에는 도시지역보다 적거나 동등한 요금을 부과해야 한다.
· 동등하고 비차별적인 기여: 모든 통신서비스 제공사업자들은 보편적 서
  비스의 유지, 발전에 동등하고 비차별적으로 기여해야 한다.
· 구체적이고 예측 가능한 지원기구: 보편적 서비스를 유지하고 촉진하는
  연방 및 주의 지원기구가 충분히 갖추어져야 한다.
· 교육기관(특히 초·중등학교), 보건 및 도서관의 첨단통신서비스 접근
  이 가능해야 한다.

셋째, 보편적 서비스의 대상을 결정할 때에는 다음과 같은 사항들이 고려
되어야 한다. 교육, 공중보건 및 공공안전에 필수적인 정도, 주거용 이용자가
가입한 정도, 전기통신사업자에 의해 공중전기통신망에 현재 구축되어 있는
정도, 공공의 이익과 편의 및 필요에 부합하는 정도 등. 그리고 서비스의 정
의에 대한 수정이 가능하고, 통신기술의 발전 속도를 감안하여 정기적으로
타당성을 검토하여야 하며, 학교와 도서관 및 보건관리사업자를 위해서는
추가적인 서비스 지정이 가능하다.

넷째, 저소득층 지원과 관련해서는 기존의 저소득가입자 지원프로그램이
훼손되어서는 안 되도록 규정되었다(섹션 101).

이상과 같은 규정들 외에 장애인의 정보접근권 관련 규정도 있는데(섹션 101, 255), 구체적으로 1982년의 장애인통신법과 1990년에 개정된 미국장애인법을 보완하고 있다. 장애인의 시민권을 실질적으로 보장하고 있는 이러한 법률들은 고용평등을 위한 작업환경 개선(특수전화기 설치 등), 기간통신사업자의 통신중계서비스(음성과 문자의 상호교환) 의무화, TV의 자막방송, 주간(州間) 통신서비스의 저렴화 등을 규정하고 있다. 그러나 장애인 등이 정보기기를 손쉽게 활용할 수 있도록 하는 보편적 설계의 문제는 소홀하게 다루어지는 한계도 안고 있다[5].

최근 미국은 정보격차(digital divide) 문제를 심각하게 인식하고 이의 해소를 최우선 과제로 설정하는 모습을 보이고 있다. 이를 위해 관련회의를 개최하고 보고서(예를 들어 1999년에 발간된 상무부 NTIA의 보고서 'Falling through the Net: Defining the Digital Divide')를 발간하며, 모든 미국인들에게 컴퓨터와 인터넷을 제공하는 데 역점을 두고 있다. 특히 정보의 부익부 빈익빈 현상이라는 부정적 측면을 극복하고 디지털 시대의 기회의 측면(digital opportunity)이 강조되어야 한다는 목적에서 상무부를 중심으로 정보격차 해소를 위한 국가전략을 마련하는 데 역점을 두고 추진하고 있다. 이에 따라, 빈민 아동들에게 컴퓨터와 인터넷을 보급하는 Power-Up program, 빈민들에게 기술접근을 제공하는 Community Technology Center 구축, 낙후지역의 미래 하이테크 노동력 육성 프로그램 등을 추진하고 있다(유석상, 1999).

2) 유럽연합(EU)

유럽연합은 1998년 1월 1일까지 전기통신을 완전 자유화하는 방침을 확정하는 한편 보편적 서비스 유지의 중요성을 강조하고 있다. 즉 범유럽 통신망

---

5) 본 연구에서 장애인의 정보통신접근권이나 보편적 설계 등에 대해서는 상세히 다루지 않았는데, 이와 관련된 각국의 정책동향에 관한 논의로는 나운환(1988)과 손언기(1999)를 참조할 수 있다.

구축 등 일련의 정보사회 계획이 발표되고 실행되는 과정에서 보편적 서비스는 유럽을 묶는 중요한 개념으로 위상이 정립되고 있는 것이다. 그러나 보편적 서비스를 기본적인 전기통신서비스의 범주로 제한적으로 인식하고 있는데 이는 각국의 발전 정도의 차이를 인정하는 것이다. 곧 기본음성전화를 필수로 하고, 각국의 특수상황을 반영하는 탄력성을 가진다(김병근, 1996; OECD, 1997b; OECD, 1997c).

Bangemann Report(1994. 5)

유럽연합 집행위원회는 1994년 6월 Corfu에서 개최된 유럽연합 정상회담에 '유럽과 범세계 정보사회보고서(Europe and the Global Information Society: Bangemann Report)'를 상정하였다. 이 보고서를 토대로 유럽연합의 정보화 추진 기본틀이 마련되었다. 1994년 7월에는 이 보고서에 따른 구체적인 실행계획이 발표되었는데, 법·제도체제, 망·기본서비스·응용·정보내용, 경제·사회·문화적인 면, 홍보·진흥사항의 네 분야로 구성되었다. 유럽연합의 정보화정책은 현재까지 이러한 기본틀 아래 계속 추진되고 있다. 보편적 서비스와 관련해서는 자유경쟁체제의 도입이라는 변화된 상황에서 평등한 접근을 보장하기 위한 보편적 서비스 의무가 필요하며, 제공책임은 복수의 통신사들이 공동분담하는 원칙을 제시하였다(정국환 외, 1996).

녹서(Green Paper)

보편적 서비스에 관한 본격적 논의는 1994, 1995년의 녹서(Green Paper)에서 이루어졌으며, 그에 대한 회원국들의 반응을 종합하여 다음과 같이 권고되었다(김병근, 1996).

첫째, 보편적 서비스에 대한 기본적 인식으로서 다음과 같은 사항들이 고려되어야 한다.

· 보편적 서비스는 진화하는 역동적 개념으로서 정보사회의 도전들을 충

족시키는 데 중요한 역할을 해야 한다.
· 보편적 서비스 개념의 확대는 반드시 서비스에 대한 수요와 이용가능성
  에 대한 시장기저의 분석과 그것의 사회경제적 당위성(desirability)에 대
  한 정치적인 평가를 고려해야 한다.
· 공공접속(public access)은 모든 시민들에게 정보사회를 가져다주는 중
  요한 수단임을 인식해야 한다.
· 정보사회는 전기통신에 대한 보편적 서비스를 훨씬 뛰어넘는 이슈들을
  제기하고 있다. 정보사회에 대한 전체적인 정책은 반드시 교육, 보건 그
  리고 사회정책의 여러 측면을 통합하여야 한다.

둘째, 현대적인 보편적 서비스의 개념은 다음과 같은 내용을 포함해야 한다.
· 공중전화망에 대한 저렴한 접속이 보장되어야 한다.
· 저렴성(affordability)은 가장 중요한 부분이다. 완전경쟁으로의 이행과정
  에서 요금상한의 설정과 특정한 목표를 가진 요금정책이 필요하다.
· 농촌이나 벽지 등 고비용 지역에 대한 특별한 배려가 있어야 한다.
· 장애인들에게 동등한 수준의 서비스가 저렴한 요금으로 제공되어야 한다.
· 서비스의 품질이 보장되어야 한다.
· 미래의 보편적 서비스의 범주를 정의하는 데 소비자의 의견에 중요한
  역할이 부여되어야 한다.
· 지역간 격차를 감소하는 노력이 경주되어야 하며, 불리한 지역(less
  favored regions)의 정보화가 특별히 장려되어야 한다.

셋째, 보편적 서비스 비용을 분담하는 대안이 모색되어야 한다. 보편적 서
비스 기금 방식은, 모든 사업자들이 보편적 서비스 제공을 위해 경쟁하고 기
금에서 보상받을 수 있는 제도로서 우선적으로 고려될 것이 권장된다.

3) 호주

호주의 DOCA(Department of Communications and the Arts)가 1995년 8월에 발표한 전기통신정책 중 보편적 서비스의 주요 내용은 다음과 같다(김병근, 1996).

첫째, 보편적 서비스의 목표는 모든 호주인이 가능한 한 광범위한 전기통신서비스에 대한 완전한 접근이라는 목표를 비용과 국가의 우선 순위를 고려하여 추구하는 것이다.

둘째, 서비스는 다음과 같은 내용들을 포함한다.

· 호주의 모든 사람에 대한 최소한의 전기통신서비스에 대한 접근은 기본적 필요성으로 인정한다.

· 최소한의 안전망서비스: 기본전화서비스에서 기본전기통신서비스로의 법 개념 수정을 고려하며, 전화 · 팩시밀리 · 데이터통신을 타당한 요금으로 이용할 수 있도록 한다.

· 저소득자를 위한 지정보조: 효율성, 투명성, 공평성의 이유에서 저소득이 접근의 주요 장벽인 경우에는 정부기금에 의한 지정보조가 바람직하다.

· 특정한 지정보조제도: 특정한 집단에 대한 보조로서 정부 내 관련기관의 조언에 기초하여 정부가 결정하며(예: 퇴역군인, 복지대상자, 교육과 훈련대상자 등), 통상의 정부예산으로 감당한다.

· 특별한 욕구를 가진 사람들: 장애인 등에게 특수기기를 저렴한 가격으로 공급하도록 한다. 1992년에 제정된 장애인차별금지법을 준용한다.

셋째, 기본적 서비스의 공급지역은 사람이 살거나 업무를 하는 모든 지역을 대상으로 한다.

넷째, 운영원칙과 관련하여, 기본적 서비스의 관련 요건은 적어도 4년마다 정부에서 재검토하여 상향조정하며, 전기통신의 접속에 대한 사회정책을 정보 및 통신서비스의 국가적 전략의 일부로 계속 추진한다.

다섯째, 경비 분담과 관련하여 기본적 서비스 및 공중전화서비스를 공급함에 따른 손실은 통신사업자들이 수입에 비례하여 계속 공평하게 분담한다.

4) 독일

정보사회를 향한 독일의 정책은 1996년에 형성된 NII 비전인 '정보 2000'(info 2000)이 기본문서이다. 이 문서는 기독교민주당과 자유민주당 연합정권의 산물이지만, 사회민주당과 노동조합 등도 이 문서의 형성에 중요한 역할을 하였다(임현진, 1997).

'정보 2000'은 첫째, 정보산업의 육성 및 정보인프라를 구축하여 국민경제의 경쟁력을 도모하고, 둘째, 정보인프라를 통해 다양한 서비스를 제공하여 국민들의 삶의 질을 향상시키고 사회적 연대를 꾀하는 데 그 목적이 있다. 독일은 여타의 국가들에 비해 정보화에 있어 공공의 이해를 더욱 중시하는 사회적 토대(조합주의적 전통)를 가지고 있다. 따라서 보편적 서비스에 있어서도 기술적인 네트워크에의 보편적 접근이라는 전통적 개념의 일정한 확장에 한정하지 않고, 즉 정보화의 역기능을 방지하는 차원에 머물지 않고, 정보화를 통한 적극적인 국민복지향상을 도모하는 정보복지서비스 정책을 추진하고 있다.

이와 같이 독일의 정보복지서비스는 전통적인 보편적 서비스를 현상적인 불평등에 초점을 맞추는 소극적 개념으로 파악하고, 원격노동과 이에 따른 노동권보호, 교육과 연구개발의 정보화, 원격의료의 활성화와 환경정보화 등을 주요 과제로 추진하고 있다. 그럼에도 불구하고 독일에서 보편적 서비스의 보장은 명백하게 보장되어 있다. 1996년의 통신법은 제정 취지는 물론 규제의 목적에서도 보편적 서비스의 보장을 명백히 밝히고 있다(김병근, 1997). 그 주요 내용은 다음과 같다.

첫째, 보편적 서비스는 다음과 같이 정의된다(제17조).

· 보편적 서비스는 미리 정의된 일정한 품질 수준으로, 주거지나 작업 장
소에 관계없이, 저렴한 요금으로 모든 이용자가 접속할 수 있는 공중(公
衆)에 대한 최소한의 전기통신서비스로 정의된다. 전기통신서비스는 음
성전화통신서비스 부문과 전송 회선의 운용으로 분류될 수 있고, 공중
에 대해 서비스가 반드시 제공되어야 하는 기본전기통신서비스는 보편
적 서비스로 지정되어야 한다. 그리고 정부는 전기통신서비스와 직접
연결되고 이 서비스를 제공하는 것이 공중에게 반드시 필요한 기본 서
비스로 판단되는 전기통신서비스를 보편적 서비스로 지정할 수 있다.
· 연방 정부는 전기통신서비스를 보편적 서비스로 지정할 수 있는 권한을
부여받는다. 이 같은 보편적 서비스의 지정은 법적 요건에 합당하여야 하
며, 기술적 및 사회적 발전에 대응하여 조정해야 한다. 이와 함께 최소한
도의 품질과 보편적 서비스의 요금을 규제하는 기준도 함께 규정해야 한
다. 규제 기관은 이 기준과의 합치 여부를 결정하는 권한을 부여받는다.

둘째, 보편적 서비스의 제공 의무자(제18조, 제19조): 일정한 요건에 해당
하는 전기통신업 면허취득자들은 보편적 서비스의 제공에 기여할 것을 약속
해야 한다. 서비스를 제공하지 않는 제품과 지역은 규제기관의 관보에 공개
하여 제재한다. 이들은 보편적 서비스에 대한 보상을 받을 수 있다(제 20조).

셋째, 보편적 서비스 기금(제21조, 제22조): 일정한 요건에 해당하는 면허
취득자는 보편적 서비스 기금의 형태로 이 보상 기금에 기부해야 한다. 기금
의 할당액은 모든 면허 취득자의 총매출액에 대한 해당 면허 취득자의 매출
액의 비율에 따라 산정한다.

5) 종합

이상에서 살펴본 바와 같이 정보화 선진국들은 새로운 정보화 환경에 적
응하는 것을 매우 중요한 국가적 과제로 인식하고 있고, 보편적 서비스 역시

핵심적인 과제로 인정하고 있다. 이러한 상황은 정보통신사업의 독점해체 등 시장기능의 활성화 추세에도 불구하고 정부(국가) 역할의 중요성이 역설적으로 더욱 커지고 있음을 보여주는 것이다. 이와 관련된 전반적인 추세를 다음과 같이 요약할 수 있을 것이다.

우선 상황의 변화에 맞추어 보편적 서비스의 개념을 새롭게 확충해야 할 필요성은 일반적으로 인정되고 있지만, 필수적 서비스의 범주 설정 등 구체성의 수준은 높지 않고, 국가별로도 일정한 모습을 보이지 않는다. 이러한 상황은 필수적 서비스의 범주와 수준 설정 등이 과제로 남아있을 뿐 아니라 그러한 과제의 어려움을 보여주는 것이기도 하다.

둘째, 독일의 경우에서 보듯이 기본적인 통신서비스에의 접속만이 아니라 통신망을 이용한 복지정보 활용과 다양한 응용서비스의 가능성과 중요성이 강조되고 있다는 점이다.

셋째, 보편적 서비스를 위한 새로운 재원조달 방식의 모색이 중요한 과제로 대두되고 있는데, 주요 통신사업자들이 부담하는 보편적 서비스 기금의 활용과 함께 정부의 재정적 기여도 증대되는 경향이 있다.

4. 우리나라의 보편적 서비스 동향

우리나라에서 전산화가 시작된 것은 1970년에 KIST에 대형 컴퓨터가 도입되면서부터였으며, 1978년 제1차 행정전산화기본계획이 수립된 것이 정부 차원의 최초의 전산화 추진 시도였다. 이후 1983년의 국가기간전산망 사업과 1992년의 제2차 행정전산망 사업 등을 거치면서 전산화 작업이 진행되었다. 1990년대에는 선진국들의 정보화 노력에 자극을 받아 본격적인 정보화 작업이 진행되었는데, 1993년에 초고속 정보통신망 구축계획이 국책사업으로 결정되었고, 1994년 12월에는 체신부가 정보통신부로 확대되었다. 1995년 3월에는, 2015년까지 45조 원을 투입하는 초고속 정보통신기반 구축계획이 확정, 시행되는 등 발빠르게 정보화가 추진되어 왔다. 또한 1996년 6월의 정보화촉진기본계획은 각 부처별 후속 시행계획을 통해 10대 응용서비스 개발을 목표로 하는 등 정보화를 행정서비스와 국민의 삶의 질 향상을 위한 전략으로 추진하는 모습을 보여주고 있다(정국환·이석재, 1996).

1) 보편적 서비스의 법적 근거

이와 같은 정보화 추진과정을 뒷받침하고, 우리가 관심을 갖는 보편적 서비스의 법적 근거가 되는 주요 법률로는 1986년 5월에 제정된 '전산망 보급 확장과 이용 촉진에 관한 법률'(1999년 '정보통신망 이용촉진 등에 관한 법률'로 대체됨)과 1995년 8월에 제정된 '정보화촉진기본법'을 들 수 있다. 전자는 우리 나라 정보화 과정에서 분수령의 의미를 갖는데, 국가 정보화를 위한 법적 근거가 되었을 뿐 아니라 종래의 전산화 개념을 벗어나 전산망 개념을 도입함으로써 정보화 단계로의 진입을 뒷받침하였다. 그러나 보편적 서비스를 위한 규정은 포함하고 있지 않았다. 후자는 정보화의 하드웨어적 측면을 탈피하여 정보화 사회로 향하는 종합적인 국가전략을 제시하는 의미를 갖는데, 보편적 서비스에 대해서는 3조의 기본원칙 중 '지역적, 경제적 차별이 없는 균등한 조건의 보편적 역무제공'을 규정하고 있지만, 구체적인 내용은 담고 있지 않았다. 보편적 서비스가 본격적으로 법적으로 규정된 것은 1999년 1월에 개정된 정보화촉진기본법에서였다(1999. 1. 21 개정). 신설된 규정은 다음과 같다.

정보화촉진기본법 중 보편적 서비스 규정
· 제16조의 2(보편적 역무(役務)의 제공과 복지정보통신의 실현) ① 정부는 정보통신망에 대한 자유로운 접근과 이용을 보장하고 지역적·경제적 차별이 없는 균등한 조건의 보편적 역무가 제공될 수 있도록 필요한 시책을 강구하여야 한다. ② 정부는 장애인·노령자·저소득자 등 사회

적 약자들이 자유로운 정보접근의 기회를 누리고 정보화의 혜택을 향유
할 수 있도록 하기 위하여 정보통신요금, 정보통신기기의 사용편의성
및 정보이용능력의 개발 등에 필요한 시책을 강구하여야 한다.
· 제16조의 3(정보통신응용서비스 이용 등의 활성화) 정부는 인터넷 · 원
격정보통신서비스 및 전자거래 등 정보통신망을 활용한 응용서비스의
이용을 활성화하고 우수한 정보내용물의 개발을 촉진하기 위한 시책을
강구하여야 한다.
· 제16조의 4(지적소유권의 보호) 정부는 정보화를 촉진함에 있어서 합리
적인 지적소유권의 보호시책을 강구하여야 한다.
· 제34조 2(정보화촉진기금 사용처) 공공 · 지역 · 산업 · 생활 · 장애인을
포함한 사회적 약자의 복지 등 각 분야의 정보화 촉진사업.

이와 같이 개정된 정보화촉진기본법은 보편적 서비스를 위해 필요한 시책
을 강구할 것을 규정하고, 정보화촉진기금을 사회적 약자의 복지를 위해 사
용할 수 있도록 하였다. 따라서 이러한 조항들은 보편적 서비스를 위한 규범
적 선언의 의미를 가지며, 나아가 본 연구에서 관심 갖는 필수적인 정보복지
서비스를 규정하는 근거가 될 수 있을 것이다. 그러나 법적인 권리 개념이 약
하고, 보편적 서비스의 정의와 실행방법 등 구체적인 내용은 명확하게 규정
되어 있지 않아 앞으로의 과제로 남아 있다.

기존의 법령에서 보편적 서비스를 좀 더 상세히 규정하고 있는 것은 1999
년에 개정된 전기통신사업법과 시행령이다. 다음에서 보는 바와 같이 이 법
령들은 기존의 전화서비스를 중심으로 보편적 서비스를 규정하면서 장애인
과 저소득층에 대한 요금감면을 포함하는 규정을 담고 있다. 이러한 내용들
은 정보화 사회의 보편적 서비스로서는 매우 미흡하기 때문에 개념과 내용
의 확장이 이루어져야 할 것이다.

전기통신사업법(1999. 7. 1 개정) 중 보편적 서비스 규정

· 제2조의 3(보편적 역무의 정의) "보편적 역무"라 함은 모든 이용자가 언제 어디서나 적정한 요금으로 제공받을 수 있는 기본적인 전기통신역무를 말한다.

· 제3조의 2(보편적 역무) ① 모든 전기통신사업자는 보편적 역무의 제공에 기여할 의무가 있다. ② 보편적 역무의 구체적 내용은 다음 각 호의 사항을 고려하여 정한다.

　　1. 전기통신기술의 발전 정도

　　2. 전기통신역무의 보급 정도

　　3. 공공의 이익과 안전

　　4. 사회복지 증진

　　5. 정보화촉진

③ 보편적 역무의 구체적 내용, 보편적 역무를 제공하는 사업자의 지정, 보편적 역무의 제공에 따른 손실보전 및 그 재원의 조정 등에 관하여 필요한 사항은 대통령령으로 정한다.

전기통신사업법 시행령(1999. 6. 30 개정) 중 보편적 서비스 규정

· 제2조의 2(보편적 역무의 내용) ①법 제3조의2제3항의 규정에 의한 보편적 역무의 내용은 다음 각 호와 같다.

　　1. 유선전화 서비스

　　2. 긴급통신용 전화 서비스

　　3. 장애인 · 저소득층 등에 대한 요금감면 전화 서비스

② 제1항의 규정에 의한 보편적 역무의 세부적인 내용은 정보통신부령으로 정한다.

· 제2조의 3(보편적 역무를 제공하는 전기통신사업자의 지정) ① 정보통신부장관은 보편적 역무를 효율적이고 안정적으로 제공하기 위하여 보편적 역무의 사업규모 · 품질 및 요금수준과 전기통신사업자의 기술적 능력 등을 참작하여 보편적 역무를 제공하는 전기통신사업자(이하 "보

편적역무제공사업자"라 한다)를 지정할 수 있다.

· 제2조의 4(보편적 역무의 제공에 따른 손실보전) ① 정보통신부장관은 보편적 역무 제공사업자가 아닌 전기통신사업자에 대하여 보편적 역무
· 제공사업자의 보편적 역무의 제공으로 발생되는 손실의 전부 또는 일부를 보전하기 위한 자금(이하 "보편적역무손실보전금"이라 한다)을 그 매출액에 따라 분담시킬 수 있다… ④ 보편적역무손실보전금의 산정방법 및 분담기준 등에 관하여 필요한 사항은 정보통신부령으로 정한다.

2) 정부의 정보화 계획

보편적 서비스의 확대와 관련된 우리 나라의 정보화 수준과 우리 정부의 계획은 2000-2002년의 정보화촉진기본계획인 CyberKorea 21 계획을 중심으로 다음과 같이 요약해 볼 수 있다(정보통신부, 1999).

먼저 컴퓨터 보급률을 보면 현재 상당히 빠른 속도로 성장하고 있지만, 선진국들과 상당한 격차가 있는 것도 사실이다. 1997년의 경우 국민 100명당 PC 보급대수가 한국은 15.07대였던 반면, 미국 40.69, 캐나다 27.07, 유럽평균 26.87, 호주 36.15, 일본 20.21, 싱가포르 39.95대 등으로 나타났다(한국전산원, 1999). 우리 나라의 성장속도가 상당히 빠르지만, 상대적인 경쟁을 고려한다면 PC보급 촉진을 위한 정책이 필요한 것이 사실이다. 인터넷의 경우도 마찬가지로 빠르게 보급되고 있지만, 선진국들 역시 빠르게 성장하고 있으므로 격차를 줄이는 것이 쉽지 않은 상황이다.

이에 따라 동 계획에서는 1998년에 720만 대였던 PC 보급수준(국민 100명당 16대)을 2002년까지 총 1,500만대(100명당 32대: 가정 700만대, 업무용 745만대, 초중고교 43만 3천대)로 확대하는 계획을 수립한 외에, 저가형 국민 PC 보급사업 등을 통해 장기적으로 1인 1PC 보급을 목표로 하고 있다.

인터넷의 경우는 현재 초고속서비스가 빠르게 확산되고 있는 중이다. 정부는 초고속 국가망과 초고속 공중망으로 구성되는 초고속망 서비스를 확충

하여 2002년까지 언제, 어디서나, 누구나 월 4·5만 원 정도의 비용으로 이를 활용할 수 있도록 하여, 인터넷 이용자 1,000만 명 돌파를 목표로 하고 있다. 아울러 산간벽지와 낙도 등은 위성안테나를 무료 보급하여 지리상의 장애를 극복하는 노력을 기울이고 있다. 위성통신망을 2002년까지 8,000개 초·중·고교와 2,000여 우체국에 확산하는 계획을 추진 중이다.

아울러 공공접속점의 확대가 중요한 정책으로 제시되고 있다. 즉 전국의 학교, 우체국, 읍·면·동사무소, 경찰서, 공공도서관 등 지역공공기관들을 인터넷 플라자를 겸한 정보교육센타로 육성한다는 계획이며, 전국 6,000여 개에 달하는 PC방을 인터넷 플라자로 육성할 필요성도 언급하고 있다.

또한 정보화 교육도 적극적으로 추진하여 2002년까지 초·중·고교, 주부, 자영업자, 장애인 등 1,300만 명을 대상으로 하는 정보화기초교육과 공무원, 교사, 군인, 직장인, 대학생, 농어업인 등 970여만 명을 대상으로 하는 정보화 전문활용교육을 추진하고, 아울러 취약계층(장애인, 전업주부, 실업자, 농어민 등) 대상의 교육확대를 중시하고 있다. 특히 장애인을 위해서는 전용교육장을 지원하고, 복지관과 장애인고용촉진공단 등을 활용하여 매년 3,000여명을 교육한다는 계획이다. 또한 정보기기와 소프트웨어들을 장애인 보장구에 편입하여 구입을 보조하고, 정보통신접근성보장지침을 제정하여 획기적인 접근성 향상을 기한다는 계획이다.

이러한 계획들은 일견 매우 적극적인 계획으로 볼 수 있지만, 다른 한편 정책목표의 설정이 어떤 기준에 근거한 것인지 명확치 않다. 즉 국민이 권리로서 누려야 할 정보화의 기본적 수준이 어떠한 것인지를 기준으로 삼고 있지 않기 때문에, 계획된 정책수단의 적절성과 충분성을 평가하기 어렵다는 지적이 가능하다.

5. 정보복지 기본선과 정책과제

1) 정보화의 목표와 정보복지 기본선

본 연구는 정보화 사회의 정보불평등을 완화하고 정보화를 통한 복지사회의 실현을 위해 전국민이 기본적으로 누려야할 보편적인 정보화 서비스의 수준을 '정보복지 기본선' 으로 개념화하고[6], 시론적인 수준에서 이를 설정하고 관련된 정책과제를 고찰하려는 목적을 가지고 있다. '정보복지 기본선' 의 개념은 정보통신의 일정한 수준을 국가가 국민에게 권리로서 보장하는 사회복지서비스로 파악하는 것이다. 나아가 이러한 서비스를 모든 국민이 저렴하고 손쉽게 이용하는 것을 통해 국민의 복지향상을 도모할 수 있다는 신념에 근거하고 있다.

이와 같은 논의의 배경에는 기존의 보편적 서비스의 한계가 존재한다. 앞에서 살펴본 바와 같이 보편적 서비스의 필요성은 국민의 정보통신서비스에 대한 최저욕구를 충족시키는 것과 더불어 사회적 불평등을 완화하는 데 있다. 전화와 전기서비스를 중심으로 한 기존의 보편적 서비스의 이념은 보편적 접근(universal access), 저렴한 가격(affordable access), 양질의 서비스(service quality) 그리고 장애인의 접근권 보장(access by the disabled) (OECD, 1997a) 등으로 구성된다. '이러한 보편적 서비스의 이념은 고도정보화 사회에서도 유용한 개념이지만, 기술적 진보 수준이 급격히 상승하고, 이에 따른 사회적 상황도 근본적으로 변화함에 따라 그 개념과 범주 등이 좀 더 새롭게 정

---

6) 정보복지 기본선은 국민이 권리로서 누려야 하는 사회복지의 기본 수준을 설정하고자 하는 국민복지 기본선 개념에 관한 사회복지학적 논의를 차용한 개념이다. 국민복지 기본선은 '한 사회가 공적제도를 통해 개별 사회구성원에게, 경제·사회적 발전수준에 부합되게 제공하는 제반 사회복지의 수준' 으로 정의된다(변재관 외, 1998). 이러한 개념은 아직 우리 사회에서 공식적으로 확립된 것은 아니지만, 사회복지정책의 추진방향을 모색하는 데 있어 매우 유용한 개념일 것이다. 정보화 역시 국민복지의 중요한 한 측면으로 부각되고 있는 현실을 감안할 때, 이러한 논의에서 제외될 이유가 없다고 본다.

의될 필요가 있음을 앞에서 논의하였다. 미국을 비롯한 정보선진국들은 이러한 과제를 정보화 과정의 핵심적 과제의 하나로 인식하고 있다.

정보복지 기본선 논의의 또 다른 배경은 정보화가 복지발전에 기여할 수 있는 가능성의 증대이다. 정보통신기술이 급격히 발달하여 좀 더 많은 사람들이 저렴하고 손쉬운 방법으로 이를 이용할 수 있는 가능성이 확대될 뿐 아니라, 대용량의 데이터 통신의 발달로 인해 원격진료와 원격고용, 원격 교육, 원격 상담 등 정보통신을 통한 사회복지의 발전 가능성 또한 극대화되고 있는 상황이라는 점이다(임현진, 1997). 따라서 정보화 시대에 걸 맞는 보편적 서비스 개념의 확장은 사회적 불평등의 완화라는 소극적인 측면뿐만 아니라 본격적인 정보복지사회의 전개를 염두에 두는 적극적인 정책전환의 의미도 갖는다.

2) 기본선 설정의 전제

국민이 권리로서 누려야 할 기본적인 정보복지 서비스가 어떠한 방식으로 보장되어야 하는가 하는 문제는 서비스의 실체적 내용에 못지않은 중요한 문제이다. 이와 같은 기본선 보장의 전제를 권리성의 문제와 관리 운영 및 재정의 차원에서 정리해 보고자 한다.

첫째, 정보복지 기본선의 권리성이 법적으로 보장되어야 한다. 오늘날 대부분 국가의 사회복지서비스들은 법제화되어 국민의 권리로서 보장되는 추세이다. 이러한 권리는 권리성의 정도에 대한 논란은 있지만, 헌법이 규정한 인간답게 살 권리를 바탕으로 관계 법령을 통해 구체화되고 있다. 따라서 정보통신서비스들도 국민의 삶의 질에 미치는 중차대한 영향력을 감안할 때, 국민이 권리로서 누려야 할 복지서비스로 규정될 필요가 있는데, 현행 정보통신관계법령 상에는 그러한 권리성의 표현이 매우 취약하다. 따라서 정보복지의 실현을 위해서는 법적인 권리성의 확보가 일차적인 과제라고 할 수 있다. 법적인 권리의 실질적인 보장을 위해서는 다음과 같은 요소들이 법적으로 정비되어야 할 것이다[7].

① 국민의 권리에 대한 규범적 선언: 정보화촉진기본법과 같은 모법에 정
  보통신권(접근권 또는 향유권)이 법적으로 국민의 권리(기본권)로 선언
  되어야 하며, 이를 중심으로 관련 법령들이 체계적으로 정비되어야 할
  것이다.
② 정보통신권의 실체적 내용에 대한 보장: 정보통신에 대한 접근권, 보편
  적 서비스의 범주와 내용, 정보공개, 보조를 받을 권리, 보편적 설계에
  관한 권리, 프라이버시 보호규정 등 정보복지서비스의 구체적 내용이
  정비되어야 한다.
③ 권리구제의 보장: 권리구제에 관한 규정, 권리쟁송권 등이 보장되어야
  한다.

둘째, 기본적인 정보통신서비스들이 국민의 권리로서 보장되기 위해서는
서비스의 적절한 관리와 운영도 필수적인 과제이다. 이와 관련하여 다음과
같은 3가지 과제를 들 수 있는데, 가능한 한 법적으로 보장하는 것이 바람직
할 것이다.

① 우선은 서비스에 대한 정보제공과 상담, 신청과 급여 등 정보통신서비
  스가 효율적, 효과적으로 집행될 것을 보장하는 행정절차의 확립이 필
  요하다.
② 좀 더 중요한 것은 정보화추진과정에서 시민의 참여권이 보장되어야
  한다는 점이다. 시민이 정보화과정의 대상이 아니라 주체가 되어야 한
  다는 것은 민주주의의 원리상 당연한 요청이다. 나아가 시민의 주체성
  이 필요한 것은 정보화 과정의 역기능을 예방하는 의미를 가지기도 하

---

7) 이 논의는 사회복지수급권의 규범적 구조에 관한 논의를 차용한 것이다(신섭중 외, 1991:
  134; 이영환, 1998: 244).

지만, 정보화의 기본적 속성이 쌍방향성이기 때문이기도 하다.

시민들이 정보화 과정에 참여하는 데에는 다양한 차원이 있을 수 있다. 가장 중요하게는 정책결정과정에 시민대표들이 참여할 수 있어야 한다. 중앙정부는 물론이고 지역차원에서도 각종 정책결정과정에 적극 참여할 수 있어야 할 것이다. 또한 시민들은 지역차원의 정보화추진주체로서도 실질적인 역할에 참여하여야 한다. 나아가 이러한 시민참여를 대변하는 공익적 시민단체들은 정부의 초고속 국가망을 활용할 수 있는 권리를 가져야 할 것이다. 현재 초고속 국가망은 상용서비스의 14% 정도의 저렴한 요금으로 사용할 수 있는데, 공익목적을 갖는 시민단체도 이를 향유할 권리를 요구해야 할 것이다. 정부가 초고속망의 일정 부분을 사이버 그린벨트로 설정하여(강명구, 1999), 공공도서관, 박물관 등 공익기관들과 함께 건실한 시민단체들을 유치하여 시민들이 안심하고 찾을 수 있는 구역을 조성한다면 건전한 정보문화의 발전에 크게 기여할 수 있을 것이다.

③ 정보통신서비스의 질적 보장이 필요하다. 국민의 권리인 정보통신서비스가 양질의 것이어야 한다는 것은 당연한 요청이다. 전통적인 보편적 서비스에서도 지역과 계층 및 신체적 장애를 넘어 모든 국민이 질적으로 동등한 서비스를 받아야 한다는 것이 기본적인 목표였다. 고도의 정보화사회에서는 이러한 목표가 더욱 강조될 필요가 있다. 왜냐하면 기술진보의 속도가 매우 빠르기 때문에 불리한 처지에 있는 사람들이 질적으로 열등한 서비스를 받게 될 위험성이 높기 때문이다. 특히 보조를 받는 저소득층에게 열등한 서비스가 주어져서는 안 된다는 점을 분명히 해야 할 것이다.

이러한 고려 때문에 정보화 선진국들에서도 보편적 서비스의 질적 유지를 위해 주기적으로 서비스의 내용을 점검하는 안전장치를 마련하고 있다. 우리 사회에서도 정보복지를 위한 필수적인 서비스들이 규정된다면 이러한 조치가 반드시 수반되어야 할 것이다. 단순히 3-5년 정도의 주기를 가진 정기점검뿐만이 아니라, 실질적으로 정보화의 빠른 속도를 따라잡는 혁신적인 방안도 계속 강구되어야 할 것이다.

셋째, 정부의 재정적 기여가 필요하다. 정보복지서비스가 국민의 권리로서 보장된다고 할 때, 이는 곧 국가의 의무가 된다. 따라서 국가가 서비스의 모든 비용을 부담할 필요는 없지만, 국가가 재정적으로도 중요한 역할을 담당해야 하는 것은 필연적인 요청일 것이다. 특히 정보통신권의 보편적 실현에 장애가 되는 신체적, 경제적 곤란을 극복하기 위해서는 정부가 재정적으로 부담할 것을 법적으로 규정할 필요가 있다. 오늘날 보편적 서비스를 위한 비용부담은 대체로 정보통신사업체들이 분담하는 보편적 서비스 기금이 중요한 역할을 담당하지만, 경제적·신체적 장애를 가진 취약계층을 위한 비용은 재정에서 보조하는 것이 일반적이다. 우리 나라의 정보화 예산을 보면, 1999년의 경우 중앙정부는 1% 수준에 도달했지만, 지방정부는 0.5%에 불과하여 매우 취약한 실정이므로(정보통신부, 1999), 정부의 좀 더 적극적인 자세가 요구된다.

다음에서는 실체적 권리에 속하는 내용들을 정보복지 기본선 개념을 중심으로 앞서의 논의와 연결하여 살펴보고자 한다.

3) 정보복지 기본선의 주요 내용

정보화의 대상 영역은 다양할 수 있다. 한국전산원의 국가정보화백서에서는 정보화의 영역을 컴퓨터 부문, 통신부문(전화, 이동전화), 방송부문(TV, CATV) 그리고 인터넷 부문으로 구분하고 있다. 그러나 앞서도 언급했듯이 이러한 영역 중에서 어떤 것들을 보편적 서비스의 대상으로 하여야 하는가는 쉽지 않은 문제이다. 그 이유는 다음과 같이 요약할 수 있다.

우선 기술발전의 속도가 매우 빠르고 다양하여 보편적 서비스의 대상이 되는 기본적 서비스를 획정하기 어렵다. 성급하고 미숙한 획정은 신규사업자에게 불리하게 작용하고, 이와 같은 경쟁의 저해는 결국 경쟁으로 인한 소비자 이득을 저해할 수 있다.

다음으로 기술발전뿐만 아니라 소비자의 욕구도 다양하고 급격히 변화한다. 따라서 고도의 정보통신에의 욕구가 기본적인가 하는 데 있어 사회적 합의가 어렵다. 물론 정보통신이 기본적 욕구라고 하는 인식이 점차 확대되는 경향이 있는 것은 사실이다.

또한 재원부담에 대한 사회적 합의도 충분치 않다. 전체적인 추세는 일정 규모 이상의 정보통신사업체들이 분담하는 보편적 서비스 기금을 통해 보편적 접근을 위한 비용을 충당하고, 저소득층이나 장애인 등을 위한 프로그램은 별도의 국가재정으로 보완하는 것이 일반적이다.

마지막으로 고도의 정보통신을 실현하기 위해서는 고속 통신망에의 접속뿐만 아니라 고가의 장비(hard ware, soft ware)를 갖추어야 하고, 이를 활용하기 위한 교육과 훈련이 필요하다는 점도 중시되어야 한다.

이와 같은 난점에도 불구하고, 고도 정보통신이 점차 우리 생활에서 필수적인 중요성을 더해 가는 추세를 감안하여 기본적 서비스로 지정하여야 할 사항들을 규정하는 노력이 필요하다. 물론 급격히 변화하는 기술수준을 감안하여 정기적으로 재검토, 재규정하는 제도적 장치도 필요할 것이다. 현 단계에서는 사회적 보급수준을 감안하여 기존의 보편적 서비스에 더하여 컴퓨터와 인터넷에 대한 접근성 확보, 장애인의 접근권 보장, 복지정보서비스와 응용서비스의 확대 등을 기본적인 정보통신서비스로 포함할 수 있다고 본다.

(1) 컴퓨터와 인터넷에 대한 접근성 확보

모든 사람들이 컴퓨터와 인터넷을 손쉽게 활용할 수 있도록 하는 것이 보편적 서비스의 필수 항목이 되어야 할 것이다. 왜냐하면 컴퓨터와 인터넷은 우리 생활에서 점점 필수적인 도구로 부상하고 있으며, 학생과 직장인은 물론 주부 등 모든 사람들이 컴퓨터와 인터넷 없이 일상생활과 업무를 영위하는 것이 점점 어려워지고 있기 때문이다. 여기에서 고려해야 할 사항이 몇 가지 있다.

첫째, 컴퓨터와 인터넷은 상당한 비용을 요구한다는 점이다. 현재는 저가형 PC가 많이 보급되었지만, 소프트웨어 비용은 차치하고라도 아직 최소 100만 원 이상의 비용부담이 필요하고, 이를 감당하기 어려운 계층이 많다. 인터넷의 경우도 마찬가지이다, 전화요금의 부담이 있고, 초고속통신망은 월 4-5만 원의 부담이 되는데 이는 저소득층에게 실질적인 진입장벽으로 작용하고 있다.

둘째, 컴퓨터와 인터넷의 보급률은 상당히 상승하고 있지만, 제품의 질이 문제이다. 즉, 급격한 기술향상으로 실질적인 내구연한이 4-5년에 미치지 못하게 되므로, 4-5년마다 갱신해야 하는 경제적 부담이 있다는 점이다.

셋째, 교육과 훈련 그리고 풍부한 소프트웨어들이 병행되지 않으면 값비싼 오락기구나 타자기 정도로 전락할 우려가 있다는 점이다.

앞서 언급한 바 정보화 사회에서 보편적 서비스의 대상을 쉽사리 획정하지 못하는 난점과 더불어 이와 같은 어려움들 때문에 PC와 인터넷의 개인(가정)적 보급보다는 공공접속점(public access point)을 확대하는 것이 최소한 단기적으로는 좀 더 바람직한 대안으로 제시되고 있으며(OECD, 1997a), 우리 나라의 CyberKorea 21 계획에서도 이러한 대안의 중요성이 인식되고 있다. 그러나 공공접속점의 확대를 우선적인 정책과제로 인정하더라도, 컴퓨터와 인터넷이 필수적인 생활도구로 확산되는 속도를 고려할 때 가정단위의 보급 또한 등한시 할 수 없는 과제라고 생각한다. 따라서 공공접속점의 확대와 가정단위 보급의 확대를 공히 목표로 하여야 할 것이며, 일반적인 접근권의 확보 외에도 저소득층을 위한 재정적 지원이 필히 수반되어야 한다.

① 공공접속점의 확보

위에서 언급한 대로 공공접속점의 확대는 우선적인 과제로 추진될 필요가 있다. 공공접속점의 확대는 낙후되거나 격리된 지역은 물론이거니와, 교육과 훈련의 필요성, 소프트웨어의 충분한 공급, 지속적인 upgrade 등의 과제를 감안할 때 상당히 효율적인 정책일 수 있다. 그러나 공공접속점의 막연한 확대보다는 보편적인 접근을 보장한다는 기준을 분명히 해야 할 것이다. 즉, 스스로의 힘으로 충족하지 못하는 정보화 욕구를 가진 모든 국민들이 최소한의 공공접속점을 활용할 수 있도록 면밀한 계획이 수반되어야 한다는 점이다.

그러나 문제는 지역의 공공기관들이 그러한 역할을 얼마나 잘 수행할 수 있을까 하는 것이다. 가장 유력한 시설은 학교인데 기본적인 설비와 인력이 부족하며 주민들의 자유로운 접근이 제한되어 있다. 현재 시범적으로 운영 중인 우체국들은 개관시간 제한으로 이용이 주로 주부들에게 국한되어 있다. 도서관의 경우 전국의 공공도서관은 모두 381개에 불과한데, 그나마 1999년도 문화관광부의 정보화평가에서 80점 이상을 획득한 곳은 17개소로 전체의 6.42%에 불과하였다(한겨레신문, 2000. 2. 7).

이와 같은 상황에서 충분한 장비와 설비를 갖추고, 또 교육과 훈련의 기능까지 갖추도록 하기 위해서는 지역차원의 치밀하고 통합적인 계획과 획기적인 지원이 필수적이다. 지역차원의 종합추진주체의 형성이 필요하고, 그것도 시민참여형으로 구성해야 할 것이다. 정부부처별 분산 추진에 따른 중복투자를 방지하기 위해서는 수요를 정확히 예측하여 거점 시설을 마련하고, 관계 시설간의 연계를 형성하는 일도 필요하다. 또한 시설들마다 다양한 주민집단들의 이용가능성이 다르기 때문에 신중한 계획이 필요한데, 예를 들어 학교를 거점시설로 했을 경우 일반 주민들의 이용가능성이 충분히 보장될 것인지 검토하여야 할 것이다.

아울러 우리 나라 정보화계획에서는 PC방을 인터넷플라자로 육성한다는 계획을 가지고 있는데, 이와 같이 민간부문을 활용할 경우 저소득층에게는 이용을 위한 보조금을 지급하는 것이 필요하다. 그리고 원하는 시설을 선택적으로 이용할 수 있도록 바우처(voucher) 제도의 도입을 검토할 수 있을 것이다.

② 컴퓨터와 인터넷의 가정보급과 저소득층을 위한 보조금제도

공공접속점 확대를 정책의 우선 순위로 하더라도 컴퓨터와 인터넷의 가정
보급 역시 피할 수 없는 사회적 요청이다. 현재 개인용 컴퓨터와 인터넷을 각
가정에 보급하는 것은 국가적인 장기 목표로 나타나고 있지만, 1인 1PC라는
목표는 현재의 보급률과 지속적인 upgrade 필요성을 감안한다면 비현실적
이라 할 수 있다. 현실적으로는 1가구 1PC 보급을 목표로 할 수 있을 것이다.

컴퓨터와 인터넷 비용의 지속적 하락에도 불구하고 저소득의 장벽은 중요
한 장애요인이다. 따라서 정부의 재정적 지원이 필요한데, 금년 10월부터 시
행되는 국민기초생활보장제도(현행 생활보호제도)상의 최저생계비나 교육
비 보조의 내용에 저가형 국민PC 구입할부금과 월 4-5만 원 정도의 정보통신
비 지원을 포함시키는 방법을 고려할 수 있을 것이다. 물론 중·고교 학생이
포함된 가구를 우선적인 지원대상으로 시작할 수 있을 것이며, 사회복지담
당 공무원들이 밀착하여 자산조사와 욕구조사를 행하기 때문에 오·남용의
가능성은 매우 적을 것이다. 그러나 생활보장을 받지 못하는 차상위 계층의
문제가 있기 때문에 생활보장 제도 이외의 지원방안도 강구될 필요가 있다.

③ 정보화교육을 받을 권리

모든 국민이 정보화 교육을 받을 권리를 가져야 하며, 저소득층의 경우 이
를 위한 보조금을 받을 수 있어야 한다. 이를 위해서 교육과 훈련을 위한 인력
과 프로그램의 준비는 필수적인 요청이다. 공공접속점은 주민정보교육센타
의 역할을 겸해야 할 것인데, 시설관리를 위한 자원봉사 인력도 필요하고, 좀
더 전문적인 교육인력을 확보해야 할 것이며, 실질적으로 생활현장과 연계된
교육을 실시할 필요가 있다. 인력확보를 위해서 지역의 관련학과 대학생들을
소정의 훈련을 거쳐 유급자원봉사자로 활용하는 방식을 생각할 수 있다.

(2) 장애인의 접근권 보장

오늘날 장애인들이 일상생활에서 큰 불편 없이 살아갈 수 있도록 편의시

설을 설치하는 등의 노력은 각 국가의 중요한 의무로 인식되고 있으며, 동시에 그 국가의 인권보호의 수준을 가늠하는 지표의 의미도 갖는다. 이러한 맥락에서 정보통신분야에서 장애인의 접근권 보장을 위한 노력은 기존의 보편적 서비스의 개념에서도 중요한 부분을 차지하고 있었을 뿐만 아니라 새로운 상황에서도 그 중요성은 계속 강조되어야 할 것이다.

우리 나라 정부도 이와 관련하여 장애인을 위한 전용교육장을 지원하고, 복지관과 장애인고용촉진공단 등을 활용하여 매년 3,000여 명을 교육한다는 계획을 가지고 있다. 또한 정보기기와 소프트웨어들을 장애인 보장구에 편입하여 구입을 보조하고, 정보통신접근성보장지침을 제정하여 획기적인 접근성 향상을 기한다는 계획도 볼 수 있지만(정보통신부, 1999) 아직 실현되지 않고 있다. 이와 관련하여 장애인의 정보통신접근권을 위한 주요 노력은 다음과 같은 차원으로 나누어볼 수 있다.

첫째는 소득지원 성격의 프로그램으로서 장애로 인한 추가적인 지출을 보조하는 것이다. 장애인에게 필요한 정보통신설비의 설치와 이용료 감면, 각종 보장구 구입을 위한 보조금 등이 이에 해당한다. 청각장애인용 전화기, 음성인식장치 등이 그 대상이 된다.

둘째는 공공시설에 장애인 등을 위한 편의시설을 설치하거나 서비스를 제공하는 것이다. 통신중계서비스, TV자막표시, 수화통역시스템 등이 그 예이다. 우리 나라의 경우 1997년에 '장애인, 노인, 임산부 등의 편의증진보장에 관한 법률' 이 제정되어 공공도서관 등에 약시용 독서대와 음성인식컴퓨터 설치를 의무화 내지는 권장하는 등 일부 정보통신에의 접근권을 보장할 것을 명시하였지만, 구체적인 내용은 빈약하다.

셋째는 보편적 설계(universal design)이다. 보편적 설계는 가능한 한 넓은 범위의 사용자에 맞도록 제품이나 서비스, 환경 등을 설계함으로써 장애인 등도 함께 사용할 수 있도록 하는 것이다(나운환, 1998).

우리 나라의 경우도 이제 장애인을 위한 정보통신 접근권을 보장하는 노력을 적극적으로 추진할 필요가 있다. 정부의 계획에 제시된 바와 같이 정보통신접근성보장지침을 마련하여 접근권 보장을 위한 포괄적이고 체계적인 시행계획을 수립하여야 할 것이다. 구체적으로 정보통신기기를 지원 대상 보장구에 광범위하게 포함시키고, 공공시설에 설치할 편의시설과 관련해서도 정보통신기기와 서비스에 대한 규정을 대폭 강화하며, 보편적 설계의 기준도 적극 확립하여야 할 것이다[8].

(3) 복지정보서비스와 응용서비스의 확대

고도의 정보화 사회에서 복지정보의 내용은 통신서비스에 대한 접근성 못지 않게 중요하다. 그것은 곧 정보화를 통해 삶의 질과 복지를 향상시킬 수 있는 가능성이 그만큼 커졌기 때문이다.

복지정보의 내용은 두 가지로 나누어 볼 수 있다. 첫째는 광범위한 복지정보 데이터베이스이며, 둘째는 이를 기반으로 한 원격진료, 상담, 고용, 교육 등의 응용서비스이다. 두 가지 모두 정보의 규모와 필요재원을 감안할 때 정부의 역할이 중시되어야 하겠지만, 특히 복지정보 데이터베이스의 구축을 위해서는 정부의 주도적인 역할이 요청된다. 그리고 이를 위해서는 정부가 가지고 있는 거대한 정보를 공개하는 것이 가장 중요한 관건이다.

우리 나라는 이미 1998년 1월부터 '공공기관의 정보공개에 관한 법률' 이 시행되고 있다. 이는 세계에서 13번째, 아시아에서는 첫 번째로 시행될 정도로 선진적인 것이지만, 아직 그 내용은 매우 미흡하다는 것이 대체적인 평가이다. 정부의 자료가 제대로 공개된다면, 축적된 거대한 정보의 토대 위에서 각종 응용서비스들이 민간의 활력을 통해 활성화되는 것은 시간문제일 것이다.

---

8) 장애인의 정보통신접근권 보장에 관한 좀 더 상세한 논의는 나운환(1988), 손연기(1999)를 참조할 수 있다.

6. 결론

　본 연구는 정보화 사회가 사회적 불평등이라는 역기능을 초래할 수 있는 위험성에 주목하면서, 이를 극복하기 위한 사회적 노력의 방향을 모색하는 과제를 가지고 출발하였다. 이를 위하여 모든 국민들이 지역이나 장애 및 소득의 장벽에도 불구하고 저렴하면서도 질적으로 동등한 서비스를 향유하게 하는 것을 목표로 하는 보편적 서비스의 개념을 살펴보고, 정보화 사회의 변화된 환경에서 이러한 보편적 서비스의 이념을 실현하기 위한 각국의 노력을 고찰하였다. 이러한 고찰을 바탕으로 우리 사회에서 정보복지 실현을 위한 노력의 방향을 모색해 보았는데, 본 연구의 결론은 다음과 같이 요약할 수 있다.

　우선 정보복지사회의 실현을 위해서는 기본적인 정보통신서비스를 국민들이 법적인 권리로 확보해야 하며, 이를 위한 법제의 정비가 필요하다는 것이다. 나아가 이와 같이 국민이 권리로서 누려야 할 정보통신서비스의 기본수준을 정보복지 기본선이라고 개념화하였다. 물론 기술발전의 빠른 속도와 다양성을 고려할 때 정보복지 기본선의 범주와 수준의 설정은 대단히 어려운 일이며, 현 단계에서 정확히 규정하기는 거의 불가능하겠지만, 이와 관련된 세계적인 추세와 우리 나라의 발전단계를 감안할 때, 시론적이나마 다음과 같은 사항들을 기본방향과 정책과제로 규정할 수 있을 것으로 보았다.

　첫째, 컴퓨터와 인터넷에 대한 접근성의 확보: 원하는 모든 사람들이 컴퓨터와 (초)고속 인터넷에 용이하게 접근하고 활용할 수 있어야 한다는 것이다. 이를 위하여, 자력으로 필요한 설비를 마련하지 못하는 사람들을 위해 공공시설 등에 공공접속점을 광범위하게 설치하는 것을 우선적인 과제로 하는 한편, 컴퓨터와 인터넷을 가정에서 저렴하게 구입할 수 있도록 1가구 1PC를 목표로 보급하는 것도 동시에 추진되어야 한다. 또한 원하는 모든 사람들이 실질적인 정보화 교육을 받을 수 있어야 할 것이다. 중요한 점은 저소득층 특히 중·고생 자녀들의 정보화 지원을 위한 보조금제도가 본격화되어, 공공접속점의 이용이나 교육참여, 그리고 컴퓨터와 인터넷의 가정보급을 지원함으로써 사회적 불평등의 확대재생산을 방지하여야 한다는 점이다.

둘째, 장애인의 접근권 보장: 이를 위해서는 우선, 장애인들의 정보통신 이용을 위한 추가지출을 보전하는 소득지원이 필요하고, 다음은, 공공시설에서 장애인용 정보통신기기를 설치하고 관련 서비스를 제공하며, 그 다음은, 보편적 설계를 확대하며, 마지막으로, 이를 위해 정보통신접근성보장지침을 제정하고, 편의시설과 보장구 지원 규정을 확대하는 등 필요한 조치가 시급히 시행되어야 한다.

셋째, 복지정보서비스와 응용서비스의 확대: 고도정보화 사회가 삶의 질 향상에 기여할 수 있는 잠재력에 주목하며, 정보공개의 확대를 통해 광범위한 복지정보 데이타베이스를 구축하고, 이에 바탕한 응용 복지서비스의 확충을 도모한다.

그리고 이상과 같은 기본적인 정보복지서비스가 제대로 관리, 운영되기 위해서는 정보화 과정에 대한 시민의 참여권이 보장되어야 하며, 정부의 적극적인 재정적 기여가 반드시 필요할 것으로 논의되었다. 또한 사회적 불평등의 확대를 방지하기 위해서는 저소득층 등에게 제공되는 기본적 서비스가 질적으로 열등하지 않아야 하기 때문에, 그 내용을 주기적으로 점검하고 재설정하는 제도적 보장이 필요함을 지적하였다.

이상과 같은 방향과 과제는 좀 더 구체적인 정보복지 기본선 설정을 위한 시론적인 의미만을 가질 뿐이지만, 정보화가 자동적으로 삶의 질 향상에 기여할 것이라는 단순한 기술결정론적 환상이 현실에서 역으로 작용할 수 있다는 사실을 직시한다면, 정보화를 삶의 질 향상으로 연결시키는 의식적이고 조직적인 노력이 필요하다는 것을 강조하는 데 좀 더 큰 의미가 있을 것이다.

참고문헌

강명구. 1999. "인터넷에 사이버그린벨트를 만들자", 『참여사회』 11월호, 참여연대.

고영삼. 1998. "지역정보화의 활성화 방안과 시민정보문화 운동." Jn. of the Korea Regional Informatization Association, V. 2. No. 1, Dec.

김병근. 1996. "정보통신부문의 환경 변화와 보편적 서비스 정책", 정보통신정책연구원.

김병근. 1997. "주요 선진국의 보편적 서비스 정책 변화와 우리 나라의 정책 방향", 정보통신연구원.

나운환. 1998. 『복지정보체계론』, 홍익재.

변재관 외. 1998. 『한국의 사회보장과 국민복지기본선』, 한국보건사회연구원.

손연기. 1999. "정보사회의 보편적 접근 보장에 관한 연구- 장애인 · 노인복지를 중심으로", 한국사회보장학회, 『사회보장연구』 15권 2호(20집).

신섭중외. 1991. 『사회복지법제개설』, 대학출판사.

유석상. 1999. "99세계정보화동향", 정보통신연구원.

이상진. 1997. "1996년 개정연방통신법과 후속입법의 내용집행상 문제와 우리나라 통신산업경쟁체제에의 활용방안", 한국정보통신연구원.

이영환. 1998. "주거보장" 변재관외, 『한국의 사회보장과 국민복지기본선』, 한국보건사회연구원.

임현진. 1997. "정보화사회에서의 국민복지향상 전략분석 및 우리의 대응방안 조사연구", 정보통신정책연구원.

장애인 · 노인 · 임산부등편의증진보장을위한법률, 1997.

전기통신기본법(1999. 7. 1 개정).

전산망보급확장과이용촉진에관한법률(1986. 5).

정국환 · 이석재. 1996. 『정보화와 삶의 질』, 한국전산원.

정보통신망이용촉진등에 관한 법률, 1999.

정보통신부, 99정보화에 관한 연차보고서, 1999.

정보화 촉진기본법 1995, 1999.

최선규외. 1996. "경쟁체제하의 보편적 서비스 구현 방안", 정보통신정책연구원.

한국전산원, 『99국가정보화백서』, 1999.

한겨레신문, 2000.2.7.(http://www.hani.co.kr/section-002010002/)

Bell, D., 1973. "The Coming of Post-Industrial Society: A Venture in Social Forecasting." Basic Books.

Castells, M 1989, *The Information City: Information Technology, Economic Restructuring and the Urban-Regional Process*, Blackwell.

OECD. 1997b. *Global Information Infrastructure- Global Information Society (GII-GIS): Policy Recommendations for Action.*

OECD. 1997c. *Global Information Infrastructure- Global Information Society (GII-GIS): Policy Requirements.*

OECD. 1996. *Information Infrastructure Policies in OECD Countries, 1996.*

OECD. 1997a. *Information Infrastructure: Their Impact and Regulatory Requirements.*

Schiller, H. 1976, *Information and the Crisis Economy*, 강현두 (역), 1990, 『현대자본주의와 정보지배논리』, 나남.

Telecommunication Act of 1934, 1996 (of U.S.A)

Toffler, A. Power Shift, 1993, 이규행 (역), 1990, 『권력이동』, 한국경제신문사.

제11장

한국사회의 빈곤과 사회정책*

1. 서론: 심상치 않은 빈곤문제

우리 사회의 빈곤문제가 심상치 않다. 빈곤가족의 동반자살이 심심치 않게 이어지고, 수백만 명에 달하는 신용불량자들은 사회적 위기를 촉발하는 시한폭탄이 되었다. 빈곤을 원인으로 한 자살 건수는 경찰청 집계로 2000년 454명, 2001년 525명, 2002년 600명으로 계속 늘어만 간다. 외형적인 실업률 하락에도 불구하고 젊은이들이 직장을 구하는 것은 하늘의 별따기다. 지속되는 경기불황의 한편에 하늘을 찌르는 주택값은 빈부격차를 더욱 벌려놓고 있다. 부모의 실직과 빈곤이 주원인이 되어 발생하는 요보호아동도 연 1만 명에 달한다[1]. 위기는 계속되지만 정부의 대책은 신통치 않아 보인다.

이러한 현상들은 우리 사회의 빈곤문제가 양적, 질적으로 매우 심각한 수준임을 대변하고 있다. 사실상 빈곤문제는 우리 사회의 고질적인 문제였음

---

*이 글은 『기억과 전망』 5호 (민주화운동기념사업회, 2003)에 기고한 글이다.

1) 이태수, 2003, "벼랑끝 사회, 사회안전망을 점검하자", 참여연대 사회복지위원회 긴급토론회 발제문(2003. 7. 23).

에 틀림없지만, 1997년말에 촉발된 IMF 경제위기를 계기로 재발견된 문제라고도 할 수 있다. 문제는 경제위기가 어느 정도 회복되고 대량실업문제도 외형적으로 수습되었지만 빈곤문제가 양적, 질적으로 완화되었다는 증거를 찾기가 어렵다는 점이다. 이는 빈곤문제 전문가들의 거의 합의하는 견해인데, 문제의 심각성을 구체적으로 두 가지 측면으로 볼 수 있다.

첫째, 빈곤의 규모가 좀처럼 줄지 않고 있다는 점이다. IMF 이후 급증한 빈곤률은 2000년경까지 상승세가 지속되었는데, 그 규모에 대한 추정은 학자들에 따라 대략 7-20% 정도의 큰 편차를 보였다. 당시 400-1,000만 명에 달하는 대량빈곤의 존재는 사회적인 논쟁의 대상이 되기도 하였다. 비교적 보수적이랄 수 있는 KDI 소속의 유경준(2003)은 가구소비실태조사 자료를 이용하여, 가처분소득 기준 상대적 빈곤률(중위소득의 40% 이하)이 1999년의 7.7%에서 2000년 11.5%로 상승하였다고 추산하였다[2]. 문제는 이후 현재에 이르기까지 소강상태가 지속되면서 빈곤률이 완화되는 기미를 보이지 않는다는 것이다. 최근 보건사회연구원은 최저생계비 기준의 절대적 빈곤률이 2003년 현재 11%(510만 명)인 것으로 추정하였다. 대부분의 학자들이나 연구기관들이 이 같은 대량빈곤의 존재를 공감하는 상황이다.

둘째, 빈곤의 지속이 소득격차의 불평등 심화와 동반적으로 진행되고 있다는 점이다. 소득격차의 불평등은 빈곤의 직접적인 원인이므로, 불평등의 심화는 대량빈곤이 구조화되고 있음을 의미한다. 최근 김유선(2003)은 통계청의 '경제활동인구조사 부가조사'를 분석하면서, 최하위와 최상위 10분위 계층의 시간당 임금 차이가 2001년 5.2배에서 2002년 5.5배, 2003년 5.6배로 빠르게 증가하고 있다고 주장하였다[3]. 이 같은 임금소득 불평등도는 OECD 국가 중 최고로서 2위의 미국(4.3배)을 크게 상회하는 수준이다. 통계청에서 발표하는 가계수지 소득5분위 배율에서도 유사한 추세를 확인할 수 있다.

---

2) 유경준, 2003, "소득분배 국제비교를 통한 복지정책의 방향", KDI 정책포럼 167호(www. kdi.re.kr).

3) 김유선, 2003, "비정규직 규모와 실태"(http://www.klsi.org).

이와 같이 구조화되고 있는 빈곤문제가 우리사회에 주는 부담은 매우 심각하다. 우선 빈곤 상황에서 무기력해지고 자포자기한 사람들의 파괴적 행동이 우려된다. 자살과 같은 자신을 향한 파괴적 행동과, 강도, 납치, 유괴 등 타인을 향한 파괴적 행동이 빈발하는 요즘의 세태는 사회통합의 위기로 심각하게 인식할 필요가 있다. 빈곤이 야기하는 인적자원의 손실 또한 만만치 않은데, 급격한 고령화와 저출산의 위기에 처해있는 우리 사회의 경우 특히 그러하다. 좀 더 심각한 것은 빈곤의 대물림 현상이 심화된다는 점이다. 한 신문사의 조사에 의하면 저소득지역 가구의 60%가 물려받은 가난임을 보여주고 있다. 1980년대 이후 부동산가격의 급등, 교육격차의 확대와 더불어 정보화의 격차까지 가세하여 사회적 이동의 통로가 극히 좁아진 것이 우리사회의 현실이다. 빈곤에서 벗어난 사람들도 60%가 1년 이내에 재빈곤을 경험하게 되는 등 빈곤의 고착화 현상이 날로 심화되고 있다.

2. 누가 왜 빈곤한가?

그러면 우리 사회에서 소득격차가 심화되고 대량빈곤이 좀처럼 완화되지 않는 이유는 무엇인가? 경제위기로 인한 대량실업이 급격한 빈곤률 상승의 주범이었다면, 2000년 이후 실업률이 하락한 이후에도 빈곤의 규모가 줄어들지 않는 이유는 무엇일까?[4] 문제에 대한 해답은 빈곤의 원인에 대한 고찰에서 찾아야 할텐데, 이를 위해 우선 '누가 빈곤한가' 하는 빈곤의 구성 문제를 살펴볼 필요가 있다. 빈곤의 구성양상은 우리 사회의 변화된 빈곤유발기제를 확인하는 실마리가 될 수 있기 때문이다.

먼저 전통적으로 빈곤은 노인과 장애인, 여성, 한부모가구 등 노동능력 취

---

4) 통계청이 발표하는 공식적인 실업률은 1997년 2.6%에서 98년 6.8%, 1999년 6.3%로 증가하였다가 2000년 4.1%, 2001년 3.7%, 2002년(9월) 2.6%, 2003년(9월) 3.2%로 완화되어 경제위기 이전의 상태를 회복하였다.

약계층의 문제였다. 물론 이들 자체가 문제인 것이 아니라, 이들에게 일자리도 주지 않고 소득도 보장하지 않는 사회가 문제인 것인 분명하다. 최근 이들에 대한 사회정책이 다소 개선되었음에도 불구하고, 이들 취약계층은 인구 고령화 및 이혼 증가[5] 등으로 인해 여전히 빈곤인구의 구성에서 중요한 비중을 차지하고 있다. 다음 [표 11-1]의 무직자 중 상당부분은 이들이 차지한다. 하지만, 1990년대 이후 빈곤인구의 주력은 노동능력이 있는 빈곤층, 즉 근로빈곤층(working poor)으로 변화되었다. 이는 근로능력이 있는 계층의 빈곤화가 큰 폭으로 진행되었다는 점인데, 이를 과거의 빈곤과 대비하여 '신빈곤'이라 칭하기도 한다. [표 11-1]에서 보는 바와 같이 근로자 계층도 5%에 가까운 빈곤율을 보이고 있고, 자영업자의 경우는 7.5%에 달하고 있다.

[표 11-1] 가구유형별 구성비와 빈곤율 (2000)

(단위: %)

	근로자	자영업자	무직자
가구유형구성비	55.3	25.8	18.8
가처분소득기준 빈곤율	4.94	7.48	14.72

주: 빈곤율은 중위소득의 40% 이하의 상대적 빈곤율임.
자료: 유경준(2003)에서 재구성.

우리 사회에서 근로빈곤층이 급격히 증가된 중요한 원인은 두 가지로 설명할 수 있다.

첫째, 실업이다. 오늘날 지구화된 자본주의 환경에서 실업문제는 그야말로 전세계적인 문제가 되었다. 서구의 복지국가들도 1990년대 이후 평균 7-8%를 상회하는 실업률에 시달리고 있다. 우리나라의 경우는 비교적 늦게 IMF 경제위기하에서 실업의 고통을 체험하게 되었다. [표 11-1]에서와 같이 실업인구의 빈곤율은 14.7%로 매우 높다. 문제는 앞서 언급한 대로, 경기회

---

5) 우리나라의 총 1431만 2천 가구 중 6.8%인 97만 가구가 붕괴상태에 있고, 18.5%는 경제문제 등으로 이혼이나 별거상태에 있다.

복에 따라 공식적인 실업률이 경제위기 이전 수준을 회복한 것으로 나타남에도 불구하고, 실업문제의 심각성이 전혀 완화되지 않고 있다는 점이다. 특히 청년실업은 20% 이상에 달하고, 기술경쟁력이 약한 장년실업자들의 문제도 심각하다. 또한 공식실업률 하락의 상당 부분은 주부와 학생 등의 실망실업으로 인한 경제활동인구의 감소, 공공근로사업 등으로 인한 일시적인 효과, 열악한 노동조건의 비정규직 고용의 증가 등에 기인한다고 볼 때, 실업은 여전히 우리사회 빈곤의 중요한 원인임에 틀림없다.

둘째, 비정규직의 급격한 증가와 이들에 대한 차별적인 처우이다. 우리나라의 비정규직은 1990년대 이래 가파르게 증가해왔고, 경제위기를 계기로 전체 임금노동자의 50%를 상회하게 되었다. 2003년도 경제활동인구조사 부가조사 자료를 분석한 김유선(2003)에 따르면 우리나라 비정규직은 2003년 8월 현재 784만 명으로 전체 임금노동자의 55.4%에 달하고 있다[6].

비정규직 증가의 진정한 문제는 이들에 대한 차별이다. 즉 정규직과 비정규직 사이에 노동조건이 차별적으로 적용되고, 그 격차가 더욱 확대되는 추세를 보인다는 점이다. 위의 김유선의 분석결과를 보면, 정규직을 100%로 할 때 비정규직의 월 임금 총액은 2002년 52.7%에서 2003년 51.0%로 하락했고, 시간당 임금은 51.1%에서 48.6%로 하락했다. 주당 노동시간도 정규직은 44.0시간에서 41.8시간으로 3.2시간 단축되었지만, 비정규직은 45.5시간에서 44.1시간으로 1.4시간 단축되었다.

비정규직에 대한 이 같은 차별은 소득격차의 불평등 확대를 주도하면서 대규모 근로빈곤층의 빈곤화를 가져온 주요인으로 작용한다. 나아가 이러한 차별의 용인은 고용주에게는 노동비용의 절약을 가져오기 때문에, 차별의 심화가 비정규직의 양적확대를 가져오는 강력한 요인이 되는 악순환의 구조

---

6) 그러나 노동부 집계 방식에 따르면 우리 나라의 비정규직은 465만 명, 32.8%에 불과하다. 이러한 차이는 임시, 일용직을 어느 쪽으로 분류하느냐에 따라 발생하는 문제이다. 본 연구의 관심과 관련하여 이들의 고용조건이 정규직과 상당한 차별을 보인다는 점에서 김유선의 분류방식을 따르고자 한다.

를 형성한다. 비정규직에 대한 차별은 국가인권위원회에서 시정을 권고한 5 대 차별(성, 장애, 학력, 외국인, 비정규직)에 포함되어 있고, 지난 대통령 선거에서도 중요한 공약사항이었지만 아직까지 개선의 기미는 거의 보이지 않고 있다. 이러한 상황은 차별개선을 주도해야 할 노동운동의 취약성이 그대로 반영된 것으로 볼 수 있다.

중산층을 포함한 평범한 근로자들이 아차 하는 순간에 빈곤의 나락으로 떨어지고 있는 최근의 현상은 이 같은 근로빈곤층의 문제와 밀접히 연결되어 있다.

3. 사회정책의 빈곤

이상과 같이 전통적 취약계층의 존재와 더불어 실업문제와 비정규직에 대한 차별이 우리 사회의 대량빈곤을 유지시키는 구조적인 요인으로 작용하는 것이 현실이다. 그러면 이러한 현실에 대한 국가의 사회정책적 대응은 어떠한가?

이론적으로 볼 때, 오늘날 국가의 사회정책은 최소한 절대적 빈곤을 거의 완전히 해결할 능력을 보유하고 있다. 그만큼 국가의 능력이 크다는 의미이다. 역으로, 우리 사회의 빈곤이 완화되지 못하고 있는 것은 국가의 책임으로 보아야 한다. 돌이켜보면 지난 번 경제위기 하에서 실업과 빈곤의 고통이 그만큼 클 수밖에 없었던 것은 사회안전망 확립을 방기해 온 역대 정권의 책임에 기인하다고 보아야 한다. 경제위기 이후 상대적으로 복지우호적인 정권에 의해 사회안전망을 강화하는 노력이 이어졌지만, 아직도 많은 과제가 남아 있다. 사회안전망 강화를 위한 국가의 책임은 빈곤을 야기하는 구조적 요인들(실업, 비정규직 문제 등)의 제어와 관련된 측면과 개별적 빈곤의 예방 및 구제와 관련된 측면으로 나누어 볼 수 있다. 구체적으로 다음과 같은 문제들을 지적할 수 있다.

첫째, 실업문제에 대한 효과적인 대응책이 미비하다는 점이다. 우리 나라의 경우, 서구와 같은 노동시간 축소를 통한 일자리나누기 정책과 같은 고용친화적 노동시장정책이 부재할 뿐만 아니라, 취약계층을 위한 사회적 일자리 창출도 미흡하고 사회적 기업의 발전도 결여되어 있다. 장애인에 대한 2% 의무고용제도는 있지만, 정부 스스로도 잘 지키지 않고, 고령자에 대한 일자리 제공은 권장수준이다. 오히려 정리해고 정년단축, 명예퇴직 등 노동유연화 정책이 아무런 반대급부 없이 권장되고 있는 실정이다.

둘째, 비정규직을 축소하거나 차별을 시정하려는 노력이 매우 미흡하다. 앞서 살펴본 대로 비정규직의 급격한 확대와 차별은 대량빈곤의 주 요인이다. 따라서 빈곤해소를 위해서는 비정규직의 축소가 불가피하고 이를 위해서는 이들에 대한 차별의 해소가 가장 좋은 방법이다. 서구 복지국가들의 경우도 노동유연화 차원에서 비정규직의 활용은 허용하지만, 불평등을 규제함으로써 비정규직 활용의 이점을 원천적으로 제거하는 방법을 취하고 있다. 그러나 우리나라의 경우 이러한 방향의 가시적인 노력은 찾아보기 어렵다.

셋째, 사회보험제도의 사각지대가 너무나 광범위하다. 사회보험제도는 현재 혹은 미래에 있어서의 소득상실과 같은 사회적 위험에 대비하는 중추적인 사회보장제도이다. 우리나라의 사회보험제도들은 비교적 제도발달이 뒤늦게 이루어졌고 이에 따라 여러 가지 문제점을 안고 있지만, 무엇보다도 적용범위의 협소함 등 사각지대가 광범위하다는 것이 제일 큰 문제이다. 예를 들어 노후의 소득보장을 주목적으로 하는 국민연금의 경우, 현재 지역가입자의 절반 정도인 500-600만 명이 적용제외나 납부유예 등으로 제외되고 있다. 건강보험도 원칙적으로는 전국민이 적용대상이지만, 2003년 현재 3개월 이상 보험료 체납자가 152만 세대 200-300만 명으로 지역가입자의 17%에 달하고 있다.

사회보장의 사각지대가 이렇게 광범위하게 존재하는 데에는 앞서 언급한 비정규직에 대한 차별이 큰 기여를 하고 있다. 비정규직의 경우, 임금과 노동시간 등의 차별뿐만 아니라 사회보장제도의 적용에서도 심한 차별을 받고 있다. 다음 [표 11-2]는 비정규직에 대한 사회보험 적용률이 얼마나 열악한지를 잘 보여주고 있다. 예를 들어, 고용보험과 퇴직금의 사각지대에 존재하는 비정규직의 실업은 곧바로 빈곤으로 연결될 수밖에 없는 것이 현실이다. 그리고 이러한 차별에 대한 용인 역시 비정규직 확대의 강력한 유인으로 작용하는 악순환을 피할 수 없게 된다. 다시 말해서 사회보장제도조차도 비정규직에 대한 차별에 역이용되고 있다는 것이다.

[표 11-2] 고용형태별 사회보험 및 노동조건 적용률

(단위: %)

	국민연금	건강보험	고용보험	퇴직금	상여금	시간외수당
임금노동자	57.7	59.5	49.8	52.9	51.3	40.2
정규직	96.6	97.6	79.5	98.8	97.1	76.6
비정규직	26.4	28.9	26.0	16.0	14.4	10.9

자료: 김유선(2003)에서 발췌.

넷째, 빈곤자에 대한 구제 및 자활대책이 미흡하다는 점이다. 빈곤상황에 처한 가족들이 기댈 수 있는 사회복지제도 중에서 가장 대표적인 것이 국민기초생활보장제도이다. 기초보장제도는 최저생계비를 보장하는 보충급여의 성격을 가지기 때문에 이론적으로는 절대빈곤의 완전한 해소를 목표로 하고 있다. 그러나 현실적으로는 극빈자에 대한 최소한의 생존 보장을 목표로 극히 선별적으로 운용되면서, 부양의무자가 있거나 일정 재산 이상을 보유한 자에 대한 급여제한 등으로 인해 사각지대가 광범위하게 존재한다. 이를테면 우리나라의 전체 빈곤자 수는 전국민의 11%인 510만 명에 달하는 것으로 추산되지만, 2003년도의 기초보장 수급자수는 134만 8천 명(인구대비 2.8%)에 불과하다. 즉 비수급 빈곤층이 167만 명(3.5%), 차상위계층(최저생계비의 120% 이내 소득자)이 216만 명(4.6%)에 달한다는 것이다.

기초보장 외에 저소득 노인에게 주어지는 경로연금이나 저소득 중증 장애인을 위한 장애수당 등의 보완적 제도들이 있지만, 급여수준이 미미할 뿐 아니라, 대상자 선정도 극히 협소하여 기초보장제도를 부분적으로 보조하는

정도를 넘어서지 못하고 있다. 결국 기초보장 제도 등 현재의 빈곤대책들은 대량빈곤 문제의 해결에 부적합할 뿐만 아니라 수급자들에게 2등 국민이라는 낙인을 부여함으로서 자칫 사회통합에 역행하는 결과를 낳을 수도 있다.

4. 서구 복지국가들의 경험

앞서 본 대로 우리나라의 사회보장제도는 아직 제도적 성숙이 미흡하고 재분배 효과가 미약하여 빈곤의 예방이나 해소에 큰 힘을 발휘하기 어려운 '정책빈곤' 상황에 처해 있다고 판단할 수 있다. 우리의 문제를 해결하기 위한 참고자료로서 앞선 경험을 고찰하는 것은 당연한 요청이다.

산업화의 시작이 늦었던 우리나라는 빈곤과 실업 또한 뒤늦게 발견하였지만, 서구 국가들이 실업과 빈곤의 무서움을 실감한 것은 1930년대의 대공황이었다. 이후 각 국가들은 시장에 대한 국가개입을 다투어 확대하였고, 이에 따라 사회정책의 확장 즉 복지국가의 발달이 시작되었다. 유럽의 복지국가는 특히 2차 대전 이후 50-60년대에 급격히 확대되었는데, 한국전쟁과 베트남 전쟁을 배경으로 한 경제호황이 이를 뒷받침하였다. 이러한 복지국가의 전성기에는 실업과 빈곤이 사회적 이슈에서 사라졌지만, 1970년대 초, 중동 전쟁으로 인한 오일 쇼크가 계기가 되어 잠복되었던 문제가 터져 나왔다. 불황이 깊어지고 대규모 실업이 발생한 이 당시, 유럽 각국의 정책적 대응은 실업보험제도의 확충과 더불어, 실업보험에서 제외되거나 급여를 소진한 실직자들을 위한 실업부조를 신설, 확대하는 노력으로 나타났다. 즉, 실직자들의 생활안정을 주목표로 한 것이었다.

그러나 이와 같은 제도적 확충이 어느 정도 이루어진 이후 전개된 1970년대 말의 2차 오일쇼크와 본격화된 지구적 차원의 경제개방물결, 그리고 일부 유력한 국가들의 정치적 보수주의화 현상 등은 복지국가 전반에 강한 충격을 주면서 복지국가 위기를 초래하였다. 무엇보다도 실업과 빈곤의 문제가 공통적인 문제로 다시 부상한 한편, 지구적 차원의 경쟁과 불황 등으로 인한 재정적 압박이 복지정책의 효율적 운영을 강요하였다.

고민은 유사했지만, 각 국의 대응은 역사적 전통과 제도적 바탕, 정치적 상황에 따라 상이하게 전개될 수밖에 없었다. 특히 정치적으로 보수화되었던 영국이나 미국, 일본 등에서는 복지급여를 삭감하거나 노동연계복지(welfare to work, workfare: 복지급여의 조건으로 노동시장 참여를 강요하는 제도)를 강조하는 변화가 일어났다. 이에 따라 최빈층 외의 복지급여를 축소하는 표적화(targeting) 전략이 부각되고, 복지비 지출을 축소하는 노력이 경주되었다. 결과적으로 이들 국가들은 실업률을 완화시키는 데는 어느 정도 성공하였지만, 그 반대 급부로 빈부격차는 확대되고 빈곤도 증가하였다.

다른 나라들의 경우도 유사한 노력을 기울이긴 하였지만, 강조점은 달랐다. 복지제도의 발전이 미흡했던 남유럽 국가들에서는 실업보험 등의 제도 확충이 이루어지는가 하면, 북유럽에서는 공공부문의 지출확대와 고용확대 등 적극적 노동시장정책으로 실업문제에 대응하는 양상도 전개되었다. 네덜란드와 프랑스, 독일에서는 절대적인 일자리 부족현상을 극복하기 위해 노동시간단축을 통한 일자리 나누기 운동이 전개되어 주당 노동시간이 35시간 이하로 단축되었다.

이와 같이 각 국가별 사정과 지향점은 상이하지만, 복지발전이 미흡한 우리의 입장에서는 유럽지역의 다양한 경험을 참고하는 것이 도움이 될 것이다. 노동시간 단축과 같은 구조적 개혁 외에 유럽지역의 경험에서 특히 강조되어야 할 점들은 다음과 같이 요약할 수 있다.

첫째, 기초생활보장과 같은 사회안전망과 적극적 노동시장정책을 결합하는 사회보장의 기본틀을 견지하는 노력이다. 여러 가지 증거를 종합해볼 때, 복지국가 위기의 압력 속에서도 대부분 유럽 국가들의 사회복지 지출이 감소되었다는 증거를 찾기는 매우 어렵다. 다만, 기존의 복지지출을 노동시장 유인정책을 위한 수단으로 재구성하고 있는 노력을 볼 수 있다.

둘째, 차별과 배제를 극복하기 위한 노력을 경주한다. 취약계층과 비정규직 등에 대한 차별과 배제의 극복이 사회정책의 중요한 목적으로 등장하였다. 1998년 프랑스에서 입법된 "사회적 배제 예방과 극복을 위한 법"(일명, 반소외법)은 그 좋은 예로서 "전 국민에게 고용, 주거, 건강, 사법, 교육, 훈련, 문화, 가족과 아동의 보호에서 기본적인 권리를 보장하기 위하여" 기존의 관련 정책들을 통합하고 내용을 개혁, 확충하는 목적을 가지고 있다. 신자유주의적인 복지축소 노력이 강력했던 영국조차도 사회적 배제의 극복을 사회정책의 중심 목표로 설정하는 모습을 볼 수 있는데, 1997년 집권한 노동당 정권은 '사회적 배제에 관한 기구(social exclusion unit)'를 설치하고, 뉴딜정책 등을 통해 이를 적극 추진하고 있다.

셋째, 위기극복을 위해 노사를 중심으로 타협과 양보의 사회협약을 체결하는 노력을 경주한다. 네덜란드나 아일랜드의 사례는 우리 나라에도 잘 알려져 있는데, 이들 국가들은 이를 통해 경제위기를 극복하고 번영의 토대를 마련한 것으로 평가된다. 이들의 협약에서 중시할 부분은 노사간 상호양보와 더불어 차별과 배제의 극복을 중요한 과제로 삼았다는 점이다. 네덜란드의 경우 임금자제와 경영참가와 같은 의제와 더불어 고용보장과 비정규직 차별배제가 중심 의제로 추진되었다. 아일랜드의 사회협약에서는 NGO의 참여를 보장하였고, 노동자들의 실질임금보전과 같은 사회보장적 조치가 협약의 밑바탕을 형성하였다.

넷째, 취약계층의 노동시장 통합을 위한 구체적인 원조가 적극 이루어지고 있다는 점이다. 노동능력 취약계층을 노동시장으로 통합하기 위해 사회적 일자리나 보호된 고용의 제공, 사회적 기업의 육성과 지원, 사례관리, 창업지원 등의 구체적 노력을 경주하고 있다.

이와 같은 노력들은 각 국가들이 급격한 경제적, 사회적 변화 속에서 생존하기 위한 전략모색의 의미를 가질 것이다. 따라서 우리 역시 선진경험의 단순한 모방이 아닌, 우리만의 모델을 형성하는 피나는 노력을 경주해야 할 것이다.

5. 결론

앞에서 필자는 좀처럼 심각성이 완화될 줄 모르는 빈곤문제가 구조적 원인에 근거하고 있고, 이에 대응하는 사회정책적 노력이 많은 결함을 가지고 있음을 살펴보았다.

이와 관련하여, 최근 일부학자들이 우리 사회의 빈곤문제가 매우 심각하고 구조적이라는 점에 동의하면서도, 그 처방에 있어서는 다른 판단을 내리고 있는 사실을 중시할 필요가 있다. 즉, 구조적 문제에 대한 정부의 인위적 대응은 반시장적이므로 자제해야 하고, 빈곤자를 원조하는 일에 집중해야 한다는 것인데 이는 문제의 원인은 버려두고 증상만 치유해야 한다는 것이다. 이러한 주장이 터무니없다고 보지는 않더라도 최소한 빈곤이 단순한 시장의 힘에 의한 것이 아니라, 빈자들에게 불리하게 작용하는 사회정책의 결과라는 것은 인정해야 한다. 즉 취약계층과 실업자, 그리고 비정규직 등의 빈곤은 공정한 경쟁의 산물이 아니라 상당 부분 이들에게 불리하게 작용하는 불공정한 제도적 편견의 산물이라는 점을 인정해야 한다는 것이다. 이러한 불공정한 틀의 혁파가 반시장적이라면, 그 시장은 과연 우리가 믿고 미래를 맡길 수 있는 시장인지 의심하지 않을 수 없다.

필자는 우리 사회의 빈곤문제가 매우 심각한 수준에 있고, 이를 다루기 위해서는 다양하고 포괄적인 노력이 필요하다고 주장한다. 비정규직 대책 등 빈곤을 증폭시키는 노동시장의 구조개혁부터, 사회보험의 개선과 아동수당 도입과 같은 사회보장제도의 확충, 그리고 빈곤가족의 개별적 문제에 대한 접근에 이르기까지 종합적 처방이 필요하다. 이러한 노력을 통해 우리가 찾아야 할 복지모델은 특정한 선진국의 모방이 아니라, 우리의 문제에 대한 솔직하고 용기있는 접근을 통해 새롭게 형성해야 할 모델이라고 믿는다.

제12장
인권과 사회복지＊

1. 서론: 복지권도 인권인가?

1994년에 생활보호대상자였던 심창섭 노인 부부는 보건복지부의 생계보호기준에 의한 급여수준이 최저생계비의 50%에도 미치지 못한다고 주장하며, 이는 헌법 34조 1항의 '인간다운 생활을 할 권리' 와 헌법 10조의 '인간의 존엄' 과 '행복추구권' 을 침해한 것이기 때문에 위헌이라는 헌법소원을 헌법재판소에 제출하였다(헌법재판소 1994 헌마 33). 청구인들은 여기에서 헌법이 규정하는 '인간다운 생활' 을 영위할 권리가 있음을 주장하면서, 국가가 이를 적절한 수준(최저생계비 수준)으로 보장해야 할 책임이 있음을 확인하고자 한 것이다. 이 헌법소원은 우리나라에서 '사회복지의 권리' 와 관련된 최초의 소송이므로 그 결과는 우리나라 복지권의 현 주소를 보여주는 상징적인 의미를 가질 수 있다.

이 재판의 결과는 뒤에서 다시 논의하겠지만, 여기에서 우리의 관심을 끄

＊이 논문은 성공회대학교 인권평화연구소의 의뢰로 2003년에 쓰여졌다.

는 것은, 헌법이 규정하는 '인간다운 생활'의 권리가 과연 국가가 책임지고 보장해야 하는 적극적이고 구체적인 권리인가 하는 점이다. 즉, 인간다운 생활을 하지 못하는 모든 국민은 국가를 상대로 책임을 묻고 보장을 요구할 수 있는 권리를 가지는 것인가? 그렇다면, '인간다운 생활' 외에도 우리 헌법은 교육을 받을 권리(31조), 근로의 권리(32조), 환경과 주거의 권리(35조) 등 많은 사회적 권리들을 규정하고 있는데, 이와 같은 권리들도 국가를 상대로 책임을 물을 수 있는 구체적 권리로 보아야 하는가? 예를 들어, 실업자가 국가를 상대로 일자리를 요구할 수 있고, 비닐하우스 거주자들이 국가를 상대로 인간다운 주거를 요구할 수 있는 것일까? 나아가 이러한 사람들의 곤경과 그에 대한 국가의 안일한 대응을 인권침해라고 규정할 수 있는 것일까?

우리나라 헌법이 이상과 같은 권리들을 국민의 기본권으로 분명히 규정하고 있음에도 불구하고 이러한 생각은 많은 사람들에게 생소할 수 있다. 즉, 헌법이 규정하고 있는 또 다른 권리들, 예를 들면 신체의 자유, 양심의 자유, 언론의 자유와 같은 자유권 그리고 선거권과 같은 참정권 등은 비교적 당연한 권리로 받아들여지는 데 비해, 앞서 열거한 사회적 권리들은 그렇게 자명한 권리로 인식되지 못하는 것이 일반적일 것이다. 이와 같이 사회적 권리에 대한 인식의 정도는 자유권이나 참정권의 경우와는 다를 수 있는데, 이는 사회적 권리가 갖는 독특한 성격 때문일 것이다. 이에 대해서는 뒤에서 자세히 살펴볼 것이다.

이 글은 이러한 사회적 권리(social rights) 중 사회복지와 관련된 복지권(welfare rights)의 문제를 인권의 관점에서 고찰하고자 한다. 먼저, 복지권이란 무엇이며 그 특성은 어떠한지를 살펴볼 것이다. 그리고 복지권의 보장을 위한 국제사회의 노력은 어떻게 전개되어 왔는지를 고찰하고, 다음으로 이러한 논의를 바탕으로 우리나라의 복지권 보장의 실태는 어떠한지, 그리고 이를 개선하려는 노력은 어떻게 전개되어 왔고 또 어떠한 노력들이 더 필요한지를 고찰할 것이다.

2. 인권, 사회권, 복지권

1) 인권의 개념

복지권의 개념과 의미를 파악하기 위하여 먼저 인권과 사회권에 관해 살펴볼 필요가 있다.

먼저 인권의 개념을 살펴보자. UN이 채택한 세계인권선언(1948)에서 인권(human rights)은, "인류 사회 모든 구성원의 타고난 존엄성과 평등하고도 양도할 수 없는 권리 inherent dignity and … the equal and inalienable rights of all members of the human family"로 정의되고 있다. 그리고 최근 제정된 우리나라 인권위원회법(2001. 5. 24. 제정)에서도 이와 유사하게, "헌법 및 법률에서 보장하거나 대한민국이 가입·비준한 국제인권조약 및 국제관습법에서 인정하는 인간으로서의 존엄과 가치 및 자유와 권리(2조)"로 규정하고 있다. 이와 같이 일반적으로 국제사회에서 통용되는 인권이라는 개념은 단순한 '인간의 권리'를 넘어, '누구에게도 빼앗길 수 없고 넘겨줄 수도 없는, 인간이 인간답게 생존할 수 있는 조건으로서의 기본적인 권리 즉 기본권'을 의미한다(박래군, 1999). 그리고 이러한 중요성을 감안하여 기본권은 우리나라는 물론 대개의 나라에서 헌법의 규정으로 보장되고 있다.

2) 인권의 구성

인권은 다양하고도 구체적인 권리들로 구성되는데, 이들 권리들의 역사적 기원과 성격에 따라 여러 가지 분류가 가능하며, 일반적으로 공민권과 참정권, 사회권으로 분류되고 있다. 다음 [표 12-1]은 이에 따라 우리나라 헌법 및 세계인권선언(1948)이 규정하는 다양한 기본권들을 분류한 것인데, 이를 영국의 사회학자 Marshall(1963)의 시민권 논의를 중심으로 간략히 살펴보기로 하자(윤찬영, 1998; 김형식, 1998 참조).

먼저 공민권(civil rights)은 국가권력으로부터 개인의 자유를 방어하는 의미를 갖는 권리개념으로서 근대사회 초기인 18-19세기 시민혁명을 통해 성취되었으며, 실질적으로는 부르조아 시민계급의 자유로운 경제활동을 위해 국가의 간섭을 배제하는 것이 주목적이었다. 공민권은 신체의 자유, 언론 및 사상의 자유, 신앙의 자유, 사유재산의 보장, 계약의 자유, 법 앞에서의 만인의 평등과 같은 우리에게 익숙한 자유와 권리들을 포함하는데, 대체로 '무엇을 향한 자유와 권리' 라기보다는 '무엇으로부터의 자유' 와 같은 형식과 내용을 갖는 소극적 권리로 이해된다.

다음으로 참정권 혹은 정치적 권리(political rights) 역시 시민혁명의 산물로서 투표권과 공무담임권 등 정치적 영역에서의 시민권을 의미한다. 참정권도 애초에는 부르조아 계급의 의회 진입을 목표로 한 것이었지만, 19세기 이래 자본가계급의 독점적 권리를 해소하기 위한 노동자계급의 투쟁으로부터 1인 1표의 보통선거권 획득 등을 통해 민주주의적 시민권으로 발전하였다.

끝으로 사회적 권리(social rights)는 19세기 말부터 20세기에 이르기까지 형성되어온 경제·사회·문화적 권리를 통칭하는 것으로서 우리 헌법에서 말하는 '인간다운 생활을 할 권리', '행복을 추구할 권리' 를 의미한다. 구체적으로 사회보장에 대한 권리, 일할 수 있는 권리와 실업으로부터 보호받을 권리, 노동 3권, 유급휴가 등 휴식과 휴가의 권리, 교육을 받을 권리 등을 포괄한다.

이와 같은 인권의 구성과 분류에 대해서 몇 가지 짚고 넘어가야 될 문제들이 있다. 첫째는 Marshall이 유럽 특히 영국의 경험을 중심으로 시민권 이론을 전개했지만, 인권은 결코 서구의 독점물이 아니라는 점이다. 아울러 흔히 인권사상의 출발점으로 근대 초기 서구의 계몽사상가들의 업적이 부각되지만 이 역시 인권에 대한 출발점으로 볼 수는 없으며, 유일한 사상은 더욱 아니다. 실로 인권에 대한 관념은 동서를 막론하고 다양한 종교와 학문적 사상들 속에서 오랜 연원을 가지고 성장해 온 것으로 보아야 한다.

둘째로 Marshall은 영국의 경험을 중심으로 시민적 권리의 발전과정을 공민권(자유권), 참정권, 사회권의 순으로 시간적 혹은 단계적 발전과정을 거쳐, 20세기의 사회권 보장으로 완성되는 것으로 인식하였다. 하지만, 시민권의 발전을 단선적인 발전과정으로 이해하는 것은 무리가 따를 수 있다. 즉, 상이한 역사적 배경과 특성을 갖는 사회의 경우, 그러한 발달의 순서가 다를 수 있고, 중첩된 과제로 나타날 수도 있다는 것이다. 특히 우리나라의 경우, 1945년 해방과 더불어 기본권의 발전이 시작된 후 급속하게 사회가 변화하였기 때문에 3가지 권리의 발전과제가 중첩되어 나타날 수밖에 없었다. 즉, 외형적으로 참정권은 1948년 정부수립과 동시에 주어졌지만, 민주주의의 발전은 그와 함께 자동적으로 성취되지 않았다. 자유권 역시 제헌헌법에 포괄

[표 12-1] 우리나라 헌법과 세계인권선언의 기본권 조항

총론	제10조 모든 국민은 인간으로서의 존엄과 가치를 가지며, 행복을 추구할 권리를 가진다. 국가는 개인이 가지는 불가침의 기본적 인권을 확인하고 이를 보장할 의무를 진다.
자유권	제11조 (법앞의 평등)　　제12조 (신체의 자유)　　제14조 (거주 이전의 자유) 제15조 (직업선택의 자유)　제16조 (주거의 자유)　제17조 (사생활의 비밀과 자유) 제18조 (통신의 비밀보장)　제19조 (양심의 자유)　제20조 (종교의 자유) 제21조 (언론, 출판, 집회, 결사의 자유)　　제22조 (학문과 예술의 자유) 제23조 (재산권 행사의 자유와 한계) ※세계인권선언의 3조, 20조
참정권	제24조 (선거권)　　제25조 (공무담임권)　　제26조 (청원권) 제27조 (재판청구권)　제28조 (형사보상청구권)　제29조 (국가배상청구권) 제30조 (범죄피해자구조) ※세계인권선언의 21 조
사회권	제31조 (교육의 권리와 의무)　　제32조 (노동의 권리와 의무)　　제33조 (노동 3권) 제34조 (생존권적 기본권) 　① 모든 국민은 인간다운 생활을 할 권리를 가진다. 　② 국가는 사회보장·사회복지의 증진에 노력할 의무를 진다. 　③ 국가는 여자의 복지와 권익의 향상을 위하여 노력하여야 한다. 　④ 국가는 노인과 청소년의 복지향상을 위한 정책을 실시할 의무를 진다. 　⑤ 신체장애자 및 질병·노령 기타의 사유로 생활능력이 없는 국민은 법률이 정하는 바에 의하여 국가의 보호를 받는다. 　⑥ 국가는 재해를 예방하고 그 위험으로부터 국민을 보호하기 위하여 노력하여야 한다. 제35조(환경, 주거권)　　제36조 (혼인의 양성평등과 모성보호, 건강권) ※세계인권선언의 22조 - 27조

적으로 규정되었지만, 1980년대 말 민주화 이행기에 이르기까지 인신의 자유는 물론 언론, 출판, 집회, 결사의 자유 등은 군부독재권력 아래에서 유린되기 일쑤였다. 사회권에 대해서는 후술하겠지만, 이 역시 최근에 이르기까지 경제성장 우선주의 아래에서 유보될 수밖에 없었던 명목상의 권리에 불과했다.

셋째, 구체적 권리에 대한 분류는 명확하지 않고, 혼동의 여지가 있다는 것이다. 예를 들어, 노동조합을 결성할 권리는 집회와 결사의 자유와 같은 자유권적 권리인지, 혹은 사회권적 권리인지 논란의 여지가 있는데, 이는 유엔에서 세계인권선언을 채택할 때도 쟁점 중의 하나였다(Johnson, 1995).

넷째, 기본적 인권을 구성하는 개별권리들의 내용은 역사적이고 역동적이라는 점이다. 예를 들어 과거에는 인정되지 못하였지만 오늘날에는 기본적 인권의 문제로 인정되는 많은 이슈들이 있다. 프라이버시에 대한 권리나 정보접근권, 장애인들의 이동권 등이 그러한 예일 것이다.

이와 같은 문제들을 볼 때, Marshall의 선각자적 공헌은 충분히 인정되지만, 공민권과 참정권, 사회권으로 대별되는 인권분류 방식을 절대시할 필요는 없다. 이에 대한 대안으로 Karel Vasak이 프랑스 혁명의 3대 이념―자유, 평등, 우애―을 바탕으로 전개한 인간권리의 3단계(혹은 세대)론을 살펴볼 필요가 있다(박래군, 1999; Jim Ife, 2001). Karel Vasak은 자유권과 참정권을 1세대 권리(자유이념의 소극적 권리), 그리고 경제·사회·문화적 권리를 2세대 권리(평등을 추구하는 적극적 권리)라 칭하면서, 그와 구별되는 제3세대 권리로서 우애개념에 입각한 연대와 단결의 권리 혹은 집단권을 주창하였다. 3세대 권리는 집합적 차원에서만 성취할 수 있는 권리로서 신선한 공기와 청결한 음료, 무공해식품에 대한 권리와 같은 환경권과 전쟁에 반대하고 평화를 누릴 권리, 정치적 안정, 민족자결권, 세계문화유산에 대한 권리, 우주개발의 권리, 프라이버시권, 개발과 개발이익에 참여할 발전권 등, 이제 생성단계에 있는 권리들까지 포함한다. 이와 같은 분류방식은 인권개념 발전의 역동성을 확보하면서 다른 한편 제3세계적 시각과 미래세대의 관점도 포괄하는 의미를 가지고 있다.

3) 복지권의 개념과 근거

이와 같은 인권개념을 바탕으로 이제 복지권(welfare rights)에 대해 살펴보기로 하자. 복지권이란 무엇인가? 이를 위해서는 사회복지의 개념을 먼저 보아야 한다. 사회복지는 여러 가지 방식으로 정의되지만 쉽게 말해서 '모든 사람의 인간다운 생활을 보장하고, 특히 자신의 힘으로는 인간다운 생활을 영위하기 어려운 사람들을 사회적으로 원조하는 일'이라고 할 수 있다. 따라서 복지권은 일차적으로 '모든 사람이 인간다운 생활을 영위할 권리'가 있다는 것이며, 나아가 국가와 사회는 이러한 권리를 보장할 의무가 있고, 국민은 이러한 권리를 보장할 것을 국가와 사회에 요구할 수 있다는 의미이다.

이와 같은 복지권은 자유권이나 참정권보다 늦게 사회적 인정을 받았으며, 생존권적 기본권으로 1919년 독일의 바이마르 공화국 헌법에 처음으로 명시되었고, 세계인권선언(1948) 등을 거쳐 사회권 즉 경제·사회·문화적 권리의 일부이면서 그 중심을 형성하는 권리로 확장되었다. 이 과정에서 1929년의 세계대공황과 2차 세계대전으로 인한 생존권 위협의 경험이 복지권의 확대에 크게 기여하였다.

그러면 복지에 대한 권리는 왜 필요하며, 왜 기본적 권리가 되어야 하는가? 이 문제에 대한 대답은 우리들이 살아가고 있는 현대사회의 특성에 대한 이해로부터 출발해야 한다. 현대사회에서 우리들은 질병과 사고, 실업, 노령과 퇴직, 이혼, 가구주의 사망 등과 같이 인간다운 생활을 위협하는 위험들에 항상 노출되어 있다. 이러한 위험들은 모든 개인들에게 공통된다는 의미에서 그리고 그 위험의 원인이 사회적이라는 의미에서 사회적 위험(social risks)이라고 한다. 위험의 원인이 사회적이라는 것은 그 책임을 개인에게 묻기가 어렵다는 뜻이다. 예를 들어 교통사고가 났을 때, 일차적으로 개인의 부주의를 탓할 수도 있지만, 좀 더 따져보면, 신호체계나 도로사정, 또는 자동차의 성능에 책임을 돌릴 수도 있고, 나아가 자동차산업이나 정부의 산업·교통정책 등에 책임을 돌릴 수도 있다. 마찬가지로 실업의 경우에도 개인적 원인을 넘어 국가의 정책, 산업의 동향, 세계화의 진전 등 다양한 원인을 거론할 수 있다.

이러한 사회적 위험들은 그 결과가 개인에게는 치명적이기도 하고, 이웃과 사회에 미치는 부정적인 영향도 무시할 수 없지만, 좀 더 심각한 것은 개인의 책임으로 대응하기가 어렵다는 점이다. 뜻하지 않은 질병이나 사고로 가구주가 사망하는 경우, 또한 IMF 외환 위기에서 보았듯이 어느 날 갑자기 쏟아져 나오는 수많은 실직자들의 문제는 이미 개인의 문제를 넘어서는 것이다. 결국 사회적 위험은 집단적, 사회적으로 대응할 수밖에 없고, 이러한 사회적 원조와 보호가 모든 국민에게 보편적으로 주어져야 한다는 것이 복지권의 의미이다.

복지권의 보장을 위해서는 무엇보다도 국가의 책임이 중시되어야 한다. 그 이유는 오늘날의 사회에서 빈곤과 같은 사회적 위험에 안정적이고, 형평에 맞게, 그리고 적절한 수준으로 대응할 수 있는 역량은 국가만이 가지고 있기 때문이다. 그러나 우리사회의 경우는 국가의 복지역할보다는 개인간의 상호부조가 미덕으로 여겨져 왔는데, 이는 그 동안 국가의 복지역할이 미약했기 때문에 생긴 현상이기도 하다. 그러나 개인간의 상호부조는 안정적이지 않고, 충분치 않으며, 또한 형평을 보장하지도 못한다. 실업과 빈곤이 급증했던 지난번 IMF 외환위기 시에 이러한 개인간 원조가 오히려 축소되는 양상을 보인 것이 그 좋은 예이다(이영환, 2001).

4) 복지권을 제약하는 요소들

그런데 이러한 복지권은 자유권이나 참정권과 비교할 때 모든 국민의 기본적 권리로서 당연히 인정되는 정도에 차이가 있는데, 이는 복지권이 가지는 다음과 같은 특성들이 제약요인으로 작용하기 때문이다.

첫째, 복지권은 궁극적으로는 모든 국민의 삶의 질 향상을 목표로 하지만,

현실적으로 그리고 우선적으로는 사회적 약자의 평등주의적 요구를 반영한다는 점이다. 이러한 평등지향적 요구는 자유권이나 참정권의 원리와도 갈등의 소지를 안고 있으며, 시장원리에 입각한 경쟁과 이윤추구, 불평등을 원동력으로 하는 자본주의 체제와 근본적인 갈등관계에 있다(김상균, 1998). 따라서 자본주의 사회에서 지배력을 발휘하는 경제 권력이나 사회적 약자를 대변하지 않는 정치권력들은 원칙적으로 사회권의 발달에 대해 호의적이지 않기 때문에 복지권의 인정은 그만큼 어려워진다. 결국 복지권은 자본주의의 체제 내에서 자연스럽게 인정되어 온 권리가 아니라, 사회적 약자와 이들을 대변하는 진보적 세력의 투쟁에 의한 쟁취물이라는 성격을 갖게 된다.

둘째, 복지권의 보장은 선언만으로 가능하지 않고, 국가가 개입하여 사회보장과 사회복지를 위한 구체적인 법과 정책을 만들고 시행하며, 무엇보다도 그를 위한 예산을 확보하는 등 적극적인 역할을 수행할 때에만 가능하다. 그런데 이러한 적극성은 각 국가의 이념적 방향성이나 경제적, 재정적 역량에 좌우될 수밖에 없는 것이 문제이다. 1948년 세계인권선언을 채택할 당시 미국은 이러한 사회적 권리의 인정에 가장 인색한 국가였는데, 이는 미국사회와 정부의 자유주의적 이념성을 반영한 것이다(Johnson, 1995). 또한 오늘날 제3세계 국가들은 이념적 성향을 차치하더라도 사회복지 증진에 쓸 수 있는 경제적 자원이 절대적으로 부족한 경우가 많다.

이러한 특성 때문에 복지권은 일회적인 입법에 의해 원칙적인 보장이 성취되는 자유권이나 참정권과 달리 '기본적 권리인가' 하는 문제가 항상 시비의 대상이 될 수밖에 없었고, 이로 인해 현실적으로도 많은 국가들이 기본적 권리로서의 보장에 실패하고 있기도 하다.

3. 복지권 보장을 위한 국제사회의 노력

1) 인권선언과 국제조약

앞서 언급한 대로 복지권은 19세기에 태동하여 20세기에 복지국가를 중심으로 정착되고 있는 권리이다. 그리고 규범적으로는 1919년의 바이마르 헌법에 처음으로 명문화되고, 1948년 UN의 세계인권선언에서 세계적 규범으로 정착하였다. 이후 사회권과 복지권은 UN을 위시한 국제기구들의 노력을 통해 세계적 차원으로 발전되어갔다.

1948년의 세계인권선언은 인권 보장을 위한 분수령이라고 볼 수 있지만, 원칙적으로 규범적·도덕적 선언의 의미만 가질 뿐 실행을 위한 구속력은 없다. 법적 구속력을 갖기 위해서는 회원국의 비준이 필요한 협약이나 조약 방식이 되어야 하기 때문이다. 그럼에도 불구하고 세계인권선언은 역사적 과정 속에서 단순한 선언적 의미를 넘어 실질적으로 법적 지위를 확보하는 방향으로 발전되어 왔다. 그러한 발전의 양상을 다음과 같이 볼 수 있다 (Johnson, 1995).

첫째, 1948년 이후 헌법을 기초한 많은 국가들이 세계인권선언을 수용하여, 이를 기본권으로 받아들인 점이다. 우리나라의 경우도 여기에 속할 것이다.

둘째, 지역차원의 정부간 조직들이 채택한 각종 인권 관련 규약과 결의문 등에 세계인권선언의 내용과 정신이 반영된 점인데, 예를 들어 1950년의 '인권과 기본적인 자유의 보호를 위한 유럽협약', 1961의 유럽 사회헌장, 1969년의 미주인권협약 그리고 1981년의 '인권과 국민적인 권리에 대한 아프리카 헌장' 등을 들 수 있다.

셋째, UN 총회 또는 산하 전문기구들의 선언과 규약 및 세계대회 결의문 등에 세계인권선언의 정신이 인용되고 수용되었다. [표 12-2]와 같이 세계인권선언의 정신을 바탕으로 각종 세계대회와 정상회의들은 인권, 주거, 여성, 환경, 사회개발 등의 영역에서 사회권의 발전을 적극적으로 촉구하였다.

물론 이상과 같은 규범이나 선언들도 대개는 강제력이 없고, 강대국간 그리고 강대국과 약소국간 이해관계의 대립으로 실효성이 없다는 평가를 받고 있다. 그러나 각 국가의 노력을 촉구하는 일종의 규범적, 도덕적 기준으로서 그리고 사회권을 주창하는 각국 내 사회운동의 근거로서 의미는 충분하다. 경우에 따라서는 준강제력을 갖기도 한다.

[표 12-2] 사회권 관련 세계대회 및 정상회의

· 세계인권대회(1968 테헤란, 1993 비엔나)
· 세계주거회의(1차 1976 뱅쿠버, 2차 1996 이스탄불)
· 세계여성대회(1975 멕시코, 1985 나이로비, 1995 북경)
· 개발의 권리에 관한 세계대회(1990 제네바)
· 아동정상회의(1990 뉴욕)
· 환경과 개발 정상회의(1992 리우)
· 사회개발정상회의(1994 코펜하겐)
· 지속가능개발회의(리우, 2002 요하네스버그)

이러한 선언이나 결의 등과 달리 국제적인 조약이나 협약들은 상당한 강제력을 보유하고 있는데, 세계인권선언 이후 지역별, 주제별로 체결된 인권 관련 국제규약은 현재 약 90여 개에 달하고 있고, 그 중 57개는 UN을 통해 산출된 것이다(박영란, 2001). [표 12-3]은 인권관련 주요 국제조약의 채택일과 발효일 그리고 우리나라의 가입상황 등을 보여주고 있다. 일부 예외는 있지만 우리나라의 가입 시기나 가입 순위 등은 매우 늦은 것으로 나타나고 있어, 그 동안 우리나라가 국제적인 인권보장 노력에 얼마나 뒤쳐졌는지를 알 수 있다.

특히 사회보장제도와 관련해서는 1919년에 창설된 ILO(국제노동기구)가 여러 가지 협약과 권고 등을 통해 사회보장의 국제적 발전을 위해 노력해 왔고, 그 중에서 1952년에 체결된 '사회보장 최저기준에 관한 조약'(102호 조약)이 대표적이다. 그러나 우리나라는 1991년 12월에 이르러서야 152번째 회원국으로 ILO에 가입하였다. 최근에 체결된 ILO 협약으로는 '고용 및 직업상의 차별에 관한 협약'(ILO협약 제111호, 1999), '장애인의 직업 재활 및 고용에 관한 협약'(ILO협약 제159호, 2000) 등이 있다(http://www.mofat.go.kr).

[표 12-3] 한국의 주요 인권조약 가입현황

조약명	채택일	발효일	한국가입일	당사국수	한국가입순위
국제인권A규약	1966. 12. 16	1976. 1. 3	1990. 4. 10	141	94
국제인권B규약	1966. 12. 16	1976. 3. 23	1990. 4. 10	144	88
난민지위 협약	1951. 7. 28	1954. 4. 22	1992. 12. 3	132	112
무국적자 지위협약	1954. 9. 28	1960. 6. 6	1962. 8. 22	47	12
인종차별철폐협약	1965. 12. 21	1969. 1. 4	1978. 12. 5	155	99
여성차별철폐협약	1979. 12. 18	1981. 9. 3	1984. 12. 27	162	61
고문방지협약	1984. 12. 10	1987. 6. 26	1995. 1. 9	117	87
아동권리협약	1989. 11. 20	1990. 9. 2	1991. 11. 20	191	100

자료: 대한민국 다자조약정보(http://www.mofat.go.kr. UNDP(2000: XVIII)) 재인용

2) 경제적·사회적·문화적 권리협약

국제적 협약 중에서 UN의 경제사회이사회 주관으로 1966년에 체결되고 1976년에 발효된 경제적·사회적·문화적 권리에 관한 국제협약(CESCR, 인권A규약)과 시민적·정치적 권리에 관한 국제협약(CCPR, 인권B규약)을 대표적인 인권규약으로 볼 수 있는데, 이 두 문서와 세계인권선언을 합하여 '국제권리장전'이라고 칭하기도 한다. 인권 B규약이 자유권과 정치적 권리를 규정하고 있는데 비해 인권 A규약은 다음과 같이 사회권에 관한 포괄적인 규정을 담고 있다: 남녀평등(3조), 노동의 권리(6조), 공정하며 유리한 노동조건(7조), 노동기본권(8조), 사회보장권(9조), 가정의 보호(10조), 의식주 권리와 기아로부터의 해방(11조), 건강권(12조), 교육권(13, 14조), 과학과 문

화적 권리(15조).

우리나라는 1990년 4월 인권 A규약과 B규약 그리고 B규약에 따른 선택의 정서를 비준하였다. 이 규약을 비준한 "각 가입국은 이 조약에서 인정한 권리의 완전한 실현을 점진적으로 달성하기 위해, 개별적으로 또한 국제적인 원조와 협력, 특히 경제적 · 기술적인 지원과 협력을 통하여, 자기 나라의 가용자원이 허용하는 최대한도까지 조치를 취할 의무"를 진다. 즉, 각국 정부는 인권보장을 위해 국가별 사정에 맞게 최선의 노력을 다해야 하며, 이를 위해 국내 인권상황과 정부의 노력에 대한 최초의 보고서를 가입 직후 제출한 후 매 5년마다 정기보고서를 제출해야 한다. UN 경제사회이사회 산하에서 인권 A규약과 B규약을 담당하는 소위원회는 각국 정부가 제출한 보고서를 심의하면서 각국 NGO의 의견 등을 참조하여 심의결과를 권고(concluding observation) 형식으로 발표한다(이대훈, 1995).

인권A규약과 관련하여 우리나라 정부는 1993년 10월에 최초보고서를 제출하였고, 2001년에 두 번째 보고서를 제출하였다. 각각의 경우에 대해 한국의 민간단체들은 우리나라의 사회권 보장에 많은 문제가 있고, 정부의 노력이 소극적인 점을 지적하는 반박보고서를 제출하였다. [표 12-4]는 이러한 과정을 거쳐 우리나라 정부의 두 번째 보고서에 대해 A규약위원회가 심의한 결과(2001. 5. 21)를 요약한 것인데(인권A규약위원회, 2001), 최근의 발전에도 불구하고 사회권 영역 전반에 걸쳐 수많은 과제를 가지고 있음을 보여 준다. 여기에서 지적된 사항들에 대한 대책은 2006년 6월 30일까지 3차 보고서를 통해 보고하여야 한다.

[표 12-4] 한국의 2차 보고서에 대한 UN 인권A규약 위원회의 심의결과(2001. 5)

■ 총괄적 코멘트
· 1차 보고서에 대한 권고와 제안들이 대부분 실천되지 않았음
· 몇 가지 중요한 영역, 특히 외환위기 이후의 상황에 대한 최신 통계 누락.

■ 긍정적 측면들: 1차 보고서 이후의 발전
· 외환위기 이후 빠른 경제회복　　　　　　　　· 인권과 사회권 진작 분위기 조성
· 국민기초생활보장법 제정, 4대 사회보험의 발전, 최저임금의 적용범위 확대
· 여성부 신설, 여권신장, 아동복지법 개정과 보육확대
· 서울에 유엔 난민고등판무관실 개설.

■ 협약의 이행을 저해하는 요인들
· 대규모 사회경제적 변동　　　　　　　　　· 군사문화와 과중한 군사비 부담
· 외국인 노동자와 여성에 대한 문화적 편견의 전통　· 경제성장 제일주의

■ 주요 관심영역: 미흡한 영역들
· 외환위기 극복과정―대량실업, 피용자 고용안정 약화, 소득불평등 증가, 가족해체 등
· 경제성장과 사회적 권리발전의 불균형으로 인한 일부 권리의 희생
· 통계의 신뢰성 문제/ 1차 보고서 이후 협약의 권리실현을 위한 후속입법 미흡
· 여성지위의 불평등 지속/ 비정규직과 여성에 대한 차별을 명확히 보고하지 않음
· 산업재해의 증가/ 교사의 노동권―단체교섭권과 단체 행동권의 부적절한 제한
· 노동관계법의 모호성과 과잉진압 등 정부의 재량권 남용
· 아동보호 미흡―성적착취, 노동, 가족해체 등
· 인구의 도시편중―교육, 보건 등 필수시설 도시 편중과 노인인구 잔류한 농촌 방치
· 기초보장제도의 적절성 의문―엄격한 선정기준으로 배제 발생
· 국민연금에서 현재의 노인과 은퇴 가까운 장년층 배제
· 장애인 의무고용 강제력 미흡―정부기관도 2% 미달
· 강제철거에 대한 정확한 정보 부족
· 주거문제― 취약계층의 지불능력 부족, 비닐하우스 등 위한 비정상 주거, 무주택자 증가
· 보건비용 정부예산의 1% 미만, 의료시설 90% 이상이 민간으로 취약계층의 접근성 문제 · 공교
　육의 낮은 질과 저소득층의 사교육비 부담/ 고등교육기관의 민간지배
· 고등교육 남성이 2/3―성평등 위배/ 초등교육만 의무교육―경제발전 수준과 배치
· 난민지위 인정 지나치게 인색―현재까지 1건만 인정
· 사회권 관련 전문가들에 대한 인권교육 미흡/ 국가보안법 존속―지식인과 예술인 탄압.

■ 제안과 권고
· 최초보고서에 대한 제안과 권고를 이행하는 구체적 실행계획 필요
· 제 권리의 상태파악, 가장 취약한 계층 확인, 적절한 법과 정책 수립 필요
· 통계 등 인권관련 자료 수집 절차 개선
· 국가인권위원회 설립(1991)은 중요 발전―1991년의 파리원칙에 부합하도록 노력 필요
· 협약에 대한 법적지위 부여 노력―국내법 체계와 연계, 국내법보다 우선 적용토록
· 성평등 시각의 확대를 위해 여성부에 충분한 자원 배분
· 비정규직의 차별 재고하고 협약상의 권리 보장 노력
· 노동 3권 보장―공권력의 폭력 중단과 교사 및 공무원의 노동 3권 보장
· 아동노동과 성매매에 대한 효과적 대응, 희생자보호와 재활프로그램 확충
· 모든 취약계층의 적절한 주거 보장―비닐하우스 등 비정상 주거와 무주택자 대책 시급
· 공교육 체계 강화
· 남아선호사상 근절을 위한 노력
· 1993년 비엔나 인권선언 실현을 위한 계획 마련
· 농촌지역과 농업, 식량생산 상황 개선

4. 우리나라 복지권 보장의 실태

이제 우리나라에서 복지권 보장의 실태는 어떠한지 살펴보기로 하자. 그런데 한 국가에서 복지권이 실효성 있게 보장되기 위해서는 첫째, 복지권에 대한 규범적 선언이 헌법 등을 통해 권위있게 이루어져야 하며, 둘째, 복지권의 내용을 사회보장제도 등으로 구체화하는 법령의 정비가 필요하고, 셋째 이를 뒷받침하는 국가의 재정투자가 함께 이루어져야 한다. 이러한 요소들이 고루 갖추어지지 못할 경우 발생하는 결함은 곧 인권의 문제로 직결될 것이다.

1) 복지권 보장을 위한 기반: 헌법과 법령, 재정투자

(1) 헌법과 복지권

1962년부터 우리나라 헌법(34조)은 '모든 국민은 인간다운 생활을 할 권리를 가진다'고 선언하면서 국가는 이를 보장하기 위해 '사회보장과 사회복지의 증진 등을 위해 노력해야 할 의무가 있음'을 분명히 하고 있다. 이와 같은 규정은 복지권에 대한 규범적 선언으로 손색이 없다. 그 외에도 인권보장과 관련된 국제적인 규약이나 선언 등에 참여하고, 비준한 것도 규범적 차원에서 보완적인 의미를 가지고 있다.

문제는 이와 같은 선언적 규범들이 얼마나 실효성을 가지고 있는가 하는 점인데, 서두에 제시한 심창섭 노인부부의 헌법소원결과를 통해 이를 논의해 보기로 하자(헌법재판소 1994 헌마 33. 윤찬영, 1998; 이찬진, 2001 참조). 청구인들은 이 사건에서 정부의 생계급여 수준이 헌법이 규정하는 '인간다운 생활'을 영위할 수준(여기에서는 최저생계비 수준)에 훨씬 미달하고 있으므로, 헌법상의 권리가 침해당하고 있다는 점을 주장하였다. 이는 인간다운 생활에 대한 국민의 권리와 이를 보장할 국가의 책임을 확인하고자 한 것이었다.

이에 대하여 정부를 대표한 보건복지부는 첫째, 생계보호기준 책정은 정부의 재량행위로서 헌법소원의 대상이 될 수 없으며, 둘째, 현재의 보호기준이 정부의 재정능력에 상응한 최선의 급여라는 주장을 개진하였다. 헌법재판소는 1997년 5월 29일 이에 대해 선고하였는데, 첫째, 인간다운 생활을 보장하기 위한 보호기준의 책정은 정부의 재량에 의할 수밖에 없지만, 헌법의 규정과 정부의 실행기준이 현격한 차이를 보이는지 여부는 헌법적 차원의 판단이 필요하다는 것을 인정하였다. 둘째, 당시의 생계급여는 최저생계비에는 미달하지만, 생활보호대상자에게 주어지는 기타 급여들(노령수당, 공과금 감면 등)을 합하면 헌법규정을 현격히 위배했다고 보기는 어렵다는 것이다.

이와 같이 헌법재판소의 판결은 국가의 재량권을 폭넓게 인정하면서, 국가가 헌법규정을 현격히 위배했다고 보기 어렵다는 근거에서 청구를 기각하는 것으로 귀결되어 아쉬움을 남겼지만, 인간다운 생활 보장을 위한 국가의 의무를 재확인하고, 개별 정책이 이를 현저히 위배하면 안 된다는 것을 인정한 것은 약간 모호하지만 의미 있는 결론이었다. 나아가 이 사건은 국가가 공식적으로 최저생계비를 보장하도록 법제도를 개혁하게 되는 계기로 작용하였다. 즉, 1997년 생활보호법이 개정되어 국가가 최저생계비를 공식적으로 계측하여 발표할 의무를 규정하게 되었고, 이후 생활보호법을 대체한 국민기초생활보장법(1999. 8. 입법, 2000. 10. 시행)에서는 보충급여 방식으로 모든 수급자들의 최저생계비를 보장하도록 발전하였다.

이상에서 본 바와 같이 헌법이 규정하는 '인간다운 생활의 권리'는 국민의 청구권이 인정되는 구체적인 법적 권리인가 하는 문제에서는 약간 모호한 측면이 있고, 학계의 주장도 엇갈리는 상황이다. 분명한 것은, 이러한 선언적 규정들의 존재가 중요하긴 하지만 그 존재만으로 구체적인 복지권이 자동적으로 보장되는 것은 아니라는 점이다. 이를 실질적인 복지권으로 실현하기 위해서는 우선적으로 사회복지와 사회보장 관련 법령들이 제정되어 실효성과 강제력이 확보되어야 한다. 다음에서 이를 살펴보기로 하자.

(2) 복지권 관련 법제도 상황

1995년에 제정된 우리나라 사회보장기본법은 사회보장의 정의(3조)를, "질병, 장애, 노령, 실업, 사망 등 보편적인 위험으로부터 모든 국민을 보호하고 빈곤을 해소하며, 국민생활의 질을 향상시키기 위하여 제공되는 사회보험, 공공부조, 사회복지서비스 및 관련 복지제도를 말한다"고 포괄적으로 규정하고 있다. 여기에서 구체적인 사회보장제도는 사회보험, 공공부조, 사회복지서비스 및 관련 복지제도로 구성되는데, 이러한 제도들을 규정하는 법령들의 제정과정은 선진국들과 비교할 때 시간적으로 많이 뒤쳐졌지만, 1980년대 후반 이후 급속히 발전하여 현재에는 주요 사회보장제도들을 두루 갖추는 정도에 이르렀다. 그러나 그 내용과 질적 수준에는 많은 결함들이 존재하는 것이 사실이다.

먼저 사회보험은 노령과 질병, 실업, 산업재해 등의 주요 사회적 위험을 보험의 기법을 통해 예방하는 제도로서 오늘날 사회보장제도의 중심을 형성한다. 연금, 건강보험, 산재보험, 고용보험을 4대 사회보험이라 하는데, 이 중에서 산재보험(1964년 실시)만이 60년대에 실시되었고, 이후 건강보험(1977년 실시)과 국민연금(1988년 실시)을 거쳐 고용보험(1995년 실시)의 순서로 도입, 실시되었다. 적용대상도 처음에는 대기업 근로자에 국한되었지만, 점차 적용범위를 넓혔고, IMF 경제위기 시에 국민연금의 도시지역 자영자 확대가 이루어져 전국민연금시대가 열리고 고용보험의 적용범위도 급속히 확대되었다.

다음으로 공공부조는 "국가 및 지방자치단체의 책임으로 생활유지 능력이 없거나 생활이 어려운 저소득 국민의 최저생활을 보장하고 자립을 지원하는 제도"로서 사회안전망(social safety-net)의 의미를 가진다. 2000년 10월에 시행된 국민기초생활보장제도는 대표적인 공공부조 제도로서 1944년 일제하 조선구호령으로 시작되어 1961년 생활보호법을 거쳐 1999년 IMF 경제위기 하 대량실업과 대량빈곤의 위험에 대응하여 발전된 제도이다. 기초생활보장제도는 기존의 생활보호제도를 근대화하면서 권리개념을 확충한 의미를 가지고 있다.

사회복지서비스는 "도움을 필요로 하는 모든 국민에게 상담, 재활, 직업보도, 시설이용 등 물질적, 비물질적 원조를 제공하여 정상적인 사회참여가 가능하도록 지원하는 제도"이다. 물론 그 대상은 원칙적으로 도움을 필요로 하는 전체 국민으로 광범위하지만, 주로 노인과 장애인, 요보호여성, 아동과 청소년 등 취약계층이 주 대상이 된다. 이러한 대인적 서비스는 1980년대 이후 점진적으로 발전되기 시작하였는데, 관련된 주요 법률은 다음과 같다: 노인복지법(1981), 아동복지법(1981), 심신장애자복지법(1981, 1989년에 장애인복지법으로 개정), 모자복지법(1989), 장애인고용촉진법(1989), 영유아보육법(1991), 남녀고용평등법(1991), 고령자고용촉진법(1991), 성폭력처벌및피해자보호법(1994), 가정폭력방지및피해자보호법(1997), 장애인·노인·임산부등의 편의증진법(1997) 등.

마지막으로 관련복지제도는 "보건, 주거, 교육, 고용 등의 분야에서 사회보장과 관련된 제도"를 의미하는데, 국민건강관리 및 증진을 위한 각종 정책과 제도, 영구임대주택이나 주거비보조제도와 같은 공공주택정책, 의무교육, 최저임금제도, 직업훈련과 직업소개 등과 같이 우리 생활에 중요한 영향을 미치는 영역들과 관련되지만, 가장 발전이 늦은 분야이기도 하다.

이와 같이 주요 사회보장 입법이 지체된 것은 역대 정권이 복지권 보장에 소극적이었다는 데에 일차적인 원인이 있을 것이다. 그리고 현재는 어느 정도 구색을 갖추는 정도에 이르렀지만, 제도의 내용이나 질적 수준은 아직 많이 미흡한 상황이다. 개별적인 제도들은 많은 편차를 보이겠지만, 전체적으로 질적 수준을 결정하는 가장 중요한 변수는 국가의 복지비 지출 수준이다.

(3) 국가의 복지비 투자

우리나라의 법정 사회복지지출—정부의 일반예산에서 지출하는 공공부조와 사회복지서비스 비용, 그리고 주로 민간의 갹출로 충당하는 사회보험급여, 그리고 퇴직금 등 법정민간급여를 합한 비용—의 GDP 대비 비중은 1995

년 6.74%, 1996년 7.17%, 1997년 8.83% 정도였다. 1988년에는 경제위기 이후 급여지출의 일시적 증가를 반영하여 14.99% 정도에 이르렀지만 이후 감소하는 추세를 보였고(고경환 외, 2000), 현재는 대략 10% 정도인 것으로 볼 수 있다.

반면 서유럽 국가들의 사회보호 비용(social protection expenditure: 질병/건강보호, 장애, 노령, 유족, 가족/아동, 실업, 주택, 사회적 배제와 관련된 비용-소득보조, 재활 등)은 다음 [표 12-5]에서 보는 바와 같이 평균적으로 27%를 상회한다. 물론 국가별로 편차가 있어서 1999년의 경우 스웨덴은 32.9%로 가장 높았던 반면 아일랜드는 14.7%에 불과하였다.

[표 12-5] EU 15개국의 평균 사회보호지출(GDP 대비 %)

년도	1990	1991	1992	1993	1994	1995	1996	1997	1998	1999
비중	25.5	26.5	27.7	28.8	28.4	28.3	28.5	28.0	27.6	27.6

자료: Eurostat-Esspros, Abramovici(2002)에서 재인용.

이와 같이 우리나라 정부의 복지비 투자 수준은 서구의 복지선진국들에 훨씬 미치지 못할 뿐 아니라 우리와 경제수준이 비슷한 국가들 중에서도 하위에 속한다는 것이 일반적인 평가이다. 이같이 저열한 복지비 수준은 일차적으로 사회복지제도상의 결함을 야기하고, 궁극적으로는 국민의 복지권을 제약하는 결과를 낳는다. 우선 제도상의 결함으로는 다음과 같은 측면들을 들 수 있다.

첫째, 사회복지제도의 포괄성이 제약된다는 점이다. 우리의 생애 주기 동안 겪을 수 있는 사회적 위험들은 매우 다양하기 때문에 이에 대응하는 사회복지제도도 이를 포괄할 정도로 다양하여야 한다. 예를 들어, 아동, 청소년기에는 보호와 양육 그리고 교육에 대한 보장이 필요하고, 청년기에는 고용보장과 새로운 가정 형성을 위한 주거복지서비스 등이 필요하다. 그리고 노령

기에는 적절한 수준의 소득보장과 함께 건강, 고용, 여가 및 사회참여 서비스
들이 가능해야 할 것이다. 하지만, 낮은 수준의 복지비 지출은 이러한 위험들
에 대한 포괄적 대응을 저해할 수밖에 없다.

둘째, 적용범위의 확대가 제약된다는 점이다. 사회복지제도는 필요한 모
든 국민들에게 적용되지 않으면 그 의미가 심각하게 훼손될 수밖에 없는데,
이러한 면에서 우리나라의 제도들은 많은 문제를 가지고 있다. 예를 들어, 국
민기초생활보장제도의 경우는 전국민의 3% 정도에 적용되고 있는 상황인
데, 이는 많은 전문가들이 판단하고 있는 우리나라 빈곤인구의 절반 정도에
불과하다. 사회보험제도 역시 모든 국민에게 적용되고 있지 않다. 국민연금
의 경우 2000년 8월 기준으로 도시지역자영자 약 1,100만 명 중 50% 정도가
납부불능 혹은 납부유예로 국민연금의 적용대상에서 실질적으로 배제되어
있다. 문제는 취약계층일수록 사회보험제도에서 배제되는 경우가 많다는 점
이다. 아울러 월 3-5만 원을 지급하는 경로연금 수급자도 2002년 현재 80만
명 정도에 불과하고, 월 5만 원을 지급하는 장애수당 수급자도 2002년 현재
11만 명 정도에 불과하다.

셋째, 급여수준의 적절성이 제약된다는 점이다. 대표적으로 공공부조의
경우는 모든 국민의 인간다운 최저생활 보장이 핵심적인 목표인데도 불구하
고, 최저생계비에 대한 보장이 실현된 것은 2000년 10월 국민기초생활보장
제도가 실시되면서 가능했을 뿐이다. 그나마 원칙적으로는 보충급여방식으
로 최저생계비 수준을 보장하게 되어있지만, 실제 급여는 이에 미달하는 경
우가 대부분이다.

이상과 같은 문제들을 여기에서 자세히 고찰하기는 어렵고, 필요치도 않
을 것이다. 그 보다는 이 글의 주제에 맞추어, 이러한 제도상의 결함들이 복
지영역에서 어떠한 인권문제를 야기하는지를 살펴보기로 하자.

2) 사회복지 영역의 주요 인권문제

(1) 절대적 빈곤의 문제

사회복지제도의 결함이 야기하는 인권문제는 다양하지만, 우선적으로 들 수 있는 것은 아직도 우리사회에 대규모의 절대적 빈곤이 지속되고 있다는 점이다. 우리 사회에서 빈곤의 문제가 극적으로 부각된 계기는 1997년 말에 발발한 IMF 외환위기였다. 그 이전에도 빈곤은 상당한 규모로 존재한 것이 사실이지만, 고도경제성장이 지속되던 시기에는 그리 중요한 이슈가 되지 못하였다.

외환위기는 대량실업과 함께 대량빈곤의 문제를 야기했다. 당시 빈곤의 규모에 대해서는 전문가들 사이에도 견해 차이가 많아서 빈곤율에 대한 추정은 최하 7%에서 최고 20% 정도로 편차가 심하였는데, 이는 최소 400만 명에서 최대 1,000만 명에 이르는 빈곤층이 존재한다는 것을 의미하였다. 이와 같이 빈곤인구가 확대된 것은 노인이나 장애인, 한부모가구와 같은 전통적인 빈곤인구 외에 IMF 위기를 계기로 실업과 비정규직 같은 새로운 빈곤인구가 등장했기 때문이다. 근로자 가구는 전체 소득의 약 80%가 근로소득이기 때문에 실업이 곧 빈곤으로 직결될 수밖에 없다. 즉 대량실업이 곧 대량빈곤이 되는 것인데, 이러한 상황은 우리사회의 사회적 위험이 확대되고 있음을 의미한다.

빈곤인구는 이후 경제회복에 따라 하락세로 반전되어 2002년경에는 절반 정도로 줄어들었지만, 빈곤문제의 심각성이 소멸된 것은 결코 아니다. 즉, 현재 존재하는 상당한 규모의 절대적 빈곤인구뿐만 아니라, 최대 1,000만 명에 이르던 대량빈곤이 앞으로도 얼마든지 재연될 수 있기 때문이다. 이러한 판단의 한가지 근거는, 빈곤선 위의 차상위 계층이 광범위한 잠재빈곤층을 형성하면서 빈곤진입과 탈출을 반복하고 있는 현상이다.

절대빈곤의 모습을 가장 잘 보여주는 것은 주거의 형태이다. 일제시대 우리나라의 대표적인 빈민주거는 토막이나 움집이었고, 해방과 전쟁 이후에는 판자집과 루핑으로 상징되는 달동네가 전형적인 빈민주거로 자리잡았다. 그러나 재개발사업이 진행되면서 달동네는 점차 자취를 감추게 되었는데, 그렇다고 빈민주거가 사라진 것은 아니다. 가난한 사람들은 지방도시나 변두리로 계속 밀려났고, 그 중에서 가장 열악한 형편의 사람들은 쪽방과 비닐하우스, 옥탑방, 지하방을 보금자리로 삼을 수밖에 없었다. 일부의 사람들은 영구임대주택에 들어갈 수 있었던 반면, 경제위기 후 가족이 해체된 사람들은 노숙인로 전락하였다.

경제위기가 우리사회에 가져온 특이한 양상 중의 하나는 노숙인(homeless)의 발생이다. 1999년 12월경 노숙인 수는 복지부 조사로 5,500명 정도였는데, 실제로는 더 많았을 것으로 추정된다. 문제는 경제상황이 호전된 이후에도 그 수가 별로 줄지 않은 것으로 나타나고 있는데, 이는 이들의 문제가 단순한 고용과 경제문제가 아니라 가족해체까지 동반한 총체적인 문제이기 때문이다.

달동네와 같은 전통적인 도시무허가 정착촌을 대체한 대표적인 주거형태는 비닐하우스이다. 정확한 통계는 없지만, 서울과 인근지역만도 수십 개 지역에 각각 수십 호에서 수백 호에 이르는 비닐하우스 촌이 형성되어 있다. 이러한 지역에는 주소가 부여되지 않아 주민등록이 말소됨으로써 투표권 등 공민권 행사가 불가능해지고, 자녀들의 취학도 어렵고, 의료보험 적용도 안 돼 빈곤의 악순환이 영속화될 위험성이 높다. 한 조사에 의하면 비닐하우스 촌에 5년 이상 산 거주자가 전체의 74%에 달하여 빈곤탈출의 어려움을 보여주고 있다. 또한 비닐하우스 촌 내에서도 집주인과 세입자가 구분되어 전체의 50% 정도는 세입자인 것으로 나타나고 있다.

쪽방은 낡고 오래된 여관이나 여인숙 등을 보증금 없이 일세(7천 원-1만 5천 원) 또는 월세(10-15만 원 이하)의 형태로 임대하는 방이다. 주로 무허가 주택밀집 지역에 존재하며 공동화장실을 이용한다. 한국도시연구소의 실태조사에 의하면 건설일용이나 날품팔이(용역)로 생계를 잇는 단신 생활자나 노숙경험자들이 주로 이용하고 있는데, 수입이 불안정하기 때문에 노숙생활과 쪽방 생활을 반복한다. 수도세를 내지 못해 지하수를 먹기도 하고, 알콜 문제가 심각하여 불안정한 생활로 건강이 나쁘거나 장애를 가진 사람이 많고, 육체적 노동을 할 수가 없어 폐지를 주워 받은 소득으로 생활하기도 한다. 또한 주민 등록이 말소되어 국민기초생활보장제도나 의료보험의 혜택을 받지 못하고 있는 이가 대부분이고, 월세를 체납하는 경우도 많다. 쪽방은 전국에 8,200여 개 정도 존재하는 것으로 추산된다(한국도시연구소, 2000; 서울시정개발연구원, 2002).

이상과 같은 비정상 주거지 외에도 주거수준이 열악한 가구는 매우 광범위하게 존재한다. 1999년에 건설교통부는 한 가족이 인간답게 살기 위해 필요한 주거면적과 침실 수 및 부엌과 화장실 같은 주거설비를 계산하여 최저주거기준을 발표하였는데, 2000년 현재 이에 미달하는 가구는 전체가구의 23.1%로 총 330만 가구에 달하고 있다(박신영·최은희, 2002).

⑵ 빈부격차의 문제

빈곤과 관련된 또 하나의 문제는 빈부격차의 문제이다. 빈곤이 고통으로 느껴지는 것은 대체로 빈곤 자체보다는 상대적 격차 때문이다. 따라서 자본주의 사회에서 빈부의 차이가 존재하는 것은 어쩔 수 없다 하더라도, 그 정도가 심화되지 않도록 하고, 나아가 그 격차를 줄이려고 노력하는 것이 복지국가의 지향이다. 그렇지만 빈부의 격차를 정확히 파악하는 것은 어려운 일이다. 왜냐하면 개개인의 소득은 물론 재산상태까지도 파악할 수 있어야 하기 때문이다. 이에 따라 소득격차를 대리 지표로 사용하지만, 우리나라에서는 피용자가 아닌 자영자의 소득을 파악하는 일 또한 쉬운 일은 아니다. 그래서 근로자가구를 대상으로 소득의 격차를 살펴보는 경우가 많은데, 이 경우 전체 국민의 소득이나 재산의 실제 격차는 이보다 더 크다는 것을 전제하여야 한다.

통계청에서 조사하는 도시근로자가구의 가계수지 동향에 의하면, 1997년 경제위기 이전에는 소득불평등이 완만하게 완화되는 추세였는데, 위기 이후 급속히 악화된 것으로 나타난다. 즉, 상위 20% 계층의 평균소득이 하위 20% 계층의 평균소득의 몇 배인가를 측정하는 소득5분위배율을 보면, 1997년에는 4.8배였다가 1999년에 5.8배로 악화되었다. 이후 위기가 조금씩 해소되면서 이 배율도 완만하게 낮아졌지만, 2002년 초에도 5.4배 정도로 나타나고 있어 위기 이전의 수준을 회복하지 못하고 있다.

이처럼 상당한 정도의 소득불평등이 존속하는 이유는 노동시장에서의 임금불평등과 더불어 우리나라의 사회보장제도가 이러한 불평등 완화에 별로 기여하지 못하는 허약한 상태이기 때문이다. 즉, 사회보장제도의 적용범위와 급여수준 등이 충분치 않다는 것이다. 무엇보다도 사회보장제도가 평등 지향적으로 설계되지 않은 것이 문제이다. 예를 들어 국민기초생활보장제도의 경우 불평등 완화에 필수적인 상대빈곤 개념이 아닌 절대빈곤 개념을 채택하고 있어, 수급자 가구와 일반가구의 격차가 점차 확대되는 현상을 보이고 있다. 반면 일본이나 서구 여러 나라들은 상대빈곤의 해소 혹은 일반가구와의 격차 축소를 목표로 하고 있다.

(3) 차별과 배제의 문제

차별과 배제는 인권의 관점에서 매우 중요한 주제이다. 예를 들어, 외모에 의한 차별이나 장애인에 대한 고용차별, 노인이나 아동들에 대한 연령차별 등의 경우를 흔히 볼 수 있고, 세계화 시대에 역행하는 외국인근로자에 대한 차별도 다양하게 나타나고 있다.

이러한 직접적 차별을 넘어 사회복지영역에서의 차별도 적지 않다. 예를 들어 그 동안 우리나라 사회보험제도가 발전해 온 역사를 보면 우선적으로 적용대상이 된 계층은 공무원이나 군인 그리고 보험료 징수가 용이한 대기업근로자들이었다. 상대적으로 열악한 형편에 있는 농민이나 중소기업·영세사업장 근로자, 도시 자영자들은 우선 순위에서 항상 밀릴 수밖에 없었다. 인간다운 생활을 보장받지 못하는 공공부조 수급자들이나 낙후된 사회복지시설 생활자들의 삶 역시 차별의 결과로 볼 수 있다. 이러한 차별의 중요한 요인 중 하나는 사회복지에 대한 미흡한 투자이다.

　1990년대 이후에는 비정규직에 대한 차별이 새롭게 부각되었다. 일용직, 임시직, 파견근로자 등 비정규직은 90년대에 꾸준히 증가해왔고, 외환위기를 계기로 전체 임금노동자의 50%를 상회할 정도로 증대하였다. 특히 여성의 경우 비정규직의 비율이 압도적으로 높아서 외환위기 이전에도 60% 정도, 2000년에는 약 70%로 증가하였다. 이들은 정규직 노동자들과 비슷한 정도의 노동에 종사하지만, 고용의 불안정과 저임금 등의 차별을 받고 있다. 이들의 임금수준은 정규직의 52-53% 정도에 불과하다. 뿐만 아니라 비정규직은 사회보장제도에서도 차별을 받고 있는데, 사회보험가입률은 정규직의 95%에 비해 20% 정도에 불과하고, 퇴직금, 시간외수당, 상여금 등도 정규직은 80-90%, 비정규직은 15%에도 미달하는 정도이다(김유선, 2001). 문제는 이러한 차별로 인해 사용자는 부당한 이득을 챙길 수 있기 때문에 비정규직의 확대를 선호하게 된다는 것이다. 따라서 비정규직이 확대되는 주요인은 저임금과 노동유연화를 추구하는 자본의 요구이지만, 사회보장의 결함 또한 이러한 차별심화에 일조하고 있는 것이다. 즉 사회보장제도가 노동자의 복지를 강화하는 것이 아니라 역으로 노동자의 궁핍화를 방조하는 기현상을 보이는 것이다. 이렇게 볼 때 빈곤은 차별의 산물이라고도 볼 수 있다.

⑷ 자유권적 기본권 보장의 사각지대

　낙후되고 소극적인 사회복지가 가져오는 또 다른 문제는 아직도 자유권적 기본권에 대한 침해가 광범위하다는 점이다. 아동이나 여성, 노인과 장애인 등 취약계층에 대한 폭력과 학대, 방임 등의 문제가 그것이다. 대표적으로 사회복지시설의 문제와 여성에 대한 폭력 그리고 가정폭력의 문제를 간략히 살펴보기로 하자.

　먼저 사회복지생활시설의 문제를 살펴보자(이용교, 2001; 임성택, 2001). 가족의 보호를 받지 못하는 노인, 장애인, 아동, 부랑인 등을 보호하는 사회복지생활시설은 이들의 가정이나 마찬가지인데, 이들 생활시설 중, 빙산의 일각이지만 여러 가지 인권침해를 일으키는 사례들이 근절되지 않고 있다. 이제까지 알려진 인권침해의 유형은 폭행과 살인, 강제노역, 성폭력, 무보수 착취, 감금, 암매장, 협박, 정신지체인에 대한 강제 불임시술 등으로부터 부당한 원내 규칙, 외출제한, 급식제한, 따돌림 등 다양하다.

이러한 인권침해가 가능한 것은 대부분의 시설들이 감시의 사각지대에 존재하고 있고, 생활자들이 가족으로부터 버림받은 경우가 많고, 저항능력이 미약할 뿐 아니라, 입퇴소절차 등이 불투명하고 일부 부패한 공무원들이 결탁되어 있어 직원이나 경영자들이 절대권력을 행사할 수 있기 때문이다. 그리고 이러한 인권침해는 대부분 시설의 경영비리와 함께 발생하는 경우가 많다. 예를 들어 후원금 착복, 국고보조금 횡령, 족벌 경영, 생활자 허위등록으로 국고횡령, 예산 전용, 유령직원 인건비 착복, 기부금 부당징수 등이다. 특히 정신장애인을 대상으로 하는 기도원 같은 무허가 시설의 경우 문제의 소지가 많다. 그리고 이러한 문제들은 수많은 시설 중에서 극히 일부에서 발생하고 있지만, 구조적인 결함들이 방치되고 있어 언제든지 발생할 수 있다는 것이 더욱 큰 문제이다.

다음으로 여성에 대한 폭력은 강간, 성학대, 성희롱, 위협, 인신매매, 강제적인 성매매, 여성에게 위해한 관습적 폭력 등을 포함한 신체적, 성적, 정신적 폭력을 망라한다(박영란, 2001). 이 중에서 성폭력범죄의 경우를 보면 '성폭력범죄처벌및피해자보호법(1994. 4. 1. 시행)'이 시행된 이후 범죄건수가 꾸준히 증가하여 1996년 7,026건, 1998년 7,846건, 1999년 8,565건, 2000년 9,775건에 달하고 있다.

가정폭력은 노인, 아동, 여성 등에 대한 가정 내에서의 학대와 방임 등 가정 구성원 사이의 신체적, 정신적, 재산상 피해를 수반하는 행위를 의미한다. 가정폭력은 가정 내에서 이루어지기 때문에 잘 알려지기가 어려운데도 불구하고 '가정폭력범죄처벌등특례법(1998. 7. 1. 시행)' 시행 이후 1998년 3,685건, 1999년 11,859건, 2000년 12,983건으로 계속 늘고 있다(박영란, 2001).

이와 같이 가장 기본적인 권리인 자유권에 대한 침해는 가해자와 피해자 모두의 인간성을 상실케 하는 치명적인 범죄인데도 근절의 기미가 보이지 않는 것이 우리 사회의 현실이다. 우리 사회 전체의 인권수준을 적나라하게 보여주는 이러한 문제의 원인은 치안능력이나 감시체계 그리고 법적 처벌수준의 문제 등에 일차적인 책임이 돌려질 수 있겠지만, 사회복지시설의 투명성 문제와 부실한 운영절차 그리고 사회복지사 등 전문인력의 부족도 중요한 요인이다. 분명한 것은 정부의 적극적인 복지투자로 이러한 문제를 상당 부분 감소시킬 수 있을 것이라는 점이다.

⑸ 변화하는 욕구에 대한 미흡한 대응

이상과 같이 우리 사회에는 아직도 최저생활보장이나 자유권적 기본권의 문제가 과제로 엄존하고 있다. 하지만, 그럼에도 불구하고 우리 국민들의 인권에 대한 관심과 욕구의 수준은 이를 훨씬 뛰어넘어, 경제적 발전 등 우리사회의 변화하는 모습을 반영하는 새로운 욕구들이 창출되고 있다. 즉, 좀 더 나은 삶의 질과 평등에 관심, 자아실현의 욕구 그리고 우리 사회의 발전과정에 참여하고자 하는 욕구와 같은 것들이다. 이러한 적극적 욕구에 대한 국가적 대응은 미흡하기 짝이 없는 수준이다.

예를 들어 장애인복지의 경우, 아직도 최저생활보장은 물론 교육과 고용 등의 문제가 형편없이 방치되어 있지만, 최근의 장애인복지운동은 이동의 권리, 독립생활에 대한 요구, 정보접근권, 투표의 권리보장 등에 관심을 집중하고 있다. 특히 이동권 문제가 중요한 이슈로 대두된 것은 지난 2001년 1월 안산의 오이도 역에서 70대 노부부가 장애인용 리프트를 사용하던 중 줄이 끊어져 추락해서 할머니가 사망한 사건이 계기가 되었다. 2002년 5월에도 1급 지체장애인이 지하철 5호선 발산역에서 장애인용 리프트 사용 중 전동휠체어와 함께 계단에서 추락사한 비극적인 사건이 발생하였다. 1997년에 '장애인·노인·임산부 등의 편의증진보장에 관한 법률'이 제정되었지만, 우리사회에서 장애인들 이동의 권리보장은 이제 시작단계에 불과하다. 이동권 문제는 과거에는 비교적 사치스러운 문제로 여겨져 관심의 대상이 되지 못하였지만, 장애인들이 우리 사회의 당당한 일원으로 참여하여 살아가기 위해서 다른 무엇보다도 중요한 권리라는 것은 새로운 깨달음이라고 할 수 있다. 같은 맥락에서 최근에 투표소가 2층에 있어 투표권을 박탈당한 장애인들이 소송을 제기해 국가로부터 배상판결 받은 사건, 그리고 서울 모 대학에 입학한 장애인이 편의시설 부족을 이유로 학교를 상대로 소송을 제기해 승소한 사건 등도 한편으로 우리 사회의 욕구와 권리의식의 변화를 보여주면서 다른 한편 이에 대한 국가적 대응의 빈곤을 잘 보여주는 사례들이다.

또 다른 예로 무의탁 노인이나 장애인, 아동들을 격리된 사회복지생활시설에서 대규모로 수용 보호하는 형태를 지양하고 가급적 지역사회 속에서 가정적인 분위기의 생활환경을 조성하자는 그룹홈 운동이 활발하게 전개되고 있는데, 이 경우에도 정부의 지원은 매우 소극적이고 시작단계에 불과한 상황이다. 고령화 사회에서의 노인들의 노동권도 같은 맥락의 문제이다. 단순히 최저생활보장이 능사가 아니라 사회의 일원으로 기여하고자 하는 욕구가 존중되어야 하는 것이다. 보건의료의 경우에도 이제까지 질병에 대한 치료비를 보조해주는 의료보험 중심의 사회정책이 주류를 이루어 왔지만, 이제 문제가 되는 것은 모든 국민의 건강한 삶을 포괄적으로 보장하는 건강권을 확립하는 일이다.

이상과 같은 변화는 결국 참여적 복지로의 전환을 요구한다. 즉, 단순히 수동적인 복지대상자로 머무는 것이 아니라 자신의 문제를 스스로 정의하고 어떠한 사회적 서비스가 필요한지를 판단하고, 이를 결정하는 과정에 능동적으로 참여하는 주체적인 시민이 되고자 하는 욕구인 것이다. 이와 관련하여 장애인 운동이 주창해 온 복지이념 변천의 역사를 참고하면 도움이 될 것이다(이성규, 2002).

장애인복지의 첫 단계는 보호와 격리를 중심으로 하는 시설주의였다. 여기에서 장애는 '열등인자를 발현시키는 사회적 암초'라는 인식이 지배적이었다. 다음 단계에서는 격리된 시설보호를 비판하고 지역사회로의 통합을 강조하는 정상화 이념과 자립생활(independant living)의 목표가 중시되었다. 이와 더불어 소비자 주권주의가 발전하였는데 이는 장애인복지에 대한 진단과 처방이 전문가 위주로 일방적으로 시행되어서는 곤란하고, 이를 장애인들이 평가하면서 선택적으로 수용해야 한다는 입장이다. 하지만, 이 경우 여전히 공급자와 소비자는 분리되어 있다고 볼 수 있다.

여기에서 한 걸음 더 나아간 것이 시민권적 개념이다. '시민은 그 사회의 형상을 창조하는 과정에 참여하여야 한다' 는 Marshall의 견해와 같이, 장애인들이 정책수립과정에 직접 참여하여 장애인들의 관점에 입각한 정책을 수립하여야 한다는 것이다. 여기에서 장애의 개념에 대한 재정립이 필요해진다. 즉, 손상(impairment)과 장애(disability)의 구분이 필요하다는 것인데, 예를 들어 '못 걷는 것은 손상이지만, 건물에 못 들어가는 것은 장애' 이며, '말 못하는 것은 손상이지만, 의사소통이 안 되는 것은 장애' 라는 것이다(Fagan and Lee, 1997). 결국 장애는 '사회적으로 만들어지는 것' 이며, 이는 곧 장애인의 관점을 무시한 사회적 관행과 정부의 정책에 책임을 물어야 한다는 것이다. 이러한 인식은 장애를 '열등인자를 발현시키는 사회적 암초' 로 보던 인식과는 하늘과 땅 만큼의 차이가 있는데, 이러한 변화를 수용하는 것이 우리 사회의 과제이다.

5. 복지권 보장을 위한 운동적 노력

앞에서 본 바와 같이 우리나라의 사회복지는 매우 취약하고, 그에 따른 인권침해의 문제가 중요한 과제로 부각되고 있는 상황이다. 그러면 우리나라의 사회복지는 왜 이렇게 취약한가. 서구의 경우를 보면, 사회복지의 발전에 영향을 미친 요인은 매우 다양하였다. 산업화와 경제성장의 영향도 크고 노인인구의 증가와 같은 사회적 요인도 중요한 변수가 되었다. 하지만 가장 중요한 요인은 시민들의 권리의식 발전과 그에 기반한 사회운동적 노력이라고 할 수 있다. 특히 노동운동의 공헌이 가장 크다고 평가되고 있다. '요람에서 무덤까지’ 이르는 복지국가를 건설한 영국의 경우도 19세기에 시작된 노동운동과 노동자 정당(노동당)이 견인차 역할을 하였다. 스웨텐도 1936년에 집권한 노동자 정당(사회민주당)이 40여 년 간 장기집권하면서 오늘날 영국을 앞질러 가장 선진적인 복지국가를 건설하였다. 노동운동과 같은 사회운동이 미약했던 국가들은 복지발전의 수준도 뒤쳐져 있다는 것이 정설이다.

우리나라의 경우도 여기에서 예외가 아니다. 해방 이후 역대 정권들은 대부분 비민주적인 독재권력을 유지하기 위해 반공주의에 입각한 강권통치를 자행하였기 때문에 진보적 사회운동이나 노동운동은 명맥을 유지하기도 어려운 상황이었다. 정부의 경제정책은 소수의 재벌을 중심으로 한 성장론 일변도였고, 그에 따라 복지와 분배는 뒷전으로 밀려날 수밖에 없었지만, 이에 대항하는 사회운동이 성장할 수 있는 공간은 거의 없었다. 여기에 과도한 국방비 부담도 가미되어 결국 우리나라의 복지는 경제발전의 수준에 훨씬 못미치는 상태에 머물렀고, 사회복지에 관한 권리의식도 성장하기 어려웠다.

우리사회에서 사회복지운동에 대한 관심이 본격화되기 시작한 것은 1980년대 후반 정치적 민주화가 급격히 진전되면서부터였다. 1987년 6월 민주화 항쟁과 뒤이은 노동자 대투쟁(7-9월)은 오랫동안 지속되던 권위주의적 억압체제를 급격히 와해시키면서 우리 사회 제 분야에서 민주화가 급진전되는 계기를 제공하였다. 이러한 민주화의 진전으로 그 동안 비합법적 운동으로 진행되던 각종 사회운동은 합법화가 가능해졌고, 정치적 참여공간의 확대로 기존의 사회운동과 어느 정도 구별되는 시민운동의 활성화도 이루어졌다. 특히 시민운동의 경우는 YMCA와 같은 선구적인 운동들이 없지 않았지만, 1989년 창립된 경실련과 1994년 창립된 참여연대 그리고 여성단체연합과 환경운동연합 등 종합적 혹은 전국단위 시민운동이 중심이 되어 지식인층을 동원한 제도개혁운동과 국정감시, 공익소송운동 등을 활발히 전개하였다.

이와 같이 정치적 민주화가 어느 정도 진전되면서 경제적 민주화와 삶의 질에 대한 관심이 증대되면서 사회복지운동도 활성화되기 시작하였다. 앞서 언급한 경실련과 참여연대, 여성단체연합 등 전국단위의 운동을 전개하는 종합적 시민운동이 사회복지 운동에서도 중요한 역할을 하였지만, 지방 단위의 운동단체들도 다수 탄생하였고, 도시 빈민이나 장애인조직 그리고 사회복지사 단체들도 운동적 지향을 표방하게 되었다. 물론 사회복지운동이 시민운동의 영역에서만 이루어진 것은 아니고, 노동운동이나 농민운동과 같은 민중운동 단체들에서도 중요한 관심의 대상이 되었다.

사회복지운동은 특히 시민운동의 활력과 영향력 및 방법론에 고무되어 이를 활용한 다양한 운동을 전개하게 되었는데, 우리나라의 낙후된 사회복지 정책과 제도의 수준을 개혁하고, 정부의 복지비 투자를 확대시키고, 복지에 대한 국민들의 권리의식을 향상시키는 것이 운동의 주목표였다. 구체적으로 나누어보면 첫째, 복지제도개선을 위한 법개정 및 입법운동, 둘째, 복지행정에 대한 감시와 대안제시 및 복지예산확보운동, 셋째, 사법적 영역에서 복지 관련 공익소송과 권리구제 운동, 그리고 넷째, 시민의식 고양을 위한 캠페인과 교육사업 등이 대표적 활동이었다. 이러한 활동을 통해 실질적인 개혁이 이루어지기도 했고, 복지권에 대한 시민의식 고양이라는 소중한 성과를 거두기도 하였지만(1990년대 복지운동의 성과에 대해서는 참여연대 사회복지 위원회, 1999 참조), 아직 사회복지운동은 전체적으로 성숙단계에 들어선 것은 아니며, 우리나라의 사회복지가 많은 결함과 개혁의 과제를 안고 있는 만큼, 복지권운동의 과제 또한 그만큼 크다고 할 수 있다. 다양한 복지운동들 중에서 대표적으로 입법운동과 공익소송의 몇몇 사례를 간략히 소개한다.

1) 입법운동

단순한 제도개선 요구를 넘어 법안을 만들어 입법을 청원하고, 캠페인과 대중집회 및 로비활동 등을 통해 법률의 제정과 개정을 추진하는 입법운동은 1990년대 이래 매우 활발하게 진행되었다. 공공부조나 사회보험 관련 법률들이 복지운동의 주요 대상이 된 것은 당연한 일이었고, 각 운동단체들의 주요 관심영역에 따라 다양한 입법운동이 추진되었다. 여성계는 특히 보육이나 성폭력, 가정폭력 관련법에 관심을 기울였고, 장애인운동계는 장애인 복지법의 개정이나 재활 및 고용촉진 관련법, 그리고 주거권운동 단체들은 주거기본법 제정 운동들을 전개하였다. 이러한 운동들의 성과는 경우마다 다르지만, 그동안의 노력의 결과 오늘날 대부분의 사회권 관련 법률의 제, 개정 과정이 복지운동단체들의 관심을 벗어나서 이루어지는 경우는 거의 없는 상황이 되었다.

입법운동 중에서 사회복지운동이 실질적인 성과를 거둔 대표적인 사례는 1999년 8월에 제정된 '국민기초생활보장법'이다. 이 법은 기존의 생활보호법을 전면적으로 대체한 법인데, 1998년 초에 경제위기가 야기한 대량실업과 대량빈곤 상황에서 획기적인 빈곤대책이 절실하다는 인식이 확산되면서 참여연대를 위시한 시민단체 공동의 입법 청원이 이루어졌고, 여러 가지의 노력을 거쳐 12월말에 법안이 보건복지위원회 법안심사소위를 통과하였다. 그러나 입법이 계속 지연되자 전국의 50여 시민사회단체들이 '법제정 추진 연대회의'를 구성하여 적극적인 노력을 경주하였다. 이 회의에는 전국의 각종 시민, 사회, 노동, 빈민, 종교단체들이 함께 참여하였고, 결국 1999년 8월 법제정이 이루어지고, 시행령과 시행규칙 등을 정비하여 2000년 10월에 시행되는 성과를 거두었다.

이 법은 기존의 생활보호법과 달리 공식적인 최저생계비를 기준으로 대상자 선정과 급여가 이루어지고, 근로능력자에게도 생계비를 지급하며, 나아가 법적인 권리로서 수급권을 보장하는 등 우리나라 공공부조 역사상 획기적인 변화를 가져온 것으로 평가된다(이영환, 2002). 드문 일이기는 하지만, 이와 같은 획기적 성과가 가능했다는 것은 앞으로 우리나라 사회복지의 발전을 위해 매우 고무적인 일이다.

2) 공익소송

다음으로 공익소송의 사례 몇 가지를 살펴보기로 하자. 먼저 공익소송이란 문자 그대로 공익법과 관련된 소송인데(이찬진, 2001), 이에 관련된 사람들이 너무 가난하거나 흩어져 있어서 법적 권리를 제대로 누리기 어렵다는 가정 하에 이들의 권리를 대변하여 공익을 실현하는 것을 목표로 하는 사회운동적 노력을 의미한다. 실제로 다음과 같은 공익소송들은 참여연대나 민변 등 시민사회단체의 주선과 후원에 의해 이루어진 경우가 대부분이다.

- 복지권과 관련된 최초의 공익소송으로는 서두에 언급한 최저생활보장 요구와 관련된 헌법소원사건(1994년 2월)이 사회정책학회의 후원으로 이루어졌는데, 생활보호수준의 위헌성을 확인하는 데에는 실패했지만, '모든 국민은 인간다운 생활을 할 권리' 가 있다는 것을 확인했을 뿐 아니라, 1999년 기초생활보장법이 제정되는 배경으로 작용하기도 하였다.
- 1993년에 있었던 국민연금 기금운용 관련 손해배상청구소송은 국민연금기금 등의 여유자금을 의무적으로 정부가 관리하는 공공자금관리기금에 예탁하도록 규정한 공공자금관리법(1993년 제정) 5조에 대한 위헌제청 심판으로 이어졌는데, 헌법재판소가 이 규정을 합헌으로 판정하여 패소하였지만, 여유자금 강제예탁규정 자체는 1998년에 노사정위원회의 합의에 의해 철폐되었다.
- 1995년에는 노령수당 관련 소송이 있었는데, 65세 이상의 저소득 노인에게 노령수당을 지급하기로 한 노인복지법의 규정에도 불구하고 보건복지부가 70세 이상의 노인에게만 지급한 것에 대한 위법성 확인소송이었다. 고등법원은 이에 대해 복지부의 손을 들어주었지만, 이듬해 대법원이 위법으로 판결함으로써 원고가 승소하게 되었다. 더욱이 보건복지부는 재판 중에 이미 경로수당의 지급대상을 65세 이상으로 변경하는 변화도 발생하였다.
- 2000년 8월 9일 송파구의 비닐하우스 촌 개미마을과 화훼마을 주민들은 위례시민연대, 주거연합, 참여연대와 함께 주소지 찾기 행정소송을 제기했고, 2001년 1월 18일 서울행정법원이 전입신고를 받아주지 않은 것

은 부당하다는 판결을 내림으로써 이들 주민들에게 주소지가 부여되는 성과를 가져왔다.

· 1급 지체장애인인 서승연씨 등 장애인 8명은 2000년 4.13 총선일에 선관위 직원들의 비협조로 2층에 설치된 투표소에 접근할 수 없어 투표를 포기하게 되었고, 이에 대해 시민단체들과 함께 국가를 상대로 손해배상 청구소송을 내서 2001년 3월 원고승소판결을 받았다.

이상과 같이 복지권과 관련된 공익소송들은 승소하기 어려운 경우가 많고 또 승소할 경우에도 개인이 얻을 수 있는 직접적 이득이 그리 큰 것은 아니지만, 이러한 과정 자체가 불합리한 제도나 정책의 개혁을 추동하고 정부의 잘못을 시정함으로써, 시민들의 권리의식을 진작시키는 중요한 성과를 낳고 있다고 평가할 수 있다.

6. 결론: 복지권 실현을 향한 과제

'복지권은 기본적 인권인가' 하는 질문에서 시작하여 이제까지 복지권과 관련된 여러 가지 측면들을 살펴보았다. 복지권의 기본권적인 성격과 이를 제약하는 현실적인 요인들, 복지권 발전을 위한 국제사회의 노력들 그리고 우리나라 복지권의 제도적 기반과 현실, 나아가 복지권 실현을 위한 사회운동적 노력들을 고찰하였다. 이제 우리 사회의 복지권 실현을 위한 과제와 관련하여 몇 가지 사항을 강조하는 것으로 논의를 마무리하고자 한다.

첫째, 복지권에 대한 적극적 사고가 필요하다는 것이다. 아직도 우리 사회에는 복지권을 기본적 인권으로 수용하는 태세가 미흡하지만, 이미 세계적 차원에서 복지권은 기본적 인권으로 확립된 지 오래이다. 뿐만 아니라 복지권은 단지 하나의 권리에 불과한 것이 아니라, 자유권이나 참정권 등 좀 더 일찍이 확립된 기본권들을 실질적으로 보장하는 의미를 가진다. 생계유지는 물론 교육, 고용, 건강 등의 영역에서 인간다운 생활을 사회적으로 보장받지 못한다면 고립화되고 원자화된 현대인들에게 주어지는 자유권과 참정권이 무슨 의미가 있을 것인가? 나아가 복지권은 사회연대에 입각한 참여의 권리, 환경권, 미래세대의 권리 등 제3세대 권리를 향해 나아갈 수 있는 바탕이라고 할 수 있다.

둘째, 사회변화와 관련하여 복지권의 의미를 강조할 필요가 있다. 오늘날 우리 사회는 여러 가지 변화의 도전을 받고 있지만, 그 중에서 가장 영향력이 강한 것이 세계화와 인구구조의 변화이다. 세계화가 초래하는 세계적 차원의 경쟁에 대응하기 위해서 우리 사회에 가장 필요한 것은 전국민적인 인적 자원을 최대한 활용하는 것이며, 이를 가능케 하는 것이 곧 복지권이라는 점이다. 고령사회로의 진입과 출산율 저하의 동시적 진행 역시 우리사회의 근본적 변화를 야기하고 있으며, 적절한 대응이 없을 경우 재앙이 될 위험성이 농후하다. 지금이라도 노인인구의 복지와 생산적 활용 그리고 여성의 사회적 역할 확대를 뒷받침하는 적극적 복지정책을 추진하여야 한다. 즉, 사회적 약자를 위한 복지권의 발전이 사회 전체의 생존과 활력의 유지 및 발전에 필수불가결한 요소라는 발상의 전환이 필요하다는 것이다.

셋째, 복지권 발전을 위한 사회운동적 노력이 더욱 확대되어야 한다는 점이다. 앞에서 본 바와 같이 우리나라의 사회복지는 점진적으로 발전해 오긴 했지만, 아직 성과보다는 과제가 더 많은 상황이다. 이러한 상황에서 우리 사회의 경제적 능력과 정치적 민주주의의 발전은 물론 세계화와 고령화와 같은 사회적 변화들이 사회복지의 발전에 긍정적인 요인으로 작용할 것으로 기대할 수 있다. 하지만 이와 같은 상황적 변수는 양면성을 가지고 있다. 같은 현상이라도 복지발전에 기여할 수도 있고, 역으로 작용할 수도 있는 것이다. 이러한 차이는 근본적으로 사회발전의 목표와 전략 등에 대한 이념적 지향의 차이와 시민적 권리의식의 수준에 좌우되는 것으로, 결국 복지권 운동은 이러한 이념적 지향에 대한 싸움을 포함하여 좀 더 확대된 노력을 전개해야 할 것이다.

참고문헌

김상균. 1998. "복지권: 허상인가 이상인가", 한상진 편, 『현대사회와 인권』, 나남.

김유선. 2001. "비정규직 규모와 실태", 『노동사회』 59호(11월호), 한국노동사회연구소.

김형식. 1998. 『시민적 권리와 사회정책』, 중앙대 출판부.

박래군. 1999. "인권, 인권운동이란 무엇인가", 함께하는 시민행동 편, 『세상을 바꾸는 세계의 시민단체』, (주) 홍익미디어씨앤씨.

박신영 · 최은희. 2002. 공공임대주택의 장기공급전략 연구, 한국주택공사 주택연구소.

박영란. 2001. "한국 여성의 인권 현황과 실천과제" 박영란 외, 『한국의 사회복지와 인권』, 인간과복지.

변재관 외. 1998. 『한국의 사회보장과 국민복지기본선』, 한국보건사회연구원.

서울시정개발연구원. 2002. 쪽방 사람들.

서울시정개발연구원 · 한국도시연구소. 2002. "서울시 비닐하우스촌 주민의 삶과 사회정책".

윤찬영. 1998. 『사회복지법제론 I』, 나남.

이대훈. 1995. "인권A 규약(경제 사회 문화적 권리)과 인권운동", 성공회대학교 인권과 평화 강의자료집.

이성규. 2002. "장애인복지이념의 평가와 대책", 참여연대 사회복지위원회, 『복지동향』 46호, 나눔의집.

이영환. 2001. "삶의 질과 사회복지: 한국 사회보장제도의 성취와 한계", 『성공회대학논총』 16호.

이영환. 2002. "김대중 정부 사회복지정책의 평가", 한국산업사회학회, 『경제와 사회』 55호, 한울.

이용교. 2001. "인권에 대한 사회복지계의 접근: 성과와 과제", 박영란 외, 『한국의 사회복지와 인권』, 인간과복지.

이찬진. 2001. "사회권 확보를 위한 공익법운동과 공익소송, 사회권운동의 향후과제", 박영란 외, 『한국의 사회복지와 인권』, 인간과복지.

임성택. 2001. "사회복지시설의 인권문제", 박영란 외. 『한국의 사회복지와 인권』, 인간과복지.

참여연대 사회복지위원회. 1999. 『복지동향』 12호, 나남.

한국도시연구소. 2000. 쪽방연구.

Abramovici, Gerard., 2002, "Social Protection in Europe". EU.(http://europa.eu.int/comm/eurostat/)

Committee on Economic, Social and Cultural Rights(인권A규약위원회), 2001, "Concluding Observations of the Committee on Economic, Social and Cultural Rights : Republic of Korea", 21. 05. 2001 (E/C.12/1/Add.59).

Fagan, Tony and Phil Lee, 1997, "'New' Social Movement and Social Policy: a Case Study of the Disability Movement", M.Lavalette and Alan Pratt eds., Social Policy: A Conceptual and Theoretical Introduction, London: Sage Publications.

Jim Ife, Human Rights and Social Work, 김형식 · 여지영 역, 2001, 『인권과 사회복지실천』, 서울: 인간과복지

Johnson, M. Clen, 1995, "세계인권선언의 탄생", 유네스코 한국위원회, 『인권이란 무엇인가』, 오름.

Marshall, *Sociology at the Crossroads*, Heinemann, 1963.

UNDP, 2000, 인권과 인간개발, UNDP.

제13장
의무복무 사병들의 삶의 질과 복지문제*

1. 서론

이 논문의 목적은 헌법 제39조에 규정된 국방의 의무에 따라[1] 의무복무를 수행하는 사병들의 삶의 질과 복지문제를 비판적으로 고찰하고 개혁의 방향을 모색하는 것이다. 의무복무자는 현역과 비현역[2], 장기복무자와 단기복무자 그리고 장교와 부·준사관 및 사병 등으로 구분될 수 있는데, 본 연구에서 관심을 갖는 주 대상은 현역입영자로서 단기간의 의무복무를 수행하는 사병들이다.

본 연구에서 사병들의 삶의 질과 복지문제에 관심을 갖는 이유는 다음과

---

*이 글은 성공회대학교 사이버 NGO자료관이 도요타 재단의 후원으로 수행 중인 "군사주의와 한국사회" 연구의 일부분으로서 『상황과복지』 16호(서울: 인간과복지, 2003.12., 13-342쪽)에 실려 있다.

1) 대한민국 헌법 제39조 ① 모든 국민은 법률이 정하는 바에 의하여 국방의 의무를 진다.

2) 의무복무자 중 현역은 현역입영자, 공익근무요원, 상근예비역, 전투경찰, 의무경찰, 교도요원, 단기복무 장교 및 하사관 등이며, 비현역은 전문연구요원, 공중보건의, 공익법무관, 산업기능요원 등의 특례보충역과 일반보충역을 포괄한다(이기오, 2000).

같다. 먼저 우리나라 헌법은 '누구든지 병역의무의 이행으로 인해 불이익한 처우를 받지 아니한다(39조 2항)'고 규정하고 있지만, 실제로 현역 의무복무자는 그렇지 않은 사람들—여성과 장애인은 물론 면제자와 보충역 등—에 비해 많은 불이익을 감수해야 한다. 즉, 2-3년에 걸친 사회적, 경제적 활동을 희생하는, 이른바 기회비용을 지불해야 한다. 징집대상자들의 60%만이 현역으로 입영하고 있는 우리 사회의 현실에서 이들의 체감 불이익은 더욱 커질 것이다. 따라서 이들이 누리는 현역생활의 경험과 삶의 질은 이러한 불이익을 최소화하는 보상적 생활이 되어야 할 것이지만, 현실은 이러한 당위론과는 정반대의 열악한 상황을 보여주고 있다. 군대 내 문제에 관한 상세한 자료를 찾아보기는 어렵지만, 군대에서 벌어지는 각종 사고 소식과 그에 결부되어 부분적으로 노출되는 자료들을 볼 때, 같은 연령대에 있는 사회 어느 계층보다도 사병들의 문제는 심각하다고 볼 수 있다. 이러한 사병들의 문제는 현역생활 중에서도 나타날 수 있지만, 제대 후 사회복귀 과정에도 상당한 악영향을 미친다. 따라서 사병들의 삶의 질과 복지문제에 대한 진지한 관심은 너무나 당연한 요청이다.

이러한 사정에도 불구하고 그 동안 사병들의 복지문제에 관한 학문적 관심은 기이하리만치 빈약하였다. 전체적으로 볼 때 군인들의 복지문제에 관한 연구는 양적으로 적지 않지만, 대부분 직업군인이나 장교들의 현역생활 및 전역 이후 사회복귀를 위한 정책대안, 즉 연금제도를 위시하여 생활보조제도, 재산형성지원제도, 직업보도, 보건의료, 체육오락, 장례지원 등과 관련된 문제점과 개선방안을 찾는 연구들이다. 예를 들어 김통원(2002), 박호대(2002), 윤병섭(1999), 전태현(2003) 등을 들 수 있다. 반면 단기복무 후 사회로 복귀하는 사병들의 복지문제는 거의 다루어지지 않았는데, 이는 곧 사병들의 복지문제가 사회적으로나 학문적으로 관심의 대상이 되지 못하였음을 의미한다. 사병들의 복지문제를 다룬 희귀한 연구로서 정길호와 오경조(1995)[3], 이기오(2000)[4]의 연구를 들 수 있지만, 이들은 모두 현역군인이 아닌 제대군인만을 대상으로 하며, 내용도 현행 제도인 군복무 후 복학 및 복직보장, 취업지원, 가산점 제도 등에 대한 미시적 개선방안 등을 다루는 한계를 안고 있다. 따라서 현역과 제대군인을 모두 포괄하는 사병 일반에 대한 복지 제도의 현실을 비판적으로 고찰하면서 근본적 개혁을 모색하는 연구는 찾아 볼 수 없는 것이 현실정이다.

우리나라의 전체 현역 군인 약 69만여 명 중 52만여 명이 사병인 현실에서 이들의 복지에 대한 이와 같은 철저한 무관심은 실로 기이한 일이지만, 어쨌든 이러한 무관심 속에서 사병들의 비복지 상황은 지속되어 온 것이다. 이러한 비복지 상황과 이에 대한 무관심을 가져온 요인들은 다음과 같이 설명할 수 있을 것이다.

징병제도하에서 군대는 누구나 경험해야 하는 것이며, 또 당연히 고생을 각오해야 하는 곳이라는 인식, 그리고 문제가 있더라도 이를 노출하면 곤란할 것이라는 잠재적 피해의식, 그리고 엄격한 보안유지로 신뢰성 있는 자료가 생성되지 못하는 상황적 원인 등을 들 수 있다. 다른 한편, 정책당국자들도 징병제도하에서 복지라는 유인책을 통해 젊은이들을 군대로 유인할 필요성을 전혀 느끼지 못하고 있다. 나아가 현역군인들은 비밀유지에 대한 강박관념 그리고 제대군인들은 힘든 생활을 감내했다는 뿌듯함에 오히려 누가 더 많은 고생을 했는가를 자랑삼게 되는 집단심리에 젖게 되어, 사병들의 복지문제는 거의 관심의 대상이 되지 못한 것으로 볼 수 있다. 그 결과 사병들은 복지 사각지대에 방치될 수밖에 없었고, 현역생활의 적응문제나 사회복귀 과정 등은 모두 개개인이 감당해야 하는 부담이 되었다.

하지만 이러한 비인간적, 비복지적 상황이 당연시되던 시대는 이제 지나가고 있다. 징병제도는 아직 굳건히 유지되고 있지만, 사병들의 지적 수준이 높아지고 있고, 또 군대사회와 일반사회의 의사소통이 증대되고 있는 현상

---

3) 정길호·오경조, 1995, "현역 의무복무자 불이익 보전방안 연구- 제대후 사회생활지원을 중심으로", 한국국방연구원.

4) 이기오, 2000, "제대군인 지원제도의 개선방안에 관한 연구-현역 의무복무 제대군인지원을 중심으로-", 보훈학술논문집, 국가보훈처.

도 군대사회를 더 이상 고립된 외딴 섬으로 존재하기 어렵게 만들고 있기 때문이다. 또한 양심적 병역거부 및 대체복무운동 등이 확산되고 그 합법화가 추진되고 있는 상황도 고려해야 한다. 현재 징병제가 시행되는 대부분의 나라들이 양심적 병역거부를 인정하여 대체복무를 합법화하는 추세를 보여주기 때문이다. 이러한 상황에서 군대는 더 이상 독점적인 위치를 가지기 어려워지고, 사회 내 다른 영역들과 경쟁을 통해 신참자를 확보하는 방법을 채택할 수밖에 없다. 이러한 변화가 제대로 수용된다면, 군대는 고역의 장소라기보다는 젊은이들이 새로운 지식과 기술을 습득하고 경쟁력을 높이는 교육의 장과 같은 가능성의 영역으로 변화될 수 있을 것이다.

이상과 같은 상황을 배경으로 본 연구는 우리나라의 군사체제가 징집된 단기복무 사병들에게 강요하고 있는 생활상의 문제들을 점검하고, 이와 관련된 사회복지적 대책의 불모성을 분석하면서 근본적 개혁의 필요성을 주장하고자 한다. 구체적으로, 첫째, 현역 사병들의 삶의 질에 관한 다소 미시적이고 개인적인 측면을 먼저 살펴보고 둘째, 이를 좀 더 거시적인 사회보장제도의 틀 속에서의 소외문제(차별과 배제)로 파악하고자 하며 셋째, 제대 사병에 대한 지원체계의 허점을 장기복무자 등과 비교하여 살펴보고자 한다.

2. 현역 사병들의 열악한 삶의 질

본 연구의 우선적인 관심은 현역생활 동안의 삶의 질이다. 현역 군인들의 삶의 질에 관해서는 공식적인 발표 등이 극히 제약되어 있어, 조직화된 자료 획득이 어렵지만, 최근 사병들과 관련된 각종 사고―폭력, 의문사, 성폭행, 집단따돌림―등으로 인해 관련 자료들이 다양하게 산출되고 있는 상황이다. 본 연구에서는 주로 국회 국방위원회 국정감사 자료 및 회의록을 토대로 하면서 사병 출신 예비역 학생들과의 좌담(2003. 10) 등을 보충적으로 활용하였다. 잠정적인 결론은 현역군인들이 국가에 대한 고결한 의무를 수행하는 기간 동안, 불이익에 대한 보상은커녕 최소한의 인간다운 대접조차 받고 있지 못한 것이 현실이라는 것이다. 삶의 질은 매우 포괄적인 개념이지만 여기에 서는 ① 보수, ② 의식주 등의 생활여건, ③ 의료와 위생, ④ 각종 사고와 인권 문제, ⑤ 여가생활과 기술교육 등의 측면에 국한하여 살펴본다.

1) 보수

사병들이 받는 보수는 이들의 삶의 질을 보여주는 대표적 지표일 수 있는 데, 거의 '무보수' 수준인 것이 현실이다. 2003년 현재 사병들의 기본 급여는 이등병 17,400원, 일등병 18,900원, 상등병 20,900원, 병장 23,100원이다. 기 본급여 외에 특별급여—특수근무수당(전방 격오지 근무자 월 1만 원), 전투근 무수당, 상여금(200%) 등을 합해도 월 20,000원 남짓에 불과하다[5]. 그리고 정기휴가에는 왕복교통비가 주어지지만, 포상휴가나 특별휴가에는 교통비 지급도 없다[6].

이러한 '비정상적'인 보수의 문제는 우선 군대생활을 위한 기본 경비도 충 당하지 못한다는 점이다. 사병들은 개인적인 여가생활을 위한 경비 외에도, 각종 필수적인 개인장비—장갑, 귀마개, 목토시, 안면마스크, 계급장 부착비 용 등—도 사비로 구입해야 하는 실정이기 때문이다(예비역 간담회). 뒤에서 설명하겠지만, 이러한 '무보수 상태'로 인해 사병들이 사회보험의 가입자격

---

5) 군인들의 보수는 군인보수법과 공무원보수규정(1982년 군인보수법 시행령을 폐지하면서 통합함)에 의해 규정된다. 사병 보수의 실태와 문제점 등에 관해서는 『한겨레21』 427호 (2002. 9. 18)의 특집기사를 참고.

6) 한국군의 총병력은 대략 69만 명, 이 중 약 3/4인 524,000명이 사병이며, 여기에 상근예비역 36,000명을 더하여 총 56만여 명이 국방예산에서 봉급을 받고 있다. 2002년도의 경우 국방 예산은 16조 3,640억 원(GDP 대비 2.8%, 재정대비 14.9%)인데, 사병들의 인건비는 1,296억 원으로 전체 국방예산의 0.8%에 불과하다(한홍구, 2003). 반면 37,000여 명의 주한미군에게 우리 정부가 현금으로 부담하는 주둔군지원비는 2,832억 원으로 우리 사병 봉급의 2배를 상 회한다(국방부, 2003).

이나 혜택에서 제외되는 등 사회보장의 사각지대에 방치되는 것도 큰 문제이다.

둘째, 형평성 차원에서의 문제로서, 사병들의 보수는 의무복무기간 중의 장교 혹은 직업군인들에 비해서도 물론이고, 노동자 최저임금(2003년 기준 월 567,260원, 시간급 2,510원, 8시간 기준 일급 20,080원)을 받을 수 있는 병역특례자들에 비해 부당하고, 일당 500-4,000원을 받을 수 있는 수형자들에 비해서도 열악한 편이다[7]. 왜 사병들만이 이러한 경제적 불이익을 감수해야 하는지 이해하기 어렵다. 사병들의 저열한 보수체계는 한국 전쟁 이후 군대의 규모가 양적으로 팽창하면서 이를 유지하기 위한 수단으로 불가피하게 채용되었으며, 특히 5.16 이후 장교와 직업군인들의 보수를 큰 폭으로 늘리기 위한 반대급부로 사병들의 보수를 거의 동결상태로 유지해 온 정책의 결과이기도 하다.

물론 이와 같은 경제적 문제들보다 '싸구려 인력'으로 왜곡되는 사병들의 인격과 그로 인한 자존심 상실, 인명경시 풍조, 천박한 군사문화의 범람 등이 더 심각한 문제다.

2) 의식주 등의 생활여건과 환경

다음으로 의식주 등의 기본 생활여건과 관련하여 급식과 의복, 주거환경 그리고 의료와 위생문제를 간략히 살펴볼 것이다.

(1) 급식

국방부 자료에 의하면 2003년 현재 장병 급식비는 평균 1인당 1일 4,380원

---

7) 다음과 같이 몽골이나 이란 등도 우리보다 나은 처우를 하고 있다(『한겨레21』 427호, 2002. 9. 18): 노르웨이(수당 제외한 일당 16,000원), 이스라엘(기본급 남자 8만 원, 여자 9만 원), 몽골(노동자기본생계비인 월 평균 31만 3천 원), 이란(월 평균 12,000원-노동자 월평균 임금 12만 원의 1/10), 독일(월 평균 42만 원과 각종 수당—결혼, 육아 등—지급), 대만(약 40만 원).

이다.

[예비역 간담회] 식사의 양이나 질에 대한 불만은 많지 않다. 특히 식중독 등은 예민한 문제로서 지휘관들도 위생문제에 관심을 많이 가지고 있다. 그러나 훈련시 지급되는 전투식량은 맛이 없어 억지로 먹을 수밖에 없고, 유통기간이 지나거나 거의 꽉 찬 것들이 많고, 온수 공급이 안돼 찬 식량을 그대로 먹어야 할 경우 등도 많다.

2002년 국정감사 자료에 의하면 음료수 공급은 지역마다 사정이 다르겠지만, 수돗물을 쓰는 군부대는 전체의 27%에 불과하고, 16%의 먹는 물이 오염되었다는 보고도 있다. 자신이 어떤 물을 먹고 있는지 사병들은 잘 모르고 있다.

(2) 의복

[예비역 간담회] 의복에 대한 사병들의 불만은 매우 크다. 무엇보다도 군대 보급품의 질이나 양이 형편없다는 점이다. 장갑, 귀마개, 목토시, 안면마스크 등은 양적, 질적인 문제 때문에 개인적으로 구입해야 할 경우가 많다. 전투복은 대체로 4계절용이어서 여름에는 너무 덥고, 겨울에는 너무 추워 능률이 오르지 않는다. 특히 군용양말은 나일론으로 만들어져 땀 흡수가 되지 않고 지저분하며, 전투화 또한 통풍이 잘 안 된 채로 14-16시간을 계속 착용하게 되어 무좀, 습진, 땀띠 등은 걸리지 않는 것이 이상할 정도이다. 우리 나라 사병들은 적과의 전쟁에 앞서 무좀과의 전쟁으로 진을 빼면서 스스로 전력을 갉아 먹고 있는 실정이다. 물론 간부들에게 별도로 지급되는 보급품은 상대적으로 높은 품질의 제품인데, 이러한 기본적인 생필품에 있어서도 차별이 있어야 하는 것인가? 이러한 차별은 사병들의 사기를 현저히 저하시키는 요인이 되고 있다.

(3) 주거환경

군대는 젊은이들이 2-3년 동안 생활하는 장소이지만, 주거가 아닌 '수용'의 개념만이 존재하는 것으로 보인다. 개인의 프라이버시를 지키고 여가시간의 사적인 활용이 가능한 공간은 꿈도 꿀 수 없고 최소한의 취침 면적도 확보하고 있지 못하는 것이 현실이다.

국방부에 의하면, "장병의 병영시설은 1960-70년대 건립된 협소한 구형 통합막사가 전체의 41%를 차지하고 있으며, 소대단위 내무반 구조로 개인 생활여건이 미흡하고, 1인당 주거공간의 부족으로 하계에는 정상적인 취침마저 곤란한 실정이다. 앞으로 […] 단순 수용위주의 침상형 통합내무반 시설을 분대단위 침대단위 내무반으로 개선할 예정"(국방부, 2003: 115)이라고 밝히고 있다. 구형막사의 보수공사는 1983년 병영기본시설현대화사업으로 추진되어 2007년에 완료할 계획이며 분대단위 침대형 내무반으로의 개선은 2008년부터 시작될 예정이다.

2002년도 국정감사 회의록에 의하면, 내무반의 1인당 주거(취침) 면적과 관련해서는 국방부가 국민체격에 맞추어 1993년 3월에 개정한 국방시설기준에 비추어볼 때, 26-49%가 미달되어 10명 기준 침상에 16명이 취침하는 상태이다(기준은 1인당 1.49평, 실제설계면적은 0.76-1.1평). 이에 따라 '칼잠'을 자는 경우가 많고, 특히 신병들의 고통은 매우 클 수밖에 없다.

[예비역 간담회] 군대막사는 음지에 건축되어 있는 경우가 많아서 추위를 많이 타게 되는 문제가 있다. 겨울에도 기름절약 등을 이유로 온수사용이 제한되고 있다. 이를테면 온수공급시간은 제한되어 있는데, 보초근무 등으로 온수를 이용하지 못하는 경우도 많다. 그리고 아직도 재래식 화장실이 많이 남아 있어서, 비위생적이고 냄새는 물론 구더기, 모기, 파리 등이 들끓고, 이로 인해 말라리아 등 질병이 발생하고, 청소와 퍼내기, 겨울에 똥얼음 깨기 등도 모두 사병들의 몫이 되고 있다. 물론 부대간 차이가 있지만, 특히 강원도 지방 등—전방지역이 열악한데—수많은 군인들이 오랫동안 주둔하는 곳에 수세식 화장실을 위한 투자가 왜 이루어지지 못하는지 이해하기 어렵다.

(4) 의료와 위생

[예비역 간담회] 사병들을 위한 의료와 위생문제는 매우 심각하다. 의료인

력, 약, 시설 등 의료 환경 모두 열악하다는 것이다. '머리 아플 때도 아스피린 주고, 배 아플 때도 아스피린 주는 식' 이다. 군의관은 일과 후 퇴근하므로 일과 시간 이후에는 적절한 치료나 응급조치를 받지 못하는 경우가 많다. 뿐만 아니라 군대는 전반적으로 부상과 질병 등에 무신경하다. 시간이 지나면 다 낫는다는 식으로 병을 키운다.

군병원 입원환자들의 서비스 만족도를 연구한 오국환(2001)의 연구에 의하면 군 의료시설은 장비와 물자가 노후되어 있고, 계급과 서열에 의한 차별이 심해서 서비스 만족도가 매우 낮고, 급기야 이용기피현상을 유발하고 있다.

또 다른 문제는 군대내 의료시설이 충분치 않고, 질도 떨어지고 이용도 쉽지 않은데, 민간병원 이용을 거의 불허하고 있고, (뒤에서 자세히 보겠지만) 이용할 경우에도 건강보험이 적용되지 않아, 사병들은 의료사각지대에 방치되어 있다고 해도 과언이 아니다.

2002년도 국정감사 회의록에 의하면, 현역장병들의 질병과 정신질환 이환율은 다음과 같이 작은 규모가 아니다. 매년 28,000명이 부상과 질병으로 입원하여 20여명이 사망하고, 3,500명이 의병전역(그 중 부상, 공상 전역이 1,000여 명)함으로써, 자연적 전투력 상실이 현역장병의 4-5%에 달한다. 그 중 법정전염병 발생은 4,000여 명이다[8]. 정신질환 발병인원은 1996년 1,446명, 1997년 1,771명, 1998년 1,787명, 1999년 1,274명, 2000년 1,079명, 2001년(7. 31.까지) 540명으로 나타났다. 군대내 스트레스가 매우 심하다는 증거이다.

3) 각종 사고와 인권문제

군대내 각종 문제들—폭력, 성폭행, 집단따돌림, 탈영(근무 이탈), 음주, 자

---

8) 결핵(3군 전염병) 발생은 1999년 551명, 2000년 1,991명, 2001년 1,879명, 2002 상반기 974명/ B형간염(2군 전염병) 발생은 1999년 589명, 2000년 920명, 2001년 959명, 2002 상반기 615명이다. 성병 발생은 1999년 287명, 2000년 530명, 2001년 614명, 2002 상반기 331명(2002, 국감 자료)으로 나타났다.

살, 질병, 정신질환 등―또한 사병들의 삶의 질이 얼마나 열악한지 단적으로
보여주는 지표들이다.

(1) 폭행과 가혹행위

군대에서 폭행과 가혹행위는 조금씩 줄어들긴 하지만 고질적인 문제이다.
육군의 경우 영내 폭행사고 중 구속 대상 건수는 1997년 852건, 1998년 699
건, 1999년 723건, 2000년 755건, 2001년 667건으로 나타나고 있다(2002년도
국정감사 회의록). 해군의 경우에도 2000년에 200건 이상의 폭행사건이 있
었고 그 중 85.4%인 182명이 구속되었다. 2002년 3월 육군은 폭력과 가혹행
위를 집중 관찰한 결과 폭행 1,706건, 가혹행위 581건, 기타 97건 등 모두
1,706건을 적발하여, 74명을 구속하고, 15명은 불구속 입건, 1,358명은 징계
위 회부, 317명은 군기교육 처분하였다.

2002년에 실시된 국가인권위와 천주교 인권위원회 등의 공동조사에서는,
구타당한 경험이 있는 사병이 60.48%, 가혹행위 경험자가 65.9%에 달하였고
(이 경우 예비역이 현역보다 높은 비율을 보임), 구타나 가혹행위를 당한 후
탈영충동을 느낀 경우가 34.6%, 자살충동 14.1%로 나타남으로써(이 경우에
는 현역이 높은 비중을 보임) 문제의 심각성을 잘 보여주고 있다. 또한 구타
나 가혹행위를 목격했을 경우 '못 본 척하거나 참았다'는 응답이 75.9%에 달
함으로써 이러한 폭력적인 문화 속에서 대부분의 사병들이 인격적 모멸감을
경험하고 있는 것으로 이해할 수 있다(http://www. humanrights.go.kr).

(2) 사망과 자살

아래 [표 13-1]에서 보듯이 군대내 사망자 수는 2000년 이전까지는 200명을
상회하였고 최근에는 조금 줄어들었다. 이러한 수치는 1991년 걸프전 당시
미군측 사망자가 전사 148명, 사고자 121명으로 총 269명의 인명 피해가 있
었다는 사실과 비교하면 비전투기간 중 사망자로서 엄청난 규모라고 할 수
있다. 나아가 그 중 자살자 비중이 40%를 상회한다는 사실 또한 우리나라 군

대의 치명적인 약점을 집약적으로 보여주는 지표라고 할 수 있다.

[표 13-1] 군대내 연도별 사망, 자살자수 및 자살자 비중

구 분	1997	1998	1999	2000	2001
자살/사망자 수	92/273	102/248	101/230	82/182	66/164
자살비율(%)	34	41	44	45	40

자료: 국회 국방위원회, 2002 국정감사 회의록.

[예비역 간담회] 자살 등을 방지하기 위해 '보호관심 사병' 제도가 운영되고 있다. 분대장이 군대일지에 주의를 필요로 하는 사병들에 대해 기록하면 이를 상급 지휘관들이 신상기록부에 기록하고 주기적으로 상담 등을 행하도록 되어 있지만, 대단히 형식적이고 비전문적이어서 실효성은 별로 없다. 분대장이나 지휘관들이 이에 관한 전문적인 교육과 훈련을 받은 것 같지도 않다.

(3) 인권문제

[예비역 간담회] 폭행 이외에도 사병들의 인권이 억압받는 방식은 다양하다. 특히 신병에 대한 성폭력이나 언어폭력은 상당히 일반화되어 있고, 과거에는 군대에 필요한 물자를 확보하기 위해 사병들을 부대 밖 공장 등에 강제 노역으로 동원하는 사례들도 있었다. 이러한 군대내 인권문제는 사병과 사병간의 문제로 부각되는 경우가 많지만, 핵심은 장교-사병 관계이다. 장교-사병간의 권위주의적이고 비인격적 관계가 사병간의 관계로 전이되는 것이다. 장교들은 사병들을 개인적인 일에 (강제)동원하기도 하고, 사병 간에는 금지되어 있는 가혹한 암기강요 등도 장교의 지시로는 얼마든지 가능한 실정이다. 지휘관이 사적으로 사용하는 당번병은 존재할 필요가 없는 잉여인력인데, 이러한 잉여인력의 존재가 사병들의 인격적 존엄성을 심각하게 훼손하는 기반이 된다. 결국 군대는 지휘관이 입법, 사법, 행정의 삼권을 모두 독점하고─견제 없는 독재체제를 형성하고 있음─있기 때문에 사병에 대한

인권유린은 언제든지 발생할 수 있는 구조라는 것이 문제이다.

4) 여가생활과 기술교육

(1) 여가생활

사병들은 장교들과 달리 일과 후 여가시간이 거의 허용되지 않는다. 일과 시간 후에도 내무반 내에서 여러 가지 과업을 수행해야 하고, 좁은 공간에서 공동생활을 함에 따라 독서 등의 개인생활은 거의 포기해야 한다. 물론 휴일에도 간부들이 사역에 동원하는 일이 많음은 물론이다.

[예비역 간담회] 수년 전부터 여가시간을 이용한 동아리 활동을 권장하고 있지만 대부분 형식적으로 진행된다. 일괄적으로 동아리를 배정한 후, 활동을 위한 시설이나 공간 배려는 거의 없고, 상급자들이 순시할 때 보여주는 것이 주 목적이다. 군대문화는 '검열을 위한 보여주기 문화' 인 것 같다.

(2) 교육과 기술습득

군복무 기간 동안 유용한 교육을 받거나 기술을 습득할 수 있다면 사병들의 불이익에 조금이라도 보상이 될 것이다. 이를 위해 정부도 정보화교육이나 운전교육 등을 시행하고 있지만 별 효과는 없다는 것이 대체적인 평가이다.

[예비역 간담회] 우선 정보검색사 자격취득을 위한 정보화교육은 형식적으로 진행되고 있다. 교육 내용의 전문성도 떨어지고, 교육시간에 작업 등으로 차출되는 경우가 많고, 수험료만 내면 시험을 보지 않아도 합격된다. 중장비나 자동차 운전교육은 자격취득 후 운전병 등으로 근무한다는 조건인데 지원병이 거의 없다. 그 이유는 교육기간 중이나 교육 후 다른 부대에 차출(파견)되기 때문에, '자부대에 도움이 안된다' 는 이유로 따돌림 당하기 쉽기 때문이다. 교육도 비전문가가 주로 담당한다. 그러나 공군의 경우에는 상당히 실효성 있게 운용된다는 평가도 있다. 기술교육 외에 정신교육 등도 전문가 없이 진행되는 경우가 태반이고, 사병들의 정서적, 문화적 욕구 충족을 위해

집중 정신교육기간, 인성교육기간 등을 실시하고 있지만, 전시효과('보여주기')에 치중하고, 전문성 없이 진행되어, 사병들의 정서적, 문화적 욕구 충족과는 거리가 멀다.

5) 사병들의 삶의 질 향상을 위한 개혁의 과제

이상과 같이 우리나라 사병들의 삶의 수준은 보수는 물론 의복, 주거환경, 의료 등의 기본 생활여건에서 심각한 문제를 안고 있으며, 여가생활의 자유를 박탈당하고 있고, 폭력과 가혹행위에 아무런 방어막 없이 노출되는 등 최소한의 인간적 존엄성을 지키기도 어려운 생활을 영위하고 있다. 또한 상당히 높은 사고발생률과 이환율을 보이고 있어 전쟁을 치르지 않는 상황에서도 막대한 인명의 손실을 초래하는 상황이다.

다른 한편 사병들은 2-3년간에 걸친 병영생활 동안 자신의 미래를 위해 유용한 기술을 습득하는 기회도 거의 갖지 못하고 있다. 한 조사에 의하면 군복무 경험이 '사회생활에 도움을 준다' 는 응답이 74.5%를 차지했지만(22.3%는 '도움이 되지 않거나 손해' 라고 응답), 그 중 절반 정도는(46.5%)는 그 도움이 '인내심 향상' 이라는 웃지 못할 응답을 보여주었다(이기오, 2000: 156-157).

이러한 상황은 매우 다양한 요인들의 상호작용에 의해 규정되는데, 무엇보다도 60만 대군을 유지하기 위한 예산이 부족하고, 군대의 규모가 필요에 비해 너무 커서 잉여인력이 넘쳐난다는 점, 그리고 권위주의적이고 몰개성적인 병영문화와 낮은 인권의식, 사병들을 위한 복지행정을 기획, 실천하는 전문부서의 결여[9], 사병들의 각종 문제를 전문적으로 상담, 치료하는 전문가의 부재[10] 등을 들 수 있다. 이러한 상황이 수십 년 동안 별로 나아진 면이 없

---

9) 인사처의 복지담당은 직업군인들의 복지만 담당함.

10) 교회 등에서 가끔 집단 상담을 실시하지만, 실효성이 없고 시간 손실 등 역효과일 경우가 많다는 평가이다.

다는 것이 안타까운 일이다.

결국 현역사병들은 우리나라 헌법이 규정하고 있는 인간으로서의 존엄성(10조)과 인간다운 생활을 할 기본적 권리(34조)조차 누리지 못하는 상황에 처해 있는데, 이는 가히 위헌적 상황이라 해도 과언이 아닐 것이다[11]. 이러한 상황에 대한 근본적 차원에서의 반성적 인식이 전제되지 않고서는 현상의 변화를 기대하기 어려울 것이다. 즉, 신성한 국방의 의무를 수행하기 위해서 우리 젊은이들이 인간 이하의 생활을 해야 할 이유가 하나도 없다는 인식 위에서, 오히려 이들이 감수해야 하는 여러 가지 불이익을 최대한 보상하기 위해서 다양하고 유익한 경험을 얻을 있도록 병영생활의 설계가 근본적으로 바뀌어야 할 것이다.

2003년에 출범한 참여정부도 이러한 문제의 심각성에 대응하여 군숙소 개선, 직업군인 처우 개선, 병사보수 개선(2003년 월 평균 24,800원에서 2006년까지 8만 원 수준으로 인상 목표) 등의 개선과제를 제시하였다(국방부, 2003). 하지만 미온적인 대응이 아닌 본격적인 수술이 필요한 것이 현실이다. 좀 더 구체적인 개혁의 과제는 다음과 같이 요약할 수 있다.

첫째, 무엇보다도 사병들의 보수 현실화가 필요하다. 적절한 수준은 쉽게 제시하기 어렵지만, 정부의 미온적 대책과 달리 최저임금 수준(2003년 기준 월 56만 원)의 요구도 있다. 본 연구에서는 사병들을 사회보장제도에 포괄하기 위하여 국민연금 표준보수월액의 최저기준(월평균 22만 원 정도)을 상회하는 보수가 필요함을 주장하고자 한다(다음 장 참조). 보수는 모든 복지문제의 기본이 될 뿐만 아니라, 사병들의 자존감 회복을 통해 질적으로 높은 군대를 형성하는 관건이 될 것이다. 부모 및 가족에게 생계비를 지급하는 국가들(프랑스, 독일, 대만)도 있음을 참조해야 할 것이다(이기오, 2000: 164).

---

11) [헌법10조] 모든 국민은 인간으로서의 존엄과 가치를 가지며, 행복을 추구할 권리를 가진다. 국가는 개인이 가지는 불가침의 기본적 인권을 확인하고 이를 보장할 의무를 진다[헌법34조]. ① 모든 국민은 인간다운 생활을 할 권리를 가진다. ② 국가는 사회보장 · 사회복지의 증진에 노력할 의무를 진다.

둘째, 사병들의 복지문제를 전담하는 기획, 관리부서가 필요하며, 군대사회사업제도와 같은 전문가 시스템을 시급히 도입하여 상담심리, 전문사회사업적 개입 등을 실시하여야 한다(한인영, 2000).

셋째, 인권침해 방지를 위해 옴부즈만 제도와 같은 독립적인 감시기구를 도입하고, 사병들을 위한 인권기준 제정과 처벌 강화 등의 제도적 개혁과 함께, 장병들 특히 지휘관들에 대한 체계적인 인권 및 복지 교육을 실시하여야 한다.

그 외, 의식주와 관련된 기본생활조건의 개선, 특히 프라이버시와 인격권이 존중되는 주거환경의 확립을 추진하여야 하며, 교육과 훈련의 내실화, 근무와 여가의 분리를 통한 여가생활의 보장 등도 간과할 수 없는 과제이다. 보건, 의료의 경우 자체 여건을 개선함과 동시에 민간의 의료자원을 이용하는 현실적인 방안을 고려할 필요가 있다.

이상과 같은 개혁들은 결국 예산의 확보가 관건인데, 이를 위해서는 군대의 규모를 축소하여 적정인원으로 재편하는 것을 적극 추진하여야 할 것이다. 즉, 우리 나라의 경제력을 감안한 적정규모를 지향하여야 하며, 이를 위해 징병제를 지원병제도로 전환하는 등 근본적인 변화가 함께 추진되어야 할 것이다.

3. 배제적 사회보장

사병들의 복지에 있어서 또 하나의 심각한 문제는 의무복무기간 중 사회보장의 사각지대에 방치되고 그 후유증도 크다는 점이다. 사회보장제도는 노령이나 은퇴, 질병, 사고, 실업 등 주요한 사회적 위험에 대한 사회적 차원의 보장이다. 이에 대한 우리 나라의 대응은 4대 사회보험—연금보험, 건강보험, 고용보험, 재해보험—을 중심으로 이루어지고 있는데, 사병들은 그 적용대상에서 거의 배제되어 있어, 현역생활 중은 물론 미래의 사회적 위험에 대비하는 데 있어 현저한 불이익과 불공평을 감수해야 한다.

1) 연금보험

연금제도는 현대사회의 중심적인 사회보장제도이다. 주로 퇴직 후의 생활 보장을 목적으로 근로기간 중 기여금을 불입하고, 위험 발생시 연금으로 수령함으로써, 노후의 빈곤을 예방하는 중요한 제도이다. 그런데 연금의 급여수준을 결정하는 것은 기여금의 수준과 더불어 가입기간이 중요한 변수인데, 사병들은 현역복무 기간 중 적용이 배제되므로 가입기간 산정에서 불이익을 감수할 수밖에 없다. 사병들은 군인연금에서는 물론 국민연금에서도 거의 완전히 소외되어 있다.

(1) 군인연금

1960년 공무원연금법으로 시작되어 1963년 군인연금법 제정으로 독립적으로 시행되었다. 급여의 종류는 1963년에는 퇴직연금, 상이연금, 유족연금 등 6종이었으나 점진적으로 확대되어 현재 15종의 급여를 시행하고 있다. 기금이 고갈되어 현재는 국고보조로 운영되고 있는데, 이러한 국고보조가 직업군인들에게만 주어진다는 것이 문제이다. 의무복무 사병들은 가입자격이 없다.

(2) 국민연금

국민연금은 국민연금법에 의해 1988년부터 시행되었다. 국내에 거주하는 18세 이상 60세 미만의 국민은 모두 국민연금의 가입대상(국민연금법 6조)이 되지만, '18세 이상 27세 미만인 자로서 학생이거나 군복무 등으로 소득이 없는 자' (10조 3항)는 제외되거나, 납부예외자(77조의 2- 2. 병역법 제3조의 규정에 의한 병역의무를 수행하는 경우)로 간주된다. 이 경우 제대 후에 가입자격을 취득하면 당해 병역의무를 수행한 기간만큼 추후납부를 신청할 수 있다(77조의 3).

이상과 같이 사병들은 군인연금은 물론 국민연금에서도 소외되고 있는데,

그 주된 이유가 '소득이 없는 자'라는 것이다. 하지만, 사병들도 적지만 보수를 받고 있는 것이 사실이기 때문에 이는 원칙적으로 부당한 처분이다. 국민연금법 시행령에 규정된 표준보수월액은 최저기준으로 22만 5,000원 미만은 22만 원으로 간주하고 있다. 따라서 사병들의 보수도 이러한 최저기준에 해당되는 것으로 해석할 여지는 존재한다. 좀 더 적극적으로는 사병들의 보수수준이 최소한의 연금보험료를 납부할 수 있는 월 22만 원 이상으로 인상될 필요가 있다.

나아가 사병들의 보수가 적정선으로 인상되기 전에라도 최소한 국민연금 가입을 보장하고 최저보험료를 국가에서 부담하는 것이 필요할 것이다. 왜냐하면, 제대 후 국민연금 가입자격을 취득하면 복무기간을 소급하여 추가 납부할 수 있지만, 이에 따른 경제적 손실을 감수해야 하므로 정당하다고 볼 수 없기 때문이다.

2) 건강보험

현행 건강보험법은 단기복무 하사와 병사 및 무관후보생으로 복무중인 때에는 급여를 정지하도록 하고 있다(49조). 따라서 현역사병은 군병원외 민간 요양기관을 이용할 때 보험급여를 받을 수 없는데, 특히 휴가기간과 외출, 외박의 경우 문제가 되었다. 이에 대해 오래 전부터 문제가 제기되어 왔고, 국방부에서도 1996년부터 관계부처와 협의를 하였지만, 최근에 이르기까지 해결하지 못하였다(2002년 국방위원회 국감자료).

이에 대해 최근 인권위원회는 군복무자에 대해 일시적으로 건강보험을 지급하는 특례조항 신설을 권고하였고[12], 보험급여 후 국방부가 보험공단에 공

---

12) 국가인권위원회는 결정문에서 "현역사병 등 군복무자가 휴가기간에 군 의료시설 이외의 민간의료시설을 이용할 경우 국민건강보험 혜택을 받지 못하는 것은 헌법 제11조 평등권과 제39조 2항 '병역의무 이행으로 인한 불이익 금지원칙'에 어긋난다"고 하였다(국가인권위원회 보도자료, 2003. 9. 17).

단지급분을 정산하는 '선치료 후정산' 제도를 보건복지부와 합의하였다. 이에 따라 국민건강보험법 개정안이 입법예고 되었고(국가인권위원회보도자료, 2003. 9. 16), 2003년 12월에 개정이 이루어져 특례조항이 신설됨으로써, 현역병 및 무관후보생이 휴가, 외출, 외박 중 부득이하게 민간의료기관을 이용시(입원 제외) 건강보험 적용이 가능하게 되었다. 본인부담금은 일반국민과 마찬가지로 본인부담으로 하고, 공단부담금은 보험공단의 청구에 의거 국방부가 정산하는 방식이다(국방부 보도자료, 2003. 12. 19, www.mnd.go.kr).

이러한 개선은 분명 긍정적이지만, 애초에 건강보험의 피부양자에서 현역 복무중인 자녀가 제외되었던 것 자체가 문제였다. 특히 가족 수에 관계없이 동일한 보험료를 납부하는 직장가입자의 자녀가 입대를 이유로 보험에서 제외되는 것은 납득하기 어려운 일이다. 물론 현역사병들이 독자적으로 건강보험료를 납부할 만큼 소득이 인상된다면 별개의 문제일 것이다. 지역가입자의 경우도, 보험료가 가족 수에 비례하는 부분이 있지만, 이러한 인두세적 성격을 철폐하는 것이 좀 더 바람직한 선택일 것이다.

좀 더 근본적으로는 군대내 의료인력과 시설, 장비만으로는 사병들의 의료욕구를 제대로 충족시킬 수 없다는 현실이 문제이다. 따라서 군대 내 의료자원의 개선과 함께 민간의료자원을 적극적으로 활용하는 방안을 강구할 필요가 있다. 즉, 군대와 민간의 의료자원을 선택적으로 이용할 필요가 있다는 것이다. 이를 위해서도 사병들에 대한 건강보험 적용은 선결 과제였다. 이제 어느 정도 개선이 이루어진 만큼, 현역 군인들이 군시설과 민간시설을 선택적으로 이용할 가능성은 증가할 것이다. 나아가 민간시설 이용시 본인부담금을 국가가 부담하는 방향으로의 개혁도 적극 추진되어야 한다.

3) 고용보험

고용보험은 실업의 위험에 대비하는 사회보험제도로서 1995년부터 시행되었다. 사병들은 물론 여기에서도 제외되어 있는데, 이 역시 소득(보수)의

문제와 연관될 것이다. 2-3년간 복무한 사병들은 제대 후 곧 복직이나 취직이 되지 않는다면 당연히 실업자가 될 것인데도 불구하고, 제대군인들은 퇴직금 한 푼 못 받는 실정이다. 이 역시 개혁이 필요한 과제이다. 사병들의 보험가입이 이루어져야 하며, 적정한 선으로의 보수 인상이 이루어지기 전에는 실업급여를 위한 보험료를 국가가 부담하는 것이 필요하다.

4) 재해 등에 대한 보상

민간의 산업재해보상제도와 유사하게 현역군인들을 위한 재해보상제도가 있다. 우선 군인연금법에 의한 재해보상이 있다. 원칙적으로 사병들은 군인연금에서 제외되고 있지만, 이상하게도 재해보상만은 사병들에게 적용하고 있다. 군인연금법에 의한 재해보상에는 사망보상과 장애보상이 있는데, 사망보상은 보수월액(중사의 보수월액을 최저로 함)의 3-6배, 장애보상은 6-12배를 지급한다.

다음으로 병역법과 국가유공자등지원법에 의한 보상으로, 군복무 중 전사, 순직하거나 공상, 전상을 입은 자 및 그 가족에 대한 연금, 가료 등이 규정되고 있다. 하지만 보상급 지급대상자인 상이군경의 대부분은 5, 6급으로서 월 보상금이 50-59.4만 원 수준으로, 국민소득이나 최저생계비와 비교할 때 적은 액수라는 평가이다(이기오, 2000: 159).

이와 같이 군대내 재해보상제도와 관련하여 우선적으로 제기되는 문제는 보상수준의 문제이다. 일례로 2002년 서해교전 전사자에 대한 사망보상금은 3,000-6,000만 원이었고, 조위금 등을 포함하여도 4,000-8,000만 원에 불과하였다. 반면 민간의 재해보상금을 보면, 성수대교 사고 사망자는 2.7억 원, 삼풍백화점 사고 사망자는 3.8억 원을 받았다는 것이다(2002년 국정감사 회의록).

또 다른 문제는 군인들의 경우 법적 보상 이외의 배상추구가 금지되어 있다는 점이다(정효현, 1999). 헌법 29조(2항)에 의하면, "군인, 군무원, 경찰공무원 기타 법률이 정하는 자가 전투, 훈련 등 직무집행과 관련하여 받은 손해

에 대하여는 법률이 정하는 보상 외에 국가 또는 공공단체와 공무원의 직무
상 불법행위로 인한 배상은 청구할 수 없다"고 규정함으로써, 불법적인 상황
에서의 재해에 대해서도 소극적인 법적 보상 이외의 배상을 청구할 수 없다
는 문제를 안고 있다. 산재보험의 경우 법적 보상 외에 사용자의 과실에 대한
민사상 배상 청구가 광범위하게 이루어지고 있는 사실에 비추어 볼 때, 이러
한 제약은 또 다른 헌법 정신인 국민의 평등권을 침해하는 불공평한 것으로
볼 수 있다.

5) 사회보장 사각지대 해소를 위한 개혁

현역 사병들이 대부분의 사회보장제도에서 배제되어 있는 것은 현재에 있
어서도 문제이고, 미래의 사회적 위험에 대비한다는 차원에서도 문제이다.
더욱 중요한 것은 이러한 배제가 사병에게만 집중되는 부당한 차별의 산물
이라는 점이다.

사병들도 엄연히 보수를 받고 있기 때문에 연금보험이나 고용보험 가입이
가능해야 하며, 사회보험 가입이 가능한 수준으로의 보수 인상을 적극 추진
하여야 할 것이다. 건강보험 적용 역시 차별철폐 차원에서는 물론, 열악한 군
대내 의료자원을 보완하기 위해서도 필요한 일이다. 재해보상의 경우도 민
간인의 경우와 형평에 맞아야 하며, 공무원 등의 불법행위에 대한 배상청구
도 가능해야 할 것이다.

4. 차별적인 제대군인 지원제도

군인들의 삶의 질과 관련된 또 하나의 과제영역은 사회복귀와 관련된 문
제이다. 즉 전역과 사회적응과정에 대한 여러 가지 물질적, 비물질적 지원이
필요하다는 점이다. 이는 또한 군복무로 인한 상대적 불이익을 보상하는 성

격을 갖기도 할 것이다.

전역과 사회복귀의 과제는 일반적으로 단기복무자보다는 장기복무자들에게 더 어려운 과제이다. 이에 따라 정부는 장기복무 후 제대군인을 지원하는 제도를 '제대군인지원법'을 중심으로 운영하고 있다. 문제는 이러한 제도들이 적절성과 충분성에서 많은 결함이 있을 뿐 아니라, 특히 사병을 위한 지원제도는 극히 빈약하다는 점이다. 즉, 제대군인 지원에도 차별과 배제가 심각하다는 것이다.

먼저 우리나라 제대군인 지원제도의 발전과정은 대략 다음과 같이 나누어 볼 수 있다(이기오, 2000; 김종성, 1997 등 참조). 먼저 1950년대는 상이군경과 전몰군경을 대상으로 원호사업이 시작되는 단계로서 군사원호법(1950), 경찰원호법(1951), 전몰군경유족과상이군경연금법(1952)이 제정되었다. 1960년대 초 군사정권 하에서는 군사원호청이 창설(1961)되고 원호처로 승격되는(1962) 등, 애국지사와 상이군경 및 전몰군경을 위한 원호사업이 본격화되고, 관련 법률들도 계속 정비되었다. 또한 직업군인을 위한 연금제도가 도입되고(1960년 공무원연금법에 포함), 독립된 제도로 발전하는 모습도 보여주었다(1963년 군인연금법). 그러나 일반 제대군인을 위한 지원업무는 '공무원등 채용시험에서 의무복무제대군인에 대한 가산점 5% 부여'(1962. 3. 1) 외에는 상대적으로 소홀하게 다루어졌다. 관련된 입법으로 1961년에는 군사원호보상법, 군사원호대상자고용법, 군사원호대상자임용법, 군사원호대상자정착대부법, 군사원호대상자자녀교육법, 1962년에는 국가유공자및월남귀순자특별원호법, 군사원호보상급여금법, 군인보험법 등이 제정되었다.

이후 1980년대에는 원호처가 국가보훈처로 개칭되었고(1985), 국가유공자예우등에관한법률(1984. 8. 2)이 제정되는 등 발전의 양상을 보였다. 특히 사회정착이 어려운 20년 이상 장기복무 하사관에 대한 취업보호, 자녀교육보호 등이 신설되는 등 제대군인에 대한 관심이 부각되었다. 제대군인에 대한 지원은 1991년에 10년 이상 복무 후에 전역하는 하사관 및 장교에게 확대되었고, 1997년의 제대군인지원에관한법률로 체계화되었다. 그 외 참전군인등

지원에관한법률(1993), 고엽제후유의증환자지원에관한법률(1995), 군인복지기금법(2002) 등도 제대군인 지원과 관련된 입법들로 볼 수 있다.

이와 같은 제대군인에 대한 관심과 지원은 때늦은 것도 문제지만, 10년 이상 장기복무자를 주 대상으로 하면서 일반 사병출신 제대군인들을 위한 내용은 거의 찾아보기 어렵다는 근본적인 문제를 안고 있다. [표 13-2]에서 보는 바와 같이 제대 사병들을 위한 지원체계는 다음과 같이 요약될 수 있다.

첫째, 병역법에 의한 권익보장으로 복학보장(73조), 복직보장 및 근무기간 인정, 복직시 불이익 처분 금지(74조) 제도가 있고, 둘째, 제대군인지원에관

[표 13-2] 제대군인 지원 관련 법률과 주요 내용

관계법령	제정년도	대상자	주요 내용
제대군인지원에관한 법률	1997	10년 이상 장기복무자	취업보호, 직업교육훈련, 교육보호, 의료보험, 대부지원, 주택우선분양, 공공시설 이용편의.
		공통(사병 포함)	채용시험 가산점제도(위헌판결) 채용시 제한연령 인상, 경력 인정
병역법	1949	공통(사병 포함)	복학보장(73조), 복직보장과 근무기간인정(74조),
국가유공자등예우및 지원에관한법률	1984	전몰군경, 전상군경, 순직군경, 공상군경, 무공수훈자, 보국수훈자	연금, 교육보호, 취업지원(채용시험 가산점 10% 등), 대부지원, 의료지원
군인연금법	1963	단기복무 부사관과 사병 제외	퇴역연금, 상이연금, 유족연금, 재해보상금 등 15개 급여
		공통(사병 포함)	재해보상(32조)-국고부담의 사망보상과 장애보상
참전군인등지원에 관한법률	1993	참전군인(저소득)	생계지원, 의료지원, 양노보호, 안장지원, 고궁 등의 이용지원.
고엽제후유의증환자 지원에관한법률	1995	해당자	
군인보험법	1962	중사 이상 군인	10년 만기 보험제도

한법률에 의한 채용시험 가산점(1999년 위헌 판결)과 전상, 공상제대군인에 대한 가료제공이 있는데, 이상이 제대 사병을 위한 지원제도의 거의 전부이다. 그 외, 군인연금법에 의한 재해보상은 사병들도 해당되지만, 현역이 대상이다.

이와 같이 사병출신 제대군인에 대한 지원제도는 빈약하기 짝이 없는데, 이는 단기 의무복무자들의 사회복귀를 위한 지원은 거의 필요치 않다는 인식에 기인한 것으로 보인다. 즉, 단기복무이므로 복학, 복직, 취직 등에 별 어려움이 없다는 생각일 것이다. 그러나 빠르게 변화하는 사회에서 2-3년간의 공백은 가벼운 것이 아니다. 나아가 실제로 어려움이 발생하는 경우가 많지 않다 하더라도 만일에 대비한 지원체계는 반드시 존재해야 하는 것이 사회보장의 정신이다. 또한 의무복무자들이 감수해야 하는 불이익에 대한 최소한의 보상이라도 이루어져야 한다는 인식의 전환도 필요하다.

제대 사병에게 적용되는 보상 중 그나마 실효성이 컸던 제도는 채용시험에서의 가산점 부여제도였다. 과거 제대군인지원법 8조는, 공공기관 등 제대군인 취업보호실시기관의 채용시험에서 현역군필자에게 5% 범위 내에서 가산점을 부여할 수 있다고 규정하였다. 그러나 이에 대해 헌법재판소는 1999년 12월 23일 위헌 판결을 내렸다. 격렬한 사회적 논쟁을 유발한 이 판결은, 이 제도가 여성과 장애인, 보충역 등에 대해 불평등을 초래한다는 것을 중시하였다. 즉, '군필자에 대한 가산점 제도는 성차별적 제도로서 헌법상 평등권에 위배되고, 고용과 취업에서 여성과 장애인의 권리를 침해하는 것으로서 헌법상 공무담임권(25조) 및 직업선택의 자유(15조)를 침해한다는 것' 이었다(윤찬영, 2000: 34). 이에 따라 관련 조항은 2001년에 '채용시 우대한다'는 내용으로 대체되었는데[13], 큰 의미가 있다고 보기는 어렵다.

이와 같이 제대사병들이 누려왔던 거의 유일한 혜택이 무력화되었다는 사

---

13) 개정된 「제대군인지원법」 제8조 (채용시 우대 등)는 공공기관 등 취업보호실시기관의 채용시험시 제대군인에 대해서는 3세의 범위 내에서 응시연령 상한 연장이 가능하고, 채용된 제대군인의 호봉이나 임금 결정시 군복무기간을 근무경력에 포함할 수 있다고 규정하였다.

실은 매우 가슴아픈 일이다. 국가유공자의 경우, 현재에도 10%의 가산점 제도를 유지하고 있다는 점을 감안하면[14], 형평의 문제도 제기될 수 있다. 하지만, 제대군인에 대한 보상이 타 집단(취약집단)에 대한 또 다른 불이익으로 전화되어서는 곤란하다는 헌법위원회의 판결 또한 부당하다고 볼 수는 없다. 따라서 또 다른 차별을 낳지 않는 범위 내에서 제대 사병들을 위한 적절한 사회적 보상체계를 개발하는 노력이 적극적으로 이루어져야 한다. 우선, 장기복무 군인들에게 시행되는 제도들—전역대비 교육과 훈련, 취업알선, 대부 등—을 사병들에게도 확대 적용함으로써 차별과 배제를 시정하는 노력부터 시작되어야 한다. 프랑스, 독일, 대만 등 다른 나라의 제도들은 이러한 차별을 용인하지 않는 경향을 보이고 있다(이기오, 2000: 164). 또한 군생활 자체를 여러 가지 유익한 경험이 가능한 생산적 기간으로 개혁하여, 전역 이후의 사회적응 문제를 적극 준비하는 일도 필요하다. 군복무기간을 특성개발 기간으로 운용하고 있는 다른 국가들의 사례를 배워야 할 것이다.

5. 결론과 개혁의 방향

본 연구는 의무복무 사병들의 삶의 질과 복지문제를 비판적으로 고찰하고 개혁의 방향을 모색하는 목적을 가지고 있다. 입수 가능한 자료들을 토대로 판단할 때, 사병들의 삶의 현실은 최소한의 인간적인 존엄성도 지키기 어려운 열악한 상황으로 볼 수 있다. 좀 더 거시적인 관점에서 사병들은 사회보장의 사각지대에 방치되어 있고, 제대사병을 위한 복지제도도 거의 찾아보기 어렵다. 전반적으로 차별과 배제가 지배적인 양상으로 나타나고 있다.

---

14) 국가유공자등예우및지원에관한법률은 다음과 같이 규정하고 있다: 제34조 (채용시험의 가산점) ① 취업보호실시기관이 그 직원을 채용하기 위한 시험을 실시할 경우에 취업보호대상자가 그 채용시험에 응시하는 때에는 필기시험의 각 과목별 득점에 각 과목별 만점의 10%를 가산한다.

그렇다고 해서 사병들의 삶의 질에 대한 문제인식이 전혀 없는 것은 아니
었다. 어찌 보면 이러한 상황이 개선되어야 할 필요성에 대해서는 어느 정도
사회적인 공감대가 형성된 것으로 생각할 수 있다. 최근 수년간 국방부가 사
병들의 인권과 복지에 대한 여러 가지 개선책을 발표하거나 추진해 온 것이
그 증거이다. 본 논문의 초고가 쓰여진 이후 국방부가 발표한 2004년도의 군
인복지 향상 계획(국방부 보도자료, 2003. 12. 19. www.mnd.go.kr)도 같은
맥락이라고 볼 수 있다. 그 중에서 사병들의 복지와 관련된 주요 내용은 다음
과 같이 요약할 수 있다.

· 사병들의 봉급인상: 상병기준 월 24,400원에서 35,900원(47% 인상, 기본
  급 30,700원, 기말수당 5,200원), 2008년까지 8만 원 수준으로 현실화할
  계획임.
· 숙소개선: 소대단위 통합침상형에서 분대단위 침대형 막사로 개선 계획
  (18개 대대에서 103개 대대로 확대, 5,000억 원 투입).
· 현역병 휴가중 민간병원 건강보험 적용(본문 참조)
· 장병급식 질 개선: 신세대 장병들의 다양한 급식 기호도를 반영하여 선
  호식품 신규급여 등을 시행함.
· 하계절 전투복 지급: 현재는 4계절 전투복 3착을 지급하고 있는데, 4계
  절용 2착, 하계절용 1착을 지급하는 것으로 변경됨.
· 전투화 품질개선: 통기성 가죽 사용, 중창개선, 발뒤꿈치 접촉부위 개선 등.

아울러 중고 PC와 연말 위문품 등을 활용하여 군대 내에 e-mail과 게임 등
이 가능한 인터넷 PC 방을 설치할 계획도 추진하고 있다. 2004년에는 전방부
대를 중심으로 시범적으로 운영하고, 2008년까지 전군으로 확산한다는 계획
이다(국방부 보도자료, 2003. 12. 18. www.mnd.go.kr).
이와 같은 계획들은 사병들의 열악한 삶의 질을 인정하고 있다는 점에서
는 긍정적이지만, 대책에 있어서는 여전히 미봉적이고 점증주의적인 한계를

벗어나지 못하고 있는 것으로 평가할 수 있다. 즉 앞서 살펴본 수많은 문제에 비해서는 너무 소극적인 대응이다. 아직도 장기복무자들에 비해 사병들의 복지는 중요한 관심의 대상이 되지 못하고 있는 것이다. 장기복무자나 장교들의 복지 역시 충분한 것은 아니지만, 문제는 차별을 철폐하는 방향성이 결여되어 있다는 것이다. 사병복지 향상을 위한 좀 더 적극적인 개혁을 위해서는 사병들의 인권에 대한 발상의 전환이 전제되어야 하고, 포괄적인 마스터플랜의 작성도 필요하다.

좀 더 현실적으로는 사병복지를 위한 예산의 확보가 관건인데, 이를 위해서는 우리의 경제력이 감당할 수 있을 정도의 적절한 규모로의 감군이 필수적이다. 세계 최대의 경제력을 가지고 있는 미국이 2억 9,000만 명 인구에 138만 명의 군대를 유지하고 있는데, 인구 4,700만 명의 우리 나라가 68만 명의 대규모 상비군을 유지하고 있는 현실이 과연 타당한 것인지를 심각하게 고려하여야 한다. 군인의 숫자가 전투력을 좌우하는 시대는 이미 오래 전에 지나갔다는 것은 상식이다. 현재와 같이 사병들의 전적인 희생 위에서 유지되는 군대가 아니라, 사병들이 인간답고 유익한 병영 생활을 영위할 수 있는 군대라야 질적으로 경쟁력이 있다고 평가할 수 있을 것이다.

본 연구는 사병들의 복지문제라는 비교적 작은 범위의 문제를 다루었지만, 그 의미는 자못 중대할 수 있다. 그 이유는 우선, 사병들의 높은 삶의 질과 복지는 양적 규모보다는 질적으로 충실한 군대를 만드는 기반이 되기 때문이다. 다음으로 사병들의 복지문제에 대한 비판적 고찰은 우리사회의 일상화된 군사문화의 물적 조건에 대한 반성의 의미를 가질 수 있다. 우리사회에 만연되어 있는 권위주의적이고 폭력적인 문화는 상당 부분 군사문화의 일상화라는 성격을 가지고 있다. 이는 곧 사병들이 수년간 체득하게 되는 천박한 병영문화―권위에 대한 무조건적 복종, 체제의 힘에 대한 실감, 전체속의 개인이라는 의식 등―의 사회적 전파를 의미하는데, 사병들의 열악한 삶의 질이 그러한 천박한 병영문화의 온상이 되어 왔기 때문이다.

참고문헌

〈논문 및 단행본〉

국방부. 2003. 참여정부의 국방정책.

김소희. 2002. "사병월급을 현실화하라", 『한겨레 21』 427호, 한겨레신문사.

김종성. 1997. "제대군인 관련 입법 실태와 방향", 『한국군사』 5호.

김통원. 2002. "사회변화에 따른 군인 삶의 질 증진을 위한 모형개발", 『한국군사』 14호, 한국군사문제연구원.

박호대. 2002. "전역직업군인 복지대책에 관한 연구", 청주대 행정대학원 석사학위논문.

오국환. 2001. "군병원 입원군인의 의료서비스 만족도 연구", 경남대 행정대학원 석사학위논문.

윤병섭. 1999. "참전군인 복지정책에 관한 이론적 고찰", 경희대 행정문제연구 6-1호.

윤찬영. 2000. "제대군인에 대한 가산점 위헌 판결에 대하여", 참여연대 사회복지위원회, 『복지동향』 17호, 나남.

이기오. 2000. "제대군인 지원제도의 개선방안에 관한 연구-현역 의무복무 제대군인지원을 중심으로-", 보훈학술논문집, 국가보훈처.

전태현. 2003. "직업군인의 복지증진에 관한 연구: 군인연금제도를 중심으로", 국방대 국방관리대학원 석사학위논문.

정길호 · 오경조. 1995. "현역 의무복무자 불이익 보전방안 연구- 제대후 사회생활지원을 중심으로", 한국국방연구원.

정효현. 1999. "헌법과 군 사기, 복지에 관한 일고", 『아태공법연구』 제6집.

한인영. 2000. "군 사회복지사 도입의 필요성 고찰: 미국의 군 사회복지사 활동내용을 중심으로", 『국방정책연구』 50호.

한홍구. 2003. "한국 사병의 인권현실- 월급과 징계입창 문제를 중심으로", 국가인권위원회, 사병의 월급과 인격권에 대한 공청회 자료집.

〈자료〉

국회 국방위원회 2002년도 국정감사 회의록

국가인권위원회 보도자료(http://www.humanrights.go.kr): "군대 내 사병들의 인권실태"(2003. 2. 8), "병사의 봉급"(2003. 2. 20), "국민건강보험법 개정권고"(2003. 9. 16)

대한민국 헌법/건강보험법/국가유공자예우및지원에관한법률/국민연금법/군인연금법/병역법/제대군인지원에관한법률/참전군인등지원에관한법률/공무원보수규정

한국사회와 복지정책-역사와 이슈

초판 1쇄 발행 2004년 12월 28일
초판 2쇄 발행 2005년 9월 30일

지은이 | 이영환
펴낸곳 | 사회복지 전문출판 나눔의집
펴낸이 | 박성희
주   소 | 156-713 서울특별시 동작구 신대방 2동 395-69
          아카데미타워 3004호
전   화 | 02-835-7845~7
팩   스 | 02-847-7846
Nanum@ncbook.co.kr

값 / 15,000원
ISBN : 89-5810-042-7 94330
       89-5810-041-9 94330(세트)
*파본은 구입하신 곳이나 당사에서 교환해 드립니다.